Nosotros, los jóvenes

HBJ
Foreign Language Programs

SPANISH

- **Nuevos amigos**
  Level 1

- **Nosotros, los jóvenes**
  Level 2

- **Nuestro mundo**
  Level 3

Nosotros, los jóvenes

HBJ HARCOURT BRACE JOVANOVICH, PUBLISHERS
Orlando   San Diego   Chicago   Dallas

Printed in the United States of America
ISBN 0–15–388350–2

PHOTO CREDITS Key: (t) top, (b) bottom, (l) left, (r) right, (c) center, (fl) far left, (fr) far right
COVER: HBJ Photo/Peter Menzel
TABLE OF CONTENTS: page vii(all), HBJ Photo except (bc), HBJ Photo/Peter Menzel; viii, HBJ Photo/Peter Menzel; x. HBJ Photo; xii, HBJ Photo/Peter Menzel; xiv, HBJ Photo; xvi, HBJ Photo xviii, NASA; xx, HBJ Photo/Mark Antman; xxii, HBJ Photo/Peter Menzel; xxiv, HBJ Photo/Mark Antman; 1(tl, bl), Craig Aurness/West Light; 1(tr, br), HBJ Photo; 2(tl, bl), HBJ Photo/Peter Menzel; 2(tr, br), HBJ Photo; 3(all), HBJ Photo/Peter Menzel; 4(tl), HBJ Photo; 4(c,br), HBJ Photo/Saúl o. Iglesias; 4(tr), HBJ Photo/Peter Menzel; 5(tl, br), HBJ Photo; 5(tr), HBJ Photo/Saúl O. Iglesias; 5(bl), HBJ Photo/Peter Menzel; 6(tl, tr), HBJ Photo/Mimi Fernández; 6(bl), Victor Englebert/Black Star; 6(br), HBJ Photo; 7(tl, bl), HBJ Photo/Peter Menzel; 7(tr, br), HBJ Photo/Gerhard Gscheidle; 8(tl, bl, tr), HBJ Photo/Peter Menzel; 8(br), HBJ Photo

Continued on page 459

ACKNOWLEDGMENTS

We wish to express our thanks to the students pictured in this textbook and to the parents who allowed us to photograph these young people in their homes and in other places. We also thank the teachers and the families who helped us find these young people; the school administrators who allowed us to photograph the students in their schools; and the merchants who permitted us to photograph the students in their stores and other places of business.

YOUNG PEOPLE
Pilar Abad, Monserrat de Udaeta, José Granada Domenich, Pepita Llaurado, José Ponson, Severo Hiller, Andrea Hiller

TEACHERS AND FAMILIES
María Clara Grau, Carmen Cortéz, Arturo Llaureado, José Ponson, Carlos Hiller

CONTENTS

COMMUNICATIVE FUNCTIONS	GRAMMAR	CULTURE
Exchanging information • Describing what one did	Review of the preterit tense, regular **-ar, -er,** and **-ir** verbs The preterit tense of **ser, ir, ver,** and **dar**	Ancient Indian civilizations in Mexico
Exchanging information • Reporting past events • Asking and explaining how something was **Expressing feelings and emotions** • Expressing satisfaction and dissatisfaction	Verbs ending in **-car, -gar,** and **-zar** The preterit tense of **tener, estar,** and **poder**	Early Spanish missions in the United States
Socializing • Meeting and greeting people • Sending greetings and saying that someone sends regards • Writing salutations and complimentary closings	The preterit tense of **saber** and **conocer** Adverbs ending in **-mente** Using **por** and **para** *(Review)*	Spanish names, surnames, and nicknames
Recombining communicative functions, grammar, and vocabulary		Dinner with a Spanish-speaking family
Reading for practice and pleasure		Your name and its origin

COMMUNICATIVE FUNCTIONS	GRAMMAR	CULTURE
Socializing • Extending, accepting, and refusing invitations **Exchanging information** • Giving directions • Asking for directions and giving information	Formal commands Position of object pronouns with commands Irregularities in the formal command	Types of shops in Venezuela Monetary units of Spanish-speaking countries
Exchanging information • Identifying what you want • Asking for and giving information in a store	The present progressive form Position of object pronouns with the present progressive	Venezuelan cities
Expressing feelings and emotions • Expressing satisfaction or displeasure with emphasis **Exchanging information** • Talking about past events	Pronouns used after prepositions (*Review*) The irregular verb **venir** in the preterit tense Some verbs with spelling changes in the preterit tense	The regions of Venezuela
Recombining communicative functions, grammar, and vocabulary		Shopping in South America
Reading for practice and pleasure		Spanish influence in the United States
Reviewing communicative functions, grammar, and vocabulary		Vacationing in Mexico Shopping in Mexico City

COMMUNICATIVE FUNCTIONS	GRAMMAR	CULTURE
Socializing • Extending an invitation • Congratulating someone **Exchanging information** • Expressing time (morning, afternoon, or evening) • Inquiring about age	The infinitive after a preposition (*Review*) Ordinal numbers The imperfect tense of regular verbs	Honoring Christopher Columbus in the New World Saint's day in the Spanish-speaking world
Exchanging information • Describing events in the past **Expressing feelings and emotions** • Expressing intention	The imperfect tense forms of **ver, ir,** and **ser** Some uses of the imperfect tense	Festivities and holidays in Spain and Spanish America
Expressing feelings and emotions • Expressing regret • Expressing how you feel about others and about yourself	The imperfect and the preterit tenses contrasted Verbs ending in **-cer** and **-cir**	Teenage parties in the Spanish-speaking world
Recombining communicative functions, grammar, and vocabulary		Celebrating Valentine's Day
Reading for practice and pleasure		A Spanish folk tale

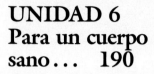

	BASIC MATERIAL

TERCERA PARTE

	BASIC MATERIAL

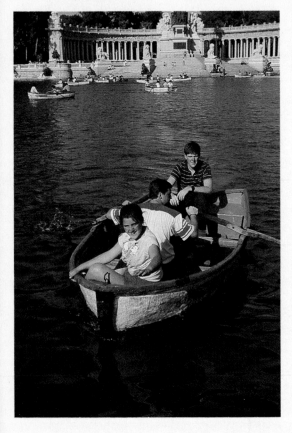

COMMUNICATIVE FUNCTIONS	GRAMMAR	CULTURE
Exchanging information • Reporting what others say **Persuading** • Asking for help or giving a warning	Review of the Spanish indicative mood The superlative construction	Fairs and festivals celebrated in Spain
Expressing feelings and emotions • Expressing amazement and pity • Expressing desire **Socializing** • Writing salutations and complimentary closings for business letters	Irregular forms of comparatives and superlatives The Spanish subjunctive mood The subjunctive to express demands, wishes, and requests Present subjunctive of some irregular verbs	Household chores in Spanish-speaking countries
Socializing • Congratulating someone • Writing common introductions for business letters **Persuading** • Directing others to tell someone else to do something	Irregular verbs and verbs ending in **-car, -gar,** and **-zar** in the present subjunctive Indirect commands	Summer vacation and the youth of Hispanic America
Recombining communicative functions, grammar, and vocabulary		Classified ads in Spanish
Reading for practice and pleasure		Strategies for a better job interview

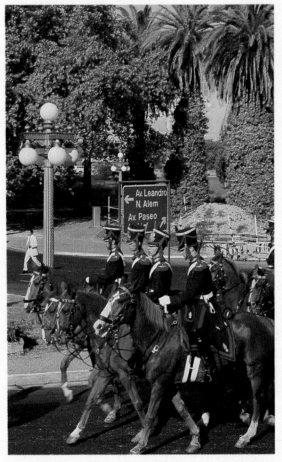

COMMUNICATIVE FUNCTIONS	GRAMMAR	CULTURE
Exchanging information • Reporting, describing, and narrating • Describing things you have done in the past	The present perfect tense Stem-changing verbs in the preterit tense	The diversity of Argentina's population
Expressing feelings and emotions • Expressing your likes and dislikes **Persuading** • Warning others to refrain from doing something	Negative familiar commands Some irregular past participles	The Spanish origin of some American words from the West
Expressing attitudes and opinions • Expressing obligation or necessity **Expressing feelings and emotions** • Expressing doubt, disbelief, or denial	The subjunctive to express doubt, disbelief, or denial The use of **se** for indefinite subjects	Protecting the environment in Spanish America
Recombining communicative functions, grammar, and vocabulary		Cultural highlights from the three preceding units
Reading for practice and pleasure		The music, dance, and crafts of Spanish America

COMMUNICATIVE FUNCTIONS	GRAMMAR	CULTURE
Expressing feelings and emotions • Expressing emotions **Expressing and finding out moral attitudes** • Expressing agreement or lack of preference • Expressing approval or satisfaction with emphasis	The use of the subjunctive to express feelings and emotions The use of the subjunctive to express the indefinite	Learning about Cataluña, Spain
Expressing attitudes and opinions • Expressing what is needed or expected • Expressing probability or denial **Persuading** • Making suggestions	The use of the subjunctive in impersonal expressions Softened commands	Vacationing in Spain A visit to Montjuich, Barcelona, Spain
Socializing • Attracting attention **Expressing feelings and emotions** • Expressing uncertainty	The expression **¡ojalá!** The subjunctive with **tal vez** and **quizás**	Exploring Barcelona **La sardana:** A folk dance from Cataluña
Recombining communicative functions, grammar, and vocabulary		Traveling in Spain
Reading for practice and pleasure		The varied regions of Spain
Reviewing communicative functions, grammar, and vocabulary		The end-of-the-school-year celebrations in Spanish-speaking countries

FOR REFERENCE

Viñeta cultural 1

Los españoles y los hispanoamericanos

La América hispana, al igual que España, contiene muchas regiones de gran variedad étnica.

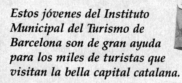

Estos jóvenes del Instituto Municipal del Turismo de Barcelona son de gran ayuda para los miles de turistas que visitan la bella capital catalana.

Cada región de España tiene sus trajes típicos que los jóvenes y los mayores por igual llevan con orgullo (pride) en las celebraciones y fiestas de la región.

En España se encuentra una gran variedad de tipos, como podemos ver en esta foto.

Si España es una mezcla *(combination)* de los distintos pueblos que habitaron *(inhabited)* la península ibérica a través de *(throughout)* los siglos—íberos, celtas, fenicios, griegos, cartagineses, romanos, germanos, árabes y judíos—en Hispanoamérica convergen gentes de varios continentes, que se mezclan con las poblaciones *(people)* ya existentes en el Nuevo Mundo *(New World).*

Los cafés al aire libre **(outdoor)** *de la Plaza Mayor de Madrid son un lugar de reunión favorito para los madrileños.*

Dos amigos miran el menú en una cafetería madrileña.

Jóvenes estudiantes de secundaria en Caracas, Venezuela

Escena callejera **(Street scene)** *en un pueblo de la Costa Brava, Cataluña, España*

Así, encontramos que en Guatemala, Ecuador, Bolivia, Perú y Paraguay, el indio es el elemento predominante. Tal es *(Such is)* la influencia india en estos países *(countries)* que en Perú y Paraguay, además *(in addition to)* del español, el quechua y el guaraní respectivamente son lenguas *(languages)* oficiales. La unidad monetaria del Perú se llama el inti, que quiere decir **sol** en quechua, y la unidad monetaria del Paraguay se llama el guaraní.

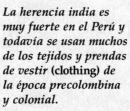

La herencia india es muy fuerte en el Perú y todavía se usan muchos de los tejidos y prendas de vestir (clothing) de la época precolombina y colonial.

Jóvenes estudiantes de secundaria en el famoso balneario de Miraflores, en el Perú

En Guatemala todavía se sigue fabricando tejidos (hand-woven products are being produced), como el que vemos en la foto, siguiendo (following) la tradición maya.

El Día de las Madres también se celebra (is celebrated) en el mundo hispánico, aunque la fecha no siempre coincide con la de los Estados Unidos. Estos niños participan en la celebración en Cuzco, Perú.

La influencia africana es considerable en el área del Caribe, sobre todo *(especially)* en Cuba, Puerto Rico, Panamá, y en las costas de Venezuela, Colombia, Honduras y Costa Rica.

Un grupo de estudiantes de secundaria en Santo Domingo

Calle típica en el Viejo San Juan, Puerto Rico

Tres jóvenes venezolanos sentados (seated) a la puerta del liceo "25 de Julio" en Caracas, Venezuela

Estudiantes de secundaria, en la biblioteca de una escuela en Caracas, Venezuela

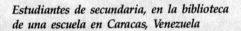

Venezuela tiene algunas de las playas más bellas de Suramérica. En la foto podemos ver un grupo de jóvenes divirtiéndose (having fun) en la playa de Todasana.

Los españoles fueron el elemento colonizador predominante y en casi todos los países hispanoamericanos fueron el grupo de inmigrantes europeos más numeroso.

Joven argentina de origen alemán **(German)**

Grupo de compradores conversan en El Rastro, el famoso mercado de objetos y antigüedades **(antiques)** *en Madrid, España.*

Las siempre populares tunas estudiantiles **(student musicians)** *en un concierto para los inválidos en Barcelona, España*

Niños juegan en la playa de Horcón, un pueblo de pescadores **(fishing village)** *en la accidentada costa* **(rough coast)** *chilena.*

Sin embargo (*However*), en tres países hispánicos, Argentina, Uruguay y Costa Rica, llegaron una gran cantidad de inmigrantes italianos, alemanes (*German*) y eslavos (*Slavic*) a finales del siglo XIX y a principios del siglo XX. Tan es así (*So much so*), que hoy día hay más argentinos de origen italiano que de origen español.

Biblioteca escolar en Buenos Aires, Argentina

Tres jóvenes uruguayas sonríen (smile) *a la cámara en Montevideo, Uruguay.*

Aprendiz (Beginner) *de gaucho, se apoya pensativamente* (leans thoughtfully) *en una cerca* (fence) *de la Pampa, Argentina.*

Los mercados de objetos usados y antigüedades (antiques) *son muy populares en España, como podemos ver aquí, en una bella ciudad de la Costa Brava, con sus edificios medievales al fondo* (background).

En otros países hispánicos una gran parte de la población es india o mestiza. La palabra *(word)* **mestizo** quiere decir descendiente de padres de distinta raza, en este caso india con europea.

Escuela comercial en Mérida, Yucatán, México

En México, los descendientes de los aztecas mantienen su cultura.

La Plaza de Armas en Santiago de Chile es el lugar favorito de los santiagueros para pasear o conversar.

Festival en Guadalajara, México

Todos estos grupos étnicos han contribuido *(have contributed)* al mejoramiento del mundo hispánico, y cada uno de ellos ha dejado su huella *(has left its mark)* en la formación e historia de estos países. Su herencia *(heritage)* cultural se manifiesta en los diversos aspectos de la sociedad hispánica, ya sea en *(be it in)* las artes, como la música, el baile, la pintura *(painting)* o la literatura, o en las ciencias, como en el campo de la medicina, la física o la química.

Pareja sentada (Couple seated) *en frente a su casa, en Horcón, Chile*

Jóvenes exploradores (Boy Scouts) *en la puerta de una casa típica de origen colonial en Muna, Yucatán, México*

Dos niñas de origen indio en Pisac, Perú

Esta foto de varios estudiantes de secundaria de la escuela San Juan Bautista muestra (shows) *la diversidad de tipos en el mundo hispánico.*

It's back to school after a summer of fun spent with families at the beach or visiting relatives in other places. On the first day of school, students greet each other and talk about their summer vacation. They renew old friendships, make new ones, and think of the friends that are no longer there. In this unit you'll meet many of these students and will learn how to greet them.

You'll learn about Spanish-speaking teenagers and their family relationships. You'll also meet the relatives of these students and will learn the differences, and the similarities, between the Spanish-American culture and yours.

Do you like to go shopping? Most Spanish-American teenagers enjoy it as much as you do. You'll learn what an experience shopping can be in different countries and what the currency is in each of these. You'll learn how to ask for what you want and how to bargain in order to get it. Meet two Spanish-speaking teenagers as they set out to go shopping and join them as they ask for directions on how to get where they want to go.

Is reality stranger than fiction? Find out as you join Marcos and Cristina, two classmates from Los Angeles who meet by chance in the pyramids of Teotihuacán, near Mexico City.

UNIDAD **1**

El regreso de las vacaciones

Most Spanish teenagers spend their summer vacations with their families. Some usually go to the beach, to the country, or to visit relatives. Deciding where to go represents a major issue that is discussed by the whole family. It is not easy for young people to find summer jobs. A few of them work with their parents in the family business or in the business of a relative.

In this unit, you will:

SECTION A	describe what one did . . . exchange information
SECTION B	report past events . . . express satisfaction and dissatisfaction
SECTION C	meet and greet people . . . send regards
TRY YOUR SKILLS	use what you've learned
VAMOS A LEER	read for practice and pleasure

describing what one did . . . exchanging information

The starting of the new school year gives you the opportunity to meet old friends, to comment about your summer vacation, and to inquire about theirs.

A1   En la puerta de la escuela 📼

Adela y Agustín, dos chicos de Guadalajara que son compañeros de clase, cambian impresiones sobre sus vacaciones de verano.

AGUSTÍN	¿Adónde fueron?
ADELA	Fuimos a muchos lugares. En una excursión visitamos las ruinas de Monte Albán en Oaxaca. En otra, salimos de Mérida y vimos las pirámides mayas de Chichén Itzá y Uxmal. En fin, viajamos por casi todo Yucatán.
AGUSTÍN	¿Ganaste mucho dinero?
ADELA	Bueno, según papá, fui la mejor guía de la agencia. No gané mucho dinero . . . pero sí gasté mucho.
AGUSTÍN	Bueno, ¡también paseaste mucho!

ADELA	Hola, Agustín. ¿Cómo pasaste las vacaciones?
AGUSTÍN	¡De lo mejor! Fui a acampar a las montañas y luego fui a Mazatlán a tomar el sol. Y ¿qué tal tus vacaciones?
ADELA	Así, así . . . Trabajé con mi hermano Jorge en la agencia de viajes de mi papá.
AGUSTÍN	Y ¿qué hiciste en la agencia?
ADELA	Fui guía de turistas. Acompañé a muchos de ellos en varias excursiones que dio la agencia. Fue muy interesante.

A2 Actividad • Preguntas y respuestas

Answer the following questions based on the dialog in A1.

1. ¿Quiénes son Adela y Agustín?
2. ¿Qué hacen ellos?
3. ¿Qué hizo Agustín en sus vacaciones?
4. ¿Con quién trabajó Adela?
5. ¿Dónde trabajó ella?
6. ¿A quiénes acompañó Adela?
7. ¿Qué visitaron en Monte Albán?
8. ¿Qué otros lugares visitaron?
9. ¿De dónde salió la excursión por Yucatán?
10. ¿Ganó mucho dinero Adela?

A3 Actividad • ¿Es cierto o no?

Decide whether each statement is true or false according to A1. Correct the false statements.

1. Agustín es un chico de Mérida.
2. Jorge y Agustín fueron a acampar a las montañas.
3. Adela acompañó a muchos turistas.
4. Los turistas visitaron Mazatlán.
5. Agustín fue a Monte Albán a tomar el sol.
6. Adela visitó las pirámides mayas de Uxmal y Chichén Itzá.
7. Jorge gastó mucho dinero.
8. Adela pasó las vacaciones de lo mejor.

Las culturas prehispánicas de México

Sabes que . . .

Las antiguas civilizaciones indias poblaron *(inhabited)* México mucho antes de la llegada de los españoles. Estas civilizaciones dejaron una muestra increíble *(incredible example)* de su cultura en las ruinas de sus ciudades y centros religiosos.

En Teotihuacán están las pirámides del Sol y de la Luna, maravillosas ruinas toltecas. En Tula, la antigua capital de los toltecas, hay unas famosas esculturas de piedra *(stone sculptures)*. Estas esculturas colosales están agrupadas en patios o plazas gigantescas.

En el estado de Oaxaca está Monte Albán, centro de la cultura zapoteca. Esta ciudad fue abandonada *(was abandoned)* misteriosamente en el año 1.000 d.C. (después de Cristo).

En la península de Yucatán están las grandes ruinas de la civilización maya: Chichén Itzá, Uxmal y Tulum. Estas ruinas sorprenden al viajero por su extensión y belleza, y por su buen estado de conservación.

¿RECUERDAS?
Review of the preterit tense, regular -ar, -er, and -ir verbs

The following chart reviews the preterit forms of regular **-ar, -er,** and **-ir** verbs.

trabajar *to work*		**aprender** *to learn*	**salir** *to leave*	
	é			**í**
	aste			**iste**
trabaj-	**ó**	**aprend-**		**ió**
	amos	**sal-**		**imos**
	asteis			**isteis**
	aron			**ieron**

Ellos **trabajaron** en la agencia de viajes de papá el verano pasado.   *They worked at Dad's travel agency last summer.*

Los turistas **aprendieron** mucho en el viaje.   *The tourists learned a lot during the trip.*

Tú **saliste** de Cuernavaca en julio.   *You left Cuernavaca in July.*

Adela **visitó** las ruinas de Monte Albán.   *Adela visited the ruins at Monte Albán.*

1. Remember that regular **-er** and **-ir** verbs have the same endings in the preterit.

2. The Spanish preterit is used to express completed past actions. In many instances, its use is similar to the simple past tense in English.

    Trabajé por tres horas.   *I worked for three hours.*

    ¿Trabajó Ud. ayer?   *Did you work yesterday?*

A6   Actividad • ¿Qué lugares visitaron?

Suppose that you have just returned from a tour of ancient Mexican archeological sites. A classmate will ask you the following questions. Answer them, then switch roles.

1. ¿Qué lugares visitaron?
2. ¿Quién los acompañó?
3. ¿De dónde salieron?
4. ¿Cuántos turistas fueron?
5. ¿Visitaron otros lugares? ¿Cuáles?
6. ¿Aprendiste mucho sobre los mayas?
7. ¿Gastaste mucho dinero? ¿Cuánto?
8. ¿Con quiénes cambiaste impresiones durante el viaje?

A7   Actividad • Y tú, ¿qué dices?

Answer the following personal questions.

1. ¿A quién visitaste la semana pasada?
2. ¿Con quién saliste el sábado pasado?
3. ¿Qué lección estudiaste anoche?
4. ¿A quién llamaste por teléfono ayer?
5. ¿Comiste mucho en el desayuno? ¿Qué comiste?
6. ¿Quiénes hablaron en clase esta mañana?

cultur
servicios

UXMAL
LUZ Y SONIDO INGLES 9 P.M.
$1,800   N° 2705

Comprensión

Decide whether each activity took place in the past, **ya pasó** *(it already happened)*, or **ocurre ahora** *(it is happening now).* Check the appropriate space on your answer sheet.

MODELO   Hace una semana que llegó Elisa. *(Ya pasó.)*

	Ocurre ahora	Ya pasó		Ocurre ahora	Ya pasó
1.			7.		
2.			8.		
3.			9.		
4.			10.		
5.			11.		
6.			12.		

A9   ESTRUCTURAS ESENCIALES
The preterit tense of ser *and* ir

The preterit forms of the verbs **ser** and **ir** are identical. You already learned these forms when you studied the preterit of the verb **ir.**

ser *to be* / ir *to go*	
fui	fuimos
fuiste	fuisteis
fue	fueron

Él **fue** mi profesor de español.   *He was my Spanish professor.*
Él **fue a** California el verano pasado.   *He went to California last summer.*

1. The context of the sentence makes clear which verb you are using.

2. Remember that the verb **ir** is often followed by the preposition **a.**

3. Notice that none of these forms take a written accent.

A10 Actividad • ¿Y Gilberto?

What did all these people do for a living? Choose a profession from the box, and then answer following the model. Remember to use feminine or plural forms when necessary.

guía de turistas		profesor de español	ingeniero	fotógrafo
camarero	doctor	vendedor	agente de viajes	reportero

MODELO   ¿Y Gilberto?
          Fue agente de viajes.

1. ¿Y Carlos?
2. ¿Y Roberto y Juan?
3. ¿Y Pedro y Ana?
4. ¿Y Georgina?

5. ¿Y Gisela?
6. ¿Y tú?
7. ¿Y Ana María?
8. ¿Y tú y tu amigo?

A11 Actividad • ¿Adónde fueron?

Look at the illustrations and tell where the people went for their vacation. Follow the model.

MODELO   Elena / el verano pasado

Elena fue a las montañas el verano pasado.

1. Carlos y Alberto / el año pasado

2. Martín y yo / el mes pasado

3. María Elena / el verano pasado **4.** Yo / el invierno pasado

5. María y Ana / el viernes pasado

A 12   Actividad • ¿Qué hiciste?

Your best friend was away all summer, and now you have a lot of catching up to do. Ask each other the following questions.

1. ¿Qué hiciste en el verano? ¿Adónde fuiste?
2. ¿Tomaste el sol muchas veces? ¿Dónde?
3. ¿Visitaste a tus amigos? ¿A quiénes?
4. ¿Tomaste muchas fotos? ¿De qué?
5. ¿Trabajaste en el verano? ¿Por qué?
6. ¿Ganaste o gastaste mucho dinero? ¿Cómo?

A 13   Actividad • Todos quieren saber

Some friends are talking. Who talks to whom? Match the answers on the right with the corresponding questions on the left. Then write down each exchange.

1. ¿Saliste de Cuernavaca?   No, viajó a Mazatlán.
2. ¿Acompañaron a los turistas?   No, sólo visité Cuernavaca.
3. ¿Ellos hablaron en español?   No, acompañamos a Carmen.
4. ¿Viajó tu padre a Mérida?   No, salí de Guadalajara.
5. ¿Visitaste muchas ciudades?   No, hablaron en inglés.

A 14 Actividad • Mi viaje a México

Pair up with a classmate and imagine that you both took a tour to Mexico. Ask each other the following questions.

1. ¿Adónde fuiste?
2. ¿Con quién fuiste?
3. ¿Cuándo fuiste de viaje?
4. ¿Qué lugares visitaste?
5. ¿Quién fue tu guía?
6. ¿Quién fue el fotógrafo?
7. ¿Hablaste inglés o español?
8. ¿Conociste a muchos mexicanos?
9. ¿Qué comida mexicana comiste?
10. ¿Qué compraste?
11. ¿Cuándo regresaste?
12. ¿Te gustó el viaje? ¿Por qué?

A 15 Actividad • ¡A escribir!

Now put together all your answers to A14. Add the necessary linking words, such as **y, luego, también, en fin, después, por, para, con,** and so on. When you finish, you will have a brief composition about your trip.

A 16 SE DICE ASÍ
Describing what one did

Tomás **dio dinero** para la fiesta.	Tomás gave money for the party.
Dimos una vuelta por el mercado.	We went for a walk around the marketplace.
Dimos un viaje a las pirámides.	We took a trip to the pyramids.
Dieron un paseo por el parque.	They went for a walk in the park.
La profesora **dio la clase** a las ocho.	The teacher gave the class at eight o'clock.

The verb **dar** is used in many different idiomatic expressions in Spanish, such as: **dar un viaje** (*to take a trip*), **dar un paseo** (*to take a walk*), **dar un concierto** (*to give a concert*), **dar una película** (*to show a movie*).

Pase de abordar   Boarding Pass   Carte d' acces a bord

MEXICO

Vuelo
Flight/Vol
502

Fecha
Date

Observaciones
Remarks/Observatio

Asiento
Seat/Siege

Control
Control/Controle
22

Hora/Time/L'heure

HOTEL EL CONQUISTADOR
del Paseo de Montejo, S. A. de C. V.
CALLE 56-A No. 458 x 35
Teléfonos: 26-21-55, 26-21-10, 26-26-9C
Mérida, Yuc., Méx.
Registro Fed. de Caus. HCP-801113-001
CAFETERIA

N⁰ 35377   D

Por $ _5 300_

ESTRUCTURAS ESENCIALES
The preterit tense of ver *and* dar

The following chart shows the forms of **ver** and **dar** in the preterit.

ver *to see*		**dar** *to give*	
vi	vimos	di	dimos
viste	visteis	diste	disteis
vio	vieron	dio	dieron

Ellos **vieron** las fotos del viaje a México.   *They saw the photos of the trip to Mexico.*
Los chicos **dieron** un concierto el viernes pasado.   *The kids gave a concert last Friday.*
El guía les **dio** el mapa a los turistas.   *The tour guide gave the map to the tourists.*

1. Note that the verb **ver** has the regular **-er** verbs endings in the preterit.
2. The verb **dar** uses the regular **-er** verb endings in the preterit just like **ver.**
3. None of the preterit forms of these two verbs take a written accent.
4. When **dar** is used with an indirect object, remember to use the indirect/object pronoun, even when the indirect object is stated.

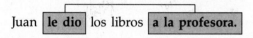

Juan ┌ **le dio** ┐ los libros ┌ **a la profesora.** ┐   *Juan gave the books to the teacher.*

A 18 Actividad • Conversación

Team up with a classmate and ask each other the following questions.

1. ¿Diste un viaje a México? ¿Cuándo?
2. ¿Cuándo diste una vuelta por la ciudad?
3. ¿Quién dio la clase por la mañana?
4. ¿Diste un paseo con tus amigos ayer? ¿Adónde?
5. ¿Qué grupo dio un concierto el sábado?
6. ¿Cuándo dio el examen la profesora?

Tell a classmate what the people in the illustrations did yesterday. Follow the model.

MODELO   La mamá / ayer
         La mamá le dio la comida al niño ayer.

1. Pablo / el día de su cumpleaños

2. María y Ana / ayer

3. Los estudiantes / la semana pasada

4. La profesora / el jueves

5. José y Elisa / el mes pasado

6. Papá / anoche

Supply the missing forms of the verb **ver.**

Anoche Julio y yo fuimos al concierto del grupo *Miami Sound Machine.*
Nosotros ____ a Luisa, pero ella no nos ____ . Gerardo y Roberto también fueron
al concierto, pero yo no los ____ porque ellos llegaron tarde. Mucha gente ____ el
concierto por televisión. ¿Lo ____ tú también?

Miami Sound Machine
EN PERSONA

CONCIERTO: 12 de junio, 8:00 p.m.
ENTRADA: 15.00, 18.00 y 25.00

AUDITORIO MUNICIPAL

LOS ESPERAMOS

reporting past events . . . expressing satisfaction and dissatisfaction

Do you keep a diary? Many young people in the United States and in the Hispanic world enjoy jotting down their opinions or writing about the most important events of their lives.

Páginas de mi diario

Luis, Miguel, Rosalía y Pedro escribieron un diario sobre sus vacaciones de verano.

Luis

Hice un viaje a Colorado y acampé cerca de un lago. Llegué por la tarde y fui a pescar varias veces. Pesqué muchas truchas, las cociné en una sartén . . . ¡qué sabrosas! También monté mucho a caballo.

Miguel

Mi hermano y yo dimos un viaje en bicicleta por California. Estuvimos en algunas de las misiones españolas del Camino Real. Tomamos muchas fotos y la pasamos muy bien.

Rosalía

Yo estuve con mis padres en un parque nacional de Maine. Visitamos muchos lugares en el parque y vimos muchas montañas. Nosotros no escalamos las montañas, pero dimos muchos paseos por el bosque. Fue interesantísimo.

Pedro

Mis vacaciones no fueron muy divertidas. Tuve que ir a la escuela de verano para tomar un curso de programación. Fue un curso difícil, pero pude aprender mucho y saqué buenas notas. Me fue muy bien en el curso, pero no tuve mucho tiempo libre. También tuve un trabajo durante parte del verano.

Actividad • Preguntas y respuestas

Answer the following questions according to B1.

1. ¿Dónde acampó Luis?
2. ¿Qué pescó Luis?
3. ¿Qué hizo Luis con las truchas?
4. ¿Qué hicieron Miguel y su hermano?
5. ¿Adónde fue Rosalía?

6. ¿Qué vieron Rosalía y sus padres?
7. ¿Qué hicieron en el parque nacional?
8. ¿Cómo fueron las vacaciones de Pedro?
9. ¿Qué hizo Pedro en las vacaciones?

B3   Actividad • Combinación

Based on what you have read in B1, join elements from each column to form five
logical sentences.

Rosalía y sus padres Luis **Pedro** *Las vacaciones de Pedro* **Miguel y su hermano**	**fueron a tomar el sol.** *dieron muchos paseos.* no fueron muy divertidas. **aprendió mucho.** **montó a caballo.** tomaron muchas fotos. *visitó las pirámides.*

B4   Actividad • ¡A escribir!

Prepare an entry for your diary about a real or imaginary trip you have recently taken.
Base your entry on B1.

Some hints: ¿Adónde fuiste? ¿Con quién? ¿Por cuánto tiempo? ¿Te gustó? ¿Por qué? . . .

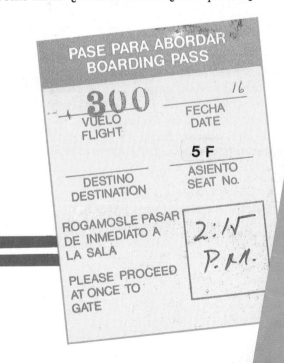

Muchos territorios que hoy forman parte *(that are now part)* de los Estados Unidos antes fueron territorios españoles. Allí vivieron algunas tribus indias y España trató de entrar en contacto con estos indios. Los nativos muchas veces combatieron contra *(fought against)* los españoles. Uno de los métodos que usó España para colonizar estos territorios fue el sistema de misiones. En las misiones los indios trabajaron y aprendieron muchas cosas, entre ellas: diversos oficios *(several trades)*, la religión católica y la lengua española. Ya en 1570 encontramos *(Already in 1570 we find)* la primera misión en la Florida. De la Florida el sistema de misiones pasó a Nuevo México, Texas, Arizona y California. Miles *(Thousands)* de indios vivieron en estas misiones. En California está el famoso Camino Real *(The King's Highway)*. A lo largo de *(along)* este camino, Fray Junípero Serra y otros misioneros establecieron más de veinte misiones. Hoy día podemos visitar, admirar la arquitectura y apreciar la historia de las misiones españolas en los Estados Unidos.

UNA MISIÓN ESPAÑOLA

B 6   ESTRUCTURAS ESENCIALES
Verbs ending in -car, -gar, and -zar

Voy a **pescar** al lago.	*I'm going to the lake to fish.*
Ayer **pesqué** muchas truchas.	*Yesterday I caught many trout.*
Juan va a **llegar** a las tres.	*Juan will arrive at three o'clock.*
Yo **llegué** a las dos.	*I arrived at two o'clock.*
Comencé a trabajar el domingo.	*I started to work on Sunday.*

1. Note that the **yo** form of **pescar** in the preterit tense is **pesqué**. It is spelled with **qu** instead of **c**. This is to preserve the **k** sound of the stem, since **c** is pronounced with a soft **s** sound (as in **cine** and **cero**) when followed by **e** or **i**. All other forms follow the regular pattern. Other verbs that end in **-car** and follow the **pescar/pesqué** pattern in the preterit tense are: **buscar** *(to look for, to search)*, **indicar** *(to indicate)*, **practicar** *(to practice)*, **tocar** *(to touch)*, **chocar** *(to hit, to collide)*, and **marcar** *(to mark, to dial)*.

2. The **yo** form of **llegar** in the preterit tense is **llegué**. It is spelled with **gu** instead of **g**. This is to preserve the **g** sound of the stem. All other forms follow the regular pattern. Other verbs that end in **-gar** and that follow the **llegar/llegué** pattern are **pagar** *(to pay)* and **jugar** *(to play)*.

3. The **yo** form of **comenzar** in the preterit tense is **comencé**. It is spelled with **c** instead of **z**. All other forms follow the regular pattern. Another verb that ends in **-zar** and that follows the **comenzar/comencé** pattern is **empezar** *(to begin)*.

Actividad • ¡Yo también!

Imagine that you did everything that your friends did. Rewrite each sentence as if you also did what was described. Follow the model.

MODELO   Eduardo practicó la guitarra.
         Yo practiqué la guitarra también.

1. Marisol jugó al básquetbol.
2. Luis y Antonio explicaron el problema.
3. La señora Ramírez buscó la solución.
4. Silvia pagó la cuenta.
5. Carolina comenzó a estudiar.

6. Andrés chocó la moto.
7. Roberto tocó el piano.
8. Celia marcó el número de teléfono.
9. Ella indicó dónde está Uxmal.

B8   Actividad • Entrevista

Working with a partner, find out about her or his summer vacation. Make up the details, if you like. You could try questions like these:

1. ¿Adónde fuiste? ¿Fuiste solo(a) o con tus padres?
2. ¿Llegaste temprano? ¿A qué hora?
3. ¿Saliste muchas veces? ¿Adónde fuiste?
4. ¿Cómo la pasaste?
5. ¿Fuiste de pesca? ¿Pescaste mucho?
6. ¿Tuviste tiempo para ir de compras? ¿Qué compraste?
7. ¿Tuviste mucho tiempo libre? ¿Qué hiciste?
8. ¿Cuándo regresaste de vacaciones?
9. ¿Te gustaron tus vacaciones? ¿Por qué?

B9   Actividad • ¡A escribir!

Your school newspaper would like you to write an article about your partner's vacation. Prepare the article, basing it on the information you gathered in the interview in B8. Remember to use the necessary connecting words, such as **y, luego, también, después, para, por,** and **con.**

SE DICE ASÍ

Expressing satisfaction and dissatisfaction

Me fue bien en el examen.	I did well on the test.
La pasamos muy bien en la playa.	We had a very good time at the beach.
Nos fue de lo mejor en el paseo.	Things went very well for us during the outing.
La pasamos de maravilla en el picnic.	We had a marvelous time at the picnic.
No nos fue bien.	It did not go well for us.
Nos fue muy mal.	It went very badly for us.
La pasamos muy mal.	We had a terrible time.

B 11 Comprensión

Listen to each conversation and decide whether the person had a good time on vacation, **la pasó bien,** or not, **la pasó mal.** Check the appropriate space on your answer sheet.

MODELO — Cuéntame cómo fueron tus vacaciones.
— No te puedes imaginar lo fantásticas que fueron.

	La pasó bien	La pasó mal		La pasó bien	La pasó mal
0.	✔		5.		
1.			6.		
2.			7.		
3.			8.		
4.					

ESTRUCTURAS ESENCIALES
The preterit tense of tener, estar, *and* poder

The verbs **tener, estar,** and **poder** are irregular in the preterit, but they have the **u** stem in common.

tener *to have*	estar *to be*	poder *to be able to*
tuve	estuve	pude
tuviste	estuviste	pudiste
tuvo	estuvo	pudo
tuvimos	estuvimos	pudimos
tuvisteis	estuvisteis	pudisteis
tuvieron	estuvieron	pudieron

1. **Poder** means *to be able to*. It is usually followed by an infinitive.

El curso de programación fue difícil, pero **pude aprender** mucho.

The programming course was difficult, but I was able to learn a lot.

No **pudieron trabajar** en la agencia de mi padre durante el verano.

They couldn't work at my father's agency during the summer.

2. Remember that **tener** means *to have* or *to possess*.

Sólo **tuve** dos semanas de vacaciones.
José **tuvo** una bicicleta roja.

I only had two weeks of vacation.
José had a red bicycle.

3. You already know that **tener que** means *to have to*. It is followed by an infinitive.

Gabriela **tuvo que sacar** buenas notas para poder entrar a la universidad.

Gabriela had to get good grades to be able to get into the university.

4. Use **estar** when you want to express location or current condition.

Estuve en Guadalajara el verano pasado.
Genaro **estuvo** enfermo la semana pasada, pero ya **está** bien.

I was in Guadalajara last summer.
Genaro was sick last week, but he is fine now.

B 13   Actividad • ¡Qué suerte!

Use the verbs **tener, poder,** and **estar** to describe what each of the following persons did last year. Follow the model.

MODELO   Julia   Julia tuvo un trabajo bueno.
Pudo ahorrar mucho dinero.
Estuvo en México de vacaciones.

1. yo
2. mis amigos
3. Luis y yo
4. los chicos

5. tú
6. Raúl y Eva
7. María Laura
8. Tomás

Actividad • ¿Cómo te fue?

Who talks to whom? Complete each exchange by finding the reply in the box on the right.

ANA   ¿Tuviste mucho trabajo?
INÉS   ¿Estuviste en el hospital?
LUIS   ¿Tuviste mucha sed?
ELENA ¿Estuviste muy cansado?
RAÚL   ¿Estuviste sola?

ROSA	Sí, y también tuve mucho calor.
ELSA	Sí, estuve muy ocupada.
JORGE	No, sólo tuve dolor de cabeza.
TERE	No, tuve visitas.
RAFA	Sí, no tuve ganas de ir.

B15   Actividad • ¿Pudiste ir a la conferencia?

Héctor wondered who went to the lecture on Saturday. Everyone had something else to do. Follow the model.

MODELO   Silvia / ir al hospital
         Silvia no pudo ir. Tuvo que ir al hospital.

1. Eduardo / terminar la tarea
2. Luisa / cocinar las truchas en la sartén
3. Ana y Cecilia / acompañar a su tía Julia
4. Sonia y Andrés / ahorrar dinero para un viaje
5. Yo / tomar fotos
6. Tu primo / escalar una montaña
7. Roberto / estudiar para un examen
8. Cristina / montar a caballo

B16   SE DICE ASÍ
       Asking and explaining how something was

¿Qué tal estuvo el partido de béisbol? ¿Cómo fue el partido de béisbol?	How was the baseball game?
No sé. Yo no fui, pero Antonio fue.	I don't know. I didn't go, but Antonio went.
Fue un partido muy bueno.	It was a very good game.
Estuvo muy bueno. Fue un partido muy malo. No fue muy bueno.	It was very good. It was a very bad game. It was not very good.

Remember that even though **ir** and **ser** have identical forms in the preterit, they have different meanings. The context of the sentence clarifies their meaning.

Actividad • ¿Cómo fue?

Elisa and Nora are discussing last Saturday's events. Match the questions with the appropriate answers.

1. ¿Quiénes fueron al baile?
2. ¿Cuándo salieron?
3. ¿Llegó Marisela de Texas?
4. ¿Cómo fue el partido de fútbol?
5. ¿Qué contestó Juan Antonio?
6. ¿Fuiste al concierto? ¿Cómo estuvo?

Sí, fue una gran sorpresa.

Que él fue a pescar.

Marta, Tomás y Julieta

No sé. Yo no fui.

No fue muy bueno.

Fue antes de las doce.

B 18 Actividad • El partido de béisbol

Francisco and Javier got tickets to a baseball game last night. They tell their friends about the game, using the preterit tense.

Anoche nosotros (poder) _____ ver un partido de béisbol. El partido (ser) _____ entre los Serafines de California y los Atléticos de Oakland y (estar) _____ muy interesante. Los Atléticos (ganar) _____ el partido y los jugadores José Canseco y Mark McGwire (jugar) _____ bien. Nosotros (tener) _____ la oportunidad de hablar con ellos y después del partido, (ir) _____ a casa a comer.

B 19 Actividad • Cuéntanos   *Tell us*

You already know about Luis, Miguel, Rosalía, and Pedro and their vacations. Now tell us about yours. Prepare notes on three or four activities that you enjoyed while you were on vacation, and also about some of the things that you did not like. Discuss them with a classmate. Some hints:

¿Cuándo fuiste?
¿Fue cerca o lejos?
¿Cómo fuiste?

¿Practicaste algún deporte?
¿Qué otra cosa hiciste?
¿Vas a volver allí?

It's sad to think about the old friends who are no longer in school with you, but it's always nice to meet new friends.

C1

Saludos y presentaciones 📼

En San Antonio, Texas, poco después de las vacaciones de verano, varios estudiantes mexicanoamericanos conversan cerca de la entrada de la escuela.

RAFAEL	¡Hola, Tere! ¡Qué gusto verte de nuevo!
TERE	¡Rafa! ¿Qué tal de vacaciones? ¿Cómo te fue?
RAFAEL	Pues, muy bien. Di un viaje a Nuevo México . . . pero mira, Tere, te presento a Tomás Hinojosa, un estudiante nuevo.
TERE	Mucho gusto, Tomás.
TOMÁS	Encantado.

RAFAEL	Sabes, Tere, Tomás vivió en Los Ángeles por mucho tiempo. Es el primo de Guadalupe.
TERE	Ah, Lupe, y ¿dónde está Lupe? No la vi llegar.
TOMÁS	Mi prima llegó temprano y entró en la clase para escribir unas cartas.

Mientras los muchachos conversan . . . Lupe, sola en la clase, le escribe unas cartas a doña Rosario, su vecina, y a Leticia, su mejor amiga.

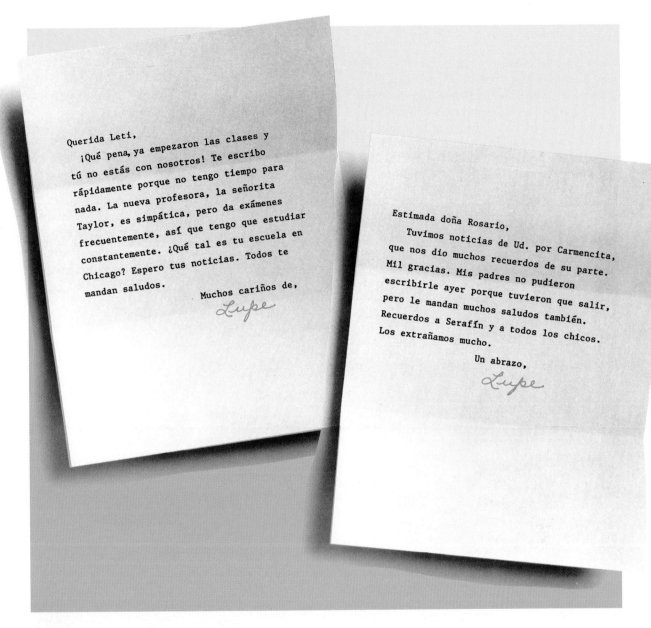

Querida Leti,

¡Qué pena, ya empezaron las clases y tú no estás con nosotros! Te escribo rápidamente porque no tengo tiempo para nada. La nueva profesora, la señorita Taylor, es simpática, pero da exámenes frecuentemente, así que tengo que estudiar constantemente. ¿Qué tal es tu escuela en Chicago? Espero tus noticias. Todos te mandan saludos.

Muchos cariños de,

Lupe

Estimada doña Rosario,

Tuvimos noticias de Ud. por Carmencita, que nos dio muchos recuerdos de su parte. Mil gracias. Mis padres no pudieron escribirle ayer porque tuvieron que salir, pero le mandan muchos saludos también. Recuerdos a Serafín y a todos los chicos. Los extrañamos mucho.

Un abrazo,

Lupe

C2 Actividad • Preguntas y respuestas

Answer the following questions according to C1.

1. ¿Qué hizo Rafa durante sus vacaciones?
2. ¿Quién le presentó a Tomás a Tere?
3. ¿Dónde vivió Tomás?
4. ¿Cómo se llama la prima de Tomás?
5. ¿Por qué llegó Lupe temprano a clase?
6. ¿Quién es Leti?
7. ¿Quién le dio noticias de doña Rosario a Lupe?
8. ¿A quién le mandó recuerdos Lupe?
9. ¿Cómo es la señorita Taylor?
10. ¿Qué le mandan a Leti los chicos de la escuela?

C3 Sabes que . . .

Como ya sabes (as you already know), los hispanos usan dos apellidos (surnames). El primer (first) apellido es el apellido del padre, y el segundo (second) es el apellido de la madre. También es común (it is common), entre los hispanos, tener dos nombres, como por ejemplo: María Luisa o José Antonio. Uno de los nombres es, por lo general, el nombre de uno de los santos de la iglesia católica. (Los calendarios hispánicos incluyen [include] el nombre de uno o más santos para cada día del año.) El otro nombre es generalmente el nombre del padre, de la madre o de un familiar (relative) querido. Los nombres españoles, como los americanos, tienen apodos (nicknames). Así los amigos llaman Rafa a Rafael, Manolo a Manuel o Lola a Dolores. Frecuentemente, por cariño, llamamos a una persona por el diminutivo de su nombre, así de Clara, Clarita; de José, Joseíto; y de Diego, Dieguito.

MARCOS ROBERTO MATA

DR. MANUEL CONTRERAS LOPEZ

Elena del Carmen Muñoz

Infantil
Sara Alexandra, hija del ingeniero Rafael Angel Zaldaña y doña Carmen Martha Lozano de Zaldaña, celebró recientemente la grata fecha de su cumpleaños.

Marta Pacheco de Gutiérrez

Cumpleañero
Celebrando su cumpleaños estuvo el niño Rolando Atilio, hijo del arquitecto Félix Rolando Bran y doña Ana Daysi Lozano de Bran, quienes por tal motivo lo agasajaron con una fiesta infantil, durante la que recibió múltiples felicitaciones.

Ana Isabel Gutiérrez

C4 SE DICE ASÍ
Meeting and greeting people

CARLOS ¡Hola, Rafa! ¿Qué tal? ¿Cómo estás?
RAFAEL Muy bien, Carlos. Te presento a Tomás Gómez.
CARLOS Carlos García. Mucho gusto, Tomás.
TOMÁS Encantado.

You may use a nickname with a person you address as **tú.** Use a full name for formal occasions, such as introducing someone.

C5 Actividad • Charla

Laura, Ignacio, and Cecilia are talking. Get together with two classmates to complete the following conversation.

—Buenos días, Ignacio, _____ .
—¡Laura! ¿ _____ ?
—Muy bien, ¿y tú?
—Así, así. Laura, _____ a Cecilia Sandoval.
—Mucho gusto, Cecilia.
— _____ .

Decide if the second speaker gives a logical response to the first speaker's questions. If the response is logical, check **lógico** on your answer sheet. If it is not, check **absurdo.**

MODELO —¿Cómo viajaste?
        —No pudimos viajar hasta el sábado. *(absurdo)*

	Lógico	Absurdo		Lógico	Absurdo
1.			6.		
2.			7.		
3.			8.		
4.			9.		
5.			10.		

C7 SE DICE ASÍ
Sending greetings and saying that someone sends regards

Sending greetings to . . .	Giving regards from . . .
Recuerdos a Serafín y a los chicos. Say hello to Serafín and the children.	Maribel te **manda recuerdos.** Maribel sends regards.
Saludos de mi parte. Best regards.	Carmencita me **dio saludos** para ti. Carmencita told me to say hello to you.
	Mis padres le **mandan muchos saludos.** My parents send greetings.
	Todos te **mandan recuerdos.** Everyone says hello.

The English equivalent for **mandar saludos** can be either *to say hello* or *to send greetings.*

C8 Actividad • ¡Saludos!

You are calling your grandparents long distance. Ask them how they are, and tell them you are having a good time. Also tell them that your family and friends send their regards. Finish by sending your own.

Julián, un compañero de clase que vive ahora en Chicago, le escribe una carta a su amigo Daniel.

Querido amigo,
Chicago es una ciudad grande
pero muy distinta a Los Ángeles. Está
Voy al centro frecuentemente.
lleno de rascacielos pero hace mucho
viento. Estuve allí el otro día y vi
muchas cosas interesantes.
Tengo algunos amigos nuevos y
conocí a varias chicas mexicanas.
en una fiesta. Tienes que venir a
pasar unos días con nosotros. Habla
pronto.

Muchos saludos de

C10 Actividad • ¿Es cierto o no?

Correct these statements, if necessary, to make them agree with the information in C9.

1. Julián vive en Los Ángeles.
2. Daniel le escribió la carta a Julián.
3. Chicago es una ciudad pequeña.
4. Daniel conoció a varias chicas peruanas.
5. Julián invitó a Daniel a pasar unos días con él.

ESTRUCTURAS ESENCIALES
The preterit tense of saber *and* conocer

saber	*to know, to find out*	conocer	*to meet*
supe	supimos	conocí	conocimos
supiste	supisteis	conociste	conocisteis
supo	supieron	conoció	conocieron

Supimos que Tomás es el primo de Lupe.　　*We found out that Tomás is Lupe's cousin.*
Estrella **conoció** a Rafa en el concierto.　　*Estrella met Rafa at the concert.*

1. The verb **saber** is irregular in the preterit.

2. Notice that **saber** has two meanings in the preterit tense. Besides *to know,* it also
means *to find out* or *to hear about.*

Supe que Genaro está enfermo.　　*I found out that Genaro is sick.*
Supimos la noticia por la radio.　　*We heard the news on the radio.*
Carolina no **supo** qué decir.　　*Carolina didn't know what to say.*

3. The preterit tense forms of **conocer** are regular.

4. Notice that the verb **conocer** in the preterit tense usually means *to meet.*

Laura, ¿**conociste** al estudiante nuevo?　　*Laura, did you meet the new student?*
Pues sí, lo **conocí** en la fiesta de Roberto.　　*Well yes, I met him at Roberto's party.*

Actividad • ¡A completar!

Complete the following sentences with the preterit tense of **saber** or **conocer.**

1. ¡Qué pena! Yo no _____ qué decir.
2. Dieguito _____ que Rafa no habla inglés.
3. Lupe y yo _____ que Leti visitó un rascacielos en Chicago.
4. ¿ _____ ellos al estudiante nuevo?
5. ¿ _____ tú si él tiene hermanos?
6. El ingeniero _____ a la señorita Taylor en la feria.

Actividad • El estudiante nuevo

Your friend was absent from class yesterday and asks you about a new student.
Answer in complete sentences, using the preterit of **saber** or **conocer.**

1. ¿Conociste al estudiante nuevo?
2. ¿Supiste cómo se llama?
3. ¿Supieron ustedes si habla español?
4. ¿Conoció él a tu hermana?
5. ¿Supieron las chicas dónde vive el estudiante nuevo?

Actividad • La visita a Chicago

Complete the following paragraph with the correct preterit form of **saber** or **conocer,** as needed.

Yo _____ que Leti fue a Chicago la semana pasada y que
_____ a un muchacho muy guapo que se llama Rafa. Leti
y Rafa _____ que los amigos de Leti, Ana Gloria y Rolando,
quieren ir a Chicago también. Ellos visitaron la ciudad hace
años y _____ mucha gente interesante.

C15 ## SE ESCRIBE ASÍ
Salutations and complimentary closings

Saludos	Salutations
Informal	*Formal*
Querida Rita,	Estimada doña Rosario,
Querido amigo,	Estimado señor Gómez,
Queridos papá y mamá,	Estimada señora Ruiz,
Queridas primas,	Estimadas señoras,
Despedidas	**Complimentary Closings**
Informal	*Formal*
Cariñosamente,	Afectuosamente,
Un abrazo de,	Cordialmente,
Muchos recuerdos/saludos de,	Saludos,
Todos te mandan saludos,	Atentamente,

C16 Actividad • ¡A escribir tarjetas postales!

You are writing postcards in Spanish to some of your relatives or friends. Tell them what you did during your summer vacation and what you are doing in school. Read C15 carefully and make sure that you use the correct **saludo** and **despedida.** Write postcards to at least four relatives or friends.

ESTRUCTURAS ESENCIALES
Adverbs ending in -mente

Te escribo **rápidamente** porque no tengo tiempo para nada.	*I'm writing to you quickly because I don't have time for anything.*
La profesora nueva da exámenes **frecuentemente.**	*The new teacher gives tests frequently.*
Evita escribe **lentamente.**	*Evita writes slowly.*
Tengo que estudiar **constantemente.**	*I have to study constantly.*

1. In Spanish, many adverbs are formed by adding **-mente** to the feminine form of the adjective: **rápido→rápida→rápidamente.** Notice that if the adjective has an accent, the accent remains in the adverb form.

2. Adjectives that have only one form for both masculine and feminine add **-mente** to that form: **frecuente→frecuentemente; fácil→fácilmente.**

3. The ending **-mente** in Spanish is equivalent to the ending *-ly* in English: **rápidamente,** *rapidly.*

Actividad • Mis amigos y yo corremos

You want to tell the class how you and your friends jog in the park. Change the adjectives in parentheses to adverbs.

Yo voy al parque (frecuente) _____ y siempre veo que mis amigos Gustavo y Guido corren (rápido) _____ . Mi otro amigo, Andrés, corre (lento) _____ porque no practica (diario) _____ . Yo puedo correr (fácil) _____ porque practico (constante) _____ .

Actividad • A completar lógicamente

Complete the sentences by changing adjectives to adverbs ending in **-mente.**

1. Manuel no estudia mucho y contesta las preguntas (tonto) _____ .
2. Pedro cocina las truchas (delicioso) _____ .
3. Me gusta mucho la comida, (especial) _____ la mexicana.
4. El profesor mexicanoamericano explica la lección (estupendo) _____ .
5. La señorita Taylor me saludó (cariñoso) _____ .
6. (Final) _____ ,Pedro pudo salir con Cecilia.

C20 ¿RECUERDAS?
Using por *and* para

You have been using **por** and **para** for a while. Do you recall the following uses?

Por is used to indicate:	**Para** is used to indicate:
1. Motion 　　Los muchachos pasaron **por** la tienda.	1. Destination: to a place 　　Nos vamos **para** Mazatlán.
2. Means, manner 　　Siempre viajamos **por** avión. 　　Le mandé una carta **por** correo.	2. Destination: to a recipient 　　Compré este libro **para** ti.
3. Period of time 　　Voy a clase **por** la mañana.	3. Time limit 　　Necesito la tarea **para** mañana.
4. Frequency; in exchange for 　　dos discos **por** $10 　　tres veces **por** semana	4. Purpose 　　Como **para** vivir. 　　Necesitas billete **para** entrar.

C21 Actividad • ¿Por o para?

Complete the following sentences with **por** or **para**.

1. El tren salió _____ Madrid.
2. La composición es _____ la semana próxima.
3. Dos veces _____ semana vamos al cine.
4. ¿Pasaste _____ las misiones españolas?
5. No, porque viajé _____ avión.

6. La entrevista es _____ el periódico.
7. Tuve noticias de Juan _____ correo.
8. ¿Es ese regalo _____ mí? ¡Mil gracias!
9. Si paso _____ Houston, te voy a visitar.
10. A ella le gusta mucho hablar _____ teléfono.

C22 Actividad • ¿Qué pasó ayer?

Combine the words in each of the columns and you will know what happened yesterday. Use the correct preterit form of the verb in the second column, and choose **por** or **para** as needed.

Graciela	trabajar		su papá.
Los turistas	salir		Guadalajara.
Yo	pescar	por	tres horas.
Juan Carlos	pasar	para	Uxmal.
Gustavo	llegar		avión.
Roberto y Pepe	correr		el parque.
Yo	ir		tu casa.

40 Unidad 1

1   Una comida en casa de Tere

El viernes pasado los padres de Tere invitaron al nuevo profesor de música, José Fernández López, y a su esposa, Elena, a cenar con ellos. Después de la cena, el profesor Fernández López tocó el piano y todos cantaron. ¡Fue muy divertido!

2   Actividad • Preguntas y respuestas

Answer in complete sentences. Base your answers on the information and illustration in Skills 1.

1. ¿Qué hicieron Tere y su familia el viernes?
2. ¿Quiénes fueron los invitados?
3. ¿A qué hora fue la cena?
4. ¿Cuántos invitados tuvieron ellos?
5. ¿Qué comieron?
6. ¿Dónde comieron?
7. ¿Qué hicieron después de la cena?
8. ¿Cómo fue la comida?

3   Actividad • La semana pasada

You want to write down the things that you did every day last week, beginning with **lunes.** Write seven different things that you did, one thing for each day, using the verbs below.

> MODELO   estudiar
> > El lunes estudié la lección.

caminar	ir	ver	dar
comer	salir	escribir	

4   Actividad • Entrevista

Now let's see if other people in the class did the same things you did last week. Ask your classmates seven different questions to find out what they did each day.

5   Actividad • Proyecto

Write the answers to Skills 4, and report your findings to the class.

6   Actividad • Lo que pasó

Do you recall a recent event you've seen? Narrate the event to the class. Some hints:

> La semana pasada . . .
> Cuando fui a la fiesta . . .
> El otro día tuve que . . .

7   Actividad • Saber o conocer

Write four sentences about someone you've just met or someone you know by using the preterit of **saber** or **conocer.**

8   Actividad • Una tarjeta postal

You are away on vacation. Write a postcard in Spanish to your teacher, using the correct **saludo** and **despedida.** Don't forget to send greetings to your classmates.

9   Actividad • Para o por

Write a short note (eight sentences) to your best friend, using **por** and **para.** You can write about your vacation, your weekend, or your school.

10   Dictado

Get ready to complete the following paragraph from dictation.

> El ____ pasado mis ____ Gustavo y Gisela fueron de ____ a
> ____ diferentes. Gustavo ____ a un ____ nacional con su hermano
> ____ . Gisela ____ un ____ a ____ con su hermana. Todos la pasaron
> de lo ____ .

The letter *g*

1. The Spanish consonant **g,** followed by **a, o,** or **u,** has a sound similar to the English *g* in the word *guy.*

ganar	gracias	goma
gastar	tengo	guapo
gusto	guante	Guadalupe
amigo	agosto	pregunta

No gané mucho, pero gasté mucho.
Mucho gusto, Guadalupe.
Muchas gracias, amigo.
Tengo una pregunta.

2. The Spanish consonants **g** (before **e** and **i**) and **j** (in all positions) have a sound similar to a strongly pronounced English *h.*

juego	agencia	trabajé
Gerardo	tarjeta	gente
Jorge	trabajaron	Georgina

Juego con Jorge y Gerardo.
Voy a la agencia.
Trabajé con la gente.
Georgina y Gerardo van de viaje.

3. In the combinations **gue** and **gui,** the **u** is not pronounced.

Miguel	guía	Dieguito	pagué
jugué	llegué	guitarra	Guido

Actividad • Práctica de pronunciación

Listen carefully to the following sentences, then repeat.

La gente vio a Gisela y a Gilberto.
Gerardo Jiménez es ingeniero.
Juan Gualberto habla una lengua antigua.
Gabriel y Graciela dieron las gracias por el regalo.
Guido Guedes tocó la guitarra cuando llegó.

¿LO SABES?

Let's review some important points you've learned in this unit.

Can you remember the things that you did during your summer vacation?
Write five complete sentences, telling five different things you did during your summer vacation. Here are some hints: **Fui a . . . y llegué. Vimos muchas . . . Pesqué todos los días . . .**

Use the following expressions to tell others about your vacation.
Dimos un viaje . . .
Dimos muchos paseos por . . .
Dieron un concierto/una película . . .
Visité muchos . . .
Trabajé por _____ semanas . . .
Pasé las vacaciones . . .

Can you tell about a recent event at school?
Briefly report it to the class.
Some ideas: la última fiesta en la escuela
el último juego de básquetbol
una excursión de la escuela
un proyecto de la clase de español

What would you ask somebody who has just returned from a summer trip?
Think of five questions and ask a classmate.

Do you know how to introduce someone in Spanish? What do you say when you are being introduced to someone?
Get together with two classmates. Introduce each other. One student should play the role of an adult.

Are you able to write a postcard in Spanish?
Write a postcard to a friend. Include each of the following:
send greetings
give your regards to someone else
include the complimentary closing

VOCABULARIO

SECTION A

acampar *to camp out*
la agencia de viajes *travel agency*
aprender *to learn*
así, así *so-so*
cambiar impresiones *to exchange views*
el compañero de clase *classmate*
dar *to give*
  dar una clase *to teach a class*
  dar un concierto *to give a concert*
  dar dinero *to give money*
  dar un paseo *to take a walk*
  dar un viaje *to take a trip*
¡de lo mejor! *wonderfully!*
en fin *really; actually; after all*
ganar *to earn (money)*
gastar *to spend*
el guía de turistas *tour guide*
interesantísimo, -a *very interesting*
luego *then; later*
maya *Mayan*
la montaña *mountain*
la pirámide *pyramid*
el regreso *return*
las ruinas *ruins (archeological)*
según *according to*
tomar el sol *to sunbathe*

SECTION B

el bosque *forest*
el caballo *horse*

el curso *course*
de maravilla *marvelous; great*
durante *during*
enfermo, -a *sick*
escalar *to climb (a mountain)*
el lago *lake*
me fue bien *things went well for me*
me fue mal *things went badly for me*
montar (a caballo) *to ride (on horseback)*
pasarla bien *to have a good time*
pasarla mal *to have a bad time*
pescar *to fish*
la programación *programming*
sacar buenas notas *to get good grades*
el trabajo *job*
la trucha *trout*
varias veces *several times*

SECTION C

el abrazo *hug; embrace*
afectuosamente *affectionately*
atentamente *sincerely; very truly yours*
el cariño *affection*
cariñosamente *affectionately*
el centro *downtown*
constantemente *constantly*
cordialmente *cordially*
de nuevo *again*
la despedida *complimentary closing*
distinto, -a *different*

doña *title of respect for mature women*
encantado, -a *pleased to meet you*
estimado, -a *dear; esteemed*
extrañar *to miss (someone or something)*
fácilmente *easily*
frecuentemente *frequently*
lentamente *slowly*
lleno, -a *full*
mexicanoamericano, -a *Mexican American*
mientras *while*
mil gracias *thank you very much*
muchos recuerdos *many regards*
no tengo tiempo para nada *I don't have time for anything*
presentar *to introduce; to present*
pues *well*
¡qué gusto (verte)! *what a pleasure (to see you)!*
rápidamente *rapidly*
el rascacielos *skyscraper*
los recuerdos *regards*
  dar recuerdos (a, para) *to give regards (to)*
  dar recuerdos de *to give regards from*
  mandar recuerdos *to send regards*
solo, -a *alone*
tener noticias de *to hear from (about)*
un abrazo de . . . *a hug from . . .*

PRÁCTICA DEL VOCABULARIO

1. Go through the unit vocabulary list and find the names of places where people go on vacation.

2. Now make up at least five sentences in the preterit tense with the words you selected. Then classify them in your preferred order of importance.

VAMOS A LEER

Antes de leer

Let's get ready for the reading! Here are some strategies that will help you to read the selection. The activities that follow the selection will help you develop your reading skills.

Preparación para la lectura

A. Try to guess the meaning of unfamiliar words by identifying the familiar words in a sentence. Also, pick out the cognates; that is, words that are spelled similarly and have the same meaning in English and Spanish. For instance, many Spanish words that end in a vowel have an English equivalent without the vowel, such as: **excepto**, *except*. How many cognates can you find in the selection?

B. Answer the following questions before reading.

1. ¿Te llama todo el mundo por tu nombre o tienes un apodo?
2. ¿Te gusta tu nombre? ¿Por qué?
3. Después de buscar rápidamente en la lectura, ¿sabes cuál es la idea general?
   a. apodos   b. diminutivos   c. cambios de nombre
4. Si miras rápidamente la lectura, también vas a poder encontrar otros nombres que puede usar una persona que se llama Dolores. ¿Cuáles son?
5. ¿Cómo traduces al inglés los nombres José, Pepe y Pepito?

¿Te gusta tu nombre? 📼

Tu nombre es para toda la vida. ¿Te gusta? ¿O quieres cambiarlo? ¿Te aburre el tuyo°? Tu nombre es muy importante: te ayuda a crear tu imagen, eres tú. Cuatro de cada cinco personas no están contentas con su nombre. ¿Eres tú una de ellas? ¿Quieres un nombre exótico o solamente diferente?

Los primeros días de clase son una buena ocasión para cambiar de nombre, especialmente si vas a otra escuela donde nadie te conoce. En muchas clases de español los estudiantes usan su nombre en español o escogen uno nuevo en ese idioma. Hay muchas posibilidades.

Quizás una tía o alguien de tu familia te llama por un apodo que nadie más sabe. O quizás tu nombre ya tiene un apodo. ¿Te llamas José? Pues tienes muchos apodos de donde escoger: Pepe, Pepito, Pepín, Joseíto, Cheo, Cheíto. ¿Te llamas Dolores? Puedes cambiar a Lola, Lolita, Loló o Lolina. La verdad es que Dolores es un nombre muy bonito . . . y muy español. Si tu nombre tiene un apodo y nunca lo usaste, ése es el cambio más fácil que puedes hacer.

Quizás nunca, excepto en familia, usas el diminutivo de tu nombre. Éste es también un cambio muy fácil, pero no muy diferente. Sólo tienes que añadir **-ito/-ita** a tu nombre. Así, de Rosa tienes Rosita; de Miguel, Miguelito. Si tu nombre termina en **n** o **r**, entonces añades **-cita/-cito,** como Carmencita, Leonorcita, Ramoncito. A veces el diminutivo necesita escribirse de manera diferente, como Francisquita, de Francisca. Y el diminutivo no es igual° en todas partes. En el norte de España prefieren la terminación° **-ín,** como Tomasín, de Tomás; o Dominguín de Domingo. En el Caribe a veces favorecen la terminación **-ico,** como Robertico y Humbertico.

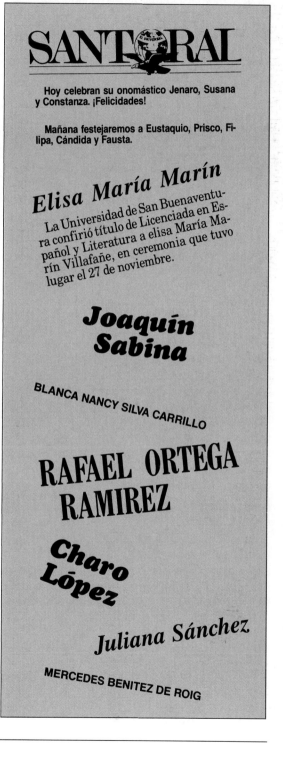

SANT⊕RAL

Hoy celebran su onomástico Jenaro, Susana y Constanza. ¡Felicidades!

Mañana festejaremos a Eustaquio, Prisco, Filipa, Cándida y Fausta.

Elisa María Marín
La Universidad de San Buenaventura confirió título de Licenciada en Español y Literatura a elisa María Marín Villafañe, en ceremonia que tuvo lugar el 27 de noviembre.

Joaquín Sabina

BLANCA NANCY SILVA CARRILLO

RAFAEL ORTEGA RAMIREZ

Charo López

Juliana Sánchez

MERCEDES BENITEZ DE ROIG

---

el tuyo *yours*   **igual** *the same*   **terminación** *ending*

Otro cambio fácil es hacer tu nombre más corto. Si te llamas Teresa, puedes usar Tere. Si te llamas Gabriela, Gaby, o si Guillermo, Guille. Puedes también usar la última parte de tu nombre: de Georgina, Gina; de Guadalupe, Lupe.

Si tienes dos nombres, como María Luisa, puedes hacer un solo nombre de los dos: Marilú. Así, de María Soledad tienes Marisol; de María Isabel, Maribel. También puedes usar uno solo, por ejemplo, de María Luisa puedes usar o María o Luisa. Si quieres, puedes usar un apodo como Maruca o Lulú.

Por supuesto, si no encuentras manera de hacer tu nombre diferente, puedes cambiarlo por otro legalmente, pero ése es un problema muy grande. Necesitas tiempo y dinero. Además, es muy difícil para tu familia y tus amigos llamarte de una manera totalmente diferente. ¿Qué hacer entonces?

Estudia primero tu nombre. ¿Por qué te lo dieron tus padres? ¿Es el nombre de alguna persona muy querida para ellos? ¿O quizás de alguien famoso a quien le tuvieron mucha admiración? ¿Es un nombre de novela° o histórico? ¿Es el nombre de una diosa°, como Diana? ¿O de un héroe o un rey? ¿O de una flor, como Margarita o Jacinto? ¿O tiene significado°, como Alba, que quiere decir *amanecer* y también *blanca*? Estudia qué personas famosas se llaman como tú. ¿Quiénes son? ¿Qué hacen?

Recuerda que tus padres te dieron con cariño° el nombre que llevas°. Y que cuando alguien te llama por tu nombre con cariño, tu nombre suena° mejor, más dulce°. En realidad, tu personalidad es más importante. Tu nombre eres tú.

DON GREGORIO RODRIGUEZ ACOSTA

Roberto González

DON LUIS MARTIN GARCIA

MANUEL CLAVERO PEREZ

DOÑA BLANCA DE ONIS LOPEZ

Pedro Juan Caballero

DOÑA MARIA PIEDAD YRISARRY

---

de novela *from a novel*　**diosa** *goddess*　**significado** *meaning*　**con cariño** *with affection*　**llevas** *(you) have*
suena *sounds*　**más dulce** *sweeter*

Actividad • Preguntas y respuestas

Answer these questions according to **¿Te gusta tu nombre?**

1. ¿Hay muchas personas contentas con su nombre, según la lectura?
2. ¿Por qué cambia la gente de nombre?
3. ¿Cuándo es un buen momento para cambiar de nombre?
4. ¿De qué nombre es Lolina el apodo?
5. ¿Sabes que Carmen quiere decir *canción*? ¿Cuál es el diminutivo?
6. Maribel puede ser la combinación de dos nombres. ¿Cuáles?
7. ¿Sabes el significado de tu nombre? ¿Cuál es?
8. ¿Sabes cómo se dice tu nombre en español?

Actividad • ¿Cuál es el diminutivo?

Write the diminutives of the following names.

Raquel	Mariana	Tomás	Alberto	Julián	Estrella
Diego	Paco	Olga	Andrés	Manolo	Susana

Actividad • Los nombres españoles

Find names you like of two kings and two queens of Spain. Also find the Spanish names of two flowers that are used as first names, and of four Spanish people you may know.

Actividad • Charla

Get together with a classmate and discuss names and nicknames you like and dislike. Talk about the names you would choose if you had to change your names. You can start your discussion with one of the following:

No me gusta mi nombre. Prefiero _____ .
Yo prefiero el apodo _____ .
Me gusta el nombre _____ .

UNIDAD 2
Con la familia

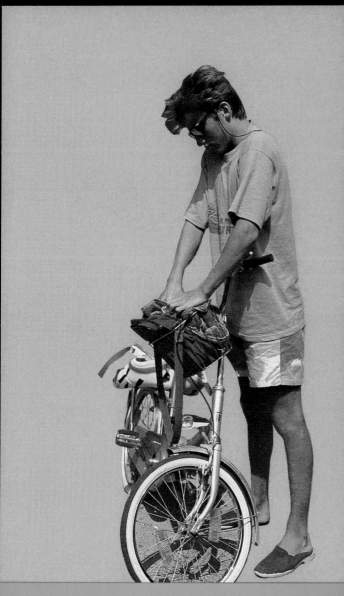

Spanish-speaking teenagers who live in the United States often spend time with relatives in other parts of the country. They make new acquaintances and go out in mixed groups. Like most teenagers everywhere, they often borrow things from their friends. Sometimes they have to be very persuasive to get the things they want to borrow.

In this unit you will:

SECTION A	compare and express preferences . . . talk about family relationships
SECTION B	make excuses . . . express your point of view . . . make suggestions
SECTION C	persuade somebody to lend you something . . . confirm expected courses of action
TRY YOUR SKILLS	use what you've learned
VAMOS A LEER	read for practice and pleasure

A comparing and expressing preferences . . . talking about family relationships

Spanish youngsters meet new friends among close neighbors and relatives. Grandchildren are usually very close to their grandparents. Grandparents are an integral part of the Spanish family.

A1 # Unos días con los abuelos 📼

Juan Pablo es un muchacho de Puerto Rico que ahora vive en Nueva York. Está de visita por unos días en casa de sus abuelos, que viven en Fajardo, Puerto Rico. Juan Pablo les escribe una carta a sus padres y les manda unas fotos.

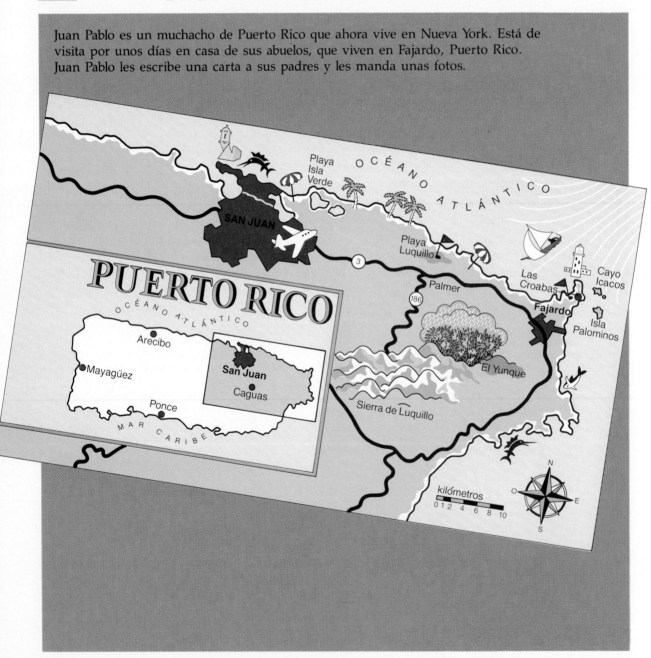

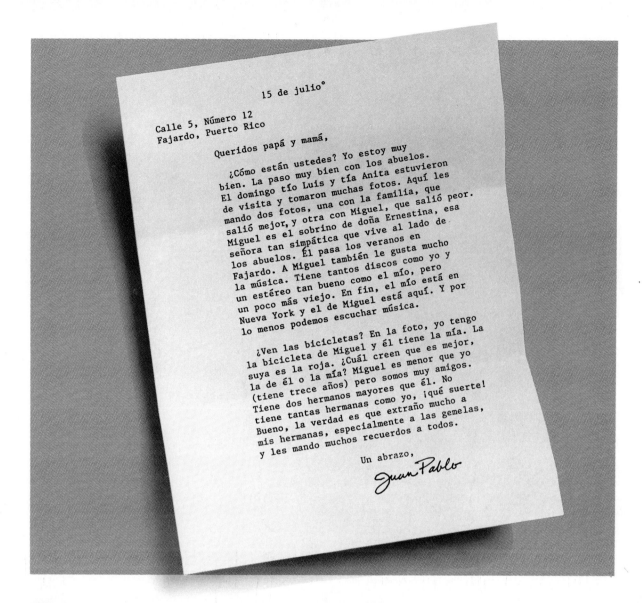

15 de julio°

Calle 5, Número 12
Fajardo, Puerto Rico

Queridos papá y mamá,

¿Cómo están ustedes? Yo estoy muy bien. La paso muy bien con los abuelos. El domingo tío Luis y tía Anita estuvieron de visita y tomaron muchas fotos. Aquí les mando dos fotos, una con la familia, que salió mejor, y otra con Miguel, que salió peor. Miguel es el sobrino de doña Ernestina, esa señora tan simpática que vive al lado de los abuelos. Él pasa los veranos en Fajardo. A Miguel también le gusta mucho la música. Tiene tantos discos como yo y un estéreo tan bueno como el mío, pero un poco más viejo. En fin, el mío está en Nueva York y el de Miguel está aquí. Y por lo menos podemos escuchar música.

¿Ven las bicicletas? En la foto, yo tengo la bicicleta de Miguel y él tiene la mía. La suya es la roja. ¿Cuál creen que es mejor, la de él o la mía? Miguel es menor que yo (tiene trece años) pero somos muy amigos. Tiene dos hermanos mayores que él. No tiene tantas hermanas como yo, ¡qué suerte! Bueno, la verdad es que extraño mucho a mis hermanas, especialmente a las gemelas, y les mando muchos recuerdos a todos.

Un abrazo,

Juan Pablo

Actividad • Preguntas y respuestas

Answer the following questions according to Juan Pablo's letter in A1.

1. ¿De dónde es Juan Pablo?
2. ¿Quiénes viven en Fajardo?
3. ¿Dónde viven los padres de Juan Pablo?
4. ¿Cómo se llama el sobrino de doña Ernestina?
5. ¿Quién tiene tantos discos como Juan Pablo?
6. ¿Es el estéreo de Miguel mejor que el de Juan Pablo?
7. ¿Es Miguel mayor o menor que Juan Pablo?
8. ¿Son los hermanos de Miguel mayores o menores que él?
9. ¿Cuántos hermanos tiene Miguel?
10. ¿Qué le manda Juan Pablo a su familia?

°Note that in Spanish you write the day first, then the month, with **de** instead of commas, as in **12 de octubre de 1492.**

Actividad • ¡A escoger!

For each numbered sentence, choose the ending that fits best. Refer to the information in A1.

1. Juan Pablo escribió
   • una tarjeta postal. • una carta. • un telegrama.

2. En Fajardo, Puerto Rico, viven sus
   • abuelos. • tíos. • padres.

3. Doña Ernestina es
   • la abuela de Juan Pablo. • la tía de Miguel. • la mamá de Miguel.

4. Miguel tiene tantos discos como
   • tía Anita. • Juan Pablo. • doña Ernestina.

5. La bicicleta de Miguel es
   • la verde. • la azul. • la roja.

6. En la foto, Miguel tiene
   • la bicicleta de Juan Pablo. • la suya. • la azul.

7. Juan Pablo extraña a
   • su mamá. • su abuela. • las gemelas.

A4 Actividad • Tu familia

Answer the following questions about your real or imaginary family.

1. ¿De dónde son tus abuelos? ¿Y tus padres?
2. ¿Tienes hermanos o hermanas? ¿Eres mayor o menor?
3. ¿Qué es mejor, tener hermanos mayores o menores? ¿Por qué?
4. ¿Hay gemelos en tu familia?
5. ¿Cuántos tíos o tías tienes?
6. ¿Cuántos primos tienes?

Al sur *(to the south)* de la península de la Florida hay un grupo de islas *(islands)*, las Antillas *(the West Indies)*. En tres de estas islas se habla español: Cuba, la República Dominicana y Puerto Rico.

Cristóbal Colón descubrió *(discovered)* la isla de Puerto Rico en 1493 durante su segundo viaje. Ponce de León exploró la isla y fundó *(founded)* la ciudad de San Juan en 1508. La Isla del Encanto *(The Island of Enchantment)*, otro nombre para Puerto Rico, es pequeña en tamaño *(size)*, pero grande en atracciones. San Juan, la capital, es una ciudad moderna, pero tiene una parte antigua, el Viejo San Juan. Allí podemos admirar el aspecto colonial de la isla.

A la entrada de la bahía de San Juan *(San Juan Bay)* está el famoso castillo de El Morro *(El Morro Fortress)* que defendió la ciudad del ataque de los crueles piratas. La ciudad de Mayagüez da honor al "Descubridor" *(Discoverer)* en la Plaza de Cristóbal Colón. El Yunque es un bosque tropical donde hay cientos de plantas y animales distintos *(different)*. Aquí termina nuestro viaje por Puerto Rico, pero no el deseo *(desire)* de volver a esta encantadora *(charming)* isla.

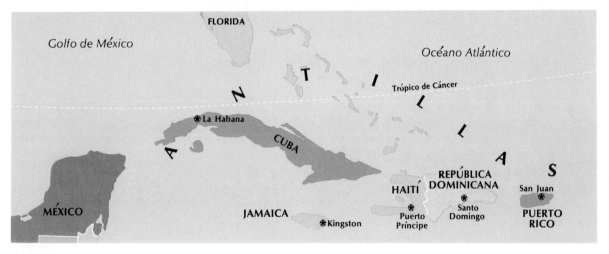

A6 SE DICE ASÍ
Comparing age and quality

Él es menor que yo.	He is younger than I (am).
Ellas son menores que nosotros.	They are younger than we (are).
Yo soy mayor que ella.	I am older than she (is).
Luis y Elena son mayores que yo.	Luis and Elena are older than I (am).
La roja es mejor que la mía.	The red one is better than mine.
Mis discos son mejores que los de Alberto.	My records are better than Alberto's.
Mi reloj es peor que el de Carlos.	My watch is worse than Carlos's.
Son peores que los de ellos.	They are worse than theirs.

Use **menor/menores** and **mayor/mayores** when comparing age. Use **mejor/mejores** and **peor/peores** to compare quality.

Look at each illustration. Then complete the captions with **mayor, menor, mejor,** or **peor.**

1. Miguel es _____ que Luis.

2. Él me admira porque yo soy _____ que él.

3. Sus hermanos son _____ que él.

4. Yo creo que tener tres hermanas es _____ que no tener hermanas.

5. Mi estéreo es _____ que el suyo.

6. Su bicicleta es _____ que la mía.

A8 Actividad • ¿Mejor o peor?

Compare the items mentioned in each sentence and decide if one is better or worse than the other. Choose between **mejor que** and **peor que.**

1. Una bicicleta vieja es _____ una nueva.
2. Las películas divertidas son _____ las películas aburridas.
3. Tener muchos discos es _____ tener pocos discos.
4. Escribir cartas es _____ leer cartas.
5. Ser el menor es _____ ser el mayor.
6. Tener una hermana mayor es _____ tener una menor.
7. Estar de vacaciones es _____ estar en casa.

A9 ESTRUCTURAS ESENCIALES
Stressed possessive adjectives

There are two sets of possessive adjectives in Spanish. You already know the short forms, **mi, tu, su,** and **nuestro,** which are used before nouns. The following chart shows the stressed possessive adjectives that follow the nouns.

	Masculine	*Feminine*
my	**mío, míos**	**mía, mías**
your *(familiar)*	**tuyo, tuyos**	**tuya, tuyas**
your *(polite)*, his, her, its, their	**suyo, suyos**	**suya, suyas**
our	**nuestro, nuestros**	**nuestra, nuestras**

1. Stressed possessive adjectives are used for emphasis and therefore they are stressed in pronunciation. Note that they are generally used with the article.

la bicicleta **mía**	*my bicycle (the bicycle of mine)*
el pasaporte **mío**	*my passport (the passport of mine)*

2. Stressed possessive adjectives always follow the noun they modify. They agree in gender and number with the noun.

mi amigo = **el** amigo **mío**	**mis** amigos = **los** amigos **míos**
mi amiga = **la** amiga **mía**	**mis** amigas = **las** amigas **mías**

3. Note that the article is usually omitted after the verb **ser** when referring to people.

Ella es **amiga mía.**	*She is a friend of mine.*
Ellos son **amigos míos.**	*They are friends of mine.*

4. Following a noun, **suyo (-a, -os, -as)** may have several meanings: *your* (formal), *his, her, its,* or *their.* For clarification, it can be replaced with the following:

$$\text{de} + \begin{cases} \text{Ud., Uds.,} \\ \text{él, ella, ellos, ellas} \end{cases}$$

A 10 Actividad • Y ésta es . . . 📼

You invited your friend Tomás to a family reunion. Now clarify for him who are the members of your family and friends. Follow the model and use stressed possessive adjectives.

MODELO   David / hermano   Tomás, David es hermano mío.

1. doña Isabel / vecina
2. Roberto / tío
3. Elena / prima

4. Luisa y Ana / hermanas
5. el señor López / amigo
6. Raúl y Rita / primos

A 11 Actividad • De regreso

Getting ready to come home from your vacation, your mother wants to make sure nothing is left behind. Complete each sentence with the correct form of **suyo.**

1. ¿Tiene Elenita la raqueta _____ ?
2. ¿Dónde están las maletas _____ , debajo de la cama?
3. ¡Ay, papá no sabe dónde están los cheques de viajero _____ !
4. ¿Tiene Pablo la chaqueta _____ ?
5. No encuentro el pasaporte _____ .
6. Éstos son los míos. ¿Dónde están los zapatos de tenis _____ ?
7. Pepe no debe olvidar la cámara _____ .
8. Aquí están las fotos _____ .

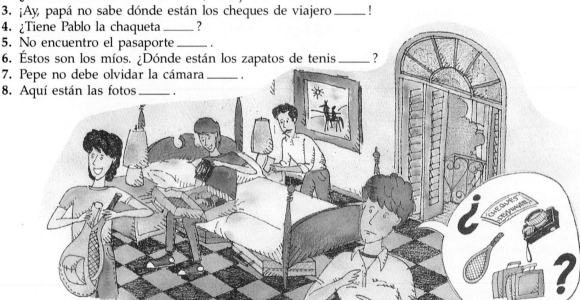

A 12 Actividad • ¿Quién es? 📼

You are showing a family album to friends. They are confused and need more information about your family members. Change the underlined possessive adjectives to prepositional phrases.

MODELO   Aquí está Elena con el esposo suyo.
         Aquí está Elena con el esposo **de ella.**

1. Ésta es mi prima Rosalía, con Cuchi, el perro suyo.
2. Éste es mi tío Juan con la hija suya.
3. Aquí está doña Elvira al lado de un amigo suyo.
4. Éstos son mis amigos con unos primos suyos.
5. Aquí está la esposa de mi hermano con los padres suyos.
6. En esta foto estamos con Andrés, María y el esposo suyo.

A13 ESTRUCTURAS ESENCIALES
Possessive pronouns: fewer words to say the same thing

El estéreo mío es fantástico.	*My stereo is fantastic.*
El mío es fantástico.	*Mine is fantastic.*
El cuaderno tuyo está aquí.	*Your notebook is here.*
El tuyo está aquí.	*Yours is here.*
Los lápices suyos están en la mesa.	*Your (Her, His, Their) pencils are on the table.*
Los suyos están en la mesa.	*Yours (Hers, His, Theirs) are on the table.*

1. Notice that the stressed possessive adjectives are also used as possessive pronouns by omitting the nouns they accompany.

2. The definite article and the possessive pronoun agree in number and gender with the omitted noun, that is, with the thing possessed.

A14 Actividad • ¡Demasiadas palabras!

Everybody knows someone who talks too much. You like to be brief and to say things differently. Eliminate as many unnecessary nouns as you can from the following paragraph. Use possessive pronouns.

Tú tienes ya los discos míos y los discos tuyos. Necesitamos todos los discos tuyos y todos los discos míos. Mañana necesitamos también los discos de Cheo, el radio grande y el radio nuevo. La música es para la fiesta de cumpleaños, el cumpleaños mío y el cumpleaños de Marilú, mi hermana gemela.

A15 Actividad • Charla

Tu familia y la mía Pair up with a classmate. Take turns describing at least five members of your family and maybe a very close friend. Ask each other questions, including all the different ways of indicating possession that you have learned.

MODELO El tío mío es ingeniero y le gusta tomar fotografías cuando va de viaje.

Los colonizadores *(settlers)* españoles fundaron *(founded)* la ciudad de San Juan, hoy el Viejo San Juan, en 1508. Muchas de sus estrechas *(narrow)* calles tienen vista a la bahía *(bay)* y a la ciudad moderna. Allí podemos entrar en sus tiendas de artesanía y galerías de arte. Y podemos descansar en sus frescos parques y plazas. También podemos visitar iglesias y conventos históricos, o almorzar en algunos de los variados *(varied)* restaurantes. La famosa fortaleza *(fortress)* de El Morro queda en esa parte de la ciudad.

FOLLETO TURÍSTICO *(Tourist pamphlet)* — lugares para ver:
1. **El Morro:** defendió *(defended)* la ciudad contra Sir Francis Drake hace más de 350 años.
2. **La Muralla:** sólo queda parte de este famoso muro *(wall)*.
3. **Calles de Escaleras:** Callejón de las Monjas *(Nuns)* y Caleta del Hospital.
4. **La iglesia de San José:** una de las más antiguas y bellas del hemisferio.
5. **La Fortaleza:** palacio del gobernador. Antigua defensa contra los indios.
6. **La Catedral:** saqueada *(looted)* por los ingleses. Restaurada *(restored)* en el siglo XIX.
7. **La Casa Blanca:** casa de la familia de Ponce de León, primer gobernador de Puerto Rico y descubridor *(discoverer)* de la Florida.

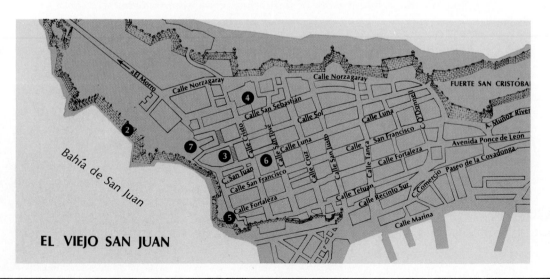

EL VIEJO SAN JUAN

A 17   ESTRUCTURAS ESENCIALES
Comparisons of equality: tan . . . como . . .

To express the comparison *as . . . as* in Spanish with adjectives or adverbs, use:

		adjective		
tan	+	*or*	+	**como**
		adverb		

Mi estéreo es **tan bueno como** el tuyo.   *My stereo is as good as yours.*
Corro **tan rápidamente como** él.   *I run as fast as he does.*

A 18   Actividad • En Puerto Rico

Pair up with a classmate. Ask questions following the model.

MODELO   lindo   playa / sierra   — ¿Cuál es más linda, la playa
o la sierra?
— La playa es tan linda como
la sierra.

1. caliente   el Atlántico / el Caribe
2. interesante   la capital / el campo
3. famoso   El Morro / El Yunque
4. divertido   el Viejo San Juan / el San Juan moderno
5. azul   el mar / el cielo
6. viejo   el disco mío / el de ella

A 19   Actividad • Mis amigos

All your friends have different abilities. Compare seven of them, using complete
sentences. Follow the model. You may use pronouns or your friends' real names to
refer to them.

MODELO   bailar bien   Roberto no baila tan bien como Luis.

1. correr rápidamente   5. nadar mal
2. remar fuerte(mente)   6. jugar al tenis frecuentemente
3. escribir claramente   7. patinar bien
4. ganar dinero fácilmente

Con la familia   **61**

ESTRUCTURAS ESENCIALES
Comparisons of equality: tanto . . . como . . .

To express the comparisons *as much . . . as* and *as many . . . as* with nouns, in Spanish you use:

tanto (-a, -os, -as)	+	noun	+	como

Tengo **tanto tiempo como** tú.   *I have as much time as you do.*
Compré **tantos discos como** él.   *I bought as many records as he did.*

A 21 Actividad • El fanfarrón

No matter what you say, **el fanfarrón** feels the need to upstage you. Get together with a classmate, decide who will be **el fanfarrón** or **la fanfarrona,** and discuss the following items according to the model.

MODELO Elena / tú discos — Elena tiene tantos discos como tú.
                                 — ¡Oh, no! Yo tengo más discos que Elena.

1. tú / Cheo primos   4. Carlos / tú tiempo
2. Paco / tú amigos   5. tú / yo libros
3. yo / tú videos   6. tú / Enrique fotos

A 22 Comprensión

You will hear ten statements comparing two people or objects. Each statement will be followed by a conclusion. If the conclusion is true, check **sí** on your answer sheet. If it is not, check **no.**

MODELO Alicia tiene quince años y Teresa tiene dieciséis.
              Teresa es menor que Alicia.

	0	1	2	3	4	5	6	7	8	9	10
Sí											
No	✔										

A 23 Actividad • ¡A escribir!

Imagine you are visiting relatives. Write a letter to your parents or to a brother or sister. Write the date correctly. Use the salutations and complimentary closings that you learned in Unit 1, Section C. Write about new friends or about members of your family, comparing their preferences.

making excuses . . . expressing your point of view . . . making suggestions

In many Hispanic homes, especially those in the United States, household chores are usually divided among the family members. Each member should do his or her share of the work . . . Sometimes problems arise.

B1

Obligaciones familiares 📼

DÍA: domingo por la noche
LUGAR: la casa de los Gómez
OCASIÓN: una agitada reunión familiar
MOTIVO: dividir las tareas de la casa entre los cuatro
hermanos: Luis Andrés, 17 años; Rosalía, 15
años; Mayra, 13 años; y Gerardo, 12 años

DIVISIÓN DE TAREAS

Todos los hermanos deben ayudar y hacer algo en la casa. Pero, ¿qué es lo que va a hacer cada uno la semana próxima? No están de acuerdo. Todos quieren hacer lo menos posible. Nadie está contento. Los chicos, preocupados, miran la lista de tareas en la puerta del refrigerador.

ordenar el cuarto
Hacer la cama

poner la mesa
quitar la mesa

Refrío

llevar la ropa
a lavar
sacar la basura

sacar al perro a
pasear. Bañar
y cepillar al
perro.

Cuidar los peces
limpiar el acuario

lavar los platos
y secarlos
Pasar la aspiradora

GERARDO	Lo siento, esta semana no puedo ayudarlos. ¡Tengo muchas cosas que hacer!
ROSALÍA	¿Cómo? ¿Otra vez . . . ? Pero, ¿qué dices?
GERARDO	Digo que esta semana no puedo. La semana que viene hago el doble. ¡Les prometo que sí!
LUIS ANDRÉS	¡Qué coraje! La semana pasada dijiste lo mismo. Siempre tienes una excusa. Tú crees que como eres menor . . .
GERARDO	Sí, como soy menor que ustedes, nadie me escucha. Ustedes saben que canté con el coro de la escuela el viernes pasado. Ya les expliqué que esta semana tenemos ensayo todos los días.

Mayra propone una solución

Es tarde y la discusión sigue en la casa de los Gómez.

ROSALÍA	La semana pasada, yo saqué a Cuchi a pasear todos los días. Le di de comer, lo bañé, lo cepillé . . . No le pedí ayuda a nadie.
MAYRA	¡Por favor! Un momento, pido la palabra.
LUIS ANDRÉS	¡Atención! ¡Atención! La señorita Mayra, el genio de la familia Gómez, pidió la palabra. Ahora con ustedes . . .
MAYRA	¡Mayra Gómez!, que les pide silencio, y les da una solución: poner todas las notas del refrigerador en un sombrero y, . . . ¡a escoger!

B2 Actividad • Preguntas y respuestas

Answer the following questions according to B1.

1. ¿Qué deben hacer los cuatro hermanos?
2. ¿Por qué no están contentos?
3. ¿Cuántas tareas hay?
4. ¿Por qué no puede Gerardo participar en las tareas familiares?
5. ¿Qué promete él hacer la semana que viene?
6. ¿Qué dijo Gerardo la semana pasada? ¿Qué hizo?
7. ¿Qué le dice a él su hermano mayor?
8. ¿Quién es el hermano menor?
9. ¿Cuándo tiene ensayo el coro?
10. Gerardo dice que nadie lo escucha. ¿Por qué?
11. ¿Qué hizo Rosalía la semana pasada?
12. ¿Qué solución ofreció Mayra?

B3 Actividad • No es así. ¿Cómo es?

Correct these statements to make them agree with the dialog in B1.

1. La discusión ya terminó en casa de los Gómez.
2. Rosalía propone una solución.
3. La semana pasada, Gerardo sacó a pasear a Cuchi todos los días.
4. Rosalía le dio de comer a su hermano menor.
5. Rosalía les pidió ayuda a todos.
6. Luis Andrés es el genio de la familia.
7. La solución fue poner las notas en la basura.

B4 Sabes que . . .

La familia es una institución valiosa *(valuable)* en la sociedad hispana. El padre casi siempre es el cabeza de familia y la madre también es muy importante. Ella dirige *(manages)* la casa y toma parte en las decisiones. [Constantemente aumenta *(increases)* el número de mujeres que trabaja en empleos *(jobs)* y profesiones.] La familia también incluye *(includes)* a otros familiares *(close relatives)*: los abuelos, los tíos, los primos. Estos familiares a veces viven todos en una misma casa. Los hijos, si trabajan, ayudan con los gastos *(expenses)*. En la familia hispana todos se ayudan *(help each other)*. Muchas veces los hijos casados viven en la casa.. La profesión de los hijos depende en parte de los padres, pero generalmente los jóvenes pueden escoger. La familia casi siempre va junta de vacaciones, de visita y a otros lugares. Cuando hay alguna fiesta importante, la celebran con una gran reunión familiar donde vienen todos los parientes *(distant relatives)*.

B5 Actividad • ¡A escribir!

Write a list of at least eight household chores. Then distribute them among the members of your family in any way you would like.

B6 SE DICE ASÍ

Making excuses

Lo siento, no puedo ayudarlos.	I'm sorry, I can't help you.
¡Tengo tantas cosas que hacer!	I have so much to do!
¡Estoy tan ocupado(a) . . . !	I'm so busy . . . !
¡Estoy tan cansado(a) . . . !	I'm so tired . . . !
La próxima vez . . . Hoy no, otro día.	Next time . . . Not today, another day.

B7 Actividad • ¡Siempre tienen una buena excusa!

Imagine that you ask some of your friends to help you clean your uncle's garage. Think of six excuses that they might find, and how you might convince them to help.

B8 SITUACIÓN • Algunos animales

Most people love animals and Spanish Americans are no different. Here are some popular and not so popular animals that they like to keep as pets:

1. el pájaro
2. el loro
3. el caballo
4. los conejos
5. los ratones blancos

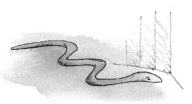

6. la serpiente

7. los peces

8. las ranas

9. la tortuga

B9 Actividad • Animales domésticos

Carlitos and Mariana love animals. He and his sister have to take care of their pets. Get together with a classmate and play both roles, according to the model.

MODELO   dar de comer / tortuga
— ¿Le diste de comer a mi tortuga?
— No, le di de comer a la mía.

1. cepillar / caballo
2. dar la zanahoria / conejos
3. cuidar / serpiente
4. limpiar la jaula / pájaro
5. lavar el plato / gata

6. bañar / perro
7. cambiar el agua / ranas
8. hablar con / loro
9. dar lechuga / ratones blancos
10. dar de comer / peces

B10 Actividad • Tus animales preferidos

Pair up with a classmate and ask the following questions. Then switch roles and repeat the activity.

1. ¿Cuál es tu animal favorito?
2. ¿Tienes algún animal en tu casa?
3. ¿Quién lo cuida?
4. ¿Cuántas veces al día le das de comer?
5. ¿Dónde lo tienes?
6. ¿En qué parte de la casa come el animal?
7. ¿Cómo se llama tu animal?
8. ¿Cómo es?
9. ¿Hay un animal que no te gusta? ¿Cuál?
10. ¿Cuál o cuáles de los animales en B8 quieres tener?

Con la familia   67

ESTRUCTURAS ESENCIALES
Stem-changing verbs like pedir (e→i)

A. Present tense

pedir	*to ask for*
pido	pedimos
pides	pedís
pide	piden

Yo **pido** ayuda.   *I ask for help.*
Nosotros **pedimos** silencio.   *We ask for silence.*

1. You have already learned that in the present indicative some Spanish verbs like **pedir** change the stressed **e** in the stem to **i** in all forms except the **nosotros** and **vosotros** forms.

2. Other verbs like **pedir** are **servir** *(to serve)*, **seguir** *(to follow; to continue)*, **vestir** *(to dress)*, **repetir** *(to repeat)*, and **conseguir** *(to get; to obtain)*.

    Carlitos **repite** la canción.   *Carlitos repeats the song.*
    ¿Quién **consigue** los refrescos?   *Who gets the refreshments?*

B. Preterit tense

pedir	*to ask for*
pedí	pedimos
pediste	pedisteis
pidió	pidieron

Ella no **pidió** excusas.   *She did not ask for excuses.*
Sirvieron el desayuno.   *They served breakfast.*
Conseguí la comida para los peces. *I got the fish food.*
El profesor **repitió** la pregunta.   *The professor repeated the question.*

Verbs like **pedir** also have the stem change **e** to **i** in the preterit, but *only* in the third person, both singular and plural.

Actividad • Todos piden algo

Imagine that it is Sunday morning and everybody is asking for something.
Complete the following sentences with the correct form of **pedir.**

1. Papá _____ el desayuno.
2. Mamá _____ la leche que está en el refrigerador.
3. Nosotros _____ el periódico.
4. El loro _____ su comida.
5. Yo _____ no lavar los platos hoy.
6. Mis hermanas mayores _____ silencio.
7. Ellas _____ permiso para ir al parque.

Actividad • ¡A escoger!

What happened here last weekend? Explain who did what by combining elements from these three columns.

mis amigas	pedir	ayuda
un primo suyo	servir	las instrucciones
yo	repetir	la ensalada
mi mejor amigo	seguir	unos peces
nosotros	conseguir	el número de teléfono

B 14 Actividad • La reunión familiar

There was a family reunion at your home last week. There were a lot of people and everyone had fun. You were very busy because everybody was asking for something. Say what each person asked for. Use the verb **pedir**.

Dora y Paco   Los gemelos   Mi primo Luis   Tío Guillermo

Tía Anita   Tú   Nosotros   Mamá y papá   Doña Ana

refresco   chocolate   café con leche   jamón   bocadillo   queso

enchiladas   jugo   vaso de agua   tortilla   gaseosa

B 15 Sabes que . . .

Spanish has two words for the English word *fish*. **Los peces** (*sing.:* **pez**) are alive and swimming. **El pescado** is the fish after it has been caught.

Actividad • Y tú, ¿qué hiciste?

It is Friday and your family wants to know if you did all of the
things you were supposed to do before going out. Answer the following
questions. If you didn't do what was asked, explain why not.

MODELO   ¿Pasaste la aspiradora?
            Sí, la pasé.   *or*   No, no la pasé. No tuve tiempo.

1. ¿Quitaste la mesa?
2. ¿Lavaste los platos
   y los secaste?
3. ¿Sacaste la basura?
4. ¿Le diste de comer al perro?
5. ¿Limpiaste el acuario?
6. ¿Ordenaste tu cuarto?
7. ¿Llamaste a tu tía?

B17   Actividad • ¿Qué hizo el robot?

Wouldn't it be great to have a robot to do your household chores! Make believe that
you have just bought one. Tell an interested classmate what the robot did during
the first week. Also tell him or her what the robot did not do.

B18   SITUACIÓN • ¿Me dan permiso?

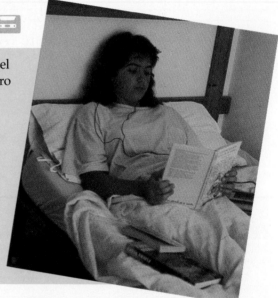

Los amigos de Lucila preparan una excursión para el
fin de semana. A Lucila le gusta mucho la idea, pero
no sabe si sus padres le van a dar permiso.

PAPÁ   ¿Qué pasa, Lucila? ¿Por qué tienes esa
         cara tan triste?
MAMÁ   El problema es que tu hija quiere ir de
         excursión el sábado, y no le doy
         permiso. Con las notas que tiene . . .
PAPÁ   Tu madre tiene razón, Lucila. Tú no
         puedes ir.
LUCILA Pero, por favor . . . es un solo día . . .
         La semana que viene voy a estudiar
         todos los días. Lo prometo.

B19   Actividad • Por favor, ¡denme permiso!

Answer the following questions according to the dialog in B18.

1. ¿Por qué está triste Lucila?
2. ¿Adónde quiere ir?
3. ¿Por qué no puede ir?
4. ¿Quién no le da permiso?
5. ¿Cómo son las notas de Lucila?
6. ¿Qué promete Lucila?

Actividad • ¿Le dieron permiso o no?

Do you think Lucila should go? Act out the conversation with two classmates. Change the kind of activity to: **ir al cine, acampar, bailar,** or **dar un viaje.** Explain why she can't go by using **no limpió su cuarto, no le dio de comer al perro,** and so forth.

B21 Comprensión

The Gómez children are still arguing about the family chores. You will hear ten short conversational exchanges. If the two speakers agree, check **de acuerdo** (*in agreement*) on your answer sheet. If they disagree, check **en desacuerdo** (*in disagreement*).

MODELO — Tú nunca me ayudas a limpiar el baño.
— ¡No es cierto! Te ayudé la semana pasada.

	0	1	2	3	4	5	6	7	8	9	10
De acuerdo											
En desacuerdo	✔										

B22 ESTRUCTURAS ESENCIALES
The preterit tense of the irregular verb decir

decir *to tell; to say*	
dije	dijimos
dijiste	dijisteis
dijo	dijeron

¿Qué **dijeron?**   *What did they say?*
Dijeron que Luisa no pudo ir.   *They said that Luisa could not go.*

The verb **decir** has a stem change **e→i** in all forms of the preterit. In addition, it changes the **c** to **j** in all forms.

B23 Actividad • Chismes   *Gossip*

You told a secret to your best friend, Orlando, with strict instructions that he not spread it around. But now you hear your own secret from María! Trace the route your secret took by following the model.

MODELO Yo / Orlando   Yo le dije el secreto a Orlando.

1. Orlando / Marilú y Luci
2. Marilú y Luci / ti
3. tú / mis primos
4. mis primos / Margarita
5. Margarita / sus primas
6. sus primas / María

persuading somebody to lend you something . . . confirming
expected courses of action

*Who has not asked somebody for something? Hispanic teenagers are no different from American
teenagers, and they also borrow things from their friends. Sometimes one has to be very
persuasive.*

C1   Problemas y más problemas

Néstor quiere ir de excursión en la moto[1] de
su hermano.

NÉSTOR   Oye, Germán, voy a ir de excursión
con mis amigos. ¿Me puedes prestar
tu moto?

GERMÁN   ¿Te la piensas llevar todo el fin de
semana? ¿Viernes, sábado y
domingo?

NÉSTOR   No, me la prestas el sábado
solamente. El domingo te la
devuelvo sin falta. Yo te dejo mi
bicicleta si quieres.

GERMÁN   Bueno, está bien. Te la presto si me la
cuidas . . . Pero, si le pasa algo a la
moto, tú pagas la reparación, ¿de
acuerdo?

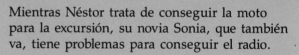

Mientras Néstor trata de conseguir la moto
para la excursión, su novia Sonia, que también
va, tiene problemas para conseguir el radio.

SONIA   ¡Ay, caramba! Si tú no puedes ir a
la excursión, no vamos a tener música
. . . Marta me dijo que tú nos puedes
prestar tu radio. Nos lo prestas,
¿verdad?

HILDA   No sé, el radio no es sólo mío, ¿sabes?
Es mío y de mi hermana. Tengo que
hablar con ella. Pero creo que te lo
podemos prestar.

SONIA   Tú puedes hablar con ella y decírselo,
¿no? Yo te llamo esta tarde. ¿Está bien?

HILDA   De acuerdo. Hasta luego, Sonia.

°**La moto** is the short form for **la motocicleta** and that is why it takes a feminine article. Another word that follows
this pattern is **la foto,** a short form of **la fotografía.**

C2 Actividad • No es así

Correct these statements to make them agree with the dialog in C1.

1. Néstor le pide la bicicleta a Germán.
2. Germán la necesita por todo el fin de semana.
3. Néstor la necesita para ir a la escuela.
4. El domingo Néstor le deja su bicicleta a Germán.
5. Si Néstor no la cuida, Germán paga la reparación.
6. El radio es de Hilda.
7. Hilda le puede prestar el radio a la hermana de Sonia.
8. Hilda puede decírselo a Sonia.
9. Sonia le dice a Hilda que es tarde.

C3 Actividad • Para completar

Use the information in C1 to help you choose the correct ending for each sentence.

1. Néstor no tiene
   • amigos. • bicicleta. • moto.

2. Él piensa ir de excursión
   • el sábado. • el domingo. • el fin de semana.

3. Si le pasa algo a la moto, Néstor
   • la cuida. • la devuelve. • paga la reparación.

4. Hilda no puede
   • ir. • tener música. • prestar su moto.

5. El radio es de
   • Hilda. • su hermana. • Hilda y su hermana.

6. Sonia tiene que llamar a
   • su hermana. • Hilda. • una amiga suya.

7. Hilda cree que puede
   • prestarle el radio. • llamar esa tarde. • hablar con Sonia.

A los jóvenes hispanos les gusta hacer las mismas cosas que hacen los jóvenes de todo el mundo. Ahora sí *(However)*, los hispanos prefieren *(prefer)* las diversiones en grupo. Generalmente, los miembros del grupo son compañeros de escuela, familiares o vecinos de una misma clase social. En cada país estos grupos reciben nombres diferentes: la pandilla *(gang)*, la banda, el grupo. Los amigos se reúnen *(meet)* en casa de un miembro del grupo, en un banco del parque *(park bench)*, en una esquina, en el café favorito o en un club social. Las diversiones favoritas son: cambiar impresiones sobre un tópico de interés, escuchar música, mirar televisión o practicar algún deporte. También se reúnen para hacer la tarea, ir al cine o ir a otro lugar. Los miembros del grupo van a fiestas, excursiones y paseos, y en estas reuniones es común *(common)* ver a las personas mayores de la familia. Lo importante es que todos participan.

C5 SE DICE ASÍ
Confirming expected courses of action

Me llamas luego, ¿verdad?	You'll call me later, right?
Puedes hablar con ella, ¿no?	You can talk to her, can't you?
Te llamo esta tarde, ¿está bien?	I'll call you this afternoon, all right?

Tag questions are very common in Spanish. They may have different equivalents in English, such as: *is it?, isn't it?, are you?, aren't you?,* and *all right?*

ESTRUCTURAS ESENCIALES
Two-pronoun groups (I.O./D.O.)

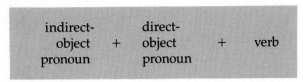

$$\begin{array}{ccccc} \text{indirect-} & & \text{direct-} & & \\ \text{object} & + & \text{object} & + & \text{verb} \\ \text{pronoun} & & \text{pronoun} & & \end{array}$$

1. When an indirect-object pronoun and a direct-object pronoun are used together in a sentence, the indirect-object pronoun comes first, and both are placed before the verb.

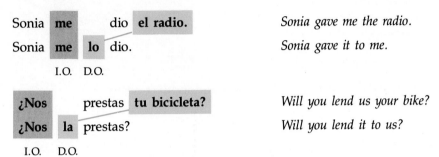

Sonia	**me**		dio	**el radio.**
Sonia	**me**	**lo**	dio.	
	I.O.	D.O.		

Sonia gave me the radio.

Sonia gave it to me.

¿Nos		prestas	**tu bicicleta?**
¿Nos	**la**	prestas?	
	I.O.	D.O.	

Will you lend us your bike?

Will you lend it to us?

2. In a sentence with a conjugated verb and an infinitive, both the indirect- and the direct-object pronouns can be placed before the conjugated verb.

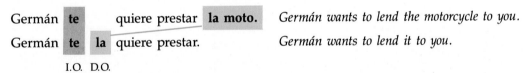

Germán	**te**		quiere prestar	**la moto.**
Germán	**te**	**la**	quiere prestar.	
	I.O.	D.O.		

Germán wants to lend the motorcycle to you.

Germán wants to lend it to you.

3. Object pronouns can also be placed after the infinitive and be attached to it. When both direct- and indirect-object pronouns are attached, the indirect-object pronoun comes first.

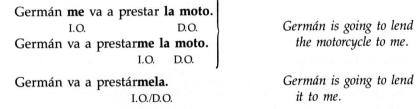

Germán **me** va a prestar **la moto.**
    I.O.   D.O.

Germán va a prestar**me la moto.**
               I.O.   D.O.

Germán is going to lend the motorcycle to me.

Germán va a prestár**mela.**
          I.O./D.O.

Germán is going to lend it to me.

ATENCIÓN: Use an accent mark when you attach both pronouns to the infinitive.

Actividad • Menos palabras

Replace the direct objects with direct-object pronouns in the following sentences.

MODELO   Te devuelvo **la bicicleta** mañana.
                Te **la** devuelvo mañana.

1. ¿Me cuidas la moto?
2. Ella te dice la verdad.
3. Raúl me presta las notas de biología.
4. Te doy unas revistas para Manolo.
5. Nora me deja su cámara.
6. Me pagas la reparación, ¿verdad?
7. Te escribo una carta.

C8 Actividad • ¿Puedes decirme? 📼

Rewrite the following sentences attaching the indirect-object pronouns to the infinitives.

> MODELO **Le** voy a pedir un favor.
> Voy a pedir**le** un favor.

1. No le puedo hablar ahora.
2. Les voy a prometer muchas cosas.
3. Raúl me quiere prestar los libros de español.
4. ¿A quién le puedo comprar una bicicleta?
5. Me vas a decir tu nombre, ¿verdad?
6. Te voy a extrañar mucho.

C9 Actividad • ¿Puedes decírmelo otra vez? 📼

Say the following sentences again, attaching both direct- and indirect-object pronouns to the infinitives.

> MODELO **Te lo** voy a dar.
> Voy a dár**telo.**

1. Me lo vas a pagar.
2. Te la acabo de devolver.
3. No nos lo quieren pedir.
4. ¿Quién te lo va a decir?
5. Nadie me lo quiere prestar.
6. Nos las tienes que dar.

C10 Comprensión 📼

You will hear a series of ten short conversational exchanges. If the second statement is a logical conclusion to the first, check **lógico** on your answer sheet. If it is not, check **ilógico.**

> MODELO — Creo que voy a mandarle el dinero a Elena.
> — Debes mandárselo.

	0	1	2	3	4	5	6	7	8	9	10
Lógico											
Ilógico											

C11 Actividad • Y tú, ¿qué me dices?

Answer these questions using object pronouns.

1. Y a ti, ¿te gusta prestar tus cosas?
2. ¿Qué cosas te piden a ti tus amigos?
3. Si no te las devuelven pronto, ¿les prestas algo más?
4. ¿Les pides cosas a tus amigos? ¿Cuáles?
5. ¿A tus amigos les gusta prestarte cosas?

SE ESCRIBE ASÍ

Accent or no accent? That is the question.

la división → las divisiones	la ocasión → las ocasiones
la excursión → las excursiones	la reparación → las reparaciones
la obligación → las obligaciones	la reunión → las reuniones
la lección → las lecciones	la vacación → las vacaciones

1. When a singular noun that ends in **-ión** is changed to its plural form by adding **-es,** the accent mark is not used.
2. Notice that words ending in **-ión** are usually feminine, and many of them are cognates.

C13   ESTRUCTURAS ESENCIALES

The pronoun se *in two-pronoun groups*

1. The indirect-object pronouns **le** *(to him, to her, to you)* and **les** *(to them, to you)* change to **se** when they appear together with the direct-object pronouns **lo, los, la,** or **las.**

   Germán | le | prestó | la moto. | *Germán lent him the motorcycle.*

   Germán | se | | la | prestó.   *Germán lent it to him.*
         I.O. D.O.

   Notice that **se** is in the same position in the sentence as the **le/les** that it replaces. Like **le** and **les, se** can also be attached to the infinitive.

   Germán va a prestár**sela.**   *Germán is going to lend it to him.*

2. For clarification, it is sometimes necessary to add **a él, a ella, a Ud., a Uds., a ellos, a ellas,** or **a** + a person's name.

Estrella **se lo** presta.	*Estrella lends it to ???*	(not clear to whom)
Estrella **se lo** presta **a él.**	*Estrella lends it to him.*	(some clarification)
Estrella **se lo** presta **a Luis.**	*Estrella lends it to Luis.*	(person identified)

Actividad • ¿Qué va a prestar?

Say what Pilar is going to lend her friends.

MODELO   a ti
Pilar va a prestár**telo**.

1. a mí

2. a tus primos

3. a su hermana

4. a Graciela

5. a nosotros

6. a Juan Carlos

C15 Actividad • Sólo para mí

There are a few things some people would prefer not to share with anyone. Form sentences with the clues provided. Can you add a few of your own or do you share everything?

MODELO   un secreto / decir   Tengo un secreto, ¡y no quiero **decírselo** a nadie!

1. un estéreo / prestar
2. unos esquís / dar
3. unas tarjetas postales / mandar
4. una bicicleta / vender

5. una amiga / presentar
6. un helado / ofrecer
7. unas cartas / leer

C16 Actividad • ¿Lo hago hoy?

You often act without thinking. Today you have decided to stop and think first. Make up nine sentences following the model.

MODELO   le presto los discos   Siempre le presto los discos. ¿Se los presto hoy?

1. le consigo el libro
2. les cuido los perros
3. le preparo el desayuno
4. les compro flores
5. le presto las revistas

6. le doy un beso
7. les digo la verdad
8. le doy permiso
9. le pido la cámara

C17 Actividad • Charla

Get together with a classmate and ask each other about the favors you do for your friends or members of your family.

1   Vacaciones en México 📼

Suppose your best friend has gone to Mexico with his or her parents for a vacation. Your friend writes you the following letter.

Answer the letter, telling your friend how you and your friends are. Also include news about school and the town. Don't forget to wish your friend a happy stay in Mexico before saying goodbye.

Querido amigo:

La paso de maravilla en la Ciudad de México con papá y mamá. El lunes fuimos al Museo de Antropología y mañana vamos a ir a los jardines de Xochimilco. Tomé muchas fotos que te van a gustar mucho. ¿Cómo estás tú? ¿Qué tal los amigos? Les mando muchos recuerdos a todos.

Un abrazo,

2 Actividad • Ahora son amigos tuyos

Introduce Raúl, a friend of yours, to your family and friends. Use stressed possessive adjectives.

> MODELO   Carlos / primo   Raúl, Carlos es primo mío.

1. Manolo / amigo
2. Trini y Nora / vecinas
3. Alicia / tía
4. el señor Pérez / profesor
5. Rubén y Andrés / hermanos
6. Virginia / prima

3 Actividad • La mía es mejor que ésa

Compare the following and decide if one is better or worse than the other.

1. Estar triste es _____ estar contento.
2. Tener muchos amigos es _____ tener pocos.
3. Un estéreo viejo es _____ uno nuevo.
4. Estar con los amigos es _____ estar solo.
5. Unas vacaciones largas son _____ que unas cortas.
6. Un examen difícil es _____ uno fácil.
7. Un vestido bonito es _____ uno feo.

4 Actividad • El tuyo y el mío

Restate each sentence, using fewer words or replacing nouns with pronouns.

1. Aquí está el mío, pero no veo tu disco.
2. Yo no tengo el radio de Elena.
3. Compramos nuestros regalos ayer.
4. Los primos de ellos son simpáticos.
5. Encontré tu revista allí.

5 Actividad • Bailo tan bien como tú

Your friends are comparing skills. Write complete sentences, using **tan . . . como.**

1. Juanita / Susana   correr / rápido
2. yo / tú   ser / simpático
3. Gaby / Rubén   hablar / claramente
4. tú / ella   cantar / mal
5. nosotros / ellos   ahorrar dinero / fácilmente

6 Actividad • Tengo tantos como él

No one wants to be number two, but being number one is not always necessary. Make comparisons, using **tanto(s) . . . como.**

> MODELO   Tengo tantos videos como tú.

amigos / dinero / primos / discos / revistas / jeans

7 Actividad • A completar

Complete each sentence with the appropriate form of the verb in parentheses.

1. (pedir) El perro _____ su comida.
2. (decir) David siempre _____ la verdad.
3. (seguir) El director _____ enfermo.
4. (servir) ¿Quién _____ la ensalada el lunes pasado?
5. (repetir) Roberto _____ el examen ayer.

8 Actividad • A usar la imaginación

See how many sentences in the preterit you can make using one word or phrase from each box.

el primo mío *la gente* **mi tía** la invitada **su novio** el abuelo	**decir** proponer sacar quitar *secar* **prestar**	la basura los platos *otra fiesta* **la verdad** sus discos la mesa

9 Actividad • ¿Vas a decírmelo?

Rewrite the following sentences using object pronouns.

MODELO   Me vas a cuidar los peces.   Vas a cuidármelos.

1. Me quiero poner el abrigo.
2. Luis no te puede escribir la carta.
3. Nos van a prestar el dinero.
4. Me tiene que dar el permiso.
5. Le debo comprar la camisa.

10 Actividad • ¿Cuál puede ser la pregunta?

Write a question that fits each of the following answers.

MODELO   Sí, se lo dije.   ¿Le dijiste el número?

1. Sí, se los pedí.
2. Sí, se la preparó.
3. No, no se las compré.
4. Sí, se la presté.
5. No, no se lo dijeron.
6. Sí, se la hice.

11 Dictado

Copy the following letter to prepare yourself for dictation.

Querida prima,

Paso unos días con _____ . Sabes que _____ Puerto Rico, _____ que estoy _____ .

Ayer _____ a San Juan con _____ y _____ muchas cosas. _____ a abuela con _____ de la casa. Esta mañana _____ mi cuarto.

Muchos recuerdos de

_____

Diphthongs with *a, e,* and *o*

1. The Spanish vowels **a, e,** and **o** combine with **i** and **u** to form diphthongs. Each vowel maintains its individual sound, open and without glides, and **a, e,** and **o** are normally stressed. Pronounce each vowel clearly.

jueves	seis	nuestro	piano
baila	siete	Dios	acuario

El jueves seis, Antonio bailó.
Eusebio toca nuestro piano.
Clara tiene seis peces en el acuario.

2. The vowels **a, e,** and **o** cannot be combined with each other to form diphthongs. Each one claims a syllable for itself.

mu-se-o	ve-o	es-té-re-o	cum-ple-a-ños
vi-de-o	pe-or	co-rre-o	ca-e

Veo cuadros en el museo.
Mi estéreo es peor que el tuyo.
Mandé la tarjeta de cumpleaños por correo.

Stressed syllables

1. A written accent will tell you that the stress falls on the syllable with the accent mark. Read and compare:

café	cantó	fantástico	Tomás
llegó	prestármelo	cámara	conseguí

Atlántico	simpático	matemáticas	bolígrafo	jóvenes
dármelo	vendérmela	mandárnoslo	decírtelo	prestárnoslo

2. Vowels at the end of a word are not normally stressed. When they are stressed, an accent mark will indicate it. Read the following and compare:

llevo→**llevó**	paseo→**paseó**	bajo→**bajó**	cuido→**cuidó**
completo→**completó**	pesco→**pescó**	llego→**llegó**	limpio→**limpió**

Actividad • ¿Dónde están los acentos?

Can you find the accents that are missing in the following paragraph? Read the paragraph aloud and try to find where the accents fall.

> Ayer Ana limpio los zapatos, cepillo al perro y llevo la ropa a lavar. Después tuvo ensayo y canto en el coro. No pudo poner la mesa porque llego tarde. Ella tuvo una buena excusa hoy. Sus hermanos no pudieron decir nada. Ella trabajo bastante.

¿LO SABES?

Let's review some important points you've learned in this unit.

Can you write a letter in Spanish?
Write a letter to a friend or relative. Include the following:
    date   street address   salutation   complimentary closing
Don't forget to send regards.

Can you compare your two cousins, and then your bike and your grades with theirs?
Form as many comparisons as you can, using **mejor, peor, mayor,** and **menor.** At the same time, emphasize possession with **mío** and **suyo.**

Are you able to clarify which cousin is the "possessor" by changing *suyo* to some other way of expressing possession?

Can you refer to the bike without saying the word *bike*?
Give two or three examples.

How do you express the comparison when you dance as well as your friend and you have as many records? Or you run as fast and have as many friends?
Using **tan . . . como** and **tanto . . . como,** write five sentences.

Can you mention five chores you do to help around the house?

Do you know how to make excuses?
Give three excuses why you could not help out this week.

Do you know how to make your position clear?
Suppose your brother and you have a conversation. He can't find a record of his, and you answer that you gave it to him. He says that you are not telling the truth and that he will not lend you any more records. You answer that you returned the record last Tuesday.

Can you persuade someone to lend you something?
What was the last thing you borrowed from a friend or a relative? Imagine that you need to borrow it again, but this time from a Spanish-speaking friend. How would you ask?

Can you use fewer words to say the same thing?
Change the following sentences by using fewer words.
1. Le voy a prestar el radio a ella.
2. Me tienes que dar las cartas.
3. Te acaban de dar la moto.
4. Raúl nos quiere dar los libros.

VOCABULARIO

SECTION A

de visita *visiting*
extrañar *to miss*
gemelo, -a *twin*
la paso muy bien *I'm having a good time*
mayor que *older than*
mejor que *better than*
menor que *younger than*
mío, -a *mine*
la **muchacha** *girl*
el **muchacho** *boy*
peor *worse*
  peor que *worse than*
el **reloj** *watch*
salir bien *to turn out well*
suyo, -a *yours*
tan *so*
tan . . . como *as . . . as*
tanto, -a . . . como *as much . . . as*
tantos, -as . . . como *as many . . . as*
tuyo, -a *your*

SECTION B

el **acuario** *aquarium*
el **acuerdo** *agreement*
agitado, -a *excited*
la **aspiradora** *vacuum cleaner*
bañar *to bathe*
la **basura** *trash*
la **canción** *song*
cepillar *to brush*
el **conejo** *rabbit*
conseguir *to get*
contento, -a *happy*
el **coro** *choir*
  cosas que hacer *things to do*
cuidar *to take care of*
dividir *to divide*
devolver *to return*
la **división** *division*
el **doble** *double*
el **ensayo** *rehearsal*
estar de acuerdo *to be in agreement*
estar tan cansado, -a . . . *to be so tired . . .*
estar tan ocupado, -a . . . *to be so busy . . .*
la **excusa** *excuse*
gracioso, -a *funny*
la **jaula** *cage*
limpiar *to clean*
lo menos posible *as little as possible*
el **loro** *parrot*
el **motivo** *reason*
la **obligación** *obligation, duty*
la **ocasión** *occasion*
el **pájaro** *bird*
pasar la aspiradora *to vacuum*
pedir la palabra *to ask permission to speak*
el **perro** *dog*
el **pez** (*pl.* **peces**) *fish*

posible *possible*
proponer *to propose*
la **próxima vez . . .** *next time . . .*
¡qué coraje! *what nerve!*
quitar la mesa *to clear the table*
la **rana** *frog*
el **ratón** *mouse*
el **refrigerador** *refrigerator*
la **reparación** *repairs*
repetir (i) *to repeat*
la **reunión** *meeting*
sacar *to take*
secar *to dry*
seguir *to follow; to continue*
la **semana que viene** *next week*
la **serpiente** *snake*
el **silencio** *silence*
tener tantas cosas que hacer *to have so much to do*
la **tortuga** *turtle*

SECTION C

¡ay, caramba! *for heaven's sake!*
ir de excursión *to go on a trip or excursion*
la **novia** *girlfriend*
el **novio** *boyfriend*
prestar *to lend*
sin falta *without fail*

PRÁCTICA DEL VOCABULARIO

1. Make a list of all words ending in **-ión** you can find in the unit vocabulary list. Write their plurals.
2. Find all the idiomatic expressions containing a verb and write a sentence for each one.

VAMOS A LEER

Antes de leer

Try to organize your thoughts and recall all you know about Puerto Rico, such as where it is located, its climate, its vegetation, and its wildlife. Before continuing with the **Preparación para la lectura,** scan the reading selection and find as many cognates as possible. For example, on line 2 you will find the words **música** and **favorita.**

Preparación para la lectura

Answer the questions after taking a quick look at the reading selection in order to get a general idea of the subject matter.

1. ¿Conoces Puerto Rico? ¿Dónde está?
2. ¿Qué sabes de Puerto Rico?
3. Mira rápidamente la Lectura para tener una idea general. El coquí es
   a. un pájaro.   b. una ranita.   c. una playa.
4. ¿Conoces algún otro animal como el coquí?
5. ¿De qué palabra crees que *chiquitica* es diminutivo? ¿Qué otra forma tiene que tú conoces?
6. Y esa palabra, ¿no es diminutivo de otra que tú también conoces?
7. ¿De qué palabra crees es diminutivo *poquitico?*

El coquí de Puerto Rico

"¡Co-quí! ¡Co-quí! ¡Co-co-quí! ¡Co-quí!" Ésta es la música favorita en mi recuerdo de Puerto Rico. Nunca lo pensé. Me gustan los ritmos latinos, la salsa . . . Pero cuando la primera noche en San Juan me quedé un rato en el jardín de la casa de mi amigo Eliseo, tuve que preguntarle qué canto° mágico era ése. Eliseo me dijo que era una rana muy chiquitica que vive en Puerto Rico y que se llama coquí. Para muchas personas, el coquí es el símbolo de la Isla del Encanto. Como campanitas°, este canto mágico me acompañó todas las noches mientras estuve en San Juan. ¡No hay nada igual!

Entonces, decidí aprender° algo sobre la vida° de este animalito fascinante. Descubrí cosas muy interesantes. El mundo de la naturaleza° está lleno de sorpresas.

Las ranas son animales anfibios°. Pero el coquí no necesita ir al agua para poner sus huevos°. La razón es que el coquí, cuando nace° del huevo, ya es una ranita perfectamente formada. Nunca es renacuajo° ni tiene que nadar en el agua hasta convertirse en rana. Todo ese proceso lo hace dentro del huevo. Y, ¿sabes de qué tamaño es el coquí cuando nace? Del tamaño de una hormiga° negra. Después no crece° mucho más. Vive en los árboles y otras plantas y duerme durante el día.

El coquí no pone sus huevos y se va, como otros anfibios. El coquí cuida sus huevos. Pero crees que la madre los cuida, ¿verdad? Pues no. Es el padre quien defiende los huevos de otros coquíes que vienen a comerlos.

El coquí canta para atraer a su compañera y para proteger su territorio. En los trópicos sólo hay dos estaciones, las lluvias y la seca°. De marzo a octubre, que es la estación de las lluvias, miles de coquíes cantan su serenata toda la noche. Pero sólo en Puerto Rico. No hay coquíes en otras partes.

Cuando un coquí encuentra compañera, la lleva a su nido°. La ranita toma toda la noche

---

canto *song*	**campanitas** *little bells*	**aprender** *to learn*	**vida** *life*	**naturaleza** *nature*	**anfibios** *amphibious*
huevos *eggs*	**nace** *is born*	**renacuajo** *tadpole*	**hormiga** *ant*	**crece** *grows*	**seca** *dry season*	**nido** *nest*

Con frecuencia tiene que abandonar el nido para buscar un poco de agua en una hoja°. El mayor problema del coquí es defender sus huevos de los otros coquíes que vienen a comerlos. Y, ¿cómo los defiende? Pues canta. Eso casi nunca es suficiente para combatir al agresor. El coquí tiene que sacarlo del nido a la fuerza. Su mejor defensa es morder° al enemigo en una especie de lucha libre°. El enemigo es rápido y a veces el padre pierde algunos huevos. Y la madre, ¿dónde está? Nadie sabe. Pero si vuelve al nido, el padre la saca tan rápidamente como a los otros enemigos.

* * *

Esa noche volví otra vez al jardín para oír el canto del coquí. Todavía me pareció una música mágica. Desde entonces, cuando alguien dice "Puerto Rico", siempre recuerdo el dulce canto del coquí. "Co-quí! ¡Co-quí! ¡Co-co-quí! ¡Co-quí . . . "

para ovular sus huevos. Entonces el macho° los fertiliza. Los huevos son blancos como perlas. Cuando la hembra° termina de poner sus huevos, el padre, que es más pequeño que la madre, la saca del nido a la fuerza°. ¡Él quiere cuidar los huevos!

Mientras el padre cuida los huevos, no sale tanto a cantar como antes. Muchos coquíes no cantan más hasta que sus hijos nacen, en unos veintidós días. El padre toma muy en serio sus labores.

Como otras ranas, los coquíes tienen que mantener su cuerpo° húmedo°. Pero no toman agua. Tienen que buscar lugares donde hay agua y la absorben por su cuerpo. El trabajo más importante del padre, particularmente cuando no llueve, es cubrir los huevos con su cuerpo. Lo hace para mantener los huevos húmedos con el agua que él tiene adentro.

---

macho *male*	**hembra** *female*	**a la fuerza** *by force*	**cuerpo** *body*	**húmedo** *moist*	**hoja** *leaf*
morder *to bite*	**lucha libre** *wrestling match*				

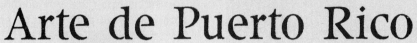

Arte de Puerto Rico

Litografías y Serigrafías
por Artistas de Puerto Rico

Luis Cajigas   Manuel Hernández   Wichi Torres   Tufiño

HENRY J. GARCIA
Director, Arte de Puerto Rico
(212) 562-7601 (Mornings Only)

Actividad • Preguntas y respuestas

Answer the following questions about **El coquí de Puerto Rico.**

1. ¿Qué canto mágico se oye?
2. ¿Qué otro nombre le dan a Puerto Rico?
3. ¿Cuál es el símbolo para muchos?
4. ¿Por qué es diferente el coquí de otros anfibios?
5. ¿Cuántas estaciones hay en Puerto Rico? ¿Cuáles son?
6. ¿Por qué canta el coquí?
7. ¿Quién come los huevos del coquí?
8. ¿Quién es más grande, la madre o el padre?
9. ¿Cuál es el trabajo del padre?
10. ¿Cuál crees que es un título apropiado para esta Lectura?
    a. Un famoso cantante de Puerto Rico
    b. El canto del coquí
    c. Un padre que quiere ser madre

Actividad • ¡A escoger!

According to **El coquí de Puerto Rico,** three words from each group are related in one way or another. The fourth word is not. What word is not related?

1. noche	coquí	perla	canto
2. campanita	ranita	huevo	animalito
3. húmedo	sequía	agua	lluvia
4. serenata	anfibio	renacuajo	hormiga
5. campo	árboles	recuerdo	jardín
6. Puerto Rico	San Juan	Eliseo	Isla del Encanto

Actividad • Charla

Explain to a classmate how **el coquí** protects its eggs. Your classmate should tell you how **el coquí** keeps the eggs moist.

UNIDAD 3

¡Vamos de compras!

Where can you shop in a Spanish-speaking country? There are many different types of shops and a variety of currencies. We need to know a little about both in order to pick the right store and pay the correct amount. If you like large department stores, you'll certainly find them. But you will also find small boutiques and specialized stores much favored by Spanish-speaking people. Which do you prefer?

In this unit, you will:

SECTION A	extend, accept, and refuse invitations . . . give and follow directions
SECTION B	identify what you want . . . ask for and give information in a store
SECTION C	express satisfaction or displeasure . . . talk about past events
TRY YOUR SKILLS	use what you've learned
VAMOS A LEER	read for practice and pleasure

extending, accepting, and refusing invitations . . . giving and
following directions

In Spanish-speaking countries, television is almost as popular as in the United States. Although everybody complains about the commercials, many people buy the products . . .

A1   Anuncios y más anuncios 📼

En Caracas, un sábado por la mañana, Enrique, Ramiro, Bernardo y Natalia ven un programa de televisión en casa de su prima María Lucía. Como de costumbre, de pronto aparecen los anuncios con sus lemas.

Aproveche la gran venta-liquidación del almacén La Barata . . . Estamos al día con la moda. Visite hoy mismo La Barata y no olvide nuestro lema "La Barata, donde Ud. ahorra plata."

Grandes rebajas en todos los artículos en La Casa García. Garantizamos mayor surtido. No lo deje para mañana. Cómprelos y llévelos a su casa hoy mismo. "Mire que García . . . rebaja la mercancía."

BERNARDO   ¡Qué anuncios tan odiosos y qué alto hablan!
Marilú, cambia de canal, por favor.

(Después de cambiar de canal, aparece otro anuncio.)

¡Señoras y señores! Abran una cuenta y usen la tarjeta de crédito de La Nación. Así no tienen que pagar ahora. Ahorren constantemente con nuestras gangas. "La Nación, donde el cliente siempre tiene la razón."

(Marilú apaga el televisor.)

NATI Y MARILÚ	*(A sus otros primos)* ¿Quieren ir de compras a La Barata con nosotros?
QUIQUE Y RAMIRO	No, nosotros vamos a La Nación con Bernardo.
BERNARDO	¡Oh no! . . . ¡Con Uds. yo no voy! Yo voy a La Barata con Nati y Marilú.
QUIQUE Y RAMIRO	Pero, Bernardo . . .
BERNARDO	Ir de compras con Uds. es una locura. Uds. nunca saben lo que quieren.
NATI	Bueno, por favor . . . que no queremos llegar tarde. Vamos, Bernardo. Hasta luego.
QUIQUE Y RAMIRO	Adiós.

A2 Actividad • Preguntas y respuestas

Use the information in A1 to answer the following questions.

1. ¿Qué hacen los chicos el sábado por la mañana?
2. ¿Qué es La Barata? ¿Con qué están al día?
3. ¿Cuál es el lema de La Barata?
4. ¿Qué hay en La Casa García? ¿Qué garantizan?
5. ¿Qué dice Bernardo de los anuncios?
6. ¿Cuál es el lema de La Nación?
7. ¿Adónde van de compras Nati y Marilú?
8. ¿Por qué Bernardo no va de compras con Ramiro y Quique?

A3 Actividad • ¿Es cierto o no?

Decide whether each statement is true or false according to A1. Correct the false statements.

1. Natalia y Ramiro son primos de Marilú.
2. Los jóvenes viven en Madrid.
3. La Casa García no tiene lema.
4. Bernardo cambia de canal.
5. En La Barata el cliente siempre tiene la razón.
6. Nati va de compras con Bernardo.

A4 Sabes que . . . 🔲

En Venezuela, como en la mayoría de los
países de habla hispana *(Spanish-speaking)*, hay
diversos tipos de tiendas y lugares en donde
comprar. Aquellos compradores que quieren
comprar mercancías o artículos a mejores
precios que los de los centros comerciales van
al centro *(downtown)*. Allí hay muchas tiendas
y vendedores ambulantes *(street vendors)* que
en general ofrecen un precio mejor y con los
cuales *(with whom)* se puede regatear *(bargain)*.
Los mercados libres *(open markets)* ofrecen aun
(yet) mejores precios. Allí uno puede encontrar
de todo *(everything)*, desde carne y queso hasta
las más bellas flores del mundo. En caso de
(In case of) necesidad, o porque uno se quedó
sin algo *(one ran out of something)*, hay tiendas
de barrio *(neighborhood)* llamadas "casas de
abastos" o "bodegas," donde se pueden
comprar muchas cosas. Lo mejor de las
bodegas es que quedan cerca y que el dueño
(owner) conoce a los clientes *(customers)*. Los
conoce tan bien que muchas veces les fía *(gives
them credit)* si no tienen dinero.

A5 SE DICE ASÍ
Extending, accepting, and refusing invitations

¿Quieres ir de compras?	Sí, ¡cómo no!
Do you want to go shopping?	Oh, sure!
¡Vamos de compras!	Sí, ¡por supuesto!
Let's go shopping!	Yes, of course!
¿Tienes ganas de ir de compras?	No, gracias. No puedo. Tengo que...
Do you feel like going shopping?	No, thank you. I can't. I have to...
¿Por qué no vamos de compras?	Lo siento, pero no puedo.
Why don't we go shopping?	Sorry, I can't.
	Hoy no. No tengo ganas. Otro día.
	Not today. I don't feel like it. Another day.

A6 Actividad • ¡Vamos de compras!

Using the expressions from A5, invite three classmates to go shopping. Do not use
the same expression twice.

Use commands to direct or request one or more persons to do something. In Spanish, commands can be formal or familiar. Formal (or polite) commands are used with people one normally addresses as **Ud.** The following chart shows the formal commands for **usted (Ud.)** and **ustedes (Uds.).**

Verb Endings	Present Indicative		Formal Commands	
	yo form	*stem*	*usted (Ud.)*	*ustedes (Uds.)*
-ar	**entro**	**entr-**	**entre Ud.**	**entren Uds.**
-er	**como**	**com-**	**coma Ud.**	**coman Uds.**
-ir	**abro**	**abr-**	**abra Ud.**	**abran Uds.**

1. To form the **usted (Ud.)** formal command of regular **-ar** verbs, add **-e** to the stem of the **yo** form of the present indicative of the verb.

   ¡Aproveche la gran venta-   *Take advantage of the great*
      liquidación!   *clearance sale!*

2. To form the **usted (Ud.)** formal command of **-er** and **-ir** verbs, add **-a** to the stem of the **yo** form.

   ¡Abra una cuenta hoy mismo!   *Open an account today!*
   ¡Pida su tarjeta de crédito   *Ask for your credit card*
      ahora mismo!   *right now!*

3. To form the plural **ustedes (Uds.)** command, add **-n** to the **usted** command form.

   ¡Visiten hoy La Barata y   *Visit La Barata today and*
      abran una cuenta!   *open an account!*

4. To form negative commands, place **no** in front of the verb.

   No **abra** una cuenta.   *Don't open an account.*
   No **olviden** nuestro lema.   *Don't forget our slogan.*

Actividad • Falta algo

Complete the sentences with the appropriate command form of the following verbs.

llevar   aprovechar   ahorrar   olvidar   visitar   abrir

1. _____ (Ud.) nuestra gran venta-liquidación.
2. _____ (Ud.) los artículos a su casa.
3. _____ (Uds.) La Nación hoy mismo.
4. _____ (Ud.) una cuenta en La Nación.
5. No _____ (Uds.) nuestro lema.
6. _____ (Ud.) dinero con nuestras gangas.

A 9   Actividad • El suplente   *The substitute*

Imagine you are a substitute teacher and you are having some problems in class. What instructions would you give in the following situations?

MODELO   a Marieta, que no quiere entrar en la clase
         Marieta, **entre** en la clase.

1. a dos estudiantes que no quieren hablar español
2. a un estudiante que come en clase
3. a Rolando, que estudia poco
4. a Juan Octavio, que no escucha
5. a los amigos de Andrés que beben refrescos en clase
6. a Rita y a su hermana, que no quieren abrir la puerta
7. a Ramona y a Nati, que no escriben la actividad
8. a una chica que lee una revista en clase
9. a tus amigos que no quieren aprender la lección
10. a todos los estudiantes que no estudian

A 10   Comprensión

You will hear a statement followed by two responses. Choose the response that better completes the first statement and check the appropriate space on your answer sheet.

MODELO   Yo necesito un suéter nuevo para el invierno.

         a. Pues, búsquelo en el garaje.
         b. Entonces, búsquelo en un almacén.

	0	1	2	3	4	5	6	7	8	9	10
a.											
b.	✔										

1. el mostrador	**4.** unas sandalias	**7.** una bata	**10.** un paraguas
2. un monedero	**5.** un anillo	**8.** un vestido de seda	**11.** un par de botas
3. un par de zarcillos°	**6.** la vitrina	**9.** una playera	**12.** una bufanda

A12 Actividad • Descripción del dibujo

Describe the illustration by answering the following questions.

1. ¿Cuáles son los artículos que están en la vitrina?
2. ¿De qué color es la bufanda?
3. ¿Cuánto cuesta el paraguas?
4. ¿Cuál es el artículo más caro? ¿Cuánto cuesta?
5. ¿Cuál es el artículo más barato? ¿Cuánto cuesta?
6. ¿Qué compra la señorita?
7. ¿Cómo paga la señorita?
8. ¿Cuánto cuestan las sandalias y las playeras?

°In Venezuela, **zarcillos** (*earrings*) is used. In other Spanish-speaking countries, **aretes** or **pendientes** are also used for *earrings*.

¡Vamos de compras! 97

El dinero en el mundo hispánico　El nombre de la unidad monetaria en los distintos países hispanoamericanos varía, como también varía su valor *(its worth)* en relación al dólar. La fluctuación del valor de estas monedas es muy grande, y el viajero debe pedir información en un banco antes de salir de viaje.

Nombres de las unidades monetarias

Argentina: el austral　El Salvador: el colón　Paraguay: el guaraní
Bolivia: el boliviano　España: la peseta　Perú: el sol, el inti
Colombia: el peso　Guatemala: el quetzal　República Dominicana:
Costa Rica: el colón　Honduras: la lempira　　el peso
Cuba: el peso　México: el peso　Uruguay: el peso
Chile: el peso　Nicaragua: el córdoba　Venezuela: el bolívar
Ecuador: el sucre　Panamá: el balboa

Perú: sol

El Salvador: colón

Uruguay: peso

Venezuela: bolívar

A 14　**ESTRUCTURAS ESENCIALES**
Position of object pronouns with commands

1. In all affirmative commands, object pronouns are placed after the verb and attached to it, forming one word. Don't forget to add an accent mark if the verb has more than one syllable.

¿Abro las ventanas?　Sí, ¡ábre**las**!　*Should I open the windows? Yes, open them!*

¿Compro el monedero?　Sí, ¡cómpre**lo**!　*Should I buy the change purse? Yes, buy it!*

2. To form negative commands, place the object pronoun in front of the verb.

no + object pronoun + command

¿Abro la cuenta?　No, no **la** abra.　*Should I open the account?　No, don't open it.*
¿Compro las sandalias?　No, no **las** compre.　*Should I buy the sandals?　No, don't buy them.*

A 15 Actividad • El empleado nuevo

Pair up with another student. You have just been hired as a salesclerk at La Barata. Since you are not familiar with the procedures, ask your boss (classmate) what to do. Follow the model, using direct and indirect-object pronouns where necessary.

> MODELO ¿Saludo a los clientes?
> Sí, ¡salúdelos!

1. ¿Limpio la vitrina?
2. ¿Les pregunto a los clientes qué desean?
3. ¿Llevo los paraguas al departamento de señoras?
4. ¿Acepto tarjetas de crédito?
5. ¿Rebajo el anillo y los zarcillos que están en el mostrador?
6. ¿Preparo la cuenta?

A 16 Actividad • El gerente *The manager*

It seems that the new salesclerk isn't catching on very quickly. You have to tell the new salesclerk not to do certain things.

> MODELO ¿Rebajo los artículos?
> No, ¡no los rebaje!

1. ¿Pongo los anillos en el mostrador?
2. ¿Preparo una venta-liquidación de playeras?
3. ¿Llamamos por teléfono a nuestros amigos?
4. ¿Abro las puertas de la tienda a las once?
5. ¿Pido más monederos?
6. ¿Preparo las cuentas?

A 17 Actividad • Instrucciones

You are the store manager. Since you cannot open the store tomorrow morning, leave a list of instructions for your employees. Use a variety of singular and plural command forms, as well as affirmative and negative commands. Create a list of at least eight instructions.

Actividad • ¡A escribir!

You have recently been hired as copywriter at El Buen Anuncio, an advertising agency. Write a brief commercial for each of the following companies. (These ads will give you some ideas.)

1. el restaurante Las Delicias

2. la ropa de deportes El Atleta

3. los zapatos Julieta

Quique y Ramiro salen de la casa de Marilú y, como no saben llegar a La Nación, le preguntan a un señor que va por la calle.

QUIQUE Perdone, señor, ¿sabe Ud. dónde queda La Nación?
SEÑOR Bueno . . . conozco esa tienda, pero no sé bien en qué calle está. Miren, vayan a la esquina y pregúntenle al policía de tránsito.
QUIQUE Muchísimas gracias.

(Quique y Ramiro van a la esquina donde está el policía.)

RAMIRO Buenos días, señor. ¿Puede decirnos cómo llegar a La Nación?
POLICÍA Por supuesto, jóvenes. Estén atentos a lo que les digo. Sigan Uds. por esta calle, que es la calle Pino, hasta la esquina de Pino y Paseo de la Fortuna. Doblen a la derecha en Paseo y . . .
QUIQUE Espere un momento, por favor. Déjeme anotarlo.
POLICÍA Sí . . . bueno, sigan por Paseo unas quince cuadras hasta llegar a la calle Flores. Doblen a la izquierda en Flores, caminen dos cuadras más y allí está La Nación.
QUIQUE Y
RAMIRO Muchísimas gracias.

(Quique y Ramiro se van. Después de unos minutos el policía dice algo.)

POLICÍA ¡Ay, caramba! Olvidé decirles que La Nación cerró hoy por inventario . . .

Actividad • Preguntas y respuestas

Use the information in A19 to answer the following questions.

1. ¿A quién le piden información Quique
   y Ramiro al salir de casa?
2. ¿Qué información les dio el señor?
3. ¿Qué les dice el señor?
4. ¿Dónde está La Nación?
5. ¿Cuáles son las calles que toman
   ellos para ir a La Nación?
6. ¿Qué olvidó decirles el policía?

A 21 Actividad • Cómo llegar a La Nación

Following the instructions given to Quique and Ramiro, draw a map showing how
to get to La Nación.

A 22 SE DICE ASÍ
Asking for directions and giving information

Perdone, ¿sabe dónde está . . . ?	Excuse me, do you know where . . . is?
Con permiso, ¿sabe dónde queda . . . ?	Excuse me, do you know where . . . is?
¿Podría decirme cómo llegar a . . . ?	Could you please tell me how to get to . . . ?
Sí, con mucho gusto.	Yes, I'd be glad to.
Sí, está a la derecha.	Yes, it's on the right.
Sí, queda a la izquierda.	Yes, it's on the left.
Sí, queda a . . . cuadras de aquí.	Yes, it's . . . blocks away.
Sí, . . . al lado de . . .	Yes, . . . next to . . .
Sí, . . . enfrente de . . .	Yes, . . . in front of . . .
Sí, . . . detrás de . . .	Yes, . . . behind . . .
Sí, . . . cerca de . . .	Yes, . . . near . . .
Sí, . . . lejos de . . .	Yes, . . . far . . .

All of the above expressions can be used with either **está** or **queda**.

A 23 Actividad • ¿Dónde están?

Imagine you are a Hispanic exchange student in your home town. Pair up with
a classmate and ask where three different places are located in relation to your
school. Use the expressions in A22 and exchange roles.

A 24 ESTRUCTURAS ESENCIALES
Irregularities in the formal command

The following verbs have irregular formal commands.

Infinitive	Usted (Ud.) Command	Ustedes (Uds.) Command
dar	**dé**	**den**
estar	**esté**	**estén**
ir	**vaya**	**vayan**
saber	**sepa**	**sepan**
ser	**sea**	**sean**

Déle la tarjeta de crédito al cliente.
Estén en la tienda temprano.
Vayan a clase a tiempo.
Sepan estos verbos para mañana.
Sea bueno con los profesores.

Give the credit card to the customer.
Be in the store early.
Go to class on time.
Know these verbs by tomorrow.
Be good to the teachers.

A 25 Actividad • El dueño manda *The owner gives the orders*

You are the new owner of La Nación and you are giving your employees a set of guidelines. Follow the model.

MODELO Guillermo, (ser) _____ rápido en el trabajo.
Guillermo, **sea** rápido en el trabajo.

1. Carlos y María, (tener) _____ cuidado con los productos.
2. Pedro y Arturo, no (salir) _____ de su departamento.
3. (Venir) (Uds.) _____ temprano al trabajo.
4. Ricardo y Rosalía, (ir) _____ al mostrador.
5. (Darles) (Ud.) _____ buen precio a todos.
6. (Estar) (todos) _____ siempre listos para atender a los clientes.
7. Tú y tu hermana, (poner) _____ atención a los anuncios.
8. Manolo, (pedir) _____ permiso para llamar por teléfono.
9. Pepe y Paco, (saber) _____ el precio de los artículos.
10. Señora Pérez, (conseguir) _____ más clientes.
11. Gonzalo, (cerrar) _____ la tienda.
12. Elena, (hacer) _____ las cuentas del día.

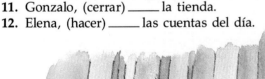

A 26 Actividad • ¡A completar!

Supply the correct form of each verb in this advertisement.

¡Gran venta para jóvenes! (ahorrar) ＿＿ Ud. como
nunca. (Llevar) ＿＿ a todos sus amigos a La Casa
García y (aprovechar) ＿＿ Uds. nuestra
venta-liquidación. (Ver) ＿＿ los magníficos artículos
que nosotros tenemos en rebaja. Y amigos, no
(olvidar) ＿＿ que "García regala la mercancía."

A 27 SE DICE ASÍ

Giving and following directions

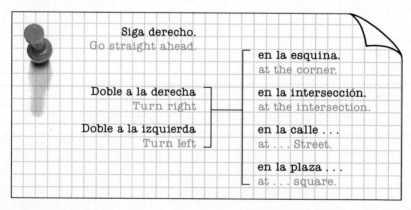

Siga derecho.	en la esquina.
Go straight ahead.	at the corner.
Doble a la derecha	en la intersección.
Turn right	at the intersection.
Doble a la izquierda	en la calle . . .
Turn left	at . . . Street.
	en la plaza . . .
	at . . . square.

The three expressions above will enable you to give or follow directions in Spanish
to go almost everywhere.

A 28 Actividad • Cómo llegamos a nuestra casa

You have learned how to give directions in Spanish. Draw a map showing how to
get from your school to your home, and write directions telling how to get there.

identifying what you want . . . asking for and giving information
in a store

In most large Hispanic cities there are department stores and shopping malls, called **centros comerciales.** *Many people like to shop in these places; others prefer the personal touch of smaller specialty stores.*

B1

En La Barata

Mientras Quique y Ramiro buscan La Nación, Bernardo, Marilú y Nati están en La Barata. De pronto oyen que los llaman y allí ven a Roberto Barrera, un vecino de Marilú que es dependiente del almacén.

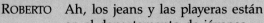

ROBERTO	Buenos días, chicos. ¿Ya los están atendiendo?
MARILÚ	Roberto, ¡qué gusto verte!
ROBERTO	Hola, ¿cómo estás, Marilú? ¿En qué puedo servirles?
MARILÚ	Nati y yo estamos buscando unos jeans y unas playeras como las que vimos en la vitrina.

ROBERTO	Ah, los jeans y las playeras están en el departamento de jóvenes, en el último piso.
BERNARDO	Yo quiero una chaqueta de cuero, talla 46.
ROBERTO	Las chaquetas están en el departamento de caballeros. Están a la última moda. Si quieres, te las enseño. Estamos vendiendo miles de ellas.
BERNARDO	Gracias, Roberto. Chicas, las espero a la salida.
NATI Y MARILÚ	Nosotras vamos al último piso. Hasta luego, Roberto, y muchas gracias.

Cuando bajan, las muchachas ven que Bernardo está hablando por teléfono. Bernardo termina, pero todos tienen que esperar un rato antes de ir a casa porque ven por la ventana que está cayendo un aguacero muy fuerte.

Actividad • Preguntas y respuestas 📼

Based on the dialog in B1, answer the following questions.

1. ¿Quién es Roberto Barrera?
2. ¿Qué hace él en La Barata?
3. ¿Qué vieron en la vitrina Nati y Marilú?
4. ¿Qué quiere Bernardo?
5. ¿Qué dice Roberto que está a la última moda?
6. ¿Qué ven las muchachas cuando bajan?

B3 Actividad • ¿Es cierto o no?

Decide whether each statement is true or false according to B1. Correct the false statements.

1. Bernardo y Quique están en La Barata.
2. Roberto está atendiendo a los jóvenes.
3. La Barata está vendiendo pocas chaquetas de cuero.
4. Bernardo está buscando unos jeans.
5. Las chaquetas de cuero están en el último piso.

B4 Sabes que . . . 📼

Caracas, la capital de Venezuela, fue fundada (*was founded*) por los españoles en 1527. Hoy día es una gran ciudad de casi tres millones de habitantes (*residents*) y muy moderna. Caracas y otras ciudades importantes de Venezuela, como Maracaibo y Valencia, tienen grandes centros comerciales donde los compradores pueden encontrar todo lo que quieren. Estos centros comerciales se parecen mucho a los que hay en los Estados Unidos, con cafeterías, restaurantes, tiendas por departamentos y pequeñas boutiques. Mucha gente prefiere comprar en los centros comerciales, aunque (*even though*) tiene que pagar precios más altos por la mercancía, porque es fácil encontrar estacionamiento (*parking*) y por la comodidad (*convenience*) y elegancia que ofrecen estos lugares.

SE DICE ASÍ
Asking for and giving information in a store

Dependiente	Cliente
¿En qué puedo servirle? How may I help you?	Estoy buscando un . . . I'm looking for a . . .
¿Los están atendiendo? Is someone helping you?	No, es muy caro. No, it is very expensive.
¿Qué desea? What would you like?	¿Puedo probármelo? May I try it on?
¿Cuál es su talla? What's your size?	¿Dónde está el probador? Where is the fitting room?
¿Algo más? Anything else?	¿Me queda bien? Does it fit well?
Aquí está el vuelto. Here is your change.	Me lo llevo. I'll take it.

B6 Actividad • Minidiálogo

Pair up with a partner to complete the following conversation. Base your answers on the information provided in B1 and B5.

SEÑORITA   Buenos _____ , señor.
DEPENDIENTE   Buenos días, señorita. ¿En qué _____ ?
SEÑORITA   Quiero _____ .
DEPENDIENTE   ¿Cuál es su talla?
SEÑORITA   Es la talla 10 americana. ¿Cuál es aquí?
DEPENDIENTE   Aquí es la talla 36.
SEÑORITA   Es muy bonito. Me lo _____ .
DEPENDIENTE   Muy bien. ¿Quiere algo _____ ?
SEÑORITA   No, gracias, _____ .

B7 Comprensión

You will hear a statement by either a salesclerk or a shopper. Each statement will be followed by three possible responses. Choose the one that best completes the conversation.

MODELO   ¿En qué puedo servirle?

a. No, gracias.
Es muy caro.
b. Estoy buscando
unos jeans.
c. ¿Algo más?

	0	1	2	3	4	5	6	7	8	9	10
a.											
b.	✔										
c.											

ESTRUCTURAS ESENCIALES
The present progressive form

To describe an action that is in progress at the moment of speaking, that is, right now, Spanish uses the present progressive.

> present tense of **estar** + **-ndo** form = present progressive

Pedro y Luis **están trabajando** en la tienda.	*Pedro and Luis are working in the store.*
Coralia **está vendiendo** las bufandas.	*Coralia is selling the scarfs.*
Yo **estoy escribiendo** la cuenta.	*I am writing the bill.*

1. To form the present progressive, use a present tense form of **estar** as a helping verb plus the **-ndo** form of the main verb called **gerundio**.

   Alicia **está hablando** con Mauricio.   *Alicia is talking to Mauricio.*

2. The **-ndo** form of regular **-ar** verbs consists of the verb stem + **-ando**.

   buscar: **busc** + **ando** = **buscando**

   Las chicas **están buscando** unos jeans.   *The girls are looking for jeans.*

3. The **-ndo** form of regular **-er** and **-ir** verbs consists of the verb stem + **-iendo**.

   atender: **atend** + **iendo** = **atendiendo**
   escribir: **escrib** + **iendo** = **escribiendo**

   ¿Ya los **están atendiendo?**   *Is someone helping you?*
   ¿Qué **estás escribiendo,** Mauricio?   *What are you writing, Mauricio?*

4. Notice that the helping verb **estar** changes to agree with the subject, but the **-ndo** form always remains the same.

   Marilú **está comprando** botas.   *Marilú is buying boots.*
   Marilú y Nati **están comprando** botas.   *Marilú and Nati are buying boots.*

5. Some irregular **-ndo** forms are:

   pedir   **pidiendo**
   decir   **diciendo**
   venir   **viniendo**
   servir   **sirviendo**
   caer   **cayendo**
   leer   **leyendo**
   repetir   **repitiendo**
   seguir   **siguiendo**

Actividad • ¿Qué está pasando ahora?

Look at the illustrations and describe what these people are doing.

MODELO   Rogelio / unas sandalias
Rogelio está comprando unas sandalias.

1. Guillermo / los calcetines

2. Rosendo y Nora / la vitrina

3. El señor Barrera / los precios

4. La dependienta / una chaqueta de cuero

5. María y Adela / el policía

6. El gerente / la puerta

B 10 Actividad • ¿Qué están haciendo?

Use the present progressive form to express what the following people may be doing right now.

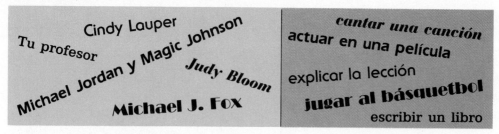

Cindy Lauper
Tu profesor
Michael Jordan y Magic Johnson
Judy Bloom
Michael J. Fox

cantar una canción
actuar en una película
explicar la lección
jugar al básquetbol
escribir un libro

B 11 Actividad • Excusas, excusas y más excusas

Five people are calling you to see if you want to go out right now. Think of five different excuses that you can give in order not to go. Use the present progressive.

MODELO — Hola, (Gregorio), ¿quieres salir?
— No puedo porque estoy trabajando.

B 12 Actividad • ¿Qué están haciendo los estudiantes?

The assistant principal wants to know where your classmates are right now, and you are the only one who knows. Answer by following the model.

MODELO Nacho / jugar al básquetbol
Nacho está jugando al básquetbol.

1. Mario / hacer un examen
2. Tu hermano / correr en el parque
3. Roberto / comer en la cafetería
4. Tere y Rafa / estudiar en su casa
5. Andrés / escuchar la radio
6. Carlos y yo / leer una revista
7. Quique y Ramiro / llamar por teléfono
8. Carolina / salir de la escuela
9. Ellos / cerrar las ventanas

B 13 ESTRUCTURAS ESENCIALES
Position of object pronouns with the present progressive

There are two positions for object pronouns when used with the present progressive.

Estamos comprándo**lo.** ⎱ *We are buying it.*
Lo estamos comprando. ⎰

Están vendiéndo**la.** ⎱ *They are selling it.*
La están vendiendo. ⎰

Object pronouns are either attached to the end of the **-ndo** form or placed in front of the verb **estar.** When an object pronoun is attached to the **-ndo** form, add a written accent to maintain the original stress in pronunciation.

Actividad • ¿Qué está pasando allí?

Change each sentence to the present progressive and replace the direct object with an object pronoun. Follow the model.

MODELO   Pedro compra la guitarra.
Pedro está comprándola.
Pedro la está comprando.

1. Alberto y Julián atienden a los clientes.
2. El dependiente aprende nuestro lema.
3. Los clientes aprovechan la venta-liquidación.
4. Quique compra la chaqueta y el pañuelo.

5. Eduardo y yo pagamos la cuenta.
6. El gerente rebaja los precios.
7. Clara vende una bufanda.
8. Nati y su prima usan la tarjeta de crédito.

B15   SITUACIÓN • El departamento de caballeros

1. un llavero
2. un impermeable
3. una camisa de mangas largas
4. una camisa de mangas cortas
5. una camiseta

6. unos pantalones
7. un traje
8. unos pijamas
9. unos calzoncillos
10. un saco

Actividad • Descripción del dibujo 📼

Look at the illustration in B15 and answer the following questions.

1. ¿Qué está haciendo la señora?
2. ¿Qué están mirando los jóvenes?
3. ¿Qué está comprando el señor?
4. ¿Qué está haciendo el niño?
5. ¿Qué le está dando la dependienta al señor?
6. ¿Qué está haciendo la chica?

B17 Actividad • Las compras

Get together with a classmate and discuss the following:

¿Te gusta ir de compras? ¿Por qué?
¿Cuándo fuiste de compras la última vez? ¿Adónde?
¿Qué compraste?
¿Tienes mucha ropa? ¿Qué quieres comprar?

B18 Actividad • ¡A escribir!

Prepare a shopping list of seven items you need or would like to buy for a friend at a men's clothing store.

Caribú SHOPS

DISEÑADORES EUROPEOS Y NORTEAMERICANOS DE ROPA MASCULINA.
OMNI INTERNATIONAL • QUINTO NIVEL • (305) 358-0410 • MIAMI, FLORIDA

Sea usted el primero en usar la última moda.

The male image

South Miami: 7198 Red Rd. (Red Road y Sunset Dr.)
Tel. 666-7576
North Miami Beach: 1974 N.E. 163 St. Tel. 945-6769
Lunes, Miércoles y Viernes—10-9
Martes, Jueves y Sábados—10-6

AGUA

IDEAS IDEAS IDEAS · IDEAS

Te cubrimos de ideas
Punto Blanco

C1   De regreso

Bernardo, Nati y Marilú están bebiendo unos refrescos en casa de Marilú y están
comentando sobre los artículos que vieron en La Barata, cuando Quique y Ramiro
tocan el timbre.

MARILÚ   ¡Hola! ¡Entren! ¡Huy, qué tarde vinieron!
RAMIRO   ¡Uf! Estamos muertos de tanto caminar.
QUIQUE   ¡Ay! ¡Y qué hambre tengo!
MARILÚ   ¿No almorzaste?
         ¿Qué les pasó?

QUIQUE   Ramiro fue conmigo a La Nación y . . .
            caramba, la tienda cerró hoy por inventario.
NATI   ¡Ay, qué pena!
RAMIRO   Quique, nunca más voy de compras contigo.
QUIQUE   Yo no tuve la culpa. Para mí, la culpa la tuvo
            ese anuncio horrible que están pasando
            por televisión. Es un anuncio viejo
            que grabaron el mes pasado.
RAMIRO   Perdona, la culpa la tuvo el policía
            que no nos dijo que la tienda cerró.
QUIQUE   Bueno, y ustedes, ¿qué compraron?
BERNARDO   Pues . . . nada. No compramos nada.
            Y así, de verdad ahorramos plata
            en La Barata.

Actividad • Preguntas y respuestas

Use the information in C1 to answer the following questions.

1. ¿Dónde están bebiendo los chicos unos refrescos?
2. ¿Quiénes tocan el timbre?
3. ¿Por qué dicen que están muertos?
4. ¿Qué vieron Quique y Ramiro al llegar a La Nación?
5. Según Quique, ¿quién tuvo la culpa?
6. ¿Cuándo grabaron el anuncio?
7. ¿Por qué dice Bernardo que ahorraron plata en La Barata?

C3 Actividad • ¡A escoger!

Choose the correct word or words to complete each statement according to C1.

1. Los muchachos están _____ unos refrescos.
   • comiendo   • bebiendo   • cocinando

2. Quique y Ramiro llegaron _____ .
   • temprano   • a tiempo   • tarde

3. Quique no _____ .
   • pidió   • descansó   • comió

4. Según Ramiro, la culpa la tuvo _____ .
   • el policía   • el anuncio   • la televisión

5. La tienda cerró por _____ .
   • artículos   • inventario   • televisión

6. Los muchachos no compraron _____ .
   • artículos   • algo   • nada

C4   SE DICE ASÍ
     Expressing satisfaction or displeasure with emphasis

¡Uf! Estamos muertos de tanto caminar.	Ugh! We're dead tired from so much walking.
¡Ay! Y yo no tomé el almuerzo.	Boy! And I didn't have lunch.
¡Huy! ¡Cómo comió Juanita!	Wow, did Juanita eat!
¡Bah! Creo que no va a llover.	C'mon! I don't think it is going to rain.
¡Basta! No quiero más.	Enough! I don't want any more.
¡Caramba! Son las siete.	Heavens! It's seven o'clock.

Interjections in Spanish, as well as in English, are used to reaffirm or emphasize what you want to express.

Hablemos un poco del país ahora. Venezuela puede dividirse en tres grandes zonas. **1. La zona montañosa de los Andes:** Inmensas montañas entran al país por Colombia y se extienden por el norte de Venezuela paralelas *(parallel)* a la costa. Su altura máxima *(highest point)* es el Pico Bolívar (5,002 m.). La costa tiene bellísimas playas en el mar Caribe. En esta zona están la moderna capital, Caracas, con más de tres millones de habitantes *(residents)* y la ciudad petrolera *(oil city)* de Maracaibo, al borde del lago Maracaibo. **2. La zona central de los llanos:** Una vasta sabana *(plains)* que es el centro ganadero *(cattle center)* del país. Incluye el delta del río Orinoco, que atraviesa *(crosses)* toda Venezuela. **3. La zona de Guayana:** Allí está el Salto del Ángel, la cascada *(waterfall)* más alta del mundo. También se encuentran en esta zona las selvas *(jungles)* del río Amazonas donde habitan *(live)* indios que no hablan español.

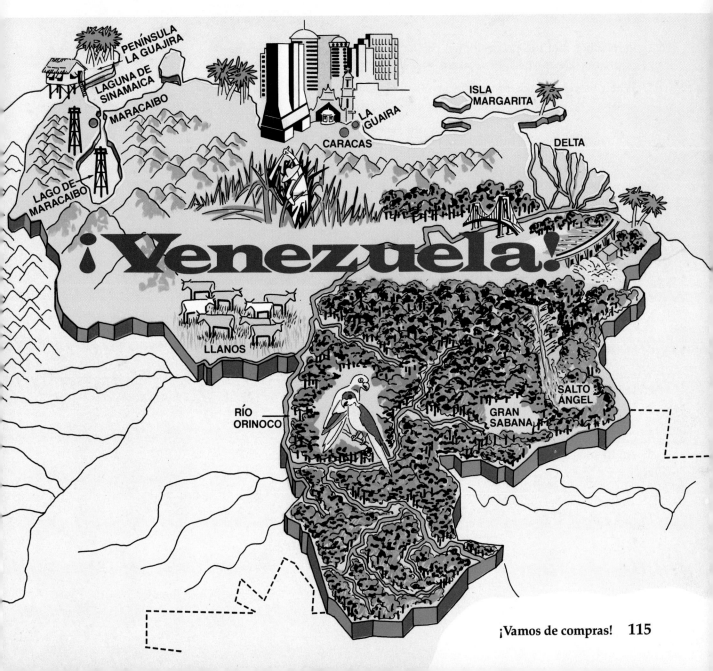

Pronouns used after prepositions

You have already learned the prepositional pronouns. The following chart summarizes them:

	Prepositions	Prepositional Pronouns
El regalo es	**para**	**mí.**
Hablaron	**de**	**ti.**
Van de compras	**con**	**ella/él/Ud.**
Piensa	**en**	**nosotros(-as).**
Vamos	**sin**	**ellos/ellas/Uds.**

1. Remember that the prepositional pronouns are the same as the subject pronouns, except that **mí** replaces **yo** and **ti** replaces **tú.**

2. When used with the preposition **con,** the pronouns **mí** and **ti** have special forms.

con + mí = conmigo
con + ti = contigo

Venga **conmigo,** por favor.   *Please come with me.*
Charo, quiero salir **contigo.**   *Charo, I want to go out with you.*

3. With object pronouns, for emphasis or clarification, Spanish uses **a** followed by the prepositional pronoun.

¿Le doy el anillo **a ella?**   *Should I give the ring to her?*
A mí me gusta ahorrar.   *I do like to save.*
A ellos les gusta gastar.   *They like to spend (money).*

C7 Actividad • Combinación

Complete each sentence by selecting the appropriate item from the box.

1. Elena, ¿te importa esto a . . . ?
2. Rolando, voy al cine . . .
3. Leti le habla por teléfono a . . .
4. Nora me ve a . . .
5. Camila, ¿quieres ir de compras . . . ?
6. Andrés los quiere ver a . . .

conmigo
mí
ustedes
él
ti
contigo

Actividad • Yo quiero saber

You want to know more about the student who sits behind you in class. Pair up with a classmate and ask the following questions.

1. ¿Conoces a la persona que se sienta detrás de mí?
2. ¿Juega al básquetbol contigo?
3. ¿Les habla a tus amigos de mí?
4. ¿Sabes si conoce a mi mejor amigo/a?
5. ¿Estudia contigo?
6. ¿Con quién come en la cafetería?

C9 **ESTRUCTURAS ESENCIALES**

The irregular verb venir *in the preterit tense*

The verb **venir** is irregular in the preterit tense.

venir	to come
vine	vinimos
viniste	vinisteis
vino	vinieron

Ellos **vinieron** en autobús.
Rosita **vino** con Eduardo.

They came by bus.
Rosita came with Eduardo.

C10 Actividad • La visita

Some friends you have not seen in a long time have just arrived in town, and you are talking to one of them on the phone. Work with a partner and ask the following questions.

MODELO ¿De dónde viniste?
Vine de Nueva York.

1. ¿Viniste de vacaciones?
2. ¿Cuándo viniste, hoy o ayer?
3. ¿En qué viniste?

4. ¿Vinieron tus padres contigo?
5. ¿Vino tu primo?
6. ¿Por cuánto tiempo viniste?

ESTRUCTURAS ESENCIALES
Some verbs with spelling changes in the preterit tense

The **-er** and **-ir** verbs that have a stem ending in a vowel change the **i** to **y** in the third person singular and third person plural of the preterit tense.

leer *to read*	**caer**° *to fall*	**oír** *to hear*	**creer** *to believe*	**destruir** *to destroy*
leí	caí	oí	creí	destruí
leíste	caíste	oíste	creíste	destruiste
leyó	**cayó**	**oyó**	**creyó**	**destruyó**
leímos	caímos	oímos	creímos	destruimos
leísteis	caísteis	oísteis	creísteis	destruisteis
leyeron	**cayeron**	**oyeron**	**creyeron**	**destruyeron**

¿Qué libro **leyó** Ud. ayer?   *What book did you read yesterday?*
La lluvia **cayó** de repente.   *The rain fell suddenly.*
Oyeron la noticia anoche.   *They heard the news last night.*
Gloria **creyó** lo que él dijo.   *Gloria believed what he said.*
La tormenta **destruyó** dos árboles.   *The storm destroyed two trees.*

ATENCIÓN: Another verb conjugated like **destruir** is **construir.**

Ellos **construyeron** la casa.   *They built the house.*
La ciudad **construyó** un centro   *The city built an art center.*
   para las artes.

C12   Actividad • La tienda nueva

Change all the infinitives in parentheses to the appropriate preterit forms.

   Mi hermano (leer) en el periódico que el señor Fernández (construir) una tienda cerca de casa. También (oír) por la radio muchos anuncios sobre una gran venta en esa tienda. Él pensó ir a la tienda, pero un aguacero que (caer) de repente le (destruir) sus planes.

C13   Actividad • Las compras

Now you have the chance to talk about yourself by answering the following questions.

1. ¿Te gusta ir de compras? ¿Por qué?
2. Cuando vas de compras, ¿vas solo/a o con alguien?
3. ¿Dónde compras tu ropa?
4. ¿Qué clase de ropa te gusta a ti? ¿Por qué?
5. ¿Cuáles son tus colores favoritos?
6. ¿Qué clase de ropa usas tú para ir a la escuela?
7. ¿Aprovechas las ventas-liquidación? ¿Por qué?

°The verb **caer(se)** is most often used in reflexive constructions. You will learn about reflexives in Unit 6.

Actividad • ¿Qué pasó?

Look at the illustrations and tell what happened by using **construir**, **oír**, **leer**, **destruir**, or **caer**. Follow the model.

MODELO   mi abuelo / anoche
        Mi abuelo leyó el periódico anoche.

1. el avión / al mar ayer

2. los ingenieros / el edificio el año pasado

3. yo / el noticiero a las once

4. la tormenta / dos árboles el mes pasado

5. los muchachos / la revista el domingo

C15 Actividad • Aquí está La Barata

The classroom will now become La Barata. Some of the students will play the role of customers while others will be the salesclerks. The customers can ask questions about five articles, including prices, sizes, colors, and so on. The salesclerks should provide the correct information.

C16 Comprensión

You will hear a statement or a question followed by a response. If the response is logical, check **lógico** on your answer sheet. If it is not, check **ilógico.**

MODELO — ¿Vas al baile con Juan?
— Sí, voy con él.

	0	1	2	3	4	5	6	7	8	9	10
Lógico	✔										
Ilógico											

C17 Actividad • ¡A escribir y a hablar!

Write a description in Spanish of your favorite store, taking into account the following suggestions.

I. Introducción
  A. Mi tienda favorita es . . .
  B. ¿Cómo conociste la tienda?
  C. ¿Dónde queda?
  D. ¿Cuántas veces al mes compras en la tienda?
II. Desarrollo (Development)
  A. ¿Cómo es la tienda?
  B. ¿Tiene muchos empleados?
  C. ¿Son buenos los empleados?
  D. ¿Vende cosas caras o baratas?
  E. ¿Van muchos clientes a la tienda?
  F. ¿Ofrece gangas o ventas-liquidación?
  G. ¿Cómo pagas en la tienda?
III. Conclusión
  A. Me gusta esa tienda porque . . .
  B. Le voy a recomendar esa tienda a . . .

Now present your composition orally in class.

1   ¡A dar órdenes!

Give formal commands to the people in the illustrations.

1. Roberto y Raúl / escribir

2. Luisa / poner

3. la camarera / servir

4. el dependiente / vender

5. Mario y Alberto / ir

6. Antonio / leer

7. Ana y Luisa / traer
8. Juan y Andrés / hablar

2 Actividad • En la clase

Imagine how your teacher will respond if you ask the following questions. Follow the model.

MODELO ¿Termino la tarea ahora?
Sí, termínela.
or
No, no la termine.

1. ¿Escribo los ejercicios en clase?
2. ¿Abro o cierro la puerta?
3. ¿Contestamos las preguntas?
4. ¿Pido un libro y un lápiz nuevo?
5. ¿Le pongo atención a Tomás?

6. ¿Ahorramos dinero para la excursión?
7. ¿Leemos la composición?
8. ¿Limpio y arreglo la clase?
9. ¿Salimos durante la hora del almuerzo?
10. ¿Traigo la bufanda y el sombrero a la escuela?

3 Actividad • Los dólares en pesos

Suppose that in the Dominican Republic a dollar is worth four pesos. Read these numbers aloud in Spanish as if they were **dólares;** then change them to **pesos.**

240   170   101   66   136

4 Actividad • El cliente

Write five questions in Spanish you may ask a salesclerk.

5 Actividad • En la tienda

Now pair up with another student and role-play a conversation between a salesclerk and a customer. Be sure to ask about four items and their prices.

6 Actividad • ¿Qué pasó ayer?

Mention eight different things that happened recently, using these verbs.

buscar   leer   venir   conocer
gastar   destruir oír   construir

7 Actividad • ¿Qué dices?

Choose an appropriate exclamation from the box to precede each of the following statements.

_____ ¡Tengo tanta sed!
_____ Eso no importa.
_____ No puedo comer más.
_____ ¡Qué cansado estoy!
_____ ¡Qué sorpresa!
_____ ¡Cómo bailó Carlos!

¡Basta!   ¡Uf!   ¡Caramba!   ¡Ay!

¡Huy!   ¡Bah!

8 Actividad • El anuncio

Write three commercials in Spanish for three of your favorite department stores.

◢ Actividad • ¿Con él o sin él? 📼

Clarisa is asking her brother Pepe about several things, but he always answers
negatively. Following the model, use a preposition, such as **con, a, para,** or **sin.**
Replace the nouns with the corresponding prepositional pronouns.

> MODELO Pepe, ¿quieres ir al cine? (conmigo)
> No, no quiero ir al cine contigo.

1. ¿Compraste el regalo? (papá y mamá)
2. ¿Fuiste al baile? (Luisa)
3. ¿Viniste a casa? (Felipe y Santiago)
4. ¿Le regalaste las flores? (Elena)
5. ¿Vas a almorzar? (nosotros)

10 Dictado 📼

Get ready to complete the following paragraph from dictation.

> La semana pasada mi prima ____ fue de
> compras ____ . Cuando llegamos ____ almacén,
> vimos muchos ____ en la ____ . Una
> dependienta ____ nos preguntó, "¿ ____
> ____ ?" Y nos ____ muy bien. Mi prima
> compró una ____ para ____ y un ____
> para su ____ . Yo ____ la venta
> ____ y ____ mucho ____ .

Diphthongs with *a, e,* and *o* (Review)

In Spanish, the vowels **a, e,** and **o** combine with the weaker vowels **i** and **u** to form diphthongs. Read and repeat the following words and sentences.

aguacero	vuelto	muerto	nuevo
cuenta	paraguas	cierto	tienda

Queremos comprar un nuevo paraguas.
Eugenia quiere abrir una cuenta en la tienda.
Es cierto que hace mucho ruido.
El dependiente no nos dio el vuelto.

Letters *r* (initial) and *rr*

1. The **r** in the initial position and after **l, n,** or **s** is pronounced with a very strong trill. Read and repeat the following words and sentences.

Roberto	rebaja	Enrique	alrededor	Israel
refresco	Raúl	radio	rascacielos	

Roberto rebaja los regalos y Rita regatea.
Raúl bebe refrescos mientras oye la radio.
A Enrique le gusta remar en el río.
Raúl le regala rosas rojas a Ramona.

2. The **rr** is a letter of the Spanish alphabet and is pronounced with a very strong trill. The **rr** can never begin a word. Read and repeat the following words and sentences.

ahorra	perro	arriba	arroz
pelirrojo	corre	horrible	cerró

Rolando el pelirrojo ahorra rápido.
El perro de Rosita corre con la revista.
El ruido es horrible.
El restaurante cerró y no hay arroz.

Actividad • Dos trabalenguas fáciles

Practice the following tongue twisters.

Erre con erre cigarro,	En tres tristes trastos
Erre con erre barril.	comen trigo
Rápido corren los carros	tres tristes tigres.
por los rieles del ferrocarril.	

¿LO SABES?

Let's review some important points you've learned in this unit.

Can you give formal commands in Spanish?
Use the following verbs to command someone to do something.
apagar   dar   llevar   quedar   anotar

Can you give directions in Spanish?
Ask where a classmate lives. Then explain how to get from his or her home to yours.

Do you know how to accept and refuse invitations?
Pair up with a classmate. Your classmate will ask you three questions inviting you to go shopping. On two occasions answer affirmatively; on one, answer negatively.

Can you use your Spanish as a salesclerk?
Write five phrases in Spanish you may use as a salesclerk.

Can you guess what people are doing right now?
Tell what two members of your family are doing right now and what five of your classmates are doing at this very moment.

Are you able to identify items commonly found in the men's or ladies' department of a clothing store?
Name at least five items from each department.

Can you express in Spanish some of the things you want to have?
Make a list of five things that you want to buy at a department store. Describe the items in Spanish to your classmates.

Do you know how to use Spanish interjections correctly?
Use each of the following interjections in a sentence to express satisfaction or displeasure.
¡Ay!   ¡Basta!   ¡Huy!   ¡Bah!

Can you talk about the last time you went shopping?
List five items you bought or wanted to buy. Then write a sentence in the preterit tense with each of them.

VOCABULARIO

SECTION A

abrir una cuenta *to open an account*
ahora mismo *right now*
al día *up to date*
el **almacén** *store*
alto *loudly*
el **anillo** *ring*
anotar *to write down*
apagar *to turn off*
aparecer *to appear*
aprovechar *to take advantage of*
los **aretes** *earrings*
el **artículo** *article*
atento, -a *attentive*
la **bata** *robe*
la **bufanda** *scarf*
¡caramba! *heavens!*
la **casa** *business firm*
cerrar (ie) *to close*
como de costumbre *as usual*
¡cómo no! *of course!*
con mucho gusto *I'd be glad to*
la **cuadra** *city block*
doblar *to turn*
doblar a la derecha *to turn right*
doblar a la izquierda *to turn left*
estar al día *to be up to date*
garantizar *to guarantee*
hoy mismo *today*
el **inventario** *inventory*
ir de compras *to go shopping*
el **lema** *slogan*
la **locura** *madness*
llevar *to take (with you)*

más barato *cheaper*
más caro *more expensive*
la **mercancía** *merchandise*
la **moda** *fashion*
el **monedero** *change purse*
el **mostrador** *counter*
muchísimo *very much*
odioso, -a *hateful, odious*
otro día *another day*
el **par** *pair*
el **paraguas** *umbrella*
los **pendientes** *earrings*
perdone *excuse me*
la **plata** *silver; (coll.) money*
la **playera** *tee shirt*
¡por supuesto! *of course!*
quedar *to be (located)*
rebajar *to reduce (price)*
regalar *to give (away)*
las **sandalias** *sandals*
seguir derecho *to go straight ahead*
el **surtido** *stock*
el **tránsito** *traffic*
la **venta-liquidación** *clearance sale*
la **vitrina** *display window*
los **zarcillos** *earrings*

SECTION B

el **aguacero** *downpour*
a la (última) moda *in the latest style*
atender (ie) *to attend; to wait on someone*
el **caballero** *gentleman*
los **calzoncillos** *men's briefs*
la **camiseta** *undershirt*

la **dependienta** *salesclerk (f.)*
el **dependiente** *salesclerk (m.)*
desear *to wish, to want*
enseñar *to show; to teach*
el **impermeable** *raincoat*
el **llavero** *key ring*
el **probador** *fitting room*
probarse (ue) *to try on*
¡qué gusto verte! *what a pleasure to see you!*
el **último piso** *top floor*
la **ventana** *window*
el **vuelto** *change (money)*

SECTION C

almorzar (ue) *to eat lunch*
¡bah! *c'mon!*
caer *to fall; to strike (lightning)*
comentar *to comment*
construir *to build, to construct*
la **culpa** *blame*
descansar *to rest*
destruir *to destroy*
estar muerto *to be dead (tired)*
grabar *to record (on tape)*
¡huy! *wow!*
llover (ue) *to rain*
nunca más *never again*
el **rayo** *lightning bolt*
tener la culpa *to be at fault*
la culpa la tuvo *the one to blame was . . .*
el **timbre** *doorbell*
la **tormenta** *storm*
¡uf! *ugh!*
la **verdad** *truth*
de verdad *in truth, really*

PRÁCTICA DEL VOCABULARIO

Make separate lists of all the items of clothing in this unit. Make a list for men's and women's clothing.

VAMOS A LEER

Antes de leer

Scan the selection briefly and try to find as many cognates as possible. Here are some hints:

1. Many Spanish and English words are similar in form and meaning. However, they are pronounced differently. Can you find two examples in the selection?

2. Some Spanish words ending in **-a, -e,** or **-o** have an English equivalent without the final vowel. There are at least three in the selection. Try to find them.

3. Many Spanish words ending in **-ia** have an English equivalent ending in *-e*. Find at least two examples in the selection.

Now make a list of the words you found and provide the English definitions.

Preparación para la lectura

Answer the following questions before reading.

1. Menciona dos o tres palabras en español que mucha gente que no habla español conoce.

2. Si buscas rápidamente en la Lectura, vas a encontrar algunas ciudades de los Estados Unidos que tienen nombres españoles. ¿Cuáles son?

3. ¿Qué otras ciudades con nombres españoles conoces?

4. ¿Qué crees que quiere decir *Sierra Nevada*?

5. ¿Puedes adivinar qué significan *emperador, símbolo, castillos, unidad monetaria* y *colonias*?

6. ¿Por qué crees que Nuevo México se llama así?

7. ¿Sabes cuál es la ciudad más antigua del territorio de los Estados Unidos?

8. ¿Cómo crees que se llama ahora la antigua ciudad de Nuestra Señora de los Ángeles?

España y los Estados Unidos

No es necesario estudiar español para saber un buen número de palabras en español. Palabras como **plaza, aficionado, sierra** y **rodeo** forman parte del lenguaje diario de los Estados Unidos desde hace muchos años. La historia y la cultura de los dos países tienen otras conexiones que muchas personas no conocen. ¿Sabes, por ejemplo, que algo tan norteamericano como el signo del dólar tiene origen español? La historia es muy interesante. Quizás puedes sorprender a algunos de tus amigos contándola.

En tiempos del emperador Carlos V, que fue también rey de España, se hicieron en el año de 1535 en México unas monedas° con el escudo° del emperador. Como símbolo de su gran poder,° le añadió a este escudo las dos columnas de Hércules, un héroe mitológico, con la inscripción *Plus Ultra* ("más allá"), referencia a sus colonias en la América. Esta moneda, como otras monedas españolas, también circuló en las colonias inglesas, que no tuvieron monedas hasta 1652.

---

monedas *coins; currency*   **escudo** *coat of arms*   **poder** *power*

Después de la independencia de los Estados Unidos, la moneda principal norteamericana fue el dólar. Esta moneda no era muy fuerte. Los hombres de negocios° prefirieron el *"Spanish pillars"* dólar, esto es, la moneda española de las dos columnas. Thomas Jefferson la propuso como unidad monetaria en los Estados Unidos en 1785 y así lo fue hasta 1857. Los primeros billetes de banco norteamericanos, en uso durante muchos años, tuvieron el escudo español con los castillos y los leones y con las dos columnas de Hércules. La inscripción *Plus Ultra* alrededor de° las columnas vino a ser° el signo $. Es conveniente recordar que el signo $ no significa solamente dólar norteamericano. En ocho países hispanoamericanos, como por ejemplo en México, Cuba y Colombia, representa la moneda nacional.

Otra gran influencia de España en los Estados Unidos está en los nombres de algunas ciudades como Los Ángeles, San Francisco, Amarillo, Las Vegas, Boca Ratón y muchas otras. También la influencia española es evidente en los nombres de varios estados que fueron antes territorios españoles. California era un lugar imaginario en un libro español de aventuras de 1510. Colorado recibió ese nombre por un río° de color rojo que los españoles exploraron (**colorado** es sinónimo de **rojo**). El nombre de la Florida viene de Pascua Florida *(Easter)*. Quiere decir *in full bloom*. En la Florida está San Agustín, la ciudad más antigua del territorio de los Estados Unidos. Fue fundada por Pedro Menéndez de Avilés en 1565, y en 1763 los españoles se la dieron a los ingleses a cambio de° La Habana, ciudad que ocuparon durante un ataque a la isla de Cuba.

Montana quiere decir *mountain* en español (sólo perdió la **ñ**, igual que la palabra **cabana**). **Nevada** quiere decir *covered with snow*. El nombre de **Oregon** posiblemente viene de una palabra española, **orejón,** que quiere decir "hombre de orejas° grandes". **Nuevo México** fue parte de México hasta 1848 y tiene otra de las ciudades más antiguas de los Estados Unidos, Santa Fe. El nombre de **Texas** era más largo, San Francisco de los Tejos. Los tejos eran los indios de la región.

Como puedes ver, la historia de España y de los Estados Unidos está íntimamente ligada.° En 1992, los Estados Unidos va a participar activamente en las celebraciones del 500 aniversario de la llegada de Colón a la América.

---

negocios *business*	**alrededor de** *around*	**vino a ser** *came to be*	**río** *river*
a cambio de *in exchange for*	**orejas** *ears*	**ligada** *linked*	

Actividad • Preguntas y respuestas 🔊

Answer the following questions about the selection **España y los Estados Unidos.**

1. ¿En cuáles dos o tres estados de los Estados Unidos hay territorios que fueron antes de España?
2. ¿Por qué hay conexión entre la cultura de los Estados Unidos y la de España?
3. ¿Qué decidió el emperador Carlos V poner en su escudo?
4. ¿Quién es Hércules y qué representa?
5. Una parte del símbolo original del dólar son las dos columnas de Hércules. ¿Cuál es la otra?
6. ¿Cuándo hicieron sus monedas las colonias inglesas?
7. ¿Por qué tuvieron los primeros billetes de los Estados Unidos el escudo español de los castillos y los leones?
8. ¿Qué otra cosa tuvieron los españoles en ese escudo?
9. ¿Qué quiere decir *Florida*?
10. ¿Qué tienen en común San Agustín y Santa Fe?
11. ¿Qué otro nombre tuvo Texas?
12. ¿Cuál de los siguientes es buen título para esta Lectura?
    a. La historia del dólar
    b. La influencia española en los Estados Unidos
    c. Ciudades con nombres españoles

Actividad • ¡A ver el mapa!

Take a look at a map of the United States and find seven more cities that have Spanish names. Find at least one in your state.

Actividad • Charla

Tell a classmate why Thomas Jefferson allowed the Spanish pillars dollar to circulate in the United States. Ask a classmate the origin of the dollar sign and of its symbol.

México lindo

Repaso

Una sorpresa

La verdad es a veces más extraña que la ficción. Marcos y Cristina, que son compañeros de clase en Los Ángeles, se encuentran de sorpresa en las pirámides de Teotihuacán, cerca de la capital de México.

MARCOS   Cristina, ¡qué sorpresa! ¡Cuánto me alegro de verte!

CRISTINA   ¡Marcos! ¡Tú aquí! Nunca pude imaginar . . .

MARCOS   No me vas a creer. Ayer te escribí una tarjeta postal.

CRISTINA   Y yo pensé que te fuiste a España cuando terminaron las clases.

MARCOS   ¿Quién te dijo eso?

CRISTINA   Me lo dijo Esteban.

MARCOS   Oh, Esteban habla mucho. Nunca le dije mis planes. Bueno, y tú, ¿cuándo llegaste a México?

CRISTINA   Llegué hace dos semanas. Regreso el jueves próximo.

MARCOS   ¿Y dónde estuviste?

CRISTINA   ¡Oh! Estuve en muchos lugares. Visité dos ciudades coloniales, Taxco y Oaxaca. Después mi hermana mayor prefirió ir a Yucatán a ver las ruinas mayas. ¡Fabulosas! ¿Y tú?

MARCOS   Bueno, yo sólo vine a pasarla bien. Hicimos un viaje por la costa, Puerto Vallarta, Acapulco . . . Tú sabes, el sol, las playas . . . Nadé, pesqué y bailé todos los días.

CRISTINA   ¿Te encontraste con alguna estrella de cine?

MARCOS   Sí, conocí a Bill Cosby y a Madonna.

CRISTINA   ¿De verdad?

MARCOS   No, Tina, es una broma. Sólo encontré una estrella de mar. Es para ti . . . Es linda, ¿verdad?

Actividad • Si no es así, ¿cómo es?

Change these statements, whenever necessary, to make them agree with the dialog in **Una sorpresa.**

1. Marcos fue a España.
2. Cristina dice que Esteban se lo dijo.
3. Ella le escribió a Marcos ayer.
4. Esteban y Marcos llegaron hace dos semanas.
5. Las chicas prefirieron ver las ruinas mayas.
6. Marcos empezó por las ciudades coloniales.
7. Cristina hizo un viaje por la costa.
8. Ella viajó con su hermana gemela.
9. Cristina y su hermana le dijeron una broma a Marcos.
10. Marcos le pidió una estrella de mar a Cristina.

3 Actividad • Charla

Work with a partner. Ask each other about Marcos and Cristina's surprise meeting. You should ask at least five questions.

4 Actividad • ¡A escribir!

Based on what Marcos told Cristina, try to imagine what kind of postcard he sent her. Then write it, making sure you include the date, the salutation, and the complimentary closing.

5 Actividad • ¡La mía es mejor que la tuya!

Cristina and her sister often try to outdo each other. Work with a partner and play both roles. Here are some of the things you could discuss:

MODELO calculadora
        Mi calculadora es mejor que la tuya.

cámara	fotografías	maleta	amigos
cartas	ropa	radio	bicicleta

6 Actividad • Ellos tuvieron que trabajar

Some of Marcos's friends had to work during the summer. What did they do? Take turns asking and answering the questions with a partner. Follow the model.

MODELO —¿Y Maricarmen? —Fue camarera.

1. Jorge / director de una excursión
2. Susana / guía de turistas
3. Carlos y tú / empleados de una tienda
4. Estrella / fotógrafo profesional
5. Raúl / reportero de un periódico
6. Alberto / profesor de karate
7. Julia y Andrés / vendedores de discos

7 Actividad • ¡A completar!

Using adverbs ending in **-mente,** say how people did things. Change the adjectives from the box into adverbs and use them as needed to complete the paragraph below. You may use an adverb more than once.

rápido	fantástico	alegre	desgraciado
frecuente	constante	afortunado	

Los muchachos planearon el viaje a México _____ . Les encantó la ciudad de México. Marcos salió con Cristina _____ . Fueron a muchas fiestas y bailaron _____ . Todos la pasaron _____ , pero también gastaron mucho dinero. Los padres de Marcos dicen que él tiene que ahorrar _____ , o que _____ no va a poder ir de vacaciones el año que viene. Cristina y Virginia van a trabajar parte del verano y van a ahorrar _____ . _____ a ellas no les gusta gastar dinero.

8 Actividad • ¿Qué hacen?

The members of your tour group are doing different things at the same time. Following the cues, say what everyone is doing.

> MODELO Diego / jugar al tenis
> Diego está jugando al tenis.

1. Tomás / escribir el diario del viaje
2. Estrella / conseguir un mapa
3. Jorge / cambiar cheques de viajero
4. Ana / preguntar cómo llegar al metro
5. Luis y Oscar / comprar billetes para el tren
6. Tú / mandar tarjetas postales
7. Susana y yo / cerrar las maletas
8. Diego y Andrés / leer la historia de los mayas

9 Actividad • ¡A escribir!

Write a short ad offering discounts for a tour of the Pirámide del Conejo or for a beach hotel in Acapulco named La Tortuga Verde. Offer things you would like to see or do at reduced prices. Use command forms.

El último día antes de irse de la ciudad de México, Cristina y su hermana deciden ir de compras a la famosa Zona Rosa.

CRISTINA ¿Me queda bien la falda azul?

VIRGINIA Creo que es un poco grande. Te queda mejor la blanca.

CRISTINA Señorita, si tiene la azul en una talla más pequeña que ésta, búsqueme una, por favor.

DEPENDIENTA Sí, cómo no. Pruébese la negra, si quiere.

VIRGINIA No, la negra no. Ésa me la llevo yo.

DEPENDIENTA Bueno, venga conmigo a la caja, por favor.

VIRGINIA Espere un momento. Estoy ayudando a mi hermana, esa chica que se está probando la falda azul.

DEPENDIENTA Señorita, estamos ofreciendo grandes rebajas en blusas blancas de mangas largas. ¿Quiere verlas?

VIRGINIA ¿Aceptan tarjetas de crédito?

DEPENDIENTA Sí, ¡por supuesto!

CRISTINA Vámonos, Virginia. Estamos gastando mucho dinero. No podemos comprar toda la tienda.

(Las chicas compran solamente la falda azul y la negra, y luego se van.)

11 Actividad • Preguntas y respuestas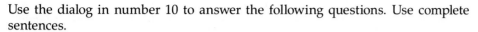

Use the dialog in number 10 to answer the following questions. Use complete sentences.

1. ¿Qué se está probando Cristina?
2. ¿Por qué no le queda bien la azul?
3. ¿Es suya la falda negra o es de Virginia?
4. ¿Qué grandes rebajas está ofreciendo la tienda?
5. ¿Cómo quiere pagar Virginia?
6. ¿Cómo son las blusas?
7. ¿Por qué se van las chicas?
8. ¿Qué compran las chicas?

12 Actividad • Charla

With a partner, play the roles of a salesclerk and a customer, using the expressions and situations you have learned in Units 1–3. You could ask the clerk where the department you are looking for is located, how much the merchandise costs, and whether you are buying the item or find it too expensive.

13 Actividad • Palabras y más palabras

Choose two words from each group that have something in common.

1.	anuncios	recuerdos	saludos	anillos
2.	olvidar	descansar	servir	atender
3.	pez	bufandas	pescado	abrazos
4.	sopa	supe	sabiendo	talla
5.	sobrino	falda	cuñada	menor
6.	conmigo	conejo	caballo	playera

14 Comprensión

Listen carefully to Roberto's narration of his trip. The narration will be divided into three paragraphs. Each paragraph will be followed by four true or false statements. If the statement is true, check **sí** on your answer sheet. If it is false, check **no.**

	1	2	3	4	5	6	7	8	9	10	11	12
Sí												
No												

Viñeta cultural 2

La joven tenista argentina Gabriela Sabatini es una de las más destacadas campeonas de tenis hoy día.

Los deportes

En el mundo hispánico se practican gran cantidad *(large variety)* de deportes. Los hispanos siempre se han destacado *(have excelled)* en muchos de ellos, como por ejemplo, en el fútbol, el béisbol, el básquetbol, el volibol, el tenis, el polo, la natación *(swimming)*, el ciclismo, la equitación *(horseback riding)*, campo y pista *(track and field)* y muchos otros.

Todos los deportes que tienen que ver con los caballos, como el polo, son muy populares en la Argentina.

Los madrileños, aunque no tienen playas, son muy aficionados a la natación. Aquí podemos ver dos jóvenes nadando en una de las varias piscinas de la ciudad.

Uno de los deportes más populares en el mundo hispánico es el básquetbol, también llamado baloncesto. Por las tardes las canchas se llenan de jugadores.

Estos jóvenes practican la equitación (horseback riding) en España.

El volibol se está volviendo (is becoming) cada vez más popular en el mundo hispánico. Cada vez hay más campeonatos intercolegiales (intercollegiate championships).

El ciclismo (cycling) es un deporte muy popular en España, en el cual toda la familia puede participar.

Estas muchachas de Guatemala practican la arquería (archery). ¿Darán en el blanco (bull's-eye)?

Indudablemente *(Undoubtedly)*, el deporte más popular en España y Suramérica es el fútbol. Todas las semanas, miles de fanáticos llenan *(fill)* los gigantescos estadios *(stadiums)* y disfrutan *(enjoy)* intensamente de los emocionantes partidos. Dos países hispánicos, Argentina y Uruguay, han sido *(have been)* en dos ocasiones campeones mundiales *(world champions)* de fútbol y el jugador *(player)* argentino Diego Armando Maradona está considerado el mejor futbolista del mundo.

La Copa Mundial **(World Cup)** *de fútbol se jugó en México en 1986. El próximo campeonato será en Italia.*

Aquí podemos ver el monumental Estadio Azteca de México lleno a toda capacidad para un partido de la Copa Mundial. El estadio tiene cupo (room) para 108,000 personas.

El equipo de béisbol cubano está considerado como uno de los mejores del mundo a nivel amateur.

En Venezuela el béisbol es tan popular como en los Estados Unidos.

El deporte nacional de las islas del Caribe, sobre todo de Cuba, la República Dominicana y Puerto Rico, es el béisbol. Este deporte también se juega *(is played)* en Venezuela, Panamá, Nicaragua y México. Varias estrellas del béisbol, como el mexicano Fernando Valenzuela y el cubano José Canseco, juegan en los Estados Unidos para equipos *(teams)* de las grandes ligas *(Major Leagues)*. Entre *(Among)* los miembros del Salón de la Fama *(Hall of Fame)* figuran el dominicano Juan Marichal y el puertorriqueño Roberto Clemente.

Fernando Valenzuela, el lanzador (pitcher) *mexicano, juega en Los Ángeles.*

El cubano José Canseco fue nombrado (was named) *el jugador más valioso de la Liga Americana por ser un gran bateador* (batter).

Sólo hay admiración cuando se recuerda al gran pelotero puertorriqueño (Puerto Rican), *Roberto Clemente.*

Los atletas hispánicos también se han destacado en las olimpiadas. La isla de Cuba, por ejemplo, es el país hispánico que más medallas de oro, plata y bronce ha conquistado *(has won)* en boxeo, campo y pista y levantamiento de pesas *(weight lifting)*. A propósito *(Incidentally)*, las olimpiadas de 1992 se celebrarán en la ciudad española de Barcelona.

Pablo Morales, nacido en los Estados Unidos de padres cubanos, es ganador de una medalla olímpica en el relevo combinado (medley relay) *de natación* (swimming).

Aquí se ve el esfuerzo (effort) *y la determinación de Pablo Morales para ganar la medalla de oro para el equipo de los Estados Unidos.*

El clavadista (diver) *Roberto Camacho de España demuestra* (shows) *concentración, técnica y elegancia al ejecutar* (perform) *este clavado* (dive).

El famoso corredor cubanoamericano, Alberto Salazar, se prepara para el maratón de Boston.

Después de ganar el maratón de Boston, Alberto Salazar recibe su corona (crown) de campeón.

El equipo hípico (equestrian) de Guatemala participó en las competencias de salto de obstáculos (team jumping) de los Juegos Olímpicos.

El corredor (runner) cubano Alberto Juantorena ganó la medalla de oro en la carrera de 800 metros en los Juegos Olímpicos.

Cuba ha dado al deporte del boxeo muchos grandes boxeadores al nivel amateur. Aquí se ve a Teófilo Stevenson, boxeador de peso completo (heavyweight) que ganó tres medallas de oro para Cuba.

En los últimos años, deportes como el golf, la tabla vela *(windsurfing)* y el hockey sobre hierba *(field hockey)* han ganado *(have won)* muchos aficionados *(fans)* en el mundo hispánico. El jai alai, llamado también pelota vasca *(Basque ball)*, es un deporte que tiene su origen en la península ibérica y que cada día gana nuevos fanáticos en los Estados Unidos.

La afición *(enthusiasm)* de los hispanos por los deportes es tal que se puede decir que en cada hispano vive un deportista.

La campeona de golf mexicoamericana, Nancy López, ha ganado torneos **(has won tournaments)** *por todo el mundo. Es la única golfista que ha ganado cinco torneos consecutivos, y en 1985 la nombraron* **(named)** *"Woman Athlete of the Year".*

El deporte de tabla hawaiana **(surfing)** *cada día gana más popularidad entre la comunidad hispana.*

Jai alai quiere decir fiesta alegre. Es un juego de pelota veloz que requiere habilidad, buena condición física y gran concentración.

UNIDAD 5

Celebraciones y fiestas

Spanish-speaking teenagers, like their
American counterparts, love festivities
and celebrations. The Hispanic world has
many holidays, all celebrated uniquely,
and everybody enjoys them tremendously!

In this unit you will:

SECTION A	extend and accept an invitation . . . congratulate someone
SECTION B	express your intention . . . describe events in the past
SECTION C	express regret . . . express how you feel about others and about yourself
TRY YOUR SKILLS	use what you've learned
VAMOS A LEER	read for practice and pleasure

147

In the Spanish world, every occasion calls for a celebration. Most of these celebrations are family gatherings where young people and close relatives enjoy each other's company.

A1 Nuestras fiestas

Cumpleaños, aniversarios, graduaciones, bodas, nacimientos . . . siempre hay algo que celebrar en el calendario. La Navidad, el Año Nuevo, la Pascua, ¡cualquier motivo es bueno para pasar un buen rato con la familia y los amigos!

Fiestas equivalentes entre los Estados Unidos y el mundo hispánico

Año Nuevo	New Year's Day
Carnaval	Mardi Gras
Día de los Enamorados	St. Valentine's Day
Semana Santa	Holy Week
Pascua Florida	Easter; Passover
Día del Trabajo	Labor Day
Día de la Hispanidad	Columbus Day
Día de los Inocentes	April Fool's Day
Nochebuena	Christmas Eve
Navidad; Pascuas	Christmas
Fin de Año	New Year's Eve

Acabamos de escribir las tarjetas de Navidad y ya empezamos a ver a qué fiesta vamos a ir para el Fin de Año . . . y qué ropa vamos a llevar el Día de Año Nuevo. Además, pronto hay que hacer las listas de regalos para el Día de Reyes, el seis de enero.

Algunas fiestas importantes

En España

1° de enero	Año Nuevo
6 de enero	Epifanía (Día de Reyes)
1° de mayo	Día del Trabajo
24 de junio	San Juan y celebración del santo del rey
12 de octubre	Día de la Hispanidad
24 de diciembre	Nochebuena
25 de diciembre	Navidad
31 de diciembre	Fin de Año

En Venezuela

1° de enero	Año Nuevo
6 de enero	Día de Reyes
1° de mayo	Día del Trabajo
24 de junio	Batalla de Carabobo
5 de julio	Día de la Independencia
24 de julio	Aniversario del nacimiento de Bolívar
12 de octubre	Día de la Raza (Descubrimiento de América)
17 de diciembre	Aniversario de la muerte de Bolívar
24 de diciembre	Nochebuena
25 de diciembre	Navidad
31 de diciembre	Fin de Año

Luego tenemos que prepararnos para los desfiles de carnaval y pensar qué vamos a regalar el Día de los Enamorados.

Todavía no acabamos de celebrar ese día y ya tenemos que hacer planes para las vacaciones de primavera. ¿Quién va a venir a pasar unos días con nosotros? ¿Adónde vamos a ir con la familia para celebrar la Pascua?

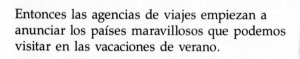

Dentro de una semana las tiendas ya anuncian el Día de las Madres en mayo y el Día de los Padres en junio. En los Estados Unidos el Día del Trabajo es el primer lunes de septiembre, pero en el mundo hispánico es el primero de mayo. Por supuesto, en mayo tenemos que pensar qué vamos a hacer . . .

Entonces las agencias de viajes empiezan a anunciar los países maravillosos que podemos visitar en las vacaciones de verano.

Más tarde, en octubre, tenemos que decidir cómo vamos a celebrar el Día de la Raza. ¿Vamos a ir a un desfile? ¿Qué vamos a hacer?

Ya para esta fecha hay que volver a pensar en la Navidad. ¿A quién invitamos? ¿Qué regalos queremos recibir? . . . Y, ¿dónde vamos a pasar las fiestas? ¿En nuestra casa? ¿En casa de los abuelos como el año pasado? ¿En casa de algún otro familiar? Bueno, muy pronto empezamos a contar los días que faltan y también a preparar las tarjetas que este año queremos mandar más temprano.

 **A2** Actividad • Preguntas y respuestas

Answer the questions according to the information in A1.

1. ¿Qué fiesta hay el primero de enero?
2. ¿Cuándo es el santo del rey de España?
3. ¿En qué mes celebra Venezuela su independencia?
4. ¿En qué estación del año llegó Colón a América?
5. ¿En qué fecha es el aniversario de la muerte de Bolívar?
6. ¿Qué celebran Venezuela y otros países hispánicos el 12 de octubre?
7. ¿Cuándo es el Día de Reyes?
8. ¿Cómo se llama *Columbus Day* en España?

A3 Actividad • ¡A completar!

Use the information in A1 to complete the following sentences.

1. El año comienza con el día de _____ .
2. El Día del Descubrimiento de América también se llama _____ .
3. Hace casi _____ años que Colón llegó a América.
4. El 14 de febrero es el Día de los _____ .
5. La Pascua Florida no es en otoño, es en _____ .
6. Para Navidad, les damos _____ a nuestros amigos.

Todos los países hispánicos celebran el 12 de octubre, día en que Cristóbal Colón llegó a América. En 1492, Colón intentó llegar a las Indias Orientales (*East Indies*) y encontró un nuevo continente, "la tierra más hermosa que ojos humanos han visto (*have seen*)." Años después, Américo Vespucio, un marino (*navigator*) italiano, hizo un mapa del continente. Toda Europa comenzó a llamar América al nuevo continente.

El 12 de octubre es el Día de Colón en los Estados Unidos. En España y otros países lo llaman el Día de la Hispanidad. En algunos países hispánicos es el Día del Descubrimiento de América. En otros es el Día de la Raza. Ese día celebran la unión de las razas del viejo y del nuevo mundo.

Puede ser que algún otro navegante europeo llegara a América antes de Colón, pero son los viajes de Colón, auspiciados (*sponsored*) por los Reyes Católicos, Fernando e Isabel, los que abren las puertas del Nuevo Mundo a Europa, que hasta entonces desconocía su existencia. Con los viajes de Colón comienza la llegada de colonos europeos (*European colonists*) a América y el intercambio cultural y comercial, que serviría de base para lo que es América hoy día.

En honor a Colón, dos países de Centroamérica llaman colón a su moneda. Un puerto y una ciudad en esta región también se llaman así. Colombia, un país de Suramérica, la famosa universidad de Columbia en Nueva York y numerosas calles, plazas y parques honran a (*honor*) Colón. En 1992 se cumplen quinientos años del fabuloso encuentro de Europa y América, que tuvo consecuencias tan importantes. El mundo hispánico se prepara para una celebración monumental.

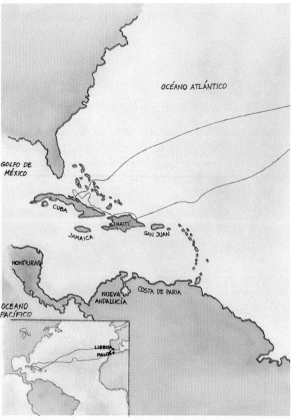

Actividad • Entrevista

How do you celebrate? Ask a classmate the following questions, and take notes.

1. ¿Cuál es tu fiesta favorita?
2. ¿Con quiénes celebras la fiesta?
3. ¿Cómo la celebras? ¿Con una cena?
   ¿Con un baile? ¿Con regalos?
4. ¿En qué estación del año es esa fiesta?
5. ¿Cómo celebras el Año Nuevo?
6. ¿Qué día es tu cumpleaños?
7. ¿Cómo celebras tu cumpleaños?

A 6 Actividad • ¿Qué dijo?

Using your notes from A5, report to the class what your partner said.

A 7 SE DICE ASÍ
Extending an invitation

Te llamaba para invitarte...	I was calling to invite you...
Quería invitarte...	I wanted to invite you...
¿Quieres ir a la fiesta?	Do you want to go to the party?
...a la graduación?	...to the graduation?
...al picnic?	...to the picnic?
...a la boda?	...to the wedding?

A 8 ¿RECUERDAS?
The infinitive after a preposition

Vamos a ir el primero de mayo.   *We are going to go on May first.*

You have already learned that in Spanish the infinitive is regularly used after a preposition. Other verbs that are followed by a preposition and an infinitive are:

aprender a	**Aprendí a** nadar.	*I learned to swim.*
comenzar a	Ella **comienza a** cantar.	*She begins to sing.*
empezar a	**¿Empiezas a** estudiar a las ocho?	*Do you start to study at eight o'clock?*
acabar de	**Acabo de** comprarte un calendario.	*I just bought you a calendar.*
tratar de	**Trato de** aprender a bailar.	*I am trying to learn to dance.*
terminar de	Ya **terminé de** leer.	*I already finished reading.*

Actividad • La fiesta 📼

Rewrite the following sentences to include the verbs in parentheses, making all other necessary changes. Follow the model.

>   MODELO   Mi clase celebra una fiesta española. (ir a)
>   Mi clase **va a celebrar** una fiesta española.

1. Marisol prepara la paella.   (aprender a)
2. Andrés compra unos refrescos.   (ir a)
3. Nora ayuda a Marisol con la comida.   (empezar a)
4. Pepe pone la mesa.   (acabar de)
5. Marta sirve la comida.   (comenzar a)
6. Todos comen a las cuatro de la tarde.   (terminar de)
7. Todos pasan un buen rato.   (tratar de)

A10 ESTRUCTURAS ESENCIALES
Ordinal numbers

You have learned cardinal numbers in Spanish from 1 through 1,000. Here are the ordinal numbers from *first* through *tenth*.

1º	*2º*	*3º*	*4º*	*5º*
primero, -a	segundo, -a	tercero, -a	cuarto, -a	quinto, -a
6º	*7º*	*8º*	*9º*	*10º*
sexto, -a	séptimo, -a	octavo, -a	noveno, -a	décimo, -a

1. Ordinal numbers agree in gender and in number with the nouns to which they refer.

   el **primer** señor   los **primeros** señores
   la **primera** señora   las **primeras** señoras

2. Ordinal numbers usually precede the nouns they modify.

   el **cuarto** día   el **quinto** lugar
   la **cuarta** semana   la **quinta** posición

3. The ordinal numbers **primero** and **tercero** drop the final **o** when they precede a masculine, singular noun.

   el **primer** aniversario   el **primer** día
   el **tercer** jueves   el **tercer** mes

4. After *ten*, cardinal numbers are usually preferred.

   Luis XIV (Catorce)
   el siglo XX (veinte)

5. Notice that you use definite articles with ordinal numbers.

   Celebramos el Año Nuevo **el** primero de enero.

Actividad • La liga de béisbol

The national baseball championship is just around the corner. Rank the following teams according to their record for the season to see which teams qualify. Use ordinal numbers **primero, segundo,** and so on.

EQUIPO	GANARON (Won)	PERDIERON (Lost)
_____ Los Leones (*The Lions*)	35	15
_____ Los Atléticos (*The Athletics*)	18	32
_____ Los Pumas (*The Panthers*)	23	27
_____ Las Águilas (*The Eagles*)	32	18
_____ Los Vaqueros (*The Cowboys*)	9	41
_____ Los Tigres (*The Tigers*)	31	19
_____ Los Tiburones (*The Sharks*)	40	10
_____ Las Estrellas (*The Stars*)	28	22
_____ Los Gemelos (*The Twins*)	41	9
_____ Los Potros (*The Colts*)	42	8

A12 SE DICE ASÍ
Expressing time (morning, afternoon, or evening)

Fui ayer **por la mañana.**	I went yesterday morning.
Fui **a las diez de la mañana.**	I went at ten o'clock in the morning.
Vuelvo hoy **por la tarde.**	I'm returning this afternoon.
Vuelvo hoy **a las cuatro de la tarde.**	I'll be back today at four o'clock in the afternoon.
No voy **por la noche.**	I'm not going at night.
No voy **a las nueve de la noche.**	I'm not going at nine o'clock at night.

Remember to use **de** with a specific time. Use **por** when no hour is mentioned.

A13 Actividad • ¿Me dijiste cuándo?

Complete the following sentences with **de** or **por.**

1. Voy al cine _____ la tarde.
2. Comimos en casa de abuela ayer _____ la noche.
3. La fiesta de Maricarmen es a las cinco _____ la tarde.
4. Carlos vino el día de Año Nuevo _____ la noche.
5. El domingo _____ la mañana sale el tren.
6. Ahora son las nueve _____ la mañana.

Había que celebrar dos fiestas en la misma semana: el cumpleaños de Alicia, el 25 de junio, y el santo de Pablo, el 29 de junio. ¿Qué era mejor? ¿Hacer dos fiestas por separado o celebrar una sola para los dos? Había que decidir pronto.

Faltaban sólo dos semanas para el cumpleaños de Alicia y el santo de Pablo, y sus amigos todavía no sabían qué hacer. Había que pensar algo rápidamente. Decidieron reunirse todos en casa de María Elena para llegar a un acuerdo y preparar un plan.

Todos hablaban y discutían en voz alta, pero no se ponían de acuerdo. María Elena pensaba que era mejor hacer una sola fiesta. Pero nadie sabía qué día ni a qué hora debía ser. Al fin, después de discutir por un rato, decidieron hacer una sola fiesta.

Esa misma tarde empezaron a hacer las invitaciones por teléfono.

MENCHU ¿Teresita?
TERE Sí, . . . ¡Ah! ¿Eres tú, Carmenchu°?
MENCHU Sí, hija. Te llamaba para invitarte a la fiesta de cumpleaños que estamos preparando para Pablo y Alicia.
TERE Y, ¿cuándo es la fiesta?
MENCHU El viernes de la semana que viene, en casa de Luis. Va a ser una fiesta sorpresa para los dos juntos. Así que no puedes decir nada.

TERE ¿Una fiesta sorpresa? . . . Por supuesto que voy. Me encantan las fiestas sorpresa.
MENCHU ¡Qué bueno que puedes venir! . . . Todo el grupo va a estar allí. Por favor, Tere, ¿quieres traer tus casetes nuevos de Menudo?
TERE Sí, ¡cómo no!
MENCHU Bueno, Tere, hasta luego. Me quedan todavía muchas llamadas. Adiós.
TERE Hasta el viernes, Menchu, y gracias por la invitación.

(Menchu marca otro número.)

MENCHU ¿Andrés? . . .

°The name Carmen has several nicknames. In Spain, **Carmenchu** and **Menchu** are common.

A15 Actividad • ¡A ordenar!

Number the following events in the proper sequence according to A14. Use ordinal numbers.

_____ No se ponían de acuerdo.
_____ Los amigos de Pablo y Alicia discutían.
_____ Había dos fiestas en la misma semana.

_____ Decidieron hacer una sola fiesta.
_____ Nadie sabía qué día debía ser la fiesta.
_____ Era necesario decidir pronto.

A16 Actividad • ¡A escoger!

Choose the item that best completes each sentence according to A14.

1. El cumpleaños de Alicia y el santo de Pablo eran _____ .
  • la semana siguiente • en la misma semana • la semana pasada

2. Sus amigos no _____ qué iban a hacer.
  • escuchaban • sabían • discutían

3. Decidieron reunirse en casa de _____ .
  • María Elena • alguien • Menchu

4. Ellos no _____ mucho tiempo.
  • tenían • hablaban • había

5. Menchu tenía que hacer muchas _____ .
  • llamar • llamando • llamadas

6. La fiesta era _____ .
  • el martes • el jueves • el viernes

A17 Actividad • Y tú, ¿qué crees?

Express your opinion about the events in A14 by answering the questions below.

1. ¿Era mejor hacer dos fiestas? ¿Por qué?
2. ¿Era mejor preguntarles a Pablo y a Alicia?
3. ¿Crees que María Elena tenía razón?
4. ¿Cuál fue la decisión más importante?
5. ¿Por qué muchas veces es difícil llegar a un acuerdo?
6. ¿Crees que la fiesta iba a ser una sorpresa para Pablo y Alicia?

A18 Actividad • Charla

Get together with a classmate and take turns asking and answering the following questions.

1. ¿Ayudas a preparar fiestas a menudo?
2. ¿Vas a fiestas frecuentemente? ¿Quién las da?
3. ¿Cuál fue la última?
4. ¿Era una fiesta sorpresa? ¿Para quién?
5. ¿Quién hizo los preparativos?
6. ¿Cómo hicieron las invitaciones?
7. ¿Qué clase de fiesta era? ¿De cumpleaños? ¿De graduación?

SE DICE ASÍ
Congratulating someone; inquiring about age

¡Muchas felicidades!	Congratulations!
¡Feliz cumpleaños!	Happy birthday!
¿Cuántos años tienes?	How old are you?
¿Cuántos años cumples?	How old will you be?
¡Felicidades en el día de tu santo!	Congratulations on your saint's day!

Ask about age only among close friends.

A 20 Comprensión

Preparations are underway for the upcoming holiday celebrations. You will hear a short description followed by two statements. After listening to the description, decide if each statement is true (**verdadero**) or false (**falso**). Check the appropriate space on your answer sheet.

MODELO —Hoy vamos a comprar los regalos para papá.
—Mañana cumple cincuenta años.

a. Ya compraron los regalos de papá.
b. Papá va a celebrar su cumpleaños mañana.

	a.	b.	1	2	3	4	5	6	7	8	9	10
Verdadero		✔										
Falso	✔											

A 21 Sabes que . . .

En España y en Hispanoamérica, muchas personas celebran su cumpleaños y su santo el mismo día.

El calendario hispánico incluye el santoral, es decir, los nombres de los santos de cada día del año. Cuando un bebé nace *(is born),* con frecuencia recibe el nombre de algún familiar. Algunas veces también recibe el nombre del santo del día. Entonces esa persona celebra su santo y su cumpleaños el mismo día.

Actividad • ¡Demasiadas cosas!

You need help organizing your calendar. Ask a classmate to help you put the following activities in order, using ordinal numbers. The first one is already completed.

_____ el viernes próximo, el cumpleaños de Alicia
_____ pasado mañana, el santo de tío Pepe
primero hoy, el último día de clases de la semana
_____ el mes que viene, el picnic en la playa
_____ mañana por la mañana, el santo de la profesora
_____ el domingo de la semana próxima, las bodas de oro de los abuelos

A23 Actividad • ¡A escribir!

Invite a friend to a party. Include all the necessary information, such as the date, time, location, and reason for having the party.

A24 ESTRUCTURAS ESENCIALES
The imperfect tense of regular verbs

In Spanish there are two simple past tenses to describe past actions and events. You have already learned one of these, the preterit tense.

The imperfect tense is another way of expressing the past. To form the imperfect tense, add the following endings to the verb stem.

hablar *to speak*		**comer** *to eat*		**vivir** *to live*	
hablaba	hablábamos	comía	comíamos	vivía	vivíamos
hablabas	hablabais	comías	comíais	vivías	vivíais
hablaba	hablaban	comía	comían	vivía	vivían

Ella **hablaba** rápido.   *She talked fast.*
Raúl **vivía** en México.   *Raúl was living in Mexico.*

1. All **-ar** verbs are regular in the imperfect tense. Notice that the **nosotros(-as)** form has a written accent.

   Nosotros siempre **celebrábamos** el santo de papá.   *We always celebrated Dad's saint's day.*
   Preparábamos la torta de cumpleaños.   *We used to prepare the birthday cake.*

2. The imperfect tense of both **-er** and **-ir** verbs uses the same set of endings. There is a written accent on the **í** in all of the endings.

   Anita **servía** la cena.   *Anita was serving dinner.*
   Tenía muchos invitados.   *She had many guests.*

3. Depending on the situation, there are several English equivalents for the Spanish imperfect tense.

   Discutían en voz alta.   { *They were arguing loudly.*
                                        { *They used to argue loudly.*
                                        { *They argued loudly.*

A 25 Actividad • ¡Todos hablaban al mismo tiempo!

Everyone on the organizing committee was talking at once. Find out what each person said by choosing an element from each column. Use imperfect tense forms.

MODELO   Yo conversaba con Pepe.

Uds.	discutir	"¡Una sola fiesta!"
María Elena	decir	cómo preparar el postre
Ana y Luis	contestar	al mismo tiempo
el radio	explicar	una fiesta de carnaval
Menchu	gritar	"¡No hablen tan alto!"
Rita y tú	repetir	una pregunta
Cecilia	preguntar	la hora
Oscar y yo	anunciar	"¡Una fiesta sorpresa!"
Jorge	hablar	en voz alta
tú	llamar	a Menchu

A 26 Actividad • ¿Y qué hacía Cecilia?

You and a group of friends got together to prepare for a party. Say what each person was doing. Use the conjunction **mientras** (*while*) to join your sentences.

MODELO   Rita / preparar el pan // Eva / poner el jamón
Rita preparaba el pan mientras Eva ponía el jamón.

1. Lolita y Andrés / discutir // Ofelia / ayudar a su mamá
2. Irene y yo / cocinar // Carlos / lavar los platos
3. Pepe y tú / preparar la ensalada // Anita / cortar la cebolla
4. Julia / abrir los paquetes // Georgina / lavar las uvas
5. Jaime / buscar un cuchillo grande // Tomás / sacar la basura
6. Cecilia / poner la mesa // Alberto / comprar las flores

A 27 Actividad • Siempre lo mismo (o casi siempre)

Some people used to do the same things all the time. Complete each sentence with the appropriate verb form.

1. Juan siempre _____ té con limón.   (tomar)
2. Luisa _____ helado de fresa.   (pedir)
3. A nosotros nos _____ las enchiladas.   (gustar)
4. A veces _____ pronto.   (decidir)
5. Enrique nunca _____ tarde.   (venir)
6. Ellos _____ a menudo de la fiesta.   (hablar)
7. Rita no _____ carne, _____ vegetariana.   (comer, ser)
8. Carlos nunca _____ el postre.   (hacer)

Actividad • Hace cinco años

Five years ago you did things differently. You have changed, haven't you? Answer the following questions in complete sentences.

1. ¿Tenías muchos amigos? ¿Cuántos?
2. ¿Adónde te gustaba ir los sábados?
3. ¿Te gustaba la misma música? ¿Cuál era?
4. ¿Sabías bailar?
5. ¿Tenías algún animal? ¿Cuál?
6. ¿Dónde pasabas las vacaciones?
7. ¿Cuántos años tenías hace cinco años?
8. ¿Tenías novio(a)? ¿Cómo se llamaba?

A 29 Actividad • ¡A escribir!

In at least ten sentences, write a short essay describing your life five years ago. Use the imperfect tense.

    I. Introducción: Lo que yo hacía hace cinco años
   II. Desarrollo
      A. Las actividades de cada día
      B. Las actividades de la familia
      C. Los deportes que practicaba
      D. Las cosas que hacía con los amigos
  III. Conclusión: En aquellos días, yo hacía muchas cosas . . .

162   Unidad 5

expressing intention . . . describing events in the past

Isn't it exciting to get together with someone you haven't seen for awhile and reminisce about the past? Our lives are constantly changing, so it is nice to remember how things were some time ago.

B1

¿Era verdad?

Eran las cinco de la tarde y era casi de noche. No sé si era martes, pero yo sabía que no era martes 13,° aunque bien podía ser. Recuerdo que era en diciembre. Hacía mucho frío y yo estaba en casa. Iba a estudiar para un horrible examen de química la semana siguiente. Entonces sonó el teléfono y contesté.

MANOLÍN   ¿Aló?
GUILLE   Manolín, es Guille. Tengo algo muy importante que decirte. Cambiaron la fecha del examen. Iba a ser la semana que viene y ahora el examen es mañana.

"¡No era verdad! ¡No podía ser verdad!" me dije. Miré sin querer el calendario enfrente de mí. Guille se reía en voz alta. De pronto me di cuenta: era una broma.

Tenía que pensar qué broma iba a hacerle yo a Guille. Tengo que decidirlo pronto, porque ya estamos a 20 de diciembre y el Día de los Inocentes es la semana que viene. . .

B2   Actividad • Preguntas y respuestas

Answer the following questions according to B1.

1. ¿Qué hora era? ¿Era de día o de noche?
2. ¿Hacía calor?
3. ¿Qué iba a hacer Manolín?
4. ¿Qué pasó entonces?

5. ¿Qué le dijo Guille?
6. ¿Por qué se reía Guille?
7. ¿Qué va a hacer Manolín?
8. ¿Qué celebran la semana que viene?

°**Martes 13** is equivalent to Friday the 13th in English, a day considered by superstition to bring bad luck.

Actividad • ¿Sí o no?

Change these statements to make them agree with B1.

1. Guille sabía que era viernes.
2. Eran las cinco de la mañana.
3. Manolín no recuerda qué mes era.
4. Manolín iba a estudiar cuando sonó el teléfono.
5. Él estaba en el gimnasio.
6. Cambiaron la hora del examen.
7. Manolín se reía.
8. Era el Día de los Inocentes.

B4 Sabes que . . .

El Día de los Inocentes es el 28 de diciembre. En ese día hacemos bromas a las personas que conocemos y a veces también a las que no conocemos. Es el equivalente al *April Fool's Day* en los Estados Unidos. Diciembre es un mes lleno de fiestas.

El 24 de diciembre es el día de Nochebuena, que es el día de la gran celebración en el mundo hispánico, en vez del día de Navidad. Para esa noche en todas las casas hispánicas la gente prepara una deliciosa cena con los variados platos de la cocina nacional. Muchas familias van a la Misa del Gallo (*Midnight Mass*) a las doce de la noche. El día 25 de diciembre, Navidad, es día de visitas y de reuniones familiares. Muchas familias, además del nacimiento (*Nativity scene*), tienen un árbol de Navidad.

El 31 de diciembre, al oír las campanadas (*ringing of bells*) de las doce de la noche (*at the stroke of midnight*), hay que comer una uva por cada campanada. ¡Esto trae buena suerte! ¡Música, ruido, alegría!

Las fiestas continúan. El 6 de enero es la Epifanía o el Día de Reyes, una alegre celebración infantil. La noche anterior, los niños escriben cartas a los Reyes Magos (*Three Wise Men*) y piden juguetes (*toys*) y regalos. Se van a dormir. Al otro día se levantan muy temprano para buscar sus juguetes. Y así terminan las fiestas de Navidad. ¡Hasta el próximo diciembre!

DE LOS NIÑOS PARA UN MUNDO FELIZ

UN SUEÑO DE NAVIDAD

85 niños cantando y soñando con la Navidad

Una obra de María Isabel Murillo

Un concierto espectacular donde la magia escénica se une a las voces infantiles acompañadas en vivo, por una orquesta sinfónica.

Teatro de Colsubsidio

ROBERTO ARIAS PEREZ

HOY

DOS FUNCIONES
3:00 y 7:00 P.M.
MAÑANA ULTIMAS FUNCIONES
11:00 A.M. y 3:00 P.M.

Boletería: Calle 26 No. 25-40 Tel: 2851826
Carrera 11 No. 66-70 Tel: 2356526
Informes en las taquillas del teatro

Un concierto de Navidad hecho realidad gracias a

CORPAVI   SKANDIA
Skandia Seguros de Colombia S.A.

FLOTA MERCANTE GRANCOLOMBIANA

B5 Comprensión

You will hear a series of invitations followed by an acceptance or a refusal. Listen to each invitation and decide if it was accepted (**aceptó**) or turned down (**no aceptó**). Check the appropriate space on your answer sheet.

MODELO —Oye Marisol, ¿qué te parece si vamos al cine?
—Pues, chica, tengo que estudiar para los exámenes y si no estudio, no voy a pasar. De todos modos, muchas gracias.

	0	1	2	3	4	5	6	7	8	9	10
Aceptó											
No aceptó	✔										

SE DICE ASÍ
Expressing intention

Iba a ir a tu casa.	I was going to go to your house.
Iba a hacerlo ahora.	I was going to do it now.
Quería terminarlo.	I wanted to finish it.
Pensaba estudiar esta tarde.	I intended to study this afternoon.

B7 ESTRUCTURAS ESENCIALES
The imperfect tense forms of ver, ir, *and* ser

Only three verbs are irregular in the imperfect tense: **ver, ser,** and **ir.** The following chart shows the imperfect tense forms of these three verbs.

ver *to see*		ser *to be*		ir *to go*	
veía	veíamos	era	éramos	iba	íbamos
veías	veíais	eras	erais	ibas	ibais
veía	veían	era	eran	iba	iban

No **veía** ese programa.   *I didn't (usually) see that program.*
Todos **íbamos** al cine.   *We were all going to the movies.*
Cuando **éramos** niños . . .   *When we were children . . .*

Notice that the imperfect tense forms of **ser** and **ir** have a written accent only in the **nosotros(-as)** form.

B8 Actividad • Cuando yo era pequeño . . .

Do you remember when you were a child? What were you like? Get together with a classmate. Take turns asking and answering the following questions. Use masculine or feminine forms.

1. ¿Cómo eras cuando eras niño/a? ¿odioso o gracioso?
   ¿bonito o feo? ¿grande o pequeño? ¿alto o bajo?
   ¿atlético? ¿artístico?
2. ¿Eras un niño bueno o eras horrible?
3. ¿Eras bueno con los animales? ¿Eras cariñoso con tu familia?
4. ¿Eras generoso o egoísta con tus amigos?
5. ¿Ibas mucho al cine, al parque, a la playa? ¿Con quién ibas?
6. ¿Cómo eran tus amigos?
7. ¿Ibas a la cama temprano o tarde?
8. ¿Veías muchos programas de televisión? ¿Cuáles?
9. ¿Eran tus clases fáciles o difíciles? ¿Por qué?
10. ¿Cómo era tu escuela? ¿Grande o pequeña?

You were planning a party and all the plans had to be changed. Express what your intentions were by completing each sentence.

1. La fiesta es ahora a las siete. Antes ____ a las ocho.
2. Va a ser en casa de Ángela. Antes ____ a ser en casa de Celia.
3. La fiesta es el viernes. Antes ____ el sábado.
4. Elena piensa que puede venir. Antes ____ que no ____ venir.
5. Conchita prepara la comida. Antes la ____ María Antonia.
6. La fiesta es ahora hasta las diez. Antes ____ hasta las nueve.
7. Raúl compra los refrescos. Antes los ____ José.

B10 SITUACIÓN • Ya era tarde

Enrique vivía en Guadalajara, en casa de su abuelita doña Cecilia, cuando estudiaba en la secundaria.

ABUELA   ¿Había alguien en la puerta, Enrique?
ENRIQUE Sí, abuela.
ABUELA   ¿Quién era?
ENRIQUE Era Juan.
ABUELA   ¿Qué quería?
ENRIQUE Saber cuál era la tarea de matemáticas.
         Íbamos a estudiar juntos si teníamos tiempo.
ABUELA   ¿Y qué pasó?
ENRIQUE Me dijo que no podía quedarse a estudiar
         porque ya eran las nueve de la noche.

B11 Actividad • Preguntas y respuestas

Answer these questions about the preceding dialog.

1. ¿Con quién hablaba Enrique?
2. ¿Quién estaba en la puerta?
3. ¿Qué iban a hacer esa noche?
4. ¿Qué clase tenían juntos?
5. ¿Por qué Juan no podía estudiar con Enrique?
6. ¿Dónde estaba Enrique?
7. ¿Qué hora era?

Actividad • Todos tenían excusas

Rubén went to a picnic, but six of his friends could not go. Get together with a classmate and guess why not. Here are some ideas:

Enrique no podía ir porque tenía que estudiar (o tenía que bañar al perro, o iba a practicar en el coro o iba a otra fiesta).

B 13 ESTRUCTURAS ESENCIALES
Some uses of the imperfect tense

1. Use the imperfect tense to describe an event or an action that was in the process of happening in the past. The beginning and the end of the event or the action *are not* indicated.

¿Adónde **ibas** tan rápido?	*Where were you going so fast?*
Tenía que ir a casa.	*I had to go home.*
Un amigo me **esperaba.**	*A friend was waiting for me.*

2. Use the imperfect tense to express habitual actions (what used to happen) or repeated actions (what happened over and over) in the past. Again, the beginning and the end of the action *are not* indicated.

Yo la **veía** todos los domingos.	*I used to see her every Sunday.*
Yo **caminaba** a la escuela todos los días.	*I used to walk to school every day.*

3. Use the imperfect tense to describe states or conditions in the past.

Mi hermana Anita **era** alta y delgada. **Tenía** el pelo rubio.	*My sister Anita was tall and slim. She had blond hair.*
Ellos **estaban** cansados después de bailar tanto tiempo.	*They were tired after dancing for so long.*
Nuestra casa **era** muy grande y **estaba** en el campo.	*Our house was big and was in the country.*

B 14 Actividad • ¿Qué hacían cuando se fue la luz?

All of a sudden the lights went out in town. What was everyone doing at that moment? Using the phrases in the box, describe what each of the following people were doing.

la estudiante
los vecinos
la vendedora
el periodista
el músico
la camarera
mis hermanos
la abuela

atender al cliente   practicar la guitarra   servir el postre

mirar televisión   hacer la tarea   quitar la mesa

comprar un monedero   escribir para el periódico

Actividad • Siempre hacían lo mismo

We are all creatures of habit. Yesterday at the cafeteria, you observed how people did the same things again and again. Complete the paragraph using the appropriate form of the following verbs.

hablar   comer   tener   gustar
tomar   llamar   mirar   llegar

> Antes de comer, Ángela siempre ———— un vaso de agua.
> Roberto ———— enchiladas todos los días. Luisa siempre ————
> tarde. A Rafael no le ———— ser el primero. Gerardo
> nunca ———— dinero. Raquel ———— en voz alta y Ricardo
> la ———— sin decir nada. Fernando ———— con Trini y
> Manolo ———— a su novia por teléfono.

Actividad • ¡A competir!

You have entered a short story contest. Your teacher tells you that first you must set the scene in which the action will take place. Write three possible introductions: one with the hour or time of day, another with the season, and the other with the date. Add weather conditions or other details to make your ideas stand out. You could include phrases such as the following:

> Era una noche fría de invierno . . .
> Era el día de su cumpleaños . . .
> Era el doce de octubre . . .
> Eran casi las doce . . .
> Era temprano y hacía buen tiempo . . .

B17 Actividad • La persona ideal

You went to a party and met your ideal person. Exchange ideas with a classmate about what the ideal person was like. Each of you should describe the person, using the imperfect. Include personality, age, clothing, and physical appearance.

B18 Actividad • ¡Tenía mil planes!

You were hoping to take a trip but it had to be canceled. In five sentences, describe your plans to a classmate. Then reverse roles. Use the verbs in the box.

MODELO   Quería ir a la playa . . .

iba a	quería	tenía ganas de	tenía que	deseaba
trataba de	debía	me gustaba	pensaba	podía
creía que	esperaba	necesitaba	sabía que	era

B19 SE DICE ASÍ
Describing events in the past

Había dos fiestas.	There were two parties.
Había poco tiempo.	There was little time.
Había muchos discos.	There were many records.

Había is the only imperfect form of **haber** that you will use. Note that it is equivalent to *there was* and *there were*.

Describe how many things there were yesterday and how many there are today.

AYER   HOY

MODELO
Ayer había seis latas de jugo.   Hoy hay dos.

1.

2.

3.

4.

expressing regret . . . expressing how you feel about others and about yourself

Were you planning to go to a party, but you couldn't go? Wouldn't you like to find out something about it? Why don't you call someone who was there to get the scoop?

C1 Hablando de la fiesta por teléfono 🔲

Cecilia quería ir a la fiesta, pero no pudo. Al fin llama por teléfono a Rosita para saber qué pasó. Rosita miraba fotos de la fiesta cuando sonó el teléfono.

ROSITA   ¿Aló?
CECILIA   ¿Rosita? Habla Cecilia. ¿Cómo estás?
ROSITA   Bien, ¿y tú? Pero, ¿qué te pasó el sábado? Te esperábamos en la fiesta de Conchita.
CECILIA   Ay, ¡qué pena! Lo siento, pero no pude ir. ¿Cómo estuvo la fiesta?
ROSITA   ¡Buenísima! Cuando yo llegué, todavía no había mucha gente.
CECILIA   ¿Llegó más gente después?
ROSITA   Claro, fue una fiesta estupenda. Saqué muchas fotos. Todo el mundo estaba allí. ¡Sólo faltabas tú!

Al día siguiente Cecilia pasó por casa de Rosita para ver las fotos. Mirando las fotos, Rosita le contaba a Cecilia lo que pasó en la fiesta . . .

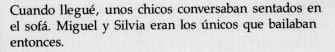

Cuando llegué, unos chicos conversaban sentados en el sofá. Miguel y Silvia eran los únicos que bailaban entonces.

Conchita estaba en la cocina. Preparaba unos platos con su mamá y una amiga.

Aquí ya todas las parejas bailaban. La música era buenísima. Teníamos muchos discos. ¡Y mira cuánta gente había! Aquí Carmela está bailando con un chico muy guapo. No sé quién era, no lo conozco.

La mamá de Conchita servía la comida a los invitados. ¡Todo estaba riquísimo! Nos fuimos a casa tarde, cansados pero contentos.

Celebraciones y fiestas   **171**

C2 Actividad • Preguntas y respuestas

Answer these questions according to Cecilia and Rosita's conversation.

1. ¿Qué pensaba hacer Cecilia?
2. ¿Y qué pasó?
3. ¿De quién era la fiesta?
4. ¿Rosita llegó tarde o temprano a la fiesta?
5. ¿Quiénes estaban allí entonces?
6. ¿Qué hacían Miguel y Silvia?
7. ¿Dónde estaba Conchita?
8. ¿Había mucha gente en la fiesta?

C3 Actividad • No es así

Correct these statements to make them agree with the information in C1.

1. Todo el mundo ya estaba allí cuando Rosita llegó.
2. Miguel y Silvia tocaban la guitarra.
3. Había muy poca gente en la fiesta.
4. La mamá de Conchita tocaba el piano.
5. Todos esperaban a Cecilia en la fiesta de Rosita.
6. La fiesta fue muy aburrida.

C4 Actividad • Charla

Work with a partner. Ask each other's opinion regarding the dialog in C1.

1. ¿Crees que Cecilia quería ir a la fiesta? ¿Cómo lo sabes?
2. ¿Qué le pasó a Cecilia?
3. ¿Cuáles son tres cosas que confirman que la fiesta estuvo buenísima?
4. ¿Son Cecilia y Rosita buenas amigas? ¿Cómo lo sabes?
5. ¿Qué quieres saber de una fiesta cuando no puedes ir?

C5 Actividad • La mejor fiesta

Think about the last party you went to. Organize your thoughts and prepare notes in Spanish. In five sentences, describe what was happening at the party. Here are some ideas:

la celebración
el tiempo
la hora
la fecha
la gente
la comida
la música
las sorpresas

C6 ESTRUCTURAS ESENCIALES
The imperfect and the preterit tenses contrasted

Comíamos cuando **llegaron.**
  imp.   pret.

We were eating when they arrived.

Hablaba con Luisa cuando **sonó** el teléfono.
  imp.   pret.

I was talking to Luisa when the telephone rang.

The difference between the imperfect and the preterit tenses can be illustrated by the following diagram.

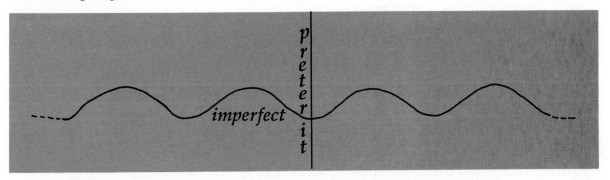

1. The continuous, moving line of the imperfect represents an action or event that was taking place in the past. We do not know when it began or ended.

    Comíamos . . .
    Hablaba con Luisa . . .

We were eating . . .
I was talking to Luisa . . .

2. The vertical line of the preterit tense reports what happened at a specific time in the past, since we know the beginning and end of the action.

    . . . cuando **llegaron.**
    . . . cuando **sonó** el teléfono.

. . . when they arrived.
. . . when the telephone rang.

> Use the imperfect tense to express an event or action that was already going on when something else happened.

C7 Actividad • El desfile

Read the following paragraph. Then make two lists of verbs—one in the imperfect tense and one in the preterit tense.

> Cuando llegamos al parque para ver el desfile del
> Día de la Raza, no llovía, pero hacía mucho calor.
> Juan dijo que iba a llover. De pronto cayó un
> aguacero muy fuerte, pero traíamos impermeables
> y paraguas. Luego salió el sol y pudimos ver el
> desfile.

C8 Actividad • Y entonces, ¿qué pasó?

From the box below, choose a logical ending for each numbered item. Join the two segments with **cuando**.

MODELO   Era temprano **cuando** llegué al baile.

1. No había mucha gente
2. Ellos bailaban
3. Tenía prisa

4. Ya estaba enferma
5. Tenía sueño
6. Iba a salir

7. Estaba cansada
8. Caminaba por el parque
9. La comida estaba lista

terminé el examen.

tomé el taxi.

entramos en la casa.

la fiesta empezó.

sonó el teléfono.

Alberto llegó con sus discos.

vi a Rosalía.

Conchita sirvió la comida.

fui a casa.

C9 Actividad • Hoy fue diferente

For some reason, people did things differently today from the way they used to. Complete the following sentences.

1. Carmencita nunca _____ postre y hoy comió dos.
2. Luis antes _____ tarde y hoy llegó temprano.
3. Juan Carlos siempre _____ refrescos y hoy tomó jugo.
4. Andrés nunca _____ y hoy bailó con Ana.
5. Rita antes _____ vegetariana, pero hoy comió carne.
6. Chela siempre _____ con su prima y hoy no vino.
7. Gerardo nunca _____ suerte, pero hoy la tuvo.
8. Manolo _____ a su novia todos los días, pero hoy no la llamó.
9. Rosalía siempre _____ mucho, pero hoy no comió nada.
10. Leonardo nunca _____ nada, pero hoy compró unas sandalias.
11. Gonzalo siempre _____ al almacén, pero hoy no fue.
12. Ramona nunca _____ nada, pero hoy le regaló un llavero a su papá.

Tenía calor.

Tenía sueño.

Tenía miedo.

Tenía prisa.

Tenía hambre.

Estaba enferma.

Estaba furioso.

Estaban enamorados.

C11 Actividad • ¿Cómo estabas tú?

Suppose that the following events occurred. Explain how you reacted, using expressions from C10.

1. Querías ir a la fiesta y no pudiste.
2. Era tarde y no estabas lista.
3. Estabas en la playa al mediodía.
4. Estabas sin abrigo en las montañas.

5. Tu amigo te dijo que venía a las nueve y no vino.
6. Estudiaste hasta las dos de la mañana.
7. Ayer no almorzaste.
8. Alguien te mandó una tarjeta el 14 de febrero.

C12 SE DICE ASÍ
Expressing how you feel about others and about yourself

Tere **estaba** aburrida.	Tere was bored.
Víctor **era** aburrido.	Víctor was boring.
Luis **estaba** listo.	Luis was ready.
Anita **era** lista.	Anita was smart.

Remember that **estar** is used for conditions subject to change or to signal a change from a previous condition°. **Ser** is used to express permanent qualities or conditions.

C13 Actividad • ¿Cuántos años tenías?

Do you remember when you did some things for the first time? Say how old you were then and where you were.

MODELO   viajar por avión
La primera vez que viajé por avión tenía cinco años y estaba en San Diego.

1. tomar un tren
2. ganar dinero
3. ir a un campamento de verano
4. pasar unos días con los abuelos
5. ir a un concierto
6. ir al teatro
7. asistir a un partido de fútbol
8. ir a una boda
9. bailar
10. montar a caballo o en bicicleta

°**Estar** is always used to express the condition of death, **estar muerto,** in contrast to the condition of life, **estar vivo.**

C14 Actividad • ¿Por qué?

Explain why you did the following things. Follow the cues. Work with a partner and take turns.

MODELO   comer / tener hambre   —¿Por qué comiste?
                                    — Comí porque tenía hambre.

1. comprar el saco / tener dinero
2. vender la moto / necesitar dinero
3. ir a las ocho / no querer llegar tarde
4. bailar / tener ganas
5. llamar a Ricardo / querer invitarlo
6. no poder entrar / ser las nueve
7. no llevar la camisa azul / no quedar bien (a mí)

C15 Actividad • ¡Faltaban sólo dos días!

You almost forgot Marisol's birthday. Send her a note to tell her what happened. Complete the note with the appropriate form of the verb in the preterit or imperfect tense.

Yo acababa de llegar a casa cuando _____ (empezar) a llover. El periódico _____ (estar) en la mesa y yo _____ (leer) la primera parte. _____ (haber) una foto de México. De pronto, _____ (pensar) en ti y en tu cumpleaños. ¡ _____ (ser) pasado mañana! Yo _____ (saber) que _____ (tener) tu dirección, pero _____ (buscar) y _____ (buscar) y no la _____ (encontrar). _____ (llamar) a Julia y ella me _____ (dar) tu dirección. Mientras te _____ (escribir), yo _____ (recibir) carta tuya. ¡Qué sorpresa!

C16 Comprensión 📼

You will hear a statement or a question followed by two responses. Choose the most appropriate response and check the space on your answer sheet.

MODELO   Marcos estuvo cuatro horas afuera en la nieve.
         a. Tenía prisa.
         b. Tenía frío.

	0	1	2	3	4	5	6	7	8	9	10
a.											
b.	✔										

C17 Actividad • Yo iba a decirle a Alicia que . . .

Five friends were going to go to the school wrestling match but they could not go. Give five reasons why not.

MODELO   Alberto no pudo ir porque quería ir a una fiesta.

C18 SITUACIÓN • Te lo agradezco

Nora y David conversan en la clase mientras esperan al profesor.

NORA ¿Sabes que Sally me mandó un regalo
de Navidad desde Madrid?

DAVID No sabía que Sally estaba en España.
¿Qué te mandó?

NORA Un casete de música española. Guitarra . . .

DAVID ¿Ya le escribiste?

NORA Empecé la carta ayer. Oye, ¿cómo
traduces "te agradezco" al inglés?

DAVID ¿Agradezco? No conozco esa palabra.

NORA ¡Hombre! Es como "conozco" . . .
Viene de "agradecer".

DAVID Ah, bueno, entonces es fácil:
I appreciate it.

NORA ¡Muchas gracias!

DAVID Muchas gracias a ti. Te agradezco la
clase de español. Y no te olvides de
darle a Sally recuerdos de mi parte.

C19 Actividad • Preguntas y respuestas

Answer the questions according to the conversation between Nora and David.

1. ¿A quién esperan Nora y David?
2. ¿Quién es Sally y qué hizo?
3. ¿Qué hace Nora?
4. ¿Qué quiere saber Nora?
5. ¿Crees que David es hispano? ¿Por qué?

C20 ESTRUCTURAS ESENCIALES
Verbs ending in -cer *and* -cir

You have already learned the verb **conocer.** Notice that verbs ending in **-cer** and
-cir have an irregular **yo** form in the present indicative, just like **conocer.**

conocer	*to know*	traducir	*to translate*
conozco	conocemos	traduzco	traducimos
conoces	conocéis	traduces	traducís
conoce	conocen	traduce	traducen

178 Unidad 5

1. Remember that the same irregularity of the **yo** form appears in the command forms.

Conozca a su país.	*Know your country.*
No **traduzcan,** por favor.	*Do not translate, please.*

2. Other verbs you know that follow this pattern are:

agradecer *to appreciate*	**desaparecer** *to disappear*	**obedecer** *to obey*
aparecer *to appear*	**parecer** *to seem*	**ofrecer** *to offer*

Les **ofrezco** veinte dólares por la guitarra.	*I offer them twenty dollars for the guitar.*
Aparezco cuando hay postre.	*I appear when there is dessert.*
Desaparezco cuando hay platos que lavar.	*I disappear when there are dishes to wash.*
Te lo **agradezco** mucho.	*I appreciate it a lot.*
Parece que Antonio **obedece** a su mamá.	*It seems that Antonio obeys his mother.*

C21 Actividad • Obedezcan las instrucciones

Complete the sentences with the correct forms of the verbs indicated on the left.

1. (conocer)   Si no _____ a Tere, te la presento.
2. (ofrecer)   Yo te lo _____ como un favor.
3. (parecer)   Debes descansar un rato. _____ cansado.
4. (traducir)   ¿Cómo _____ tú la palabra "listo"?
   Depende. Si la uso con "estar", la _____ como *ready.*
5. (obedecer)   Tener un perro y tener un gato son dos cosas diferentes. Mi perro me _____ a mí y yo _____ a mi gato.

C22 Actividad • Charla

Someone invites you to a party, but you must refuse because you have something else to do. Be polite, excuse yourself, and thank your partner for the invitation. Then switch roles.

C23 Actividad • ¡A escribir!

Have you seen a good movie recently? Tell us about it in ten sentences. Remember to include the imperfect. Here are some hints:

¿Qué clase de película era?
¿Quiénes eran los actores? ¿Cómo eran?
¿Qué pasó en la película?
¿Cómo terminó?
¿Dónde daban la película?
¿Con quién fuiste?

1

El Día de los Enamorados 📼

Carmela Hernández daba una fiesta el Día de los Enamorados, la noche del catorce de febrero. Invitó a muchos amigos y compañeros de clase.

Había mucha comida y cosas sabrosas. José Gómez iba a venir temprano para ayudarle a Carmela con los preparativos, pero no pudo. Cuando José llegó con Carlos, Marilú, la prima de Carmela, ya la ayudaba a poner la mesa. Cristina tocaba el piano y Eduardo tocaba la guitarra. La música estuvo buenísima. La fiesta fue muy divertida, muchas parejas bailaron y todos regresaron a casa muy tarde.

2 Actividad • El catorce de febrero

Answer the following questions. Base your answers on Skills 1.

1. ¿Qué pasó en la fiesta de Carmela?
2. ¿A quiénes invitó?
3. ¿Qué cosas había?
4. ¿Quién iba a venir temprano? ¿Para qué?
5. ¿Qué pasó?
6. ¿Quién ayudaba a Carmela?
7. ¿Qué hacían?
8. ¿Cuántas parejas bailaban?
9. ¿Qué tocaba Cristina? ¿Y Eduardo?
10. ¿Les gustó la fiesta?
11. ¿Cuándo se fueron?

3 Actividad • ¡A escribir!

Write a brief description of a party you went to recently. Use **El Día de los Enamorados** in Skills 1 as a guide.

4 Actividad • La fiesta de Navidad

Everyone was helping at Tomás's home. Complete the following sentences with the preposition **a** or **de.**

1. Tomás acaba _____ comprar el árbol de Navidad.
2. Nora comienza _____ poner la estrella.
3. Andrés trata _____ ayudar a Nora.
4. María Eugenia va _____ preparar el postre.
5. Miguel empieza _____ lavar la lechuga.
6. Bárbara y Débora aprenden _____ servir la comida.
7. Todos van _____ venir a la fiesta.

5 Actividad • Charla

Describe the setting of a dream or nightmare you had. Include what time of day it was, the day of the week, the weather conditions, the season, and where you were and what you were going to do at that moment.

6 Actividad • ¿De la mañana o por la mañana?

Complete the following sentences using **de** or **por.**

1. Tengo muchas cosas que hacer _____ la mañana.
2. Voy a limpiar el acuario de las tortugas _____ la tarde.
3. Paso la aspiradora a las nueve _____ la mañana.
4. Preparo el desayuno _____ la mañana.
5. Mi hermana Lucía hace la comida _____ la noche.
6. Elena pone la mesa a las seis _____ la tarde.
7. Luis lava los platos a las ocho _____ la noche.

7 Actividad • ¡Hoy no puedo estudiar!

You are trying to study but get interrupted constantly. Complete the sentences with an appropriate phrase from the box. Make any necessary changes.

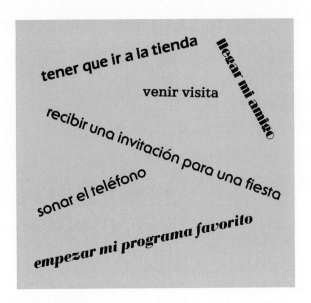

tener que ir a la tienda

llegar mi amigo

venir visita

recibir una invitación para una fiesta

sonar el teléfono

empezar mi programa favorito

1. Iba a sacar el libro de biología cuando . . .
2. Quería estudiar la Unidad 3 cuando . . .
3. Necesitaba repetir la actividad cuando . . .
4. Tenía que estudiar para el examen, pero . . .
5. Iba a hacer una lista de las palabras difíciles, pero . . .
6. Estaba seguro de que no tenía amigos, pero . . .

8 Dictado

Copy the following paragraph to prepare yourself for dictation.

Cuando _____ niño me _____ mucho las fiestas. En casa _____ muchas fiestas todos los meses. Mis padres me _____ también a ver el _____ del Día de la Raza. _____ la Navidad siempre _____ a cenar a casa de los _____ .

Letters c, k, and qu

The Spanish letters **c** (before the vowels **a, o, u**), **k,** and **qu** are pronounced alike. The sound is produced in the same manner as the English *k* sound, but without a puff of air that usually accompanies it. Listen carefully and repeat the following words.

quitar	comer	sacar	caer	kilómetro	queso	esquiar
casa	taco	caloría	contigo	kilogramo	buscó	frecuente

Note that you do not pronounce the **u** in **que** and **qui.** It is silent.

Letters c, s, and z

The **s** sound in Spanish is represented by the letters **s, z,** and **c** followed by **e** and **i**. Remember that in Spanish America and parts of Spain the consonants **z** and **s** are pronounced alike. Listen carefully and repeat the following words and sentences.

necesita	zapato	sandalia	zona	cabeza	lápices	cine
Teresita	zapatilla	cero	azteca	hizo	azul	así

Quince veces busqué el queso.
No quiso obedecer.
Desapareció en el cine.
Ella empieza con los lápices azules.

The vowels before r

The pronunciation of a single **r** in the middle of a word is similar to the English *d* in *Eddy.* If you pay attention to the vowels and pronounce them openly, the pronunciation of the Spanish single **r** will almost take care of itself. For example, **Alberto:** make sure you say **Al-beh** (with a clear, open **e** sound) before you pronounce the **r** and the rest of the word. Listen carefully and repeat the following words.

Marta   carta   bailar   Argentina   cantar   dar   compartir
Norberto   ver   comer   hacer   hermano   divertido   perfecto
decidir   ir   decírselo   aburrir   servir   Guadalquivir
enorme   profesor   director   por   corto   tortilla
urgente   Hurtado   Úrsula   sur   eran   surtido

Actividad • Práctica de pronunciación

You have surely noticed that Spanish speakers seem to "run words together." Practice linking these words by dividing them into syllables and not pausing between words.

Había alguien en la puerta.
¿Quién era? Era un hombre enorme.
No sé quién era. No iba a abrir.

Unos hablaban mientras otros discutían.
Nadie sabía a qué hora iba a ser.
¿Quién iba a hacer las invitaciones?

¿LO SABES?

Let's review some important points you've learned in this unit.

SECTION
A
Can you describe how things used to be?
With a classmate, discuss five things you always did in elementary school.

Can you congratulate someone in Spanish?
Imagine that you are invited to a birthday party. Congratulate the person celebrating a birthday and ask how old he or she is.

Can you describe several events that were happening at the same time?
Talk about the last party you attended. Use **mientras** in your description.

Are you able to mention three Hispanic celebrations with their English equivalents?

SECTION
B
Do you know how to discuss events in the past?
Describe three important events that happened to you. Here are some hints:
Cuando tenía . . .
Cuando era . . .
Nosotros vivíamos en . . .
Me gustaba . . .
Toda la familia iba . . .
Había . . .

Can you describe the plans you had?
List five New Year's resolutions that you made but were unable to carry out. Here are a few ideas:
Iba a ahorrar mucho dinero.
Tenía que aprender a bailar.
Quería ir a México.

SECTION
C
Do you know how to decline an invitation and express regret?
You received an invitation to a party and must decline. Work with a partner.

Can you describe how you felt in the following situations?
1. You jogged for three hours.
2. It was a very hot summer day.
3. Your girlfriend or boyfriend sent you a present.
4. You slept late and had to catch the bus for school.

VOCABULARIO

SECTION A

acabar *to finish*
el **aniversario** *anniversary*
anunciar *to advertise*
el **Año Nuevo** *New Year's Day*
así que *therefore*
la **boda** *wedding*
el **calendario** *calendar*
el **carnaval** *carnival; Mardi gras*
celebrar *to celebrate*
¿cuántos años cumples? *how old are you?*
¿cuántos años tienes? *how old are you?*
décimo, -a *tenth*
dentro de *within (a period of time)*
el **desfile** *parade*
el **Día de la Hispanidad** *Columbus Day*
el **Día de la Independencia** *Independence Day*
el **Día de la Raza** *Columbus Day*
el **Día de las Madres** *Mother's Day*
el **Día de los Enamorados** *Valentine's Day*
el **Día de los Inocentes** *Fool's Day*
el **Día de los Padres** *Father's Day*
el **Día de Reyes** *Epiphany (Day of the Three Wise Men)*
el **Día del Trabajo** *Labor Day*
la **Epifanía** *Epiphany*
discutir *to discuss*
durar *to last*
en voz alta *out loud*
la **fecha** *date*

¡felicidades en el día de tu santo! *congratulations on your saint's day!*
¡feliz cumpleaños! *happy birthday!*
el **Fin de Año** *New Year's Eve*
la **graduación** *graduation*
había que *it was necessary to*
inventar *to invent*
invitar *to invite*
la **llamada** *phone call*
llegar a un acuerdo *to come to an agreement*
¡muchas felicidades! *congratulations!*
el **nacimiento** *birth*
la **Navidad** *Christmas*
la **Nochebuena** *Christmas Eve*
noveno, -a *ninth*
octavo, -a *eighth*
pasar un buen rato *to have a good time*
la **Pascua Florida** *Easter; Passover*
por separado *separately*
por tanto *therefore*
los **preparativos** *preparations*
quedarse *to be left over*
quinto, -a *fifth*
reunirse *to get together*
el **santo** *saint's day; saint*
se ponían de acuerdo *came to an agreement*
la **Semana Santa** *Holy Week*
séptimo, -a *seventh*
sexto, -a *sixth*
¡silencio! *be quiet!*
la **torta** *cake*
torta de cumpleaños *birthday cake*
traer *to bring*

SECTION B

aunque *although, even though*
había *there was; there were*
hacía frío *it was cold*
iba a ir *(I) was going to go*
juntos, -as *together*
la **lata** *can*
me di cuenta *I realized*
recordar (ue) *to remember*
se reía *(he) was laughing*
sonar (ue) *to ring*

SECTION C

agradecer *to thank; to be grateful*
al día siguiente *the following day*
al fin *finally*
buenísima, -o *very good*
desaparecer (zc) *to disappear*
enamorado, -a *in love*
estar aburrido, -a *to be bored*
estar listo, -a *to be ready*
furioso, -a *furious*
obedecer (zc) *to obey*
¡oye! *listen!*
la **pareja** *couple*
sacar fotos *to take pictures*
ser aburrido, -a *to be boring*
ser listo, -a *to be smart*
tener miedo *to be afraid*
tener prisa *to be in a hurry*
riquísimo, -a *very delicious*
traducir *to translate*
único, -a *only*

PRÁCTICA DEL VOCABULARIO

1. Find three words in the unit vocabulary that refer to important moments or celebrations. Use each word in a sentence.
2. Select your favorite holiday from the unit vocabulary list. Then write a short paragraph about it. Include at least five words from the list in your description.

VAMOS A LEER

Antes de leer

In Spanish, many narratives, folk tales, or legends begin with one of the following phrases: Había una vez . . . ; Cuentan que . . . ; Dicen que. . . .
These phrases give the story a sense of oral tradition. In many instances, stories that begin in this manner have been told for several generations.

Preparación para la lectura

Before you read the following folk tale, answer these questions.
1. ¿Leíste cuentos y leyendas cuando eras niño? ¿Cuáles leíste?
2. ¿De qué habla el cuento? ¿Qué te dice el título?
3. Organiza las siguientes expresiones de más lejos a más cerca: *un poco lejos, bastante lejos, nada lejos, muy lejos, lejísimo.*
4. Conoces el verbo **extrañar** *(to miss)*, pero aquí **extraño** es un cognado, es decir, una palabra similar a su traducción al inglés. ¿Puedes adivinar qué significa?
5. Mira el último párrafo del cuento. Parecen dos proverbios, ¿verdad? ¿Qué relación hay entre la narración y ese párrafo?

Cuestión de opinión 📼

Había una vez una familia que vivía en el campo. Faltaban pocos días para las grandes fiestas del pueblo y el padre decidió que era buen momento para vender uno de los burros° que tenía. Necesitaba dinero para comprar abrigos para el invierno y algunos regalos de Reyes.

Todavía hacía muy buen tiempo y el hombre le preguntó a su hijo menor si quería ir con él al mercado. Al muchacho le gustaba mucho ir con su padre al mercado y hablar con la gente. Al día siguiente, salieron el hombre y su hijo con el burro, que se llamaba Cristóbal y nunca tenía prisa. Tenían bastante tiempo. El pueblo° estaba un poco lejos, pero era muy temprano.

Cuando tenían hambre, paraban para comer unas uvas que llevaban. Caminando y caminando, encontraron° entonces a unas mujeres a quienes ellos no conocían. Oyeron que la tercera mujer dijo:

___

burros *donkeys*　　**pueblo** *village*　　**encontraron** *they met*

—¡Qué burros son! Con un burro tan bueno, ¡van caminando en vez de montar en el burro!

El padre pensó un momento y dijo: — Esa mujer tiene razón.

Y montó entonces a su hijo, que era un muchacho alto y fuerte°, en el burro. Siguieron su camino° y más tarde encontraron a un hombre muy viejo que dijo en voz alta:

—¡Qué hijo tan cruel! El pobre padre, que ya está viejo, va caminando y el hijo, tan joven y tan fuerte, va montado° en el burro. No hay justicia en este mundo.

El muchacho le dijo entonces a su padre: —Es verdad, tiene razón este hombre.— El padre respondió que él no estaba cansado, pero al fin, montó en el burro y el hijo caminó.

Los tres siguieron su camino por un rato. Entonces encontraron a dos vendedores que también iban al mercado. Les compraron unas frutas que vendían muy baratas con las últimas monedas que les quedaban. Cuando estaban a cierta distancia, oyeron que el vendedor que era más joven le dijo al otro:

—¡Qué padre tan cruel! Va tan cómodo° montado en el burro mientras que el pobre muchacho tiene que caminar. El mundo es muy extraño°.

---

fuerte *strong*   **camino** *road*   **montado** *on top of*   **cómodo** *comfortable*   **extraño** *strange*

El padre miró al hijo. No parecía que estaba cansado, pero él no quería ser un padre cruel. Él quería° mucho a su hijo.

—El vendedor tiene razón— dijo el padre. Y montó al muchacho en el burro también.

Ya se acercaba el mediodía° y hacía mucho calor cuando el padre y el hijo vieron una casa. En el jardín había una mujer muy vieja que le estaba dando° de comer a unos cerdos° muy gordos. Algunos no podían comer más y estaban descansando°.

Esta mujer, pensó el hijo, sabe cuidar a sus animales muy bien. Ya puede venderlos en el mercado a muy buen precio. Quizás°, después de vender el burro, podemos venir a comprarle los cerdos y llevarlos al mercado. Ya ella está muy vieja y el mercado está un poco lejos. Los dos podíamos ganar dinero de esa manera.

Y así pensaba el muchacho cuando vio que la mujer los miraba. Estaba furiosa. Entonces oyó que ella decía:

—¡Qué hombres más crueles! Dos hombres tan grandes y fuertes montados en un burro tan pequeño. ¡Pobrecito burro! Va a llegar muerto al mercado y nadie va a querer comprarlo.

El padre y el hijo estaban sorprendidos. Nunca pensaron en eso.

—Es verdad— dijo el hijo.

El padre lo miró en silencio y los dos desmontaron del burro y otra vez empezaron a caminar hacia el mercado, como antes.

Cada uno ve las cosas a su manera. ¡Qué difícil es complacer° a todo el mundo!

---

quería *loved*   **mediodía** *noon*   **estaba dando** *was giving*   **cerdos** *pigs*
estaban descansando *were resting*   **Quizás** *Maybe*   **complacer** *to please*

188   Unidad 5

Actividad • Preguntas y respuestas

Use the information in the reading selection to answer the following questions.

1. ¿Para qué necesitaba dinero el padre? ¿Adónde iba?
2. ¿Cómo era el burro?
3. ¿A quién encontraron primero?
4. ¿Quién dijo: "No hay justicia en este mundo"?
5. ¿Qué les compraron el padre y su hijo a los vendedores?
6. ¿Por qué dijo el vendedor: "El mundo es muy extraño"?
7. ¿Qué diferencia hay entre estos dos usos del verbo **querer?**
   No quería ser un padre cruel.
   Quería mucho a su hijo.
8. Si **descansar** es lo contrario de **cansar,** ¿qué crees que quiere decir **desmontar?**
9. ¿Qué plan tenía el muchacho para ganar más dinero?
10. En la oración "Entonces, oyó que ella decía", ¿cuál es el significado de **decía?**
    a. *was saying*   b. *said*   c. *used to say*   d. *would say*
11. ¿Tenían razón las tres personas que dieron su opinión? ¿Por qué?
12. ¿Qué pasó cuando ellos quisieron hacer lo que todo el mundo decía?

Actividad • A ordenar

¿Qué pasó primero?   Number the following sentences according to the order of events in **Cuestión de opinión.** Use ordinal numbers.

_____ Vieron a una mujer vieja que daba de comer a unos cerdos.
_____ Compraron unas frutas muy baratas.
_____ El hijo montó en el burro.
_____ Fueron al mercado a vender un burro.
_____ Encontraron a un hombre viejo.
_____ El padre montó en el burro.
_____ Le preguntó a su hijo si quería ir con él.
_____ Encontraron a unas mujeres.
_____ La mujer estaba furiosa.
_____ El padre y el hijo se desmontaron del burro.

Actividad • Charla

Get together with a classmate and discuss the advantages and disadvantages of each decision as to who rode the donkey.

UNIDAD **6**

Para un cuerpo sano . . .

It is important to think about yourself —
what you do every day, how you keep
yourself in shape, the foods you eat, and
the image you portray. Of course, young
Hispanic Americans share your interests
and concerns about these topics.

In this unit you will:

SECTION A	talk about what you do every day . . . discuss how you keep yourself in shape
SECTION B	discuss food and nutrition . . . talk about health
SECTION C	discuss personal care and grooming . . . pay compliments
TRY YOUR SKILLS	use what you've learned
VAMOS A LEER	read for practice and pleasure

talking about what you do every day . . . discussing how you keep yourself in shape

Daily exercise and good grooming habits will help you feel good about yourself, give you self-confidence, and help you make a better impression wherever you go.

A1 ¡Suena el despertador!

Estamos en una casa de Lima, la capital del Perú. Es temprano por la mañana . . . Marisa duerme en su cuarto. Se despierta cuando suena el despertador. Ana también se levanta . . . pero se acuesta otra vez. Su papá se cepilla los dientes. Su mamá se pesa. Su hermano mayor se baña, se viste y se pone los zapatos. Su hermano menor se desayuna y se va para la escuela.

La familia de Marisa se mantiene en forma de diferentes maneras. Marisa se levanta temprano. Antes de ir a la escuela, corre media hora todos los días. Sus padres juegan al tenis. Su hermano mayor va al gimnasio a hacer ejercicios y su hermano menor practica la lucha libre. Su hermana Ana prefiere nadar tres veces por semana en la piscina de la escuela.

Actividad • Ana no tiene prisa

Choose the most logical answer to each question. Refer to A1 as needed.

1. ¿Qué hace Marisa cuando suena el despertador?
   a. Se despierta.   **b.** Se viste.   **c.** Se acuesta.
2. ¿Por qué se acuesta otra vez su hermana Ana?
   a. No oye el despertador.   **b.** Quiere dormir un poco más.
   c. No tiene ganas de desayunar.
3. ¿Qué hace la mamá de Marisa cuando se levanta?
   a. Se pesa.   **b.** Se despierta.   **c.** Se pone los zapatos.
4. Para mantenerse en forma, ¿qué hacen los padres de Marisa?
   a. Corren.   **b.** Hacen ejercicio.   **c.** Juegan al tenis.
5. ¿Quién se levanta temprano para correr?
   a. Marisa   **b.** su hermano mayor   **c.** su hermana Ana

A3 Sabes que . . .

Lima, la capital de Perú, es una ciudad de contrastes *(contrasts)*. Fundada *(founded)* en 1535 por el conquistador Francisco Pizarro, todavía conserva bellas casas de arquitectura colonial y numerosas iglesias y palacios de estilo barroco *(baroque)* en la parte antigua de la ciudad. Junto a estas muestras *(samples)* de esplendor colonial se puede ver *(one can see)* la ciudad moderna, con grandes centros comerciales, tiendas por departamentos y sus plazas y avenidas con bellos edificios modernos. Lima también tiene excelentes museos, donde se pueden ver joyas y objetos de la época precolombina. La universidad de San Marcos, una de las más antiguas del hemisferio, fue fundada en 1551.

A reflexive construction such as **Anita se baña** (*Anita bathes herself*) consists of a reflexive pronoun, **se** (*herself*), and a verb, **baña** (*bathes*). The subject, **Anita,** is both the performer and the receiver of the action.

Anita se baña.

Anita baña al perro.

Use reflexive pronouns whenever the same person performs and receives the action of the verb. With the exception of **se,** reflexive pronouns have the same forms as the direct- and indirect-object pronouns. The following chart shows the reflexive pronouns.

Subject Pronoun	Reflexive Pronoun	**bañarse**	*to bathe (oneself)*
Yo	**me**	baño.	*I bathe (myself).*
Tú	**te**	bañas.	*You bathe (yourself).*
Ud.			*You bathe (yourself).*
Él	**se**	baña.	*He bathes (himself).*
Ella			*She bathes (herself).*
Nosotros	**nos**	bañamos.	*We bathe (ourselves).*
Vosotros	**os**	bañáis.	*You bathe (yourselves).*
Ellos			*They bathe (themselves).*
Ellas	**se**	bañan.	*You bathe (yourselves).*
Uds.			

1. Reflexive pronouns are placed immediately before the conjugated verb except in affirmative commands. For an affirmative command, the reflexive pronoun is attached to the command.

   Marisa **se** despierta.   *Marisa wakes up.*
   ¡Despiérten**se**!   *Wake up!*

2. In the progressive construction, reflexive pronouns are either attached to the end of the **-ndo** form or placed in front of the verb **estar.**

   Anita está vistiéndo**se.** ⎫
   Anita **se** está vistiendo. ⎭   *Anita is getting dressed.*

3. In verb + infinitive constructions, reflexive pronouns are either attached to the infinitive or placed before the conjugated verb.

Luis va a bañar**se.** ⎱
Luis **se** va a bañar. ⎰   *Luis is going to take a bath.*

4. Many Spanish verbs can be made reflexive with the aid of a reflexive pronoun.

Yo llamo a Juan.   *I call Juan.*
Yo **me** llamo Juan.   *My name is Juan. (I call myself Juan.)*

A5   Actividad • ¡A escoger!

Choose the sentence that has a reflexive construction and write it on a separate sheet of paper. Then write another sentence with the reflexive construction.

MODELO   **a.** <u>Me lavo</u> las manos.   *Me lavo la cabeza.*
            b. Lavo una camisa.

1. a. Ella no duerme al niño.   **4. a.** Me sirvo el jugo de naranja.
    b. Elisa no se duerme.   **b.** ¿Te sirvo la leche?
2. a. Ella se va ahora.   **5. a.** Me compré un disco.
    b. Ella va a la escuela.   **b.** Le compré un regalo.
3. a. ¡Báñense!   **6. a.** Me corté con un cuchillo.
    b. ¡Bañen al gato!   **b.** Corté el pan.

A6   Actividad • ¿A qué hora?

An efficiency expert is helping you manage your time. Answer the following questions about your daily schedule.

1. ¿A qué hora te acuestas?
2. ¿Te duermes rápidamente? ¿A qué hora te duermes?
3. ¿Te despierta tu mamá o tienes un despertador?
4. ¿Cuándo te levantas?
5. ¿Te acuestas más tarde en el fin de semana?
6. ¿A qué hora te levantas los sábados y los domingos?
7. ¿Cuánto tiempo necesitas para bañarte? ¿Y para vestirte?
8. ¿Te bañas por la mañana o por la noche?

A7   Actividad • ¡Mucha gente!

During the summer, you and all of your cousins are staying at your grandparents' beach house. There are so many people that everybody has to take turns in the morning. Work with a partner and take turns asking and answering the questions.

MODELO   Tomás / cepillarse los dientes   —¿Cuándo se cepilla los dientes Tomás?
            Nicolás / levantarse   —Cuando Nicolás se levanta.

1. Toni / bañarse   **3.** Luis y Raúl / despertarse
    nosotros / vestirse   el despertador / caerse
2. Laura / lavarse la cabeza   **4.** Tú y yo / prepararse el desayuno
    Carmen / irse a la cocina   los abuelos / hacerse el café

A8 Actividad • ¡No me compré nada!

Everybody went shopping and you want to know who bought what for whom.
Take turns with a partner asking and answering the questions. Follow the model.

> MODELO   (papá) un paraguas   — ¿Papá se compró un paraguas?
> a mamá   — No, le compró un paraguas a mamá.

1. (ustedes) dos camisas
   al abuelo
2. (tú) un cinturón de cuero
   a Eduardo

3. (Elena) una revista
   a su hermana
4. (Juan) un radio
   al tío Pepe

A9 SITUACIÓN • Cómo mantenerse en forma

¡Al fin Alicia encontró lo que buscaba! En una revista vio un anuncio de Isabel
Palacios, la famosa estrella de cine. Anunciaba un video para hacer ejercicios en
casa. Alicia sabía que nunca iba a ir a un gimnasio todos los días, pero en casa . . .
no tenía excusa. Así que pidió el video rápidamente por correo, antes de cambiar
de opinión.

El video acaba de llegar. Alicia se pone muy contenta. Está lista para empezar.

" . . . hasta tocar los dedos del pie derecho con la mano
izquierda . . . uno dos, uno dos, . . . " La música ayuda. Alicia hace
ejercicios aeróbicos. ¡Cómo se divierte! Baila, corre, se acuesta, se levanta. ¡Ay,
cómo se cansa! Se siente débil. Después de un rato, se aburre. Necesita
descansar. Es el primer día. No se preocupa. ¡Ya se siente con más energía! ¡Eso
era lo que ella necesitaba!

A 10 — Actividad • Preguntas y respuestas

Use the information in A9 to answer the following questions.

1. ¿Qué buscaba Alicia?
2. ¿Quién era Isabel Palacios?
3. ¿Qué hizo Alicia antes de cambiar de opinión?
4. ¿Por qué era mejor para ella hacer ejercicio en casa?
5. ¿Cómo estaba Alicia cuando llegó su video?
6. ¿Qué le ayuda a hacer los ejercicios?

A 11 — Comprensión

You will hear ten statements about daily activities. If they are in logical order, check **sí** on your answer sheet. If they are not, check **no**.

MODELO Yo me levanto y luego me despierto.

	0	1	2	3	4	5	6	7	8	9	10
Sí											
No	✔										

A 12 — SITUACIÓN • Partes del cuerpo

1. la cara
2. la boca
3. el pelo
4. el bigote
5. la frente
6. la nariz
7. los labios
8. el brazo
9. las uñas
10. los dedos
11. el hombro
12. el cuello
13. la cabeza
14. la oreja
15. los ojos
16. el pie
17. los dedos
18. el tobillo
19. la rodilla
20. la pierna
21. la cintura
22. la espalda
23. la muñeca
24. el cuerpo

Para un cuerpo sano... 197

A 13 Actividad • ¿Dónde te lo pones?

Say on what part of the body people wear the following items.

MODELO: Ana se pone la bufanda en el cuello.

A 14 ESTRUCTURAS ESENCIALES

The definite article with the parts of the body and with personal possessions

Andrés **se** lava **la** cara.	*Andrés washes his face.*
Yo **me** cepillo **los** dientes.	*I brush my teeth.*
Ana **se** pone **la** blusa roja.	*Ana puts on her red blouse.*
Él **se** lava **las** manos.	*He washes his hands.*

In Spanish, reflexive pronouns and definite articles are often used with parts of the body, articles of clothing, and personal possessions, while English uses possessive adjectives.

A 15 Actividad • ¡Qué frío!

After the wrestling match at school, everybody prepares to go home. It is cold outside. Say what everyone is doing. Follow the model.

MODELO   Cristina / abrigo   Cristina se pone **el** abrigo.

1. Salvador / sombrero
2. Yo / abrigo
3. Tú y Alberto / guantes
4. Cecilia / suéter
5. Nosotros / botas
6. Arturo / chaqueta

A16 Actividad • ¡Ay, qué dolor tengo!

Now it's time for the school wrestling team to go home. Everybody is aching. Say what is bothering each member of the team.

> MODELO   Roberto / mano
> Roberto tiene dolor en la mano.

1. Andrés / rodilla
2. Luis / cuello
3. David / tobillo
4. Víctor / brazo

5. Manolo / oreja
6. Raúl y Esteban / muñeca
7. Jorge / cuerpo
8. Pepe y Rafael / espalda

A17 SE DICE ASÍ
Describing emotions

Se pone furioso(a).	He (she) gets furious.
Se pone triste.	He (she) gets sad.
Se pone contento(a).	He (she) gets happy.
Se pone nervioso(a).	He (she) gets nervous.

Note that Spanish expressions with **ponerse** often correspond to English *get* + adjective.

A18 Actividad • ¿Cómo te pones tú si algo te pasa?

If the following events occur, what would be a logical reaction? Choose from the items in the box. Follow the model.

> MODELO   Papá me dice que la casa nueva tiene piscina.
> Me pongo contento(a).

1. Juan come algo en la calle que no está bueno.
2. Ellos no sabían que había examen.
3. Tomás saca "A" en todas las materias.
4. Miguel recibe una mala noticia.
5. Ahora comemos menos y hacemos ejercicio.
6. Una persona se lleva tu dinero.

nervioso   contento
triste
enfermo   furioso
delgado

A19 Actividad • Para mantenerse en forma

Rewrite the sentences that do not offer healthful advice.

1. Levántense siempre tarde.
2. Hagan ejercicio.
3. Duerman poco.
4. Acuéstense temprano.
5. No tomen agua.

6. Pésense frecuentemente.
7. No se preocupen demasiado.
8. No practiquen deportes.
9. Coman menos vegetales.
10. Descansen si están cansados.

Para un cuerpo sano...   **199**

¿Cuándo te pones contento(a)? Get together with a classmate and ask each other about situations that make you happy, sad, and so on. Use the verb **ponerse** in reflexive constructions and choose words from the box below to describe how you feel. Use masculine or feminine forms.

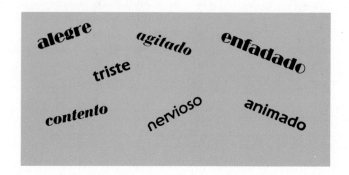

A 21 Actividad • ¿Cómo es? ¿Qué hace?

You are invited to spend a week at your friend's home. Since you haven't met every member of your friend's family, you would like to find out something about each one. Get together with a classmate and play both roles. Follow the cues.

MODELO los abuelos / mantenerse en forma   — ¿Qué hacen los abuelos?
                                              — Se mantienen en forma.

1. Luis y Carlos / levantarse temprano
2. Patricia / no preocuparse por nada
3. Oscar / irse a la playa los sábados
4. la tía Tula / acostarse muy tarde
5. el tío Julián / aburrirse siempre en el campo
6. Pablo / no cansarse nunca
7. Estela / divertirse con todo

A 22 Actividad • Mi amigo el médico

Your friend, who is a pre-med student, wants to know some useful phrases in Spanish. Come up with six phrases a doctor might find useful when talking to a patient. Include some command forms.

MODELO Abra la boca, por favor.

A 23 Actividad • ¡A escribir!

Compare what you do on a summer day with what you do on a school day. Use as many reflexive verbs as you can. Write at least six or eight sentences.

discussing food and nutrition . . . talking about health

Keeping yourself healthy requires a lot of care. There is an old proverb that says: **"Dime lo que comes y te diré quién eres."** *("You are what you eat.") It is a very truthful proverb since what you eat will reflect on how you feel.*

Un menú adecuado

¿Tienes una dieta balanceada? ¿Comes alimentos que son buenos para ti? Vamos a ver el régimen de Marisa. Ella quiere estar fuerte, pero quiere adelgazar cinco libras porque aumentó de peso un poco durante las vacaciones.

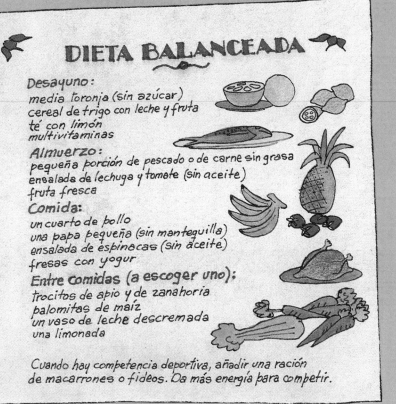

DIETA BALANCEADA

Desayuno:
media toronja (sin azúcar)
cereal de trigo con leche y fruta
té con limón
multivitaminas

Almuerzo:
pequeña porción de pescado o de carne sin grasa
ensalada de lechuga y tomate (sin aceite)
fruta fresca

Comida:
un cuarto de pollo
una papa pequeña (sin mantequilla)
ensalada de espinacas (sin aceite)
fresas con yogur

Entre comidas (a escoger uno):
trocitos de apio y de zanahoria
palomitas de maíz
un vaso de leche descremada
una limonada

Cuando hay competencia deportiva, añadir una ración de macarrones o fideos. Da más energía para competir.

Marisa ahora cuenta las calorías. No come mantequilla ni tampoco carne con grasa. Come con moderación y por supuesto, no come nada con azúcar. No quiere aumentar más de peso. Tiene que cuidarse. Marisa quiere mejorar su condición física y mantenerse en forma. Su médico le recomienda un buen régimen y ejercicio.

Actividad • Preguntas y respuestas

Use the information in B1 to answer the following questions.

1. ¿Crees que "eres lo que comes"? ¿Qué quiere decir eso?
2. ¿Cuáles son las tres cosas que Marisa decide no comer?
3. ¿Cuándo toma multivitaminas?
4. ¿Qué toma con las fresas en vez de crema de leche?
5. ¿Qué tipo de leche prefiere Marisa? ¿Por qué?
6. ¿Cuándo come trocitos de apio y de zanahoria?
7. ¿Por qué es bueno comer una ración de macarrones cuando hay competencia?

Actividad • ¡A completar!

Complete these statements with the information from B1.

1. Es importante tener una dieta _____ .
2. Marisa come media toronja sin _____ .
3. El postre de Marisa es _____ .
4. Medio pollo es más que un _____ de pollo.
5. Marisa come apio y _____ .
6. Marisa puede comer palomitas de maíz por la noche o _____ comidas.

Sabes que . . .

Muchos productos que hoy comemos todos los días no se conocían en Europa antes de la llegada de Colón a América. Por ejemplo, el maíz *(corn)* era y es el alimento principal en muchas regiones de América. Cuando Colón llegó a América, el maíz era desconocido en Europa.

El chocolate era una bebida muy popular entre los aztecas y los mayas. Era tan valioso *(valuable)* que lo usaban como moneda. De México, los españoles lo llevaron a España y pasó después a toda Europa.

Antes de la llegada de Colón, los indios de varias regiones comían maní o cacahuete *(peanuts)* y preparaban sus alimentos con ají o chile *(green pepper or hot pepper)* y tomate. Hoy día el chile es un ingrediente principal en muchos platos de la cocina internacional. El tomate es importante en la preparación de varias comidas, especialmente en la cocina italiana. Otro alimento indispensable para la alimentación en muchos países es la papa. Los españoles encontraron la papa en el Perú, y de allí pasó a Europa.

El chicle *(chewing gum),* producto de El Salvador y Guatemala, no es un alimento. Se obtiene de la savia *(sap)* de un árbol. Por razones misteriosas, millones de personas tienen fascinación con este producto. ¡Lo mastican *(chew)* a todas horas! No podríamos terminar sin mencionar esos sabrosos helados y batidos *(milk shakes)* con sabor a vainilla que se hacen con otro producto nativo de América: la vainilla.

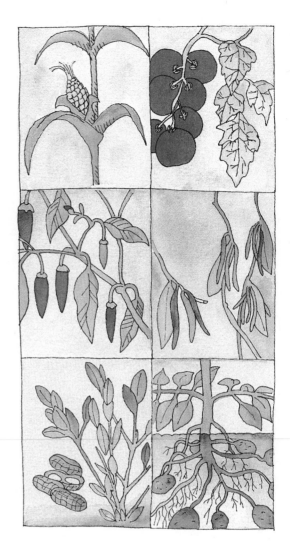

B 5   Comprensión

Listen to the following conversations. If the advice is logical, check **lógico** on your answer sheet. If it is not, check **ilógico.**

MODELO   —Ay, doctor, siempre estoy cansado y no hago nada.
—Pues haga ejercicio todos los días.

	0	1	2	3	4	5	6	7	8	9	10
Lógico	✔										
Ilógico											

B 6   Actividad • ¡A escribir!

Write a menu for someone who wants to gain weight. Include those names of foods you have already learned or those you research. Use magazine pictures or drawings of popular foods from Spanish America or Spain to illustrate your menu. Include at least seven main courses in the menu.

Esta semana la clase de español está medio vacía. Casi todo el mundo está enfermo. Bueno, todo el mundo no. La mayoría de mis amigos se enfermaron y nuestro profesor, el señor Orozco, se siente mal también.

Juan tiene catarro.

Pepe está en el hospital. Tiene un brazo roto.

Alicia tiene dolor de garganta.

El señor Orozco tiene dolor de cabeza.

Gloria tiene dolor de estómago y toma su medicina.

Cecilia tiene dolor en la rodilla.

Juan se enfermó hoy. Tiene un poco de fiebre. Pepe tuvo un accidente y tiene el brazo derecho roto. Alicia tiene gripe. Le duele la garganta. El señor Orozco no se siente bien. Tiene dolor de cabeza y va a tomar dos aspirinas. Gloria comió mucho. Tiene dolor de estómago y va a tomar su medicina. Cecilia también tuvo un accidente. Le duele la rodilla. . . .Y yo, ¿qué tengo? Pues, yo no tengo nada.

Actividad • ¿Sí o no?

Correct the following sentences according to the information in B7.

1. Pepe tiene catarro.
2. Alicia está en el hospital.
3. El señor Orozco tiene un poco de fiebre.
4. Cecilia tiene un brazo roto.
5. A mí me duele la garganta.

B9 SE DICE ASÍ

Asking and stating how one feels
Expressing sympathy

Me siento bien (mal).	I feel good (bad).
Me siento mejor.	I feel better.
Tengo dolor de ...	I have a pain ...
Me duele ...	My ... hurts.
Lo siento (mucho).	I am (very) sorry.
¿Cómo te sientes?	How do you feel?
¿Qué tienes?	What's wrong?
¡Qué lástima!	How awful!
¡Cuida tu salud!	Take care of your health!

B10 Actividad • ¡A escoger!

Choose the correct response from the box for each of the
following statements. You may use responses more than once.

1. Hoy no me siento bien.
2. Creo que me voy a enfermar.
3. Los niños están en el hospital.
4. Creo que tengo fiebre.
5. Luis tiene un brazo roto.
6. El Sr. Orozco tiene gripe.

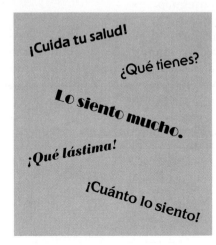

¡Cuida tu salud!

¿Qué tienes?

Lo siento mucho.

¡Qué lástima!

¡Cuánto lo siento!

ESTRUCTURAS ESENCIALES
Affirmative and negative expressions

The following chart shows the most commonly used affirmative and negative expressions. You already know most of them. The words in the *Negative* column are the opposite of those in the *Affirmative* column.

Affirmative		*Negative*	
algo	*something, anything*	**nada**	*nothing, not anything*
alguien	*someone, anyone*	**nadie**	*nobody, no one*
alguno(-a)		**ninguno(-a)**	
algún	*any, some*	**ningún**	*none, not any*
algunos(-as)			
siempre	*always*	**nunca**	*never*
también	*also, too*	**tampoco**	*neither, not either*
o . . . o	*either . . . or*	**ni . . . ni**	*neither . . . nor*

1. Place affirmative words and expressions either before or after the verb.

   Siempre como media toronja. }
   Como **siempre** media toronja. } *I always eat half a grapefruit.*

   ¿Alguien desayunó? }
   ¿Desayunó **alguien?** } *Did anyone have breakfast?*

2. Sentences using a negative word can occur in two forms.
   a. The negative word appears before the verb.

Hoy **tampoco** me levanté tarde.	*Today I didn't get up late either.*
Nunca servimos postre.	*We never serve dessert.*
Nadie descansó.	*No one rested.*

   b. The negative expression appears after the verb. Add **no** before the verb.

Hoy **no** me levanté tarde **tampoco**.	*Today I didn't get up late either.*
No servimos postre **nunca**.	*We never serve dessert.*
No descansó **nadie**.	*No one rested.*

   ATENCIÓN: Notice that Spanish often uses double negatives.

No compramos **nada**.	*We don't buy anything.*
No tengo **ninguno**.	*I don't have any.*

3. **Alguno** and **ninguno** drop the **-o** and add an accent before a masculine singular noun: **algún, ningún**. The feminine forms are **alguna** and **ninguna**. **Alguno(-a)** has plural forms, but **ninguno(-a)** is only used in the singular.

¿Tienes **alguna** medicina para la gripe?	*Do you have any medicine for the flu?*
No tengo **ningún** dolor, ni fiebre tampoco.	*I don't have any pain or fever either.*

4. Answering a question with a negative expression will sometimes require a triple negative in the answer.

¿Quieres comer **algo?**	*Do you want to eat something?*
No, no quiero comer **nada**.	*No, I don't want to eat anything.*

¿Qué prefieres, limonada o jugo?	*What do you prefer, lemonade or juice?*
Gracias, **no** quiero **ni** limonada **ni** jugo.	*Thank you, I want neither lemonade nor juice.*

B12   Actividad • Por teléfono

Susana and Carmencita are talking on the phone. Complete their conversation with the words **alguien** or **nadie,** whichever is appropriate.

—Hola, Susana. ¿Hay _____ en tu casa?

—No, Carmencita. No hay _____ .

—¿No hay _____ en la casa?

—Sí, hay _____ . ¡Estoy yo!

—Ay . . . Oye, ¿sabes si van a cambiar la fecha de la competencia?

—No, yo no sé tampoco. _____ me dijo que iban a cambiarla,
   pero creo que _____ sabe nada todavía.

—Debes llamar a _____ . Tere va a competir.

—Ahora no puedo llamar a _____ más. Me voy a la
   piscina a practicar porque a esta hora no hay _____ .

B13   Actividad • ¡Te digo que no!

Your friend Esteban is in a bad mood today and says *no* to everything. Get together with a classmate and ask each other the following questions according to the model.

MODELO   escribir algo   — ¿Escribes algo, Esteban?
                          — ¡No, no escribo nada!

1. tener alguna foto para el periódico
2. invitar a alguien para mañana
3. tener alguna competencia pronto
4. querer algo de la cafetería

5. querer oír algún disco
6. estar enfadado con alguien
7. doler algo
8. tomar alguna vitamina

B14   Actividad • En la cocina

Today your friend is sick and alone. You offer some help and ask a few questions. Change the questions, using the words in parentheses. Follow the model.

MODELO   ¿Tomaste alguna merienda? (desayuno)
          ¿Tomaste algún desayuno?

1. ¿Quieres algunas frutas? (sandwich)
2. ¿Hay alguna carne en el refrigerador? (huevos)
3. ¿Tienes algunas papas? (queso)
4. ¿Quieres algunos trocitos de zanahoria? (apio)
5. ¿Prefieres alguna sopa? (yogur)
6. ¿Tienes que tomar alguna medicina? (jugo o té)
7. ¿Necesitas alguna revista? (música)

Actividad • ¿Tienes alguna pregunta?

Respond to each question by choosing the appropriate answer from the box.

1. ¿Compraste algunas papas?
2. ¿Viste a alguien en el mercado?
3. ¿Tienes algo de comer?
4. ¿Tienes fresas para el postre?
5. ¿Y yogur?
6. ¿Hay alguien en la cocina?
7. ¿Está alguien cocinando?
8. ¿Comes macarrones a menudo?

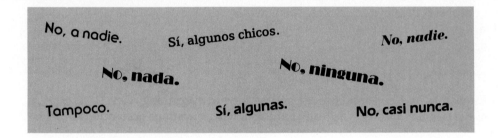

No, a nadie.   Sí, algunos chicos.   No, nadie.

No, nada.   No, ninguna.

Tampoco.   Sí, algunas.   No, casi nunca.

B16 Actividad • ¡Qué difícil es decidir!

Fernando cannot make up his mind. This irritates his older brother who shares his room. With the help of a classmate, play both roles. Follow the model.

MODELO   bañarse, vestirse / lavarse la cara
— ¡O te bañas o te vistes!
— Ni me baño ni me visto. Me lavo la cara.

1. irse hoy, irse mañana / irse el martes
2. arreglar el cuarto, limpiar el baño / poner la mesa
3. ponerse los zapatos, ponerse las botas / ponerse los tenis
4. acostarse, levantarse / dormirse otra vez
5. pesarse, cepillarse los dientes / lavarse la cabeza
6. entrar, salir / quedarse aquí

B17 Actividad • ¡A escribir!

It was reported that five students in your class were sick today. Name each one and explain what illness they had. Hint: **Adolfo no vino a clase porque tenía gripe.**

B18 Actividad • ¡La mejor dieta del mundo!

Your brother works for a Spanish agency that writes commercials for television. He wants your ideas for an ad about a new health diet. Give him at least five suggestions.

Sabes que . . .

La piña crece muy bien en Hawaii, pero es una fruta americana. Los españoles la llevaron a España y de ahí pasó al resto del mundo.

La papaya es una fruta tropical maravillosa. Se originó en la América Central y de ahí pasó a otras regiones. Cientos de años antes de Colón ya la cultivaban en Perú. Es una fruta muy fresca y rica en vitaminas. Tiene cualidades medicinales extraordinarias.

El aguacate (*avocado*) gana popularidad todos los días y la guayaba (*guava*) también. Antes de llegar los españoles, los aztecas cultivaban estas dos frutas y muchas otras que todavía no son populares en los Estados Unidos.

Entre las más populares frutas tropicales están el plátano (*banana*) y el mango. No son nativas de América. El plátano se originó en la India y el mango en el Asia. Los españoles trajeron (*brought*) el plátano a la América en el siglo XVI y el mango en el XVIII.

B 20 **ESTRUCTURAS ESENCIALES**
The preterit tense of querer *and* poner

The preterit forms of **querer** and **poner** are irregular.

querer	to want	poner	to put
quise	quisimos	puse	pusimos
quisiste	quisisteis	pusiste	pusisteis
quiso	quisieron	puso	pusieron

Anita no **quiso** comprar la piña.
Anita did not want to buy the pineapple.

Puse las papas y los macarrones en la cocina.
I put the potatoes and the macaroni in the kitchen.

B 21 Actividad • ¿Querer o poner?

Fill in the blanks with the correct form of **querer** or **poner** as needed.

—¿Supiste dónde _____ la moto tus amigos?
—No, no supe dónde la _____ .
—¿Y dónde la _____ poner tu hermano?
—Él la _____ enfrente de la casa.
—¿Por qué no _____ la tuya enfrente de la casa?
—Porque no _____ .

Actividad • Antes y después

Manolito did not take good care of himself, but now he does. Help describe the situation by completing the sentences.

ANTES	DESPUÉS
1. Siempre se enfermaba.	Ahora no se _____ nunca.
2. Se acostaba muy tarde.	Ahora se _____ mucho más temprano.
3. No dormía bien.	Ahora _____ toda la noche.
4. Se despertaba cansado.	Siempre se _____ contento y con energía.
5. Y se volvía a acostar.	Ahora no _____ a acostarse.
6. Nunca se vestía rápido.	Ahora se _____ en diez minutos.
7. Se dormía a veces en la clase.	No se _____ nunca en clase.
8. Siempre tenía catarro.	No _____ catarro nunca.
9. Nunca se divertía.	Ahora se _____ mucho más.
10. No se sentía bien.	Ahora se _____ lleno de energía.

B 23 Actividad • Charla

With a classmate, talk about at least four health habits you both would like to improve. Take turns.

> MODELO: Me acostaba muy tarde antes, pero entonces estaba muy cansado por la mañana. Ahora me voy a acostar temprano todos los días . . .

B 24 ¿RECUERDAS?
The verb gustar

1. As you recall, **gustar** is used only in the third person singular and plural: **gusta/gustan.**

   A mí me **gusta** mucho ir al centro comercial.   *I like to go to the mall.*
   A Elena le **gustan** los vegetales.   *Elena likes vegetables.*
2. The verb agrees with the subject of the sentence. The subject is often found at the end of the sentence.

   Me **gustan los vegetales.**   *I like vegetables.*
   No me **gusta el yogur.**   *I don't like yogurt.*
3. The verbs **doler** (*to hurt; to ache*), **encantar** (*to love*), and **importar** (*to matter*) follow the same pattern as the verb **gustar.**

   Me **encantan** las zanahorias.   *I love carrots.*
   A Rita le **duele** la cabeza.   *Rita has a headache.*
   Me **importa** mucho comer bien.   *It's important to me to eat well.*

B 25 Actividad • No me importa

Complete the following paragraph with the correct forms of **gustar, doler, encantar,** and **importar.**

Me _____ mucho sacar buenas notas. En otras palabras, no me _____ sacar malas notas. A casi todos mis amigos les _____ sacar buenas notas, pero a algunos no les _____ estudiar. A todos nos _____ pasear o ir al centro comercial. Nos _____ los helados también. Nos _____ los refrescos, especialmente cuando vamos a la playa. Hoy todos fueron menos yo. Me quedé en casa porque me _____ la cabeza.

discussing personal care and grooming . . . paying compliments

Personal care and grooming are very important in Hispanic America. People are not as casual about how they dress. Young men often wear a coat and tie, and young women take a great deal of interest in their personal appearance.

C1 Los chicos se preparan para el baile 📼

Esta noche es la fiesta de Trini. Son ya las cinco de la tarde y todos los chicos se preparan para salir. Hay prisa, emoción y alegría en el aire. Raquel se prueba un vestido amarillo. Se mira en el espejo. Le pregunta a su mamá cómo le queda. No está contenta. Se quita el vestido. ¿Quizás el azul? Se lo pone. Se vuelve a mirar en el espejo. ¡Ahora sí! Sólo falta hacer algo. Se ríe contenta y corre hasta la sala. Raquel le enseña el vestido a su mamá, le trae una tijera y le pregunta una cosa. Tiene el pelo un poco largo sobre los ojos. La mamá le dice que no está tan largo, pero, si quiere, se lo puede cortar. Raquel toma la tijera y se corta el pelo un poco. ¡Ahora todo está perfecto!

Susana se pinta los ojos y luego se pinta las uñas.

Mientras tanto, ¿qué hacen los otros chicos?

Trini se pone la base y luego se pinta los labios.

Amalia se peina.

El hermano de Trini se limpia los dientes y luego se afeita.

Para un cuerpo sano . . . 211

C2 Actividad • ¿Qué pasó primero?

Use the information in C1 to number the following events in the correct order.

_____ Raquel se quita el vestido.
_____ Se mira en el espejo.
_____ Ahora todo está perfecto.
_____ Se corta un poco el pelo.
_____ Raquel se prueba un vestido.
_____ Corre hasta la sala.
_____ Se pone el vestido azul.
_____ Le pregunta a su mamá cómo le queda.

 C3 Actividad • Preguntas y respuestas

Answer each question about the situation in C1.

1. ¿Qué se prueba Raquel?
2. ¿Qué le pregunta ella a su mamá?
3. ¿Qué vestido se pone entonces?
4. ¿Y qué hace después?
5. ¿Por qué corre hasta la sala?
6. ¿Quién se ríe?
7. ¿Cómo tiene el pelo Raquel?
8. ¿Qué hacen Trini y su hermano?
9. ¿Qué hace Susana?

C4 Actividad • Charla

The two young people in the illustration are getting ready for a party. Describe what they may be doing. Use at least five sentences in your descriptions.

ESTRUCTURAS ESENCIALES
Verbs used with reflexive pronouns

1. Verbs that express personal care and grooming are used with a reflexive pronoun when the same person performs and receives the action of the verb. Similar constructions are used in English, but in English the reflexive pronoun is often omitted.

peinarse	Roberto se peina.	*Roberto combs his hair.*
afeitarse	Julián se afeita.	*Julián shaves (himself).*
lavarse	Elena se lava las manos.	*Elena washes her hands.*

2. Many Spanish verbs that express feelings, emotions, and memories are used with reflexive pronouns.

alegrarse	*to become happy*		**acordarse**	*to remember*
enfadarse			**sentirse**	*to feel*
enojarse	*to get angry*		**olvidarse**	*to forget*
enamorarse	*to fall in love*		**enfermarse**	*to get sick*
divertirse	*to have a good time*			

No **me acuerdo** dónde vive Roberto.	*I don't remember where Roberto lives.*
Se divirtieron mucho en la fiesta de Elenita.	*They had a good time at Elenita's party.*
Él **se enamoró** de Susana el verano pasado.	*He fell in love with Susana last summer.*

Notice that these Spanish verbs do not correspond to English reflexive verbs. They are often equivalent to *to get* or *to become*.

3. Some Spanish verbs change their meaning when they are used with reflexive pronouns.

Used with reflexive pronouns		*Used without reflexive pronouns*	
acostarse	*to go to bed*	**acostar**	*to put to bed*
dormirse	*to fall asleep*	**dormir**	*to sleep*
irse	*to leave, to go away*	**ir**	*to go*
ponerse	*to put on*	**poner**	*to put, to place*
llamarse	*to be called*	**llamar**	*to call*

Ella **se llama** María.	*Her name is María.*
Ella **llamó** a Carolina.	*She called Carolina.*
Tomás **se acostó** tarde anoche.	*Tomás went to bed late last night.*
Tomás **acostó** a su hermanito.	*Tomás put his little brother to bed.*

Actividad • ¿Quién hace qué?

Make two logical sentences with each of the words below. Only one of the sentences should be a reflexive construction. Follow the model.

MODELO   probar(se)   Ana se prueba el vestido.
                              Ana prueba la sopa.

1. dormir(se)   3. servir(se)   5. poner(se)
2. mirar(se)   4. preparar(se)   6. lavar(se)

LÁPIZ LABIAL

LÁPIZ PARA LOS OJOS

POLVO

COLORETE

MAQUILLAJE, BASE

PEINE

SECADORA

CEPILLO PARA EL PELO

ESMALTE

LENTES DE CONTACTO DE COLORES

CHAMPÚ Y ENJUAGUE

PASTA DE DIENTES

CEPILLO DE DIENTES

ESPEJO

TIJERA

ENJUAGUE PARA LA BOCA

CREMA Y LOCIÓN PARA LA PIEL

LIMA DE UÑAS

TALCO

CUCHILLAS

PERFUME

JABÓN

JABÓN O CREMA DE AFEITAR

MÁQUINA DE AFEITAR ELÉCTRICA

MAQUINILLA DE AFEITAR

LOCIÓN DE AFEITAR

DESODORANTE

BOTELLA DE AGUA DE COLONIA

C8 Actividad • Uno no es del grupo

Which object does not belong in each group?

1. pasta de dientes   polvo   enjuague   cepillo de dientes
2. agua de colonia   loción   espejo   perfume
3. crema de afeitar   jabón   lima   champú
4. cuchilla   tijera   cepillo   maquinilla de afeitar
5. secadora   cremas   peine   champú
6. esmalte de uñas   desodorante colorete   lápiz labial

C9 Actividad • Dígame dónde

Say for what part of the body you use the following products.

> MODELO   lápiz labial
> Uso el lápiz labial en los labios.

1. lentes de contacto   4. crema de afeitar
2. cepillo   5. perfume
3. maquillaje   6. enjuague

C10 Actividad • ¿Y tú?

Get together with a classmate and ask each other when you do the following things.

> MODELO   ponerse   ¿Cuándo te pones polvo?
> Me pongo polvo antes de salir.

1. secarse el pelo   6. pintarse los labios
2. pintarse las uñas   7. ponerse perfume o colonia
3. afeitarse   8. mirarse en el espejo
4. ponerse maquillaje   9. cepillarse el pelo
5. limpiarse las uñas con cepillo   10. cortarse las uñas

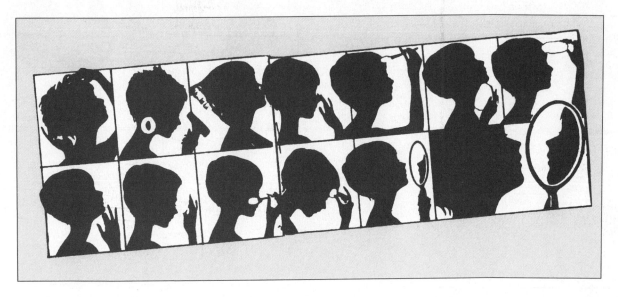

SE DICE ASÍ
Discussing unplanned events

¿Me prestas tu espejo?	Will you lend me your mirror?
No puedo. El espejo se rompió.	I can't. The mirror broke.
Luis, ¿dónde está el reloj que compré?	Luis, where is the watch that I bought?
Ay, se perdió ayer.	Oh, it got lost yesterday.
Antonio, ¿qué pasó?	Antonio, what happened?
Nada, la taza se cayó.	Nothing, the cup fell down.

Unplanned or involuntary events can be expressed by: **se** + a verb in the preterit. The verb will be in the third person singular if the subject is singular, and in the third person plural if the subject is plural.

SITUACIÓN • Preparándose para la fiesta

Pilar y Alicia conversan frente al espejo. Se arreglan el pelo, se maquillan un poco y esperan a Fernando que va a llevarlas a una fiesta.

PILAR   Oye, ¿me prestas la lima de uñas?

ALICIA   Sí, como no, pero está un poco vieja. No está muy buena. Aquí está la tijerita también.

PILAR   Gracias. Me gusta mucho el color de tu lápiz labial. Te queda muy bien.

ALICIA   Y a mí me gusta tu perfume. ¿Cómo se llama?

PILAR   "Imaginación." Me lo regaló Fernando.

ALICIA   ¿El hermano de Cristina? No sabía que él se preocupaba de esas cosas.

PILAR   Estuvo en mi fiesta de cumpleaños . . .

ALICIA   Ay, no veo nada con tan poca luz. ¿Tienes un espejito? El mío se perdió.

PILAR   Ay, no. El mío se rompió esta mañana. ¡Ahora voy a tener siete años de mala suerte!

ALICIA   ¡Huy! Ésos son muchos años. Tú no crees en eso, ¿verdad?

Actividad • ¿Es cierto o no?

Change the sentences to make them agree with C12.

1. Pilar y Alicia están en la cocina.
2. Van a ir a una fiesta con Fernando.
3. La lima es nueva.

4. El perfume se llama Fantasía.
5. Fernando es el primo de Cristina.
6. El espejito de Alicia se rompió.

C14 Actividad • Mientras tanto, ¿qué hacen los otros chicos?

Look at each illustration and describe what the people are doing.

1.

2.

3.

4.

5.

6.

7.

8.

Actividad • ¿Qué necesitas?

Say what these people need in order to do the following things.

MODELO   mirarse / tú   Para mirarte, necesitas un espejo.

1. limpiarse las uñas / nosotros
2. secarse el pelo / tú
3. cambiarse el color de los ojos / ella
4. peinarse / él
5. afeitarse / ellos

6. bañarse / yo
7. maquillarse / ustedes
8. cepillarse los dientes / tú y yo
9. cortarse el pelo / él

C16   Actividad • ¡A escribir!

You have been invited to a friend's home for a week. Make a list of the toiletries you need to take along.

C17   SE DICE ASÍ
Paying compliments

Spanish	English
¡Qué linda estás hoy!	You look so cute today!
¡Qué vestido más elegante!	What an elegant dress!
¡Qué bien bailas!	You're such a good dancer!
¡Qué simpática eres!	You're so nice!
¡Qué guapo estás!	You look so handsome!
¡Estás a la última moda!	You look so fashionable!
¡Qué bien te queda!	That looks great on you!
¡Cuánto me alegro!	I'm so glad!
¡Qué alegría verte!	It's great to see you!
¡Qué bien luces!	You look great!

C18   Comprensión

Marilú and Rogelio are preparing for a party. You will hear a statement about a problem followed by three possible solutions. Choose the best solution and check the appropriate space on your answer sheet.

MODELO   Acabo de lavarme la cabeza.
a. Busco el perfume.
b. ¿Tienes el jabón?
c. Necesito la secadora.

	0	1	2	3	4	5	6	7	8	9	10
a.											
b.											
c.	✔										

ESTRUCTURAS ESENCIALES
The present indicative tense of traer *and* oír

traer	*to bring*
traigo	traemos
traes	traéis
trae	traen

oír	*to hear*
oigo	oímos
oyes	oís
oye	oyen

1. You have already learned that several verbs, like **traer,** add a **g** in the first person singular of the present indicative—for example, **tener: tengo; hacer: hago; venir: vengo; caer: caigo.** All other forms of the present indicative tense of these verbs are regular.

   Yo les **traigo** el perfume.   *I bring you the perfume.*
   Rosita **se cae** en la nieve.   *Rosita falls in the snow.*

2. The verb **oír** is irregular.

   ¿**Oyes** la música?   *Do you hear the music?*
   No, no **oigo** nada.   *No, I can't hear anything.*

Actividad • ¿Cierto o falso?

Some statements are true, and others are not. Correct the false statements.

1. Si la botella de perfume se cae, se rompe.
2. Primero viene el enjuague y después el champú.
3. Tengo las lentes de contacto amarillas.
4. Cuando vengo a la playa, traigo cremas para la piel.
5. Pongo la cuchilla en la crema de afeitar.
6. Le traigo la pasta de dientes para bañarse.

Actividad • ¿Qué oyes?

After the picnic, your friends sit on the grass to rest. Many of them have radios. What are they listening to?

   MODELO: el señor Díaz / noticias   El señor Díaz oye las noticias.

1. Paco y Luis / música mexicana
2. Yo / entrevista con un atleta
3. Adolfina / concierto de guitarra
4. Nosotros / juego de fútbol
5. Ustedes / el noticiero
6. Tú / música popular

Actividad • ¡A escribir!

Make a list of ten things you do to prepare for a party. Include grooming and makeup.

Actividad • Una dieta balanceada

There is a health fair at school. Your friends want to organize a picnic. Get together with a classmate and ask what people are bringing. Take turns answering, and add some details of your own.

MODELO — ¿Quién trae la fruta fresca? Mariana
— Mariana trae naranjas, fresas y melocotones.

Mariana

1. yo

2. Felipe

3. Cecilia

4. Rafael y María

5. nosotros

6. tú

1 Tu cuerpo

Discuss with a classmate the ways in which both of you take care of your health. What time do you go to bed and wake up? Do you exercise, jog, or practice a sport frequently? How often do you brush your teeth and your hair? What do you eat or avoid eating? When do you weigh yourself?

2 Actividad • Cuando suena el despertador

Write a list of six things you do in the morning to get ready for school. Write them in the order you do them.

3 Actividad • ¿Me pongo contento o furioso?

Tell a classmate what makes you happy and what makes you angry. Take turns.

4   Actividad • En el mercado

When you go shopping, what do you and the members of your family buy that is nutritious?

5   Actividad • ¿Quién está enfermo?

Explain to a classmate five common excuses the members of your team give when they are absent.

6   Actividad • ¡Vamos a la tienda!

There are many products in the store, but what you are looking for is always in another department. For each numbered entry, find two articles that are usually found on the same shelf.

1. cuchillas   colorete   secadora   maquinilla de afeitar
2. polvo   talco   desodorante   cepillo
3. esmalte de uñas   peine   enjuague   lápiz labial
4. agua de colonia   perfume   pasta de dientes   champú
5. maquinilla   jabón   base   maquillaje
6. tijerita   crema de afeitar   espejo   lima

7   Dictado

Copy the following paragraph to prepare yourself for dictation.

El ____ a las ocho. Me bañé y ____ . Me miré en el espejo y ____ dos veces. Me vestí y me puse ____ . Llamé a Rafa por teléfono. ____ que tenía ____ , pero que iba a ir ____ . Miré el reloj. Eran las ____ . Era tarde. Salí ____ .

PRONUNCIACIÓN 📼

Letters *ll* and *y*

1. In Spanish, **ll** is a letter by itself. The letter **ll** in Spanish has a sound similar to the English *y* in the word *yet*. Read and repeat the following words.

    sello   amarillo   toalla   cuello   rodilla   cepillar

2. The letter **y** is also pronounced like *y* in *yet* when used before a vowel. Read and repeat the following words and sentences.

    yo   playa   desayunar   ayudar   ayer   oye   ya   tuyo

    El auto amarillo iba por la calle.
    Oye, la toalla que tienes en el cuello no es tuya.
    Ayúdame a cepillar el caballo.
    Yo desayuno con Yeyo y Yara.

Letters p and t

1. The Spanish **p** is produced by bringing the lips together in a similar way you do to produce the English *p* sound, but without the puff of air that usually accompanies the English *p*.

    Pepe   popular   poco   peso
    peces   peor   pronto   posible

2. The Spanish *t* is pronounced by placing the tongue against the upper teeth. Again, there is no puff of air as in the English *t*.

    todo   tonto   ratón   tormenta
    tanto   tomar   tuyo   artículo

3. Compare these sounds:

    Pepe — *pep*   té — *tea*   tú — *two*   come — *come*

    Pepe es poco popular.
    ¡Tantos tontos toman té!
    Come un taco con pocas calorías.

Actividad • Práctica de pronunciación

Listen to the following sentences and repeat.

   Juanillo tiene las rodillas y los tobillos sucios.
   Ayer yo desayuné con Yolanda en la playa.
   Ponga el pie en el zapato para ver si es su talla.
   Toma la toronja entera, que te quité esta tarde.
   Cuarenta calorías para comenzar no es mucho, ¿verdad?

¿LO SABES?

Let's review some important points you've learned in this unit.

Can you talk about your daily routine?
Say what you do to get ready for school every day, using reflexive constructions.

Do you know how to use the verbs *comprar, dormir, poner,* **and** *caer* **in reflexive constructions?**

Are you able to discuss how you keep in shape?
Say what you and three relatives or friends do to keep in shape.

Can you name most of the parts of the body?
Use them in sentences and use the articles correctly.

Can you talk about your emotions?
Say what makes you angry, happy, sick, and worried.

Can you talk about food and nutrition?
Discuss a balanced menu, things you should eat or should avoid in order to be healthy, and a diet to gain weight and another to lose weight.

Are you able to talk about your aches and pains when you are not feeling well?
Tell a classmate about your latest illnesses.

Can you ask about other people's health, express concern, and wish them well?
Ask four classmates how they feel. After they respond, express concern and wish them well.

Do you know how to use double negatives correctly?
Write five sentences with **nada, nadie, ningún, ninguna,** and **tampoco.**

Can you ask questions with *algo, alguien, algún,* **and** *algunas?*

Can you talk about personal care and grooming?
Make a list of five things you do when going to a party or a special date and five things you do every day before going to school.

When you receive an invitation, how can you decline courteously?
Explain why you cannot accept three invitations.

Can you talk about cosmetics and toiletries?
Mention ten beauty and grooming aids you use regularly.

Do you know how to pay compliments?
Think of five compliments you could give your date at the dance.

VOCABULARIO

SECTION A

aburrirse *to get bored*
acostar(se) (ue) *to lie down; to go to bed*
bañar(se) *to bathe (oneself)*
el **bigote** *moustache*
la **boca** *mouth*
el **brazo** *arm*
cansarse *to get tired*
la **cara** *face*
cepillar(se) *to brush*
la **cintura** *waist*
cortar(se) *to cut (oneself)*
el **cuello** *neck*
el **cuerpo** *body*
débil *weak*
el **dedo de la mano** *finger*
el **dedo del pie** *toe*
el **despertador** *alarm clock*
despertar(se) (ie) *to wake up*
los **dientes** *teeth*
divertirse (ie) *to have fun*
dormir (ue) *to fall asleep*
la **energía** *energy*
la **espalda** *back (of the body)*
la **estrella de cine** *movie star*
la **frente** *forehead*
el **gimnasio** *gym*
la **gripe** *flu*
el **hombro** *shoulder*
los **labios** *lips*
levantarse *to get up*
la **lucha libre** *wrestling*
la **manera** *way; manner*
mantenerse *to keep in shape*
mejorar *to improve*
la **muñeca** *wrist*
la **nariz** *nose*
el **ojo** *eye*
la **oreja** *ear*
el **pelo** *hair*
pesar(se) *to weigh (oneself)*
el **pie** *foot*
la **pierna** *leg*
ponerse *to put on; to wear*
ponerse furioso, -a *to get furious*
ponerse triste *to get sad*
preferir (ie) *to prefer*
preocupar(se) *to worry*
la **rodilla** *knee*
sano, -a *healthy*
sentirse (ie) *to feel*
el **tobillo** *ankle*
la **uña** *nail*
vestir (i) *to dress*
vestirse (i) *to get dressed*

SECTION B

el **accidente** *accident*
adecuado, -a *adequate*
adelgazar *to become thin; to lose weight*
alguien *someone*
algún (*m.*) *any; some*
el **alimento** *food*
el **apio** *celery*
la **aspirina** *aspirin*
aumentar de peso *to gain weight*
la **caloría** *calorie*
carne sin grasa *lean meat*
el **catarro** *head cold*
competir (i) *to compete*
¡cuánto me alegro! *I am so happy!*
¡cuida tu salud! *take care of your health!*
la **dieta balanceada** *balanced diet*
doler (ue) *to hurt; to ache*
el **dolor de garganta** *sore throat*
el **dolor de estómago** *stomach ache*
enfermar(se) *to become ill*
las **espinacas** *spinach*
el **estómago** *stomach*
los **fideos** *noodles*
la **fiebre** *fever*
fresco, a *fresh*
la **garganta** *throat*
la **grasa** *fat*
la **leche descremada** *skim milk*
la **libra** *pound*
la **limonada** *lemonade*
los **macarrones** *macaroni*
el **médico** *doctor*
medio, -a *one half*
la **moderación** *moderation*
la **multivitamina** *multivitamin*
ninguno, -a *none*
o . . . o *either . . . or*
las **palomitas de maíz** *popcorn*
la **porción** *portion*
¿qué tienes? *what's wrong with you?*
quitarse *to take off*
la **ración** *portion*
recomendar (ie) *to recommend*
el **régimen** *diet plan*
roto, -a *broken*
la **salud** *health*
sentir(se) (ie) bien *to feel good*
sentir(se) (ie) mal *to feel bad*
tampoco *neither*
la **toronja** *grapefruit*
el **trigo** *wheat*

vacío, -a *empty*
el **yogur** *yogurt*
la **zanahoria** *carrot*

SECTION C

acordarse (ue) *to remember*
afeitar(se) *to shave*
el **agua de colonia** *cologne*
alegrarse *to get happy*
los **artículos de tocador** *toiletries*
la **base** *foundation (makeup)*
la **botella** *bottle*
el **cepillo** *brush*
el **colorete** *rouge; blush*
la **crema de afeitar** *shaving cream*
la **cuchilla** *razor blade*
el **champú** *shampoo*
el **desodorante** *deodorant*
enamorarse *to fall in love*
el **enjuague** *hair rinse*
el **enjuague para la boca** *mouthwash*
enfadarse *to get angry*
enojarse *to get angry*
el **esmalte de uñas** *nail polish*
el **espejo** *mirror*
el **jabón** *soap*
el **lápiz labial** *lipstick*
el **lápiz para los ojos** *eyeliner*
lavar(se) la cabeza *to wash one's hair*
la **lente de contacto** *contact lens*
la **lima de uñas** *nail file*
la **loción** *lotion*
el **maquillaje** *makeup*
maquillar(se) *to apply makeup*
la **maquinilla de afeitar** *razor*
oír *to hear*
olvidarse *to forget*
la **pasta de dientes** *toothpaste*
peinar(se) *to comb (one's hair)*
el **peine** *comb*
perder (ie) *to lose*
se perdió *it got lost*
el **perfume** *perfume*
pintar(se) *to apply makeup*
el **polvo** *powder*
preocupado, -a *worried*
preparar(se) *to get ready*
prestar(se) *to loan*
reír(se) *to laugh*
¡qué bien luces! *you look great!*
quizás *maybe; perhaps*
romper(se) *to break*
la **secadora** *hair dryer*
la **suerte** *luck*
el **talco** *dusting powder; talcum powder*
la **tijera** *scissors*

VAMOS A LEER

Antes de leer

1. You can often understand unknown words by identifying their endings and recognizing their similarities. Can you guess the meanings of the following words by using this strategy?

   exploradores   conquistadores   trabajadores

2. Many words that refer to science and technology are cognates. Can you find two of them in the reading selection?

Preparación para la lectura

Answer the following questions before reading.

1. ¿Cuántas clases de papas conoces?
2. En muchas competencias de lucha libre, la dieta la noche anterior es una papa cocida. ¿Sabes si esa dieta es para aumentar de peso?
3. ¿Sabes de dónde llegaron a Europa el maíz, el aguacate, los frijoles, los tomates, el chocolate, la vainilla y la piña?
4. Mira rápidamente la Lectura. Busca cinco palabras que no conoces, pero que puedes comprender porque tienen cognados en inglés.
5. Si **congelar** quiere decir *to freeze*, ¿sabes qué quiere decir **descongelar**?
6. ¿Puedes buscar rápidamente en la Lectura los nombres en español de dos países europeos?
7. ¿Cuál crees que es el tema principal de esta Lectura?
   a. Los viajes de Cristóbal Colón
   b. La historia de la papa
   c. La papa es un alimento barato y nutritivo

¿TE GUSTAN LAS PAPAS FRITAS?

Cristóbal Colón nunca comió papas fritas. ¿Sabes por qué? Porque no había papas en esa época. Es decir, no había papas en Europa. No se conocían. Sólo había papas en la región de los Andes, en el Imperio Inca. Pero Colón nunca llegó hasta los Andes. Otros exploradores y conquistadores llegaron a esas montañas más tarde. Había allí una civilización sorprendente. El tesoro° más importante que los españoles encontraron no fue el oro ni la plata. Fue la humilde° papa.

Los incas tenían muchas variedades de papas. Primero, eran muy chiquitas°. Se cree que los indios ya cultivaban la papa por lo menos 750 años antes de Cristo. Seguramente tú piensas que las papas deshidratadas° son un invento de la tecnología moderna. Pues bien, parece que no.

Los incas tenían un sistema muy ingenioso. Dejaban las papas fuera de° la casa toda la noche para congelarlas°. A la mañana siguiente, con el calor del sol, las papas se descongelaban. Entonces, los incas, con los dedos de la mano, les extraían el agua (a veces también lo hacían con los pies, como se hace con las uvas para hacer vino). Despues molían° las papas y las convertían en harina.° De esta manera tenían comida todo el año.

---

tesoro *treasure*   **humilde** *humble*   **chiquitas** *very small*   **papas deshidratadas** *instant (dehydrated) potatoes*   **fuera de** *outside*   **congelarlas** *to freeze them*   **molían** *used to grind*   **harina** *flour*

La papa también se llama **patata.** Papa es el nombre en quechua, que es el idioma de los incas. Cuando Cristóbal Colón llegó a la América, descubrió en las islas° del Caribe una papa dulce° que los españoles llamaron **batata.** Ésta se hizo° popular. Cuando llegó la papa a Europa, por unos años había confusión y la llamaron **patata.** Sin embargo en la América todavía se usa el nombre de papa que le dieron los incas.

Sir Walter Raleigh llevó la papa a Irlanda para combatir el hambre. Una de las muchas leyendas de la papa cuenta que cuando él le llevó unas papas a la reina Isabel de Inglaterra°, ella dijo que eran horribles . . . Como eran algo nuevo que nadie conocía, ¡la reina comió las hojas° de la planta, no las papas!

La papa no se hizo popular. En Escocia° se dijo que era un alimento diabólico° porque la Biblia no la menciona. Otros países, como Francia, la consideraron venenosa°.

En 1750, el rey Federico el Grande ordenó el cultivo de la papa en su reino°. Tuvo que salir al balcón° de su palacio comiendo papas para convencer al pueblo° de que no eran malas para la salud. Algo similar ocurrió cien años después en Inglaterra con el tomate, otro producto del Nuevo Mundo.

La ciencia entonces tuvo que salir en defensa de° la papa. Un biólogo francés, llamado Parmentier, hizo un análisis químico y demostró° que la papa era rica en nutrición. Como era fácil de cultivar, podía ayudar a combatir el hambre en Europa. El biólogo francés no inventó las papas fritas. En realidad dicen que las papas fritas no son francesas sino belgas°. Pero allí no se comen con salsa de tomate. ¿Sabes con qué se comen? ¡Con mayonesa!

Papas Fritas

islas *islands*	dulce *sweet*	se hizo *became*	Inglaterra *England*
hojas *leaves*	Escocia *Scotland*	diabólico *diabolic*	
venenosa *poisonous*	reino *kingdom*	balcón *balcony*	
al pueblo *people*	salir en defensa de *to go out in the defense of*		
demostró *demonstrated*	belgas *from Belgium*		

Así es que la humilde papa de los incas tuvo la oportunidad de cambiar para muchos el curso de la historia. La revolución industrial creó° muchas ciudades con grandes masas de trabajadores. La papa resolvió el problema de alimentar al pueblo de una manera barata y nutritiva. En 1845, cuando una enfermedad° atacó las papas en Irlanda, había tanta hambre que miles° de hombres y mujeres salieron del país en busca de una vida mejor. ¿Y sabes adónde emigraron? A los Estados Unidos.

Cuando comes una hamburguesa con unas sabrosas papas fritas, piensa en esta historia y cuéntasela a tus amigos.

---

creó *created*   **enfermedad** *disease*   **miles** *thousands*

Actividad • Preguntas y respuestas

Use the information in the reading selection to answer the following questions.

1. ¿Por qué Cristóbal Colón nunca comió papas fritas?
2. ¿Dónde estaba el Imperio Inca?
3. ¿Quiénes cultivaban las papas?
4. ¿Cómo hacían los incas papas deshidratadas?
5. ¿Dónde encontraron los españoles las batatas o papas dulces?
6. ¿Qué otro producto del Nuevo Mundo se menciona en la Lectura?
7. ¿Para qué llevó Sir Walter Raleigh la papa a Irlanda?
8. ¿Por qué no le gustaron las papas a la reina?
9. ¿Por qué no se hizo popular la papa en Escocia?
10. ¿Quién descubrió que la papa era rica en nutrición?
11. ¿Dónde se inventaron las papas fritas y cómo se comen allí?
12. ¿Qué gran problema resolvió la papa?

Actividad • Defensores de la papa

Explain what these people did for the potato.
- Colón
- los conquistadores
- los indios suramericanos
- Parmentier
- Sir Walter Raleigh
- la reina Isabel
- Federico el Grande

Actividad • Familia de palabras

Which words from the same family as the ones listed below can you find in the reading selection?

1. sorpresa
2. enfermo
3. defender
4. trabajar
5. rey
6. química
7. alimento
8. nutrición

UNIDAD 7

La tecnología y el progreso

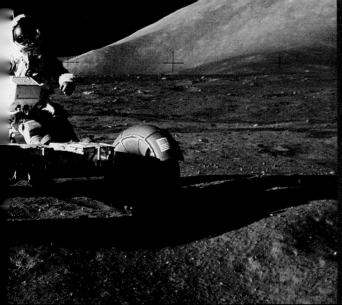

In Spanish America, very much like in the United States, young people are interested in the future and in progress. However, since there are fewer opportunities for employment after graduation, students have to be more careful in deciding what they are going to study. This important decision is usually made with the help of their parents.

In this unit you will:

SECTION A	express displeasure and ask for help . . . direct others to do something
SECTION B	advise others . . . describe your plans for the future . . . express time factors
SECTION C	inquire whether something is considered possible or impossible . . . request favors or help
TRY YOUR SKILLS	use what you've learned
VAMOS A LEER	read for practice and pleasure

231

expressing displeasure and asking for help . . . directing others to do something

Learning how to use a computer may be frustrating. It takes patience and the ability to follow instructions carefully. You must take each step at a time.

A1   Cómo usar la computadora° 📼

Lucho Chávez está sentado en su cuarto frente a la computadora, pero tiene problemas y llama a su hermana mayor, Consuelo. Ella estudia informática en la universidad de Santiago, Chile, y toma varias clases de programación.

LUCHO   Chelo, por favor, ayúdame.
CHELO   Dime, ¿qué te pasa?
LUCHO   Pues que esta computadora me tiene hasta la punta de los pelos . . . No está funcionando bien. Tecleo y no sale nada en la pantalla. Creo que hay un problema en la base de datos.

CHELO   A ver . . . vuelve al menú. Teclea de nuevo . . . No, así no. Borra. Comienza otra vez y haz todo de nuevo.
LUCHO   No . . . hazlo tú.
CHELO   Mira, cálmate. Ten un poco de paciencia. A ver, abre el cajón del escritorio, saca el manual, léelo bien y aprende las instrucciones. Ahora, aprieta el botón y pon otro disquete.

°Some Spanish-American countries use **el computador** for the word *computer* while most other countries use **la computadora.**

(Después de unos minutos)

LUCHO
Mira, Chelo, ¡qué bien funciona! Y el impresor es estupendo.

CHELO
Ya ves que con paciencia puedes aprender muy bien.

CLASES DE COMPUTADORA
EN ESPAÑOL

Miami
UNIVERSITY OF

University of Miami
School of Business
P.O. Box 248505
Coral Gables, FL 33124

Dr Micro Lo quiere a Ud.
Cursos de Un Dia 9am-5pm $135

- Introducción a Micro-computadoras
- Introducción a Word Perfect
- Introducción a dBase III
- Introducción a Lotus

**LLAME AL
529-3999
Para Folleto**

Clases de Noche tambien disponibles

CONTABILIDAD
EN UN CENTRO ESPECIAZADO
CURSOS EXCLUSIVAMENTE PRACTICOS
CALCULADORAS ULTIMO MODELO PARA
EL USO DE LOS ALUMNOS.

ARCHIVO Y KARDEX
EN SOLAMENTE TRES MESES
PUEDE Ud. GRADUARSE DE KARDISTA.
¡CLASES PRACTICAS!

**CURSOS DE COMPUTACION
LABORATORIO PARA LAS PRACTICAS
CON COMPUTADORAS ULTIMO MODELO**

**ESCUELA
PROFESIONAL
DE INFORMATICA**

EPI

- INFORMATICA BASICA, COBOL, BASIC.
- MS-DOS
- TRATAMIENTO DE TEXTOS

PREPARACIÓN PARA
LAS OPOSICIONES
DE LA ADMINISTRACIÓN
DEL ESTADO,
MODALIDAD B

*Alcala, 55 - 1º D
Metro BANCO (Junto a Cibeles)
Tel. 43168 98 - 28014 MADRID*

A2   Actividad • Preguntas y respuestas

Answer the following questions according to A1.

1. ¿Qué hace Lucho en su cuarto?
2. ¿Por qué llama a su hermana?
3. ¿Qué estudia Chelo en la universidad?
4. ¿Por qué dice Lucho que la computadora lo tiene hasta la punta de los pelos?
5. ¿Qué saca Lucho del cajón del escritorio?
6. ¿Qué le dice él a Chelo después de leer las instrucciones?
7. ¿Qué piensa Lucho del impresor?
8. ¿Qué le dice Chelo a Lucho al final?

Nuestras vidas han cambiado *(have changed)* mucho en los últimos veinte años. Muchos descubrimientos y productos que no existían antes, ahora están en todas partes. Los vemos tan frecuentemente que no nos damos cuenta *(we don't realize)* de lo nuevo que son. Para dar un ejemplo, las calculadoras de bolsillo *(pocket calculators)* se empezaron a hacer populares en 1971 y hoy día millones de personas las usan diariamente.

En el mundo hispánico la tecnología también está cambiando muchas cosas aunque los países hispánicos no están tan adelantados *(advanced)* como los Estados Unidos en este aspecto. En los últimos tiempos se puede apreciar el progreso, y ya se fabrican *(are manufactured)* equipos electrónicos en muchos países de Latinoamérica y España.

A4 SE DICE ASÍ
Expressing displeasure and asking for help

Estoy harto de (caminar).	I am sick and tired of (walking).
Me estoy volviendo loca.	I am going crazy.
Me tiene hasta la punta de los pelos.	I'm fed up with it.
Por favor, ayúdame.	Help me, please.
¿Me puedes dar una mano?	Can you give me a hand?

Actividad • ¿Qué me cuentas?

Now is your chance to tell your classmates about some of the things that upset you. Answer the following questions.

1. ¿De qué estás harto(a)?
2. ¿Qué te tiene hasta la punta de los pelos?
3. ¿Qué te está volviendo loco(a)?
4. Cuando pides ayuda, ¿qué dices?

A 6 Comprensión 📼

Two friends are discussing problems. If the second speaker gives good advice, check **¡qué bueno!** on your answer sheet. If not, check **¡qué horror!**

MODELO — Esta computadora me está volviendo loco.
— Chico, ten un poco de paciencia.

	0	1	2	3	4	5	6	7	8	9	10
¡Qué bueno!	✔										
¡Qué horror!											

A 7 **ESTRUCTURAS ESENCIALES**
Affirmative familiar commands: **tú** *form*

Carmita, **lleva** los libros a la biblioteca.	*Carmita, take the books to the library.*
Ahora no puedo, Tere. Los llevo mañana.	*I can't now, Tere. I'll take them tomorrow.*
Tomás, **abre** el cajón y **saca** las revistas.	*Tomás, open the drawer and take out the magazines.*
Está bien.	*Okay.*
Gabriela, **trae** el manual de la computadora.	*Gabriela, bring the computer manual.*
No puedo. No sé dónde está.	*I can't. I don't know where it is.*

1. For most regular and irregular verbs, the affirmative **tú** command has exactly the same form as the third person singular of the present indicative.

2. Use familiar commands with people you normally address as **tú**.

3. The following chart lists some very important verbs you will be using with the **tú** form to give familiar commands in this unit.

Verb	Third person singular Present indicative	Familiar command tú form
hablar	Ella **habla** español.	**Habla** español.
comer	Luis **come** queso.	**Come** queso.
abrir	Elena **abre** el refrigerador.	**Abre** el refrigerador.
sacar	Gerardo **saca** la basura.	**Saca** la basura.
llevar	Luisa **lleva** el libro.	**Lleva** el libro.
pedir	Tomás **pide** la revista.	**Pide** la revista.
traer	José **trae** al perro.	**Trae** al perro.

Actividad • La mandamás

Because of your good grades, your teacher has allowed you to give instructions to your classmates for one day. Each person in the class must carry out your instructions. Follow the model, using the real names of your classmates.

> MODELO   escribir el ejercicio en la pizarra
> Hilda, escribe el ejercicio en la pizarra.

1. apagar la luz
2. abrir la ventana
3. hablar español
4. sacar la basura

5. limpiar la sala de clase
6. recitar un poema en español
7. leer la revista en voz alta
8. cantar una canción en español

A9   Actividad • El abuelo

Here is your grandfather's advice to you on how to live a long and healthy life. Complete each of his suggestions using the familiar command form of the verb in parentheses. Follow the model.

> MODELO   (vivir) una vida tranquila.
> Vive una vida tranquila.

1. (tomar) las cosas con paciencia.
2. (cenar) temprano todas las noches.
3. (comer) poco y lentamente.
4. (beber) solamente agua o jugo de frutas variadas.
5. (practicar) algún deporte.
6. (caminar) veinte minutos todos los días.
7. (trabajar) bien.
8. (descansar) los fines de semana.

A 10 Actividad • Pidiendo permiso 🔈

Your parents are away for the weekend and your older sister or brother has been left in charge. Pair up with a classmate and ask permission to do a number of things. Follow the model.

MODELO   ¿Puedo hablar por teléfono?
          Sí, habla por teléfono.

1. ¿Puedo comprar una calculadora?
2. ¿Puedo estudiar mañana?
3. ¿Puedo beber un refresco?
4. ¿Puedo preparar el desayuno?
5. ¿Puedo jugar con mis amigos?
6. ¿Puedo comer en la cafetería con José y Charo?
7. ¿Puedo volver tarde de la cafetería?
8. ¿Puedo traer a mis amigos a casa?

A 11 ESTRUCTURAS ESENCIALES
Irregular verbs in the familiar tú *command*

Eight Spanish verbs are irregular in the affirmative command of the **tú** form.

decir	**di**	**Di** cuál es tu problema.
hacer	**haz**	**Haz** los ejercicios.
poner	**pon**	**Pon** los libros allí.
ir	**ve**	**Ve** a la esquina.
salir	**sal**	**Sal** de aquí ahora mismo.
ser	**sé**	**Sé** más amable.
tener	**ten**	**Ten** más paciencia.
venir	**ven**	**Ven** a mi casa esta noche.

A 12 Actividad • ¡Órdenes, órdenes y más órdenes! 🔈

Team up with another student in class who will play the role of a family member and give you orders. Answer affirmatively. Then switch roles.

MODELO   (ir) _____ a la clase de programación todos los días.
          — Ve a la clase de programación todos los días.
          — Sí, yo voy a la clase de programación todos los días.

1. (decir) _____ dónde vas a comprar la computadora.
2. (ir) _____ a comprarla ahora.
3. (tener) _____ cuidado de no perder el dinero.
4. (ser) _____ amable con el dependiente.
5. (salir) _____ de la tienda temprano.
6. (venir) _____ a casa inmediatamente.
7. (poner) _____ la computadora en tu cuarto.
8. (hacer) _____ tu tarea en la computadora.

Actividad • Cómo usar la computadora 🖬

Take the role of the instructor and give advice on how to use the computer. Follow the model.

    MODELO   (escuchar)＿＿ bien mis consejos.
                   Escucha bien mis consejos.

1. (poner) ＿＿ atención.
2. (buscar) ＿＿ el manual.
3. (leer) ＿＿ bien el manual.
4. (aprender) ＿＿ las instrucciones.
5. (mirar) ＿＿ la pantalla.
6. (estudiar) ＿＿ el menú.
7. (tener) ＿＿ cuidado al teclear.
8. (seguir) ＿＿ el programa.
9. (sacar) ＿＿ el disquete.
10. (apagar) ＿＿ la computadora.

A 14   Actividad • Ven a mi casa

Your friend wants to know how to get to the new computer store. Ask where your friend lives and give directions from his or her house to the store. The verbs in the box should be helpful.

    MODELO   Sal de tu casa y ve hasta la calle . . .

seguir	quedar		caminar
		venir	
llegar	salir		preguntar
doblar	estar	dar	ir

238   **Unidad 7**

A 15 ESTRUCTURAS ESENCIALES
Position of pronouns with affirmative tú *commands*

Tráeme el libro y los lápices.
¿Los platos? **Ponlos** en la mesa.
¿La basura? **Sácala** por la noche.
Lávate las manos antes de comer.
¿Las flores? **Póntelas** en el pelo.

Bring me the book and pencils.
The dishes? Put them on the table.
The garbage? Take it out at night.
Wash your hands before eating.
The flowers? Put them in your hair.

Direct and indirect objects, as well as reflexive pronouns, are always placed after an affirmative command and attached to it, forming one word. Accent marks are used only to keep the original stress.

A 16 Actividad • El invitado

You and your best friend have invited your computer instructor to dinner. She is about to arrive and there are still a few things to do. Your friend asks you for instructions. Follow the model.

MODELO ¿Paso la aspiradora en la sala?
Sí, pásala.

1. ¿Apago el televisor?
2. ¿Saco los refrescos del refrigerador?
3. ¿Les echo hielo a los vasos?
4. ¿Me lavo las manos?
5. ¿Pongo la mesa?
6. ¿Traigo la sal?
7. ¿Corto el pan?
8. ¿Me peino y me pongo la corbata?
9. Aquí está la profesora, ¿abro la puerta?

A 17 Actividad • El instructor de computadoras

Pair up with another student. You have just purchased a computer and since you are not too familiar with it, you ask your classmate for help. Follow the model.

MODELO ¿Enciendo la computadora?
Sí, enciéndela.

1. ¿Traigo el manual?
2. ¿Leo las instrucciones?
3. ¿Aprieto el botón?
4. ¿Miro la pantalla?
5. ¿Toco esa tecla?
6. ¿Pido la información?
7. ¿Consigo un disquete nuevo?
8. ¿Pongo ese disquete en la computadora?

Actividad • Charla

Now is your chance to talk about computers and express your opinion.

1. ¿Por qué es importante tomar cursos de programación de computadoras? Explícalo.
2. ¿Estás tomando algún curso de programación? ¿Qué haces en el curso?
3. Di algunos usos de la computadora.
4. Hay mucha gente que tiene una computadora en casa. Explica para qué la usan.
5. ¿Cómo te puede ayudar una computadora?

A 19 Actividad • ¡A conversar!

Pair up with a classmate and pretend that he or she is having problems using the computer. Your classmate will tell you some of the problems and you will offer your advice.

SECTION
B   advising others . . . describing your plans for the future . . .
    expressing time factors

It is very important to plan what to do after graduation—you might be doing it for a long time.
Try to plan for the future and don't leave it all to chance.

B1   El mundo del futuro

Antes de terminar el curso, los estudiantes de la clase de español de la escuela
secundaria Bernardo O'Higgins, en Santiago de Chile, escriben composiciones
sobre sus planes para el futuro. He aquí algunas de ellas.

Yo iré a la universidad y tomaré varios
cursos de programación, porque la
informática es la llave del futuro, y
muy pronto no podremos vivir sin una
computadora. Tendré que prepararme
bien para el futuro, porque algún día
quiero casarme y tener familia. Como
dice el viejo proverbio: "Más vale
precaver que tener que lamentar."
                        Horacio Camacho

Después de graduarme, aprenderé inglés
en la universidad. Los idiomas serán muy
importantes en el futuro porque cada día
nos ponemos en contacto con más gente de
otros países. Además, con los adelantos
tecnológicos, pronto podremos estar en un
país extranjero de otro continente en un
par de horas.

                        Teresa Elvira Gutiérrez

Mi hermano y yo estudiaremos ingeniería
espacial, porque la carrera espacial sin
duda continuará. En el futuro las naciones
construirán más transbordadores y estaciones
espaciales. Pronto no podremos vivir sin
los adelantos tecnológicos. Nosotros soñamos
con dar un viaje a un planeta lejano.
                        Miguel Merino

Actividad • Preguntas y respuestas

Use the information in B1 to answer the following questions.

1. ¿Cómo se llama la escuela adonde van los chicos?
2. ¿Dónde queda la escuela?
3. Según Horacio, ¿cuál será la llave del futuro?
4. ¿Cuál es el proverbio que escribe Horacio?
5. Según Teresa ¿por qué serán muy importantes los idiomas en el futuro?
6. ¿Con qué sueñan Miguel y su hermano?

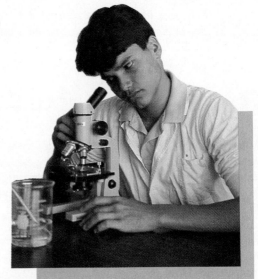

B3 Sabes que . . .

Tanto en la América hispana como en España, las carreras universitarias de ciencias, tales como programación, ingeniería o medicina, se consideran muy importantes por lo necesarias que son para el progreso y adelanto de los países y por las ventajas económicas que ofrecen. Sin embargo, más aún que en los Estados Unidos, las carreras llamadas de artes y letras (*liberal arts*) son también populares. Muchos estudiantes se matriculan (*enroll*) en ellas. La mayoría de las universidades son gratis y ofrecen diversidad de carreras. Aún las universidades privadas son mucho más económicas que las de los Estados Unidos.

B4 SE DICE ASÍ
Giving advice using proverbs

Más vale pájaro en mano que cien volando.	A bird in the hand is worth two in the bush.
Más vale precaver que tener que lamentar.	An ounce of prevention is worth a pound of cure.
Del dicho al hecho hay un gran trecho.	It's easier said than done.
En boca cerrada no entran moscas.	Silence is golden.
Más vale tarde que nunca.	Better late than never.

ESTRUCTURAS ESENCIALES
The future tense

The Spanish future tense is the equivalent of English *will* or *shall* plus a verb. The following chart shows how to form the future tense of regular **-ar, -er,** and **-ir** verbs.

FUTURE TENSE

tomar *to take*	**aprender** *to learn*	**vivir** *to live*
tomar**é**	aprender**é**	vivir**é**
tomar**ás**	aprender**ás**	vivir**ás**
tomar**á**	aprender**á**	vivir**á**
tomar**emos**	aprender**emos**	vivir**emos**
tomar**éis**	aprender**éis**	vivir**éis**
tomar**án**	aprender**án**	vivir**án**

Teresa Elvira **tomará** clases de programación.
Aprenderé inglés.
Viviremos en una ciudad muy moderna.

Teresa Elvira will take computer programming classes.
I'll learn English.
We'll live in a very modern city.

1. Notice that the infinitive is used as the stem for regular verbs in the future.
2. The endings are the same for all three conjugations.
3. Notice the accent on the last syllable, except in the **nosotros** form.
    llamaremos   aprenderemos   subiremos
4. As you have already learned, Spanish also uses the present tense with a time expression or the verb **ir** + **a** + *infinitive* to express future actions.
    Vamos a ir al cine **mañana.**   *We are going to go to the movies tomorrow.*
    ¿Tienes clase de informática **esta tarde?**   *Do you have computer science class this afternoon?*

ATENCIÓN: Do not use the future tense to express willingness. In Spanish, to be willing to do something is expressed with the verb **querer.**
        ¿Quieres traerme el libro?   *Will you bring me the book?*

Comprensión

Listen to the following predictions. If the prediction is logical, check **lógico** on your answer sheet. If it is not, check **ilógico.**

MODELO — A José le encantan las computadoras.
        — José estudiará informática en la universidad.

	0	1	2	3	4	5	6	7	8	9	10
Lógico	✔										
Ilógico											

B7 Actividad • La fiesta

Your class is planning a party and everyone must pitch in. Follow the model and choose activities for each person.

> MODELO ¿Y Charo?
> Comprará los refrescos.

1. ¿Y Chelo?
2. ¿Y Clemencia?
3. ¿Y Salvador?
4. ¿Y Ramón y Tito?
5. ¿Y Héctor?

6. ¿Y Teresita y Angelita?
7. ¿Y tú y tus amigos?
8. ¿Y tú?
9. ¿Y Ernestico?
10. ¿Y Manolo?

traer los discos

lavar los platos

quitar la mesa

limpiar la casa

servir la comida

preparar los bocadillos

prestar el estéreo

cocinar la comida

tocar la guitarra

sacar la basura

B8 Actividad • A completar

Your friends want to know about some of the things you and your family did in the past, and what all of you are planning to do in the future. Follow the model.

> MODELO Ayer papá (llegar) llegó temprano del trabajo,
> pero mañana llegará tarde.

1. Anoche mamá (hablar) _____ con mi tía Luisa y mañana _____ con mi tía Carmen.
2. El año pasado mis hermanos (aprender) _____ español y el año que viene _____ francés.
3. La semana pasada mi hermana y yo (estudiar) _____ la séptima lección, y la próxima semana _____ la octava lección.
4. Ayer yo (comer) _____ en el restaurante El Sol y mañana _____ en La Marina.
5. El verano pasado nuestros primos (ir) _____ a Viña del Mar, pero este verano _____ a Puerto Montt.

Actividad • Dentro de diez años . . .

Pair up with a classmate and discuss how life will be for each of you ten years from now. You may react affirmatively or negatively. Choose verbs from the list below, and use the model as a guideline.

MODELO — Dentro de diez años **seré** astronauta y
viajaré por el espacio . . .

comprar
ganar
recibir
casarse
conocer
escribir
ser
estar
viajar
vivir

B 10   SE DICE ASÍ
Expressing time factors

en un par de horas	in a couple of hours
en un dos por tres	in a jiffy
a la carrera	in a hurry
en un abrir y cerrar de ojos	in a second; in a flash
dentro de un rato	in a while
de vez en cuando	once in a while
a menudo	often

B 11   Actividad • Charla

Answer the following questions.

1. ¿Qué puedes hacer en un abrir y cerrar de ojos?
2. ¿Cuándo comes a la carrera?
3. ¿Haces la tarea de español en un dos por tres o te toma un par de horas?
4. ¿Puedes decir dos cosas que haces de vez en cuando?
5. ¿Vas al cine a menudo? ¿Cuándo?

ESTRUCTURAS ESENCIALES
Irregular verbs in the future tense

In Spanish, only a few verbs are irregular in the future tense. For these verbs, form the future tense by adding the future endings to the irregular stems.

IRREGULAR FUTURE STEMS

	Infinitive	Stem	Ending
1.	decir	dir-	
	hacer	har-	
2.	haber	habr-	-é
	querer	querr-	-ás
	saber	sabr-	-á
	poder	podr-	-emos
			-éis
3.	salir	saldr-	-án
	poner	pondr-	
	venir	vendr-	
	tener	tendr-	
	valer	valdr-	

The endings are the same for regular and irregular verbs.

No **podremos** viajar a otros planetas.   *We won't be able to travel to other planets.*
Saldremos con Inés y su mamá.   *We'll go out with Inés and her mother.*

Notice that in the first category, **c** + vowel are dropped. In the second category, the infinitive ending, **-er,** loses the **e.** In the third category, the vowel of the infinitive ending is replaced by **d.**

Actividad • El profesor Recio

Your teacher has invited Dr. Recio, a noted scholar, to your class. Complete his predictions for the future, using the future tense of the verbs in parentheses.

1. Los robots (hacer) _____ casi todos los trabajos.
2. La gente (salir) _____ más temprano del trabajo.
3. Nuestro planeta (tener) _____ más gente.
4. Muchos extranjeros (venir) _____ a nuestro país.
5. Las personas (poder) _____ viajar rápidamente.
6. Nosotros (poner) _____ un astronauta en Venus.
7. Las personas (saber) _____ más idiomas.

B 14 Actividad • El fin de semana

Get together with a classmate and discuss your plans for the weekend. Each plan must contain at least three verbs in the future. Report to the class what your partner said. Follow the model.

MODELO   Este fin de semana iré al cine el viernes por la
noche, me levantaré a las once de la mañana el sábado
y saldré con mis amigos el domingo.

Say what these people are going to do today. Match each person with his or her job description.

1	2
una secretaria	explicar la lección
un cocinero	ayudar a los clientes
un dependiente	construir un transbordador espacial
una ingeniera	escribir muchas cartas
una profesora	atender a personas enfermas
un médico	ir en una excursión
una guía de turistas	preparar una paella muy sabrosa

SECRETARIA EJECUTIVA
INGLÉS - ESPAÑOL

Importante empresa privada dedicada a la fabricación de computadores personales, requiere Secretaria Ejecutiva, que reúa los siguientes requisitos:

– Dominio del inglés
– Buena presencia
– Disponibilidad inmediata

Las interesadas deberán presentarse portando su currículum vitae a partir del día lunes 30 en horas de oficina, en Los Colibríes 104 San Isidro. (Alt. Cdra. 9 Av. Aramburú).

MEDICO

Empresa Minera del sector privado requiere los servicios de un Médico para cubrir una vacante en el Hospital de su Asiento Minero, ubicado en la sierra norte a 6 horas de distancia de la ciudad de Lima.

REQUISITOS
– Titulado y colegiado.
– Experiencia mínima 2 años de preferencia en campamento minero.
– Disponibilidad inmediata
– Soltero.

SE OFRECE
– Alojamiento gratuito en la Unidad Minera.
– Alimentación subvencionada.

Los interesados se servirán presentarse el día lunes 30 de noviembre en Av. República de Chile Nº 498, Jesús María, portando currículum vitae.

INGENIERO ELECTRONICO

Importante Empresa en Telecomunicaciones requiere para su Departamento Técnico: 1 Ingeniero Electrónico.

REQUISITOS:
* Recién egresado de Universidades U.N.I.; Ricardo Palma
* Conocimiento básico de inglés
* Experiencia en telefonía (no imprescindible)

SE OFRECE:
* Remuneración de acuerdo a calificaciones
* Posibilidad de desarrollo profesional
* Seguro médico familiar y otros beneficios

Enviar Currículum Vitae al APARTADO 10309, indicando pretensiones de sueldo.

AYUDANTES DE COCINA

Requisitos:
● Edad entre 25 y 35 años
● De preferencia casados
● Experiencia mínima tres años en cocina internacional
● Con disponibilidad de horario de 7 a 17 horas

SOLICITAMOS SOLICITAMOS
PROFESORES(AS)
ESPECIALISTAS EN BASIC (SE VALORARA TAMBIEN LOGO Y PASCAL)

Requisitos:
● Titulados o con estudios equivalentes
● Experiencia docente

Ofrecemos:
– Altos ingresos según aptitudes
– Horario flexible
– Amplio desarrollo profesional

Presentarse lunes y martes, de 9.00 a 14.00 y de 16.00 a 19.00 horas, en ADOLFO PRIETO NUMERO 1634, colonia Del Valle

It is now time to express your own opinion by answering the following questions and stating your reasons for your answers.

1. ¿Cuál será la llave del futuro?
2. ¿Por qué serán muy importantes los idiomas en el futuro?
3. ¿Crees que la carrera espacial continuará?
4. ¿Piensas que habrá en el futuro muchos adelantos espaciales?
5. ¿Piensas que pronto muchas personas darán viajes a planetas lejanos? ¿Adónde viajarán?

B 17   Actividad • ¡A escribir!

Last year you made a list of New Year's resolutions. Do you remember them? You may not have followed many of them, but this coming year will be a different story. Write ten resolutions for the New Year using the future tense. Then read them aloud to the class.

B 18   Actividad • El reportero

Get together with a classmate. One student will be a reporter and interview the other. Discuss your future plans following the model. Switch roles.

> MODELO   piloto / dentro de diez años
> Dentro de diez años seré piloto.

astronauta / dentro de quince años
jugador de béisbol / después de terminar la escuela secundaria
médica famosa / dentro de veinte años
atleta / en unos diez años
gerente / después de graduarme de la universidad
actor de televisión / dentro de dos años
modelo / pronto
estrella de rock / el año que viene

B 19   Actividad • ¿Qué crees tú?

Pair up with a classmate and ask each other the following questions. Be prepared to support your answers.

1. ¿Cuál país estará en primer lugar en la carrera espacial en el año 2000?
2. ¿Qué película ganará el Oscar este año?
3. ¿Quién será el próximo presidente de los Estados Unidos?
4. ¿Podrás votar en las próximas elecciones para presidente?
5. ¿En qué año te graduarás de la escuela?

Actividad • Charlemos

Tell the class what you think your life will be like five years from now by
answering the following questions.

1. Después de la graduación, ¿estudiarás o trabajarás?
2. ¿A qué universidad irás? ¿Qué trabajo tendrás?
3. ¿Qué carrera estudiarás?
4. Si no piensas ir a la universidad, ¿qué harás?
5. ¿Te casarás o no?
6. Si piensas casarte, ¿con quién te casarás?
7. Si te casas, ¿cuántos hijos tendrás?
8. ¿Dónde vivirán tú y tu familia?
9. Si piensas hacer un viaje, ¿a qué países viajarás?
10. ¿Qué harás con tu dinero?

B 21   Actividad • ¡A escribir y a conversar!

Prepare a brief composition in Spanish about your future career. The following
suggestions might help you with this task.

   I. Introducción
     A. Si termino la secundaria con buenas notas, mi carrera será . . .
     B. Por qué estudiaré esa carrera
  II. Desarrollo
     A. Descripción de la carrera
     B. ¿Dónde la estudiaré? (nombre de la universidad)
     C. ¿Es una carrera fácil o difícil?
     D. ¿Cuántos años tomará?
 III. Conclusión: Lo que haré con mi carrera

Then, present your composition orally in class.

*We all try to predict what the future has in store for us, and we like to express what we would
do if. . . . Also, we often need to ask somebody to help us.*

C1 **¿Qué haríamos sin la tecnología?**

1. Nosotros no podríamos viajar frecuentemente y los
viajes tomarían mucho tiempo.

2. Las industrias fabricarían muy pocos productos. Muchas
de ellas hasta cerrarían sus puertas. De hecho, muchos
quedarían sin trabajo.

3. Todos trabajaríamos más horas. Solamente saldríamos de
vez en cuando y tendríamos menos tiempo libre.

4. Los artículos costarían más. Habría menos productos en el mercado y muy pocas personas tendrían coches, calculadoras o computadoras.

5. Habría menos adelantos en el campo de la medicina. Los médicos sabrían menos sobre el ser humano y tendrían más dificultades en curar a los enfermos. Por lo tanto, la gente viviría menos tiempo.

C2 Actividad • ¡A escoger!

For each numbered sentence, choose the statement that best completes the idea stated in C1.

1. Sin la tecnología, las industrias
  • fabricarían muchos productos. • fabricarían pocos productos.
  • saldrían de vez en cuando.
2. Sin la tecnología, los médicos
  • sabrían menos. • tendrían pocas dificultades. • curarían a muchos enfermos.
3. Gracias a la tecnología,
  • podríamos viajar lentamente. • viajaríamos frecuentemente.
  • los viajes tomarían mucho tiempo.
4. Sin la tecnología, los artículos
  • saldrían a menudo. • costarían más. • costarían menos.
5. Sin la tecnología,
  • trabajaríamos más horas. • tendríamos mucho tiempo libre.
  • trabajaríamos menos horas.

C3   Sabes que . . .

Son muchos los descubrimientos y adelantos en el mundo durante los últimos veinticinco años. Uno de los más importantes, que ya se ve en todo el mundo hispánico, es la aplicación médica del láser. Con la ayuda del láser se tratan *(are treated)* muchas enfermedades que antes necesitaban operaciones quirúrgicas *(surgical)*.

En la industria de alimentos se encuentran toda clase de alimentos precocidos *(precooked)* y congelados *(frozen)*, listos para el horno de microondas *(microwave oven)*. En el mundo hispánico están teniendo un gran éxito y los hay en todas partes. Por supuesto en los países hispánicos existe también la preocupación por la salud y por mantenerse en forma. El culturismo *(body building)*, la gimnasia y los maratones populares están de moda.

Por último, uno de los descubrimientos más populares es el disco compacto. En muchas partes estos discos están reemplazando *(replacing)* los viejos discos o casetes. El sonido de estos discos es estupendo y ocupan poco espacio.

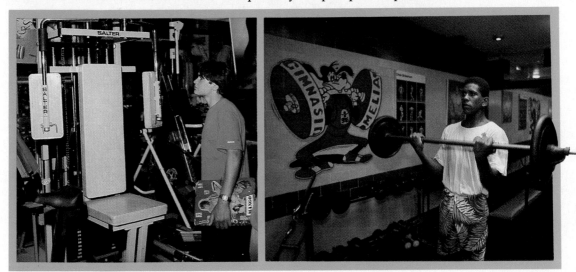

C4   Comprensión

Your principal is discussing the plans for your school and mentions some problems. After each problem, you will hear three possible solutions suggested by different people. Choose the most appropriate solution and place a check in the corresponding box on your answer sheet.

MODELO   El colegio es muy viejo.
   a. Buscaría nuevos profesores.
   b. Construiría un colegio nuevo.
   c. Gastaría más dinero en deportes.

	0	1	2	3	4	5	6	7	8	9	10
a.											
b.	✔										
c.											

SE DICE ASÍ
Expressing logical conclusions

por lo tanto	as a result; therefore
de hecho	as a matter of fact
a la corta o a la larga	sooner or later
por consiguiente	consequently; thus

C6 **ESTRUCTURAS ESENCIALES**
The Spanish conditional tense

Conditional tense		
trabajar	comer	vivir
trabajaría	comería	viviría
trabajarías	comerías	vivirías
trabajaría	comería	viviría
trabajaríamos	comeríamos	viviríamos
trabajaríais	comeríais	viviríais
trabajarían	comerían	vivirían

1. The conditional, like the future, uses the infinitive as the stem. It has only one set of endings for all three conjugations.

Yo **trabajaría** en una tienda, pero no tengo tiempo.	*I would work at a store, but I don't have time.*
Ellos **comerían** en ese restaurante, pero no tienen dinero.	*They would eat at that restaurant, but they don't have money.*
Nosotros **viviríamos** en California ahora, pero papá no quiso aceptar el trabajo.	*We would live in California now, but Dad didn't want to accept the job.*

2. Notice that all forms have an accent on the í of the ending.
3. The Spanish conditional tense is equivalent to *would* + infinitive. The verb **deber** in the conditional is equivalent to *should*.

Yo **trabajaría** en el programa espacial de los Estados Unidos.	*I would work in the United States space program.*
Comeríamos antes de ir a clase, pero no tenemos tiempo.	*We would eat before going to class, but we don't have time.*
Ella **viviría** cerca de Cape Canaveral, pero hace mucho calor allí.	*She would live close to Cape Canaveral, but it is very hot there.*
Debería estudiar más.	*I should study more.*

ATENCIÓN: The Spanish conditional tense, like the English, is also used in polite terms to soften a request.

¿**Podrías** traerme la libreta?	*Could you bring me the notebook?*
¿**Podrías** hacerme un favor?	*Could you do me a favor?*
¿**Sería** tan amable de ayudarme?	*Would you be kind enough to help me?*

C7 Actividad • ¿Qué haríamos?

The following high school students want to go to college. What would each of them do in order to be accepted? Change the verb in parentheses to the conditional tense.

> MODELO   Pancho (ir) a clase todos los días.
> Pancho iría a clase todos los días.

1. Isabel (estudiar) más cursos de matemáticas.
2. María Elena y Matilde (tomar) una clase de programación.
3. Jaime le (pedir) una carta al profesor.
4. Mi hermano (sacar) mejores notas que antes en todos sus cursos.
5. Leonardo (hablar) con el secretario de la escuela.
6. Sarita (tratar) de ir a la universidad para pedir información.
7. Ricardo y Roberto (prestar) más atención en clase.
8. Además de español, Eugenio (aprender) otro idioma.

C8 Actividad • Mis excusas para el sábado

Team up with two classmates. Each of them will invite you to do something this Saturday. Tell them that you would like to accept their invitations, but you must decline. Offer the reasons for refusing. Follow the model.

> MODELO   jugar al béisbol
> ¿Quieres jugar al béisbol conmigo el sábado?
> Gracias. Jugaría contigo, pero tengo que estudiar.

1. estudiar
2. visitar a Juan
3. comer en la cafetería
4. tomar el sol en la playa
5. correr en el parque
6. estudiar en la biblioteca
7. dar un paseo
8. ir de compras

ESTRUCTURAS ESENCIALES
Irregular verbs in the conditional tense

The same verbs that are irregular in the future tense are irregular in the conditional tense. For these verbs, the conditional tense is formed by adding the conditional endings to an irregular stem.

Irregular Conditional Stems

Infinitive		Stem	Ending
1.	decir	dir-	
	hacer	har-	
2.	haber	habr-	–ía
	querer	querr-	–ías
	saber	sabr-	–ía
	poder	podr-	–íamos
3.	salir	saldr-	–íais
	valer	valdr-	–ían
	poner	pondr-	
	venir	vendr-	
	tener	tendr-	

Notice that the endings are the same for regular or irregular verbs. Also notice that the stems are the same as the future tense stems.

Yo **compraría** una computadora.	*I would buy a computer.*
Costaría mucho dinero.	*It would cost a great deal of money.*
Nosotros **hablaríamos** con él.	*We would talk to him.*
Carlos y Pedro **harían** los programas.	*Carlos and Pedro would create the programs.*

Actividad • Charlemos un poco

Pair up with another classmate and ask each other the following questions.

1. ¿Con quién saldrías este fin de semana?
2. ¿Qué harías con cien dólares en el bolsillo?
3. ¿Qué cursos tendrías que tomar para graduarte de la escuela?
4. ¿Qué podrías hacer después de aprender español?
5. Ahora eres un estudiante de secundaria, pero, ¿qué querrías ser en el futuro?

C11 Actividad • La mala suerte de Eugenio

Complete the following paragraph with the correct conditional forms of the verbs in parentheses.

La semana pasada Eugenio compró un billete para viajar a Cincinnati. Al llegar al mostrador, un empleado le informó que **(tener)** que pagar más por el billete y también le indicó que el vuelo no **(salir)** hasta las seis. Cuando el avión salió del aeropuerto, Eugenio creyó que **(poder)** llegar a tiempo a Cincinnati, pero el avión no llegó hasta las diez de la noche. Al llegar a Cincinnati, Eugenio llamó a casa de sus primos y le dijeron que **(ir)** a buscarlo en cinco minutos, pero ellos llegaron muy tarde. Cuando Eugenio los vio, les dijo que no **(volver)** a viajar más por esa compañía. ¡Pobre Eugenio!

C12 Actividad • Los sueños de cada uno

By replacing the blanks with the correct forms of the conditional tense, you will find out the dreams of the following people.

1. Antonio (viajar) _____ a España y (aprender) _____ español.
2. Rosaura (ser) _____ ingeniera y (construir) _____ muchos rascacielos.
3. Federico y su hermano (vivir) _____ en Colorado y (esquiar) _____ todos los inviernos.
4. Alberto (tomar) _____ muchas clases de computación y (saber) _____ usar las computadoras perfectamente.
5. Manuel (ser) _____ presidente y (decir) _____ muchas cosas al país.
6. Cuco y Alfonso (jugar) _____ al béisbol para los Medias Rojas de Boston y (tener) _____ mucho dinero.
7. Beto (estudiar) _____ ingeniería espacial y (hacer) _____ muchos transbordadores espaciales.

Actividad • El viernes por la noche

Pair up with a classmate and ask what he or she would like to do this coming Friday evening.

1. ¿Irías al cine conmigo el viernes por la noche?
2. ¿Con quién más querrías ir al cine?
3. ¿Qué película verías?
4. ¿Te gustaría comer en una cafetería después del cine? ¿Dónde?
5. ¿Qué más harías?
6. ¿A qué hora volverías a casa?

C14 Actividad • ¡A escribir y a hablar!

Imagine that you have inherited a million dollars. Write a brief composition describing what you would do with the money, and then tell the class.

C15 SITUACIÓN • ¿Qué haríamos con la tecnología del futuro?

1. Nosotros nos libraríamos de muchas labores domésticas, porque los robots cortarían el césped, limpiarían la casa y hasta cocinarían. Además, podrían arreglar muchas cosas en la casa.

2. Las industrias gozarían de grandes ventajas, porque usarían los robots para hacer labores muy peligrosas. Éstos podrían trabajar en investigaciones submarinas, plantas nucleares y misiones espaciales.

3. Gracias a los adelantos médicos, la gente viviría muchos años porque la medicina progresaría mucho. Los médicos harían trasplantes de órganos y las operaciones serían muy fáciles con la ayuda de rayos láser.
4. Las personas irían de un continente a otro en pocos minutos porque los aviones viajarían a miles de millas por hora.
5. Habría una revolución agrícola, porque los científicos producirían frutas y legumbres que serían resistentes a las enfermedades y a los cambios del tiempo. Por lo tanto, habría más cosechas y menos hambre en el mundo.

C16 Actividad • ¿Es cierto o no?

Use the information in C15 to decide whether each statement is true or false.
Correct the false statements.

1. Las labores domésticas serían más fáciles.
2. Los trabajos serían muy peligrosos.
3. Los médicos harían las operaciones más fácilmente.
4. Las personas podrían viajar frecuentemente.
5. Los viajes tomarían mucho tiempo.
6. Tendríamos menos cosechas.

C17 SE DICE ASÍ
Requesting favors or help

¿Serías tan amable de . . . ?	Would you be nice enough to . . . ?
¿Podrías hacerme el favor de . . . ?	Could you do me a favor . . . ?
¿Querrías decirme (darme, prestarme, etc.) . . . ?	Would you tell me (give me, lend me, etc.) . . . ?
¿Me podrías ayudar (prestar, decir, etc.) . . . ?	Could you help me (lend me, tell me, etc.) . . . ?
¿Tendrías la bondad de . . . ?	Would you be so kind as to . . . ?

C18 Actividad • El camarero amable

Pair up with a classmate and imagine that one of you is a waiter or a waitress and the other one is a customer who asks for the following items. Remember to be very polite or you might be replaced by a robot! Follow the model.

> MODELO ¿Podría traerme el menú?
> Sí, se lo traigo ahora mismo.

1. ¿Podría servirme el agua?
2. ¿Podría darme la sal?
3. ¿Querría decirme qué postres hay?
4. ¿Querría enseñarme los postres?
5. ¿Podría traerme la cuenta?
6. ¿Querría darme una servilleta?

C19 Actividad • Charla

Answer the following questions concerning your future career.

1. ¿Qué tipo de trabajo te gustaría? ¿Qué crees que podrías hacer?
2. ¿Dónde buscarías trabajo y qué harías para encontrarlo?
3. ¿Cuántas horas podrías trabajar y a qué hora entrarías y saldrías del trabajo?
4. ¿Cuánto querrías de sueldo? ¿Qué harías con el dinero?

C20 Actividad • Mi persona ideal

Answer the following questions concerning your ideal friend.

1. ¿Cómo sería esta persona?
2. ¿Sería norteamericano(a) o de otro país?
3. ¿Qué edad tendría?
4. ¿De qué color tendría el pelo?
5. ¿Cómo sería su personalidad?
6. ¿Cuál sería su profesión?
7. ¿Hablaría muchos idiomas? ¿Cuáles?
8. ¿Sería inteligente?
9. ¿Sabría muchas cosas? ¿Cuáles?
10. ¿Le gustaría la música, el arte o las ciencias?
11. ¿Le gustaría leer muchos libros?
12. ¿Le gustarían los deportes o las fiestas?
13. ¿Tendría mucho o poco dinero?
14. ¿Cuál sería su pasatiempo favorito?

C21 Actividad • ¡A escribir!

Now put together all your answers from C20. Add the necessary connecting words, such as **y, en,** or **entonces,** and you will have a brief composition about your ideal person.

The following vocabulary will help you prepare for a lively debate in C23.

el átomo *atom*	los residuos radioactivos *radioactive waste*	conservar *to preserve*
la energía nuclear *nuclear energy*	la bomba atómica *atomic bomb*	el suministro *supply*
la planta nuclear *nuclear plant*	la guerra nuclear *nuclear war*	la fuente de energía *source of energy*
el reactor nuclear *nuclear reactor*	la prueba nuclear *nuclear test*	duradero *lasting*
la precipitación radioactiva *radioactive fallout*	la contaminación *pollution*	el peligro *danger*
la radiación *radiation*	la contaminación ambiental *environmental pollution*	el medio ambiente *environment*
el desastre nuclear *nuclear disaster*		

Actividad • Minidebate

The class will be divided into small groups. Each group will discuss the
advantages and disadvantages of nuclear energy and should report its conclusions
to the class. Use the vocabulary in C22 and the lists below to help you prepare for
this debate.

Desventajas de la energía nuclear	Ventajas de la energía nuclear
1. los posibles desastres y explosiones en las plantas nucleares 2. la precipitación radioactiva 3. el problema de los residuos nucleares 4. la contaminación de los mares y la tierra	1. una fuente de energía barata para la industria 2. menos contaminación ambiental 3. conservación de recursos naturales 4. electricidad a un precio más económico

You may also want to bring magazine or newspaper clippings or other materials to
illustrate your views. You and the members of your group should get together and
discuss your points of view and how you are going to present them in the debate.
You may take notes, but your group presentation should be oral. A spokesperson
from each group should present the group's point of view, and in turn, may call
on other members for support.

C24 Actividad • ¡A escribir!

Using the following outline, write a composition about
modern technology.

 I. Introducción: La tecnología en el mundo de hoy
 II. Desarrollo
  A. Las ventajas de la tecnología
  B. Las desventajas de la tecnología
 III. Conclusión: La tecnología en el mundo de hoy (no) es
   necesaria porque . . .

1 El consejo estudiantil

Imagine that you are a candidate for student council president. List ten things you will do if elected.

2 Actividad • El vicepresidente

Let's see if someone in class shares your ideas. Team up with another student and ask ten questions about what he or she will do if elected vice-president.

3 Actividad • Los candidatos

Now prepare a **lema** for your campaign and tell the class what both of you will do if elected president and vice-president.

4 Actividad • La elección

Suppose you were not elected. Show your disappointment and discuss what you would like to do to win the next election.

5   Actividad • ¿Qué les dices tú?

In Spanish, tell your partner to follow the suggestions below.

1. speak slowly
2. open the window
3. be good
4. eat slowly
5. go to the board

6. bring the bicycle
7. serve breakfast
8. be patient
9. sleep late
10. do homework

6   Actividad • Dando órdenes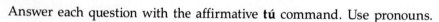

Answer each question with the affirmative **tú** command. Use pronouns.

1. ¿Bebo un refresco?
2. ¿Saco al perro?
3. ¿Pongo el disquete?
4. ¿Tomo notas?
5. ¿Escribo la carta y el poema?

6. ¿Leo el manual?
7. ¿Digo la verdad?
8. ¿Me levanto temprano?
9. ¿Toco la guitarra?
10. ¿Hago ejercicio?

7   Actividad • Después de mi graduación

Tell your classmates five different things you would like to do after graduation. Use complete sentences.

8   Actividad • El presidente de los Estados Unidos

Tell the class five different things you would do if you were president of the United States.

9   Dictado

Get ready to complete the following paragraph from dictation.

_____ uno de nosotros _____ que prepararse
_____ porque la gente no _____ vivir sin los
adelantos _____ . Si todos nosotros _____ ,
entonces, _____ más, _____ adelante y _____
para nosotros y para los que _____ después.

Letter *ñ*

The sound of the Spanish **ñ** has no exact equivalent in English. It is similar to the combination *n* + *y* in *canyon,* or the *g* + *n* in *filet mignon,* an expression of French origin. Listen carefully and repeat the following words and sentences.

mañana	España	uñas	bañar
señor	enseñar	compañero	año

El señor Peña enseña mañana.
En la cabaña hay un pañuelo de España.
El año que viene comeremos piña.

Letter *h*

In Spanish, the letter **h** is silent. Listen carefully and repeat the following words and sentences.

Horacio	ahora	hambre	habrá
hora	horario	hacer	haber

Horacio hace el horario ahora.
La hija y el hijo de Horacio hacen helado.
Hablan del hermano de Héctor.

Letter *ch*

In Spanish, the letter **ch** is pronounced like the English letters *ch* in the word *much.* Listen carefully and repeat the following words and sentences.

Lucho	mucho	chiquito	chica
Chávez	Camacho	muchacha	churros

Lucho Chávez come muchos churros.
Chelo es la chica que escribe cheques.
Lucho charla con Chelo y toma chocolate.

Actividad • Trabalenguas fácil

Practice the following tongue twister.

> María Chucena su choza techaba y un techador
> que por allí pasaba le preguntó:
> — ¿Qué techas María Chucena?
> ¿Techas mi choza o techas la ajena?
> — Ni techo tu choza ni techo la ajena.
> Yo techo la choza de María Chucena.

¿LO SABES?

Let's review some of the points you've learned in this unit.

Are you able to express yourself in Spanish when you are disappointed?
Form five sentences showing your dissatisfaction or annoyance with someone
or with something. Then ask for help. Here are some ideas:
  You bought a new television set and you can't make it work.
  You are having problems with your motorcycle.
  Your portable radio is old, and it is not working well.

Can you give commands in Spanish to others?
Make a list of the six most common commands you receive from your parents.

Can you say what you will do tomorrow?
Write five sentences in Spanish indicating what you will do tomorrow.

Do you know how to express your predictions for the future in Spanish?
Using your imagination, write a paragraph predicting at least five different
things that will happen in the future.

Are you able to discuss how often or how quickly you can do something?
Explain how often you do the following activities.
  1. pasear por el parque
  2. andar en bicicleta
  3. cortar el césped
Now explain how quickly you do each of the following things.
  1. hacer la tarea
  2. arreglarse para salir
  3. salir de la escuela por la tarde

Are you able to express logical conclusions in Spanish?
Pair up with a partner and discuss your Spanish course, following the model.
  A la corta o a la larga tendremos que estudiar más.

**Do you know how to express what you would do in each of the following
situations?**
  1. You were accepted to a well-known college in Spain.
  2. You needed to raise your grade point average to graduate.
  3. You made the basketball and swim teams, but you could only
     participate in one sport.
  4. You visited friends in Madrid and got lost.

**When you receive an invitation, how would you politely decline that
invitation by expressing other obligations?**
Pair up with a classmate who will invite you to do five different things.
Tell him/her that you would like to do those things, but you have other plans.

Can you ask somebody to help you in Spanish?
Ask a classmate to help you with your computer. Then ask two other
classmates to do you a favor.

VOCABULARIO

SECTION A

apretar (ie) *to press*
la base de datos *data base*
borrar *to erase*
el botón *button*
el cajón *drawer*
calmar(se) *to calm (oneself)*
dar una mano *to lend a hand*
el disquete *disk*
el escritorio *desk*
estar harto de . . . *to be sick and tired of . . .*
funcionar *to work; to operate*
hasta la punta de los pelos *fed up*
el impresor *printer*
la informática *data processing*
inmediatamente *immediately*
el manual *manual*
el menú *menu (computer)*
la pantalla *screen*
la programación *computer programming*
el progreso *progress*
teclear *to type*
la tecnología *technology*
tener paciencia *to be patient*
la universidad *university*
volverse loco, -a *to go crazy*

SECTION B

a la carrera *in a hurry*
el adelanto tecnológico *technological advance*
la carrera *career*
casarse *to get married*
el continente *continent*
de vez en cuando *once in a while*
dentro de un rato *in a while*
en un abrir y cerrar de ojos *in a second, in a flash*
en un dos por tres *in a jiffy*
en un par de horas *in a couple of hours*
he aquí *here is; here are*
el idioma *language*
la ingeniería espacial *aerospace engineering*

lamentar *to regret*
lejano, -a *distant*
la llave *key*
la nación *nation*
el país extranjero *foreign country*
poner(se) en contacto *to get in touch (with)*
precaver *to take precautions*
el proverbio *proverb*
soñar (ue) *to dream*
el transbordador espacial *space shuttle*

SECTION C

a la corta o a la larga *sooner or later*
agrícola *agricultural*
el átomo *atom*
la bomba atómica *atomic bomb*
el campo de la medicina *medical field*
el césped *lawn, grass*
cortar el césped *to mow the lawn*
la científica *scientist (f.)*
el científico *scientist (m.)*
conservar *to preserve*
la contaminación *pollution*
la contaminación ambiental *environmental pollution*
la cosecha *harvest, crop*
curar *to cure*
de hecho *as a matter of fact*
el desastre *disaster*
la dificultad *difficulty*
duradero, -a *lasting*
la energía nuclear *nuclear energy*
fabricar *to manufacture; to construct*
la fuente *source*
gozar de *to enjoy*
la guerra *war*
la industria *industry*
la labor *labor; work*
labores domésticas *household chores*
librar(se) *to free (oneself)*
la libreta *notebook*

¿me podrías dar (decir, prestar) . . . ? *could you give me (tell me, lend me) . . . ?*
la medicina *medicine*
el medio ambiente *environment*
la milla *mile*
la misión espacial *space mission*
la operación *operation; surgery*
el peligro *danger*
peligroso, -a *dangerous*
la planta nuclear *nuclear plant*
¿podrías hacerme el favor de . . . ? *could you do me a favor and . . . ?*
por consiguiente *consequently; thus*
por lo tanto *as a result; therefore*
la precipitación radioactiva *radioactive fallout*
producir *to produce*
progresar *to progress, to advance*
la prueba *test*
¿querrías decirme (darme, prestarme) . . . ? *would you tell me (give me, lend me) . . . ?*
la radiación *radiation*
radioactivo *radioactive*
el rayo láser *laser beam*
el reactor nuclear *nuclear reactor*
los residuos radioactivos *radioactive waste*
resistente *resistant*
la revolución agrícola *agricultural revolution*
¿serías tan amable de . . . ? *would you be nice enough to . . . ?*
submarino, -a *underwater*
el suministro *supply*
¿tendrías la bondad de . . . ? *would you be so kind as to . . . ?*
el trasplante de órgano *organ transplant*
la ventaja *advantage*
viajar *to travel*

PRÁCTICA DEL VOCABULARIO

1. Review the unit vocabulary list and find at least six names of technological innovations.
2. Now write a sentence describing the particular use of each innovation.

VAMOS A LEER

Antes de leer

1. Remember that many scientific and technical words are cognates. In the reading selection you will find cognates that are easily identifiable, such as **existir** and **órganos.** You will also find others that are more difficult to identify, such as **acostumbrar, monstruos,** and **pasajeros.** What do they mean?

2. Once in a while you will come across a false cognate — that is, a Spanish word that may look like an English word, but has a different meaning. What do you think is the definition of the word **realizar?**

Preparación para la lectura

Answer the following questions before reading.

1. Antes no había en el mundo luz eléctrica, automóviles, televisión ni teléfono. ¿Qué adelantos tecnológicos tuvieron tus padres que no tuvieron tus abuelos?
2. ¿Y qué adelantos tienes tú que no tuvieron tus padres?
3. Mira rápidamente la Lectura. ¿De qué se trata?
4. Sabes que lo contrario de *aparecer* es *desaparecer.* ¿Sabes cuál es la relación entre *posible* e *imposible; cómodo* e *incómodo?*
5. Busca rápidamente en la Lectura en qué año tuvimos las primeras calculadoras pequeñas.

UN MUNDO DIFERENTE

Hace veinte años el mundo era diferente. La tecnología moderna nos ha acostumbrado a muchas cosas que no existían antes. ¿Cómo podíamos vivir entonces? ¿Podríamos ahora vivir sin ellas? Es difícil imaginar la vida sin todos estos adelantos. Aquí hay sólo unos ejemplos.

LOS TRASPLANTES

Los hombres que no tenían suficiente pelo empezaron a hacerse trasplantes, pero el pelo no crecía° normalmente. Cuando el doctor Barnard trasplantó un corazón° humano por primera vez en 1967 y trató de hacerlo funcionar, esto parecía imposible. Hoy se hacen trasplantes de toda clase de órganos, algunos artificiales.

LA CALCULADORA Y EL RELOJ DIGITAL

Antiguamente había que pasar mucho tiempo para sumar, restar, multiplicar y dividir. Desde 1971, una calculadora de bolsillo° puede dar las respuestas en un instante. En la misma fecha, apareció el reloj digital y pronto los dos se combinaron, añadiéndosele° después el calendario y el despertador.

---

no crecía *did not grow*   **corazón** *heart*   **bolsillo** *pocket*   **añadiéndosele** *adding on*

EL JUMBO 747

El avión gigante° hizo su primer vuelo en 1970.
Al principio se pensó que íbamos a tener cabinas
cómodas° con camas para dormir. ¡Había tanto
espacio! Pero resultó más importante reducir el
precio de los boletos°. Estos monstruos del espacio
pueden transportar 490 pasajeros. Después vino
el Concorde, el avión más rápido, que cruza el
Atlántico en menos de tres horas.

LA MICROCOMPUTADORA

Las primeras microcomputadoras de 1971
eran muy diferentes de las computadoras
profesionales y domésticas que tenemos ahora.
Éstas nos trajeron° además una gran variedad
de juegos de video como el "comecocos"°.

LAS LENTES DE CONTACTO

Para todo el mundo que usa lentes de cristal,
las lentes de contacto blandas° representan una
verdadera revolución. Las primeras eran duras°
e incómodas°. Ahora casi no se sienten. Puedes
enseñar° tus lindos ojos y ver bien al mismo
tiempo. Y si siempre soñaste con° tener los ojos
azules, verdes o color violeta, ahora puedes
realizar tu sueño.

gigante *giant*	**cómodas** *comfortable*	**boletos** *tickets*	**trajeron** *brought*	**"comecocos"** *Pac-man*	**blandas** *soft*
duras *hard*	**incómodas** *uncomfortable*	**enseñar** *to show*	**soñaste con** *dreamed of*		

LA VIDEOCASETERA

Antes de 1969 no existía. Hoy es posible ver en cualquier momento muchas películas viejas y nuevas, el programa de televisión que no pudiste ver porque fuiste a una fiesta, un concierto de música o instrucciones para preparar una paella.

LA ANTENA PARABÓLICA

Los programas de televisión de los canales locales ya no eran interesantes. La comunicación mundial por medio de satélites nos trajo° la posibilidad de ver toda la televisión del mundo. Y llegaron las parabólicas° que nos permiten ver los programas de otras ciudades lejanas.

EL CONTESTADOR AUTOMÁTICO +

¿Te gusta hablar con una máquina°? ¿No? A nadie le gusta, pero es mucho mejor que tener que repetir la llamada una y otra vez y no encontrar a la persona que buscas. Ahora con una llamada es suficiente. Y si estás muy ocupado° y no puedes ir al teléfono, puedes recibir el mensaje y llamar más tarde. ¡Nunca pierdes una invitación!

---

trajo *brought*   **parabólicas** *satellite dishes*   **máquina** *machine*   **ocupado** *busy*

NUEVOS DEPORTES

No es fácil inventar un deporte nuevo. Pero la tabla vela entró en los Juegos Olímpicos por primera vez en 1984. Comenzó en las playas de Australia y pronto se hizo popular. Requiere, además de mucha práctica, una tabla hawaiana° donde vas de pie, una vela° triangular de lindos colores que se dirige° con las manos, y no tenerle miedo al agua fría.

Actividad • Preguntas y respuestas

Answer the following questions about **Un mundo diferente.**

1. ¿Por qué era el mundo diferente hace veinte años?
2. ¿Qué es lo nuevo en un reloj digital?
3. ¿Cómo cambió nuestra vida la calculadora de bolsillo?
4. ¿Cuál es el avión más grande hasta ahora? ¿Y el más rápido?
5. ¿Cuál es la diferencia?
6. ¿Cómo son las nuevas lentes de contacto?
7. ¿Es una buena idea cambiar el color de los ojos de acuerdo con la ropa que llevas? ¿Por qué?
8. ¿Qué ventajas tiene el contestador automático?
9. ¿Dónde comenzó la tabla vela? ¿Por qué es necesario no tener miedo al agua fría?

Actividad • ¿Qué uso?

What technological advance is useful in the following situations?

1. Me estoy bañando y suena el teléfono.
2. Quiero saber cuánto cuestan tres relojes a $9.75 cada uno.
3. Se me cae el pelo.
4. Quiero ir a París lo más rápidamente posible.
5. No escribo claramente y tengo que presentar un informe.
6. No veo bien. No me gusta usar lentes de cristal.
7. Los programas de televisión locales son muy tontos.

Actividad • Charla

With a classmate, discuss how life used to be without modern technology. How did students get to school? What did people do without television? How long did it take to visit a relative or a friend who lived in another state?

---

tabla hawaiana *surfboard*   **vela** *sail*   **se dirige** *is steered*

UNIDAD 8

Las fiestas son para divertirse

Repaso

¡A dieta! 🔊

Las comidas y los dulces se ponen de moda en las celebraciones y las fiestas, pero las personas que están a dieta no deben caer en la tentación. En la fiesta de Laura había muchas cosas de comer.

ELENITA	Eduardo, mira como hay cosas sabrosas en la mesa.
EDUARDO	Sí, ¿te gustaría probar la torta de chocolate?
ELENITA	Ay, sí, ¡cómo me gustaría! . . . pero estoy a dieta.
EDUARDO	Un pedacito no te hará aumentar mucho.
ELENITA	¡Qué tentación! Bueno, un pedacito nada más.

(Elenita come un poco, camina un poco y de pronto se encuentra con dos amigas.)

JOSEFINA Y ELISA	¡Hola, Elenita! ¡Cuánto tiempo sin verte!
ELENITA	¡Qué sorpresa! No sabía que estaban aquí . . . y tu hermano Tomás, ¿cómo está?
ELISA	Está muy bien, pero no pudo venir a la fiesta.

(Las muchachas se acercan a la mesa y miran los platos que hay.)

JOSEFINA	¡Mira, Elenita! ¡Qué bocadillos de pollo tan sabrosos! Prueba uno.
ELENITA	Bueno, uno sólo, . . . y esas enchiladas tan sabrosas. ¡Tráeme una!

(Josefina le trae una enchilada.)

ANITA	Y tú, ¡come la torta de chocolate! ¡Está tan rica!

(Las muchachas comen alegremente cuando Eduardo se acerca y . . .)

EDUARDO	Pero, Elenita, ¿no estabas a dieta?
ELENITA	Eduardo, ¡por favor! Tú siempre con tus cosas.
EDUARDO	Sí, pero no estoy a dieta como tú.
JOSEFINA Y ELISA	Vamos, ¡no discutan ahora! Las fiestas son para divertirse.
EDUARDO	Elenita, ¿me perdonas?
ELENITA	Por supuesto . . . si me sacas a bailar.
EDUARDO	Mira, están tocando nuestra canción favorita. ¿Bailamos ahora?

2 Actividad • Preguntas y respuestas

Answer each of the following questions in complete sentences.

1. ¿Quién estaba a dieta?
2. ¿Qué le dijo Eduardo a Elenita?
3. ¿Con quién se encontró Elenita?
4. ¿Quién no pudo venir?
5. ¿Qué probó Elenita?
6. ¿Para qué son las fiestas?
7. ¿Quién saca a bailar a Elenita?

3 Actividad • ¡A escoger!

Choose the correct word in parentheses to complete each sentence.

1. Eduardo (probó, probaba) la torta de chocolate.
2. Elenita (estuvo, estaba) a dieta.
3. No (vio, veía) a sus amigas desde hacía mucho tiempo.
4. Tomás no (pudo, podía) venir a la fiesta.
5. Ellas (comieron, comían) cuando él se acercó.
6. Oyeron que (tocaron, tocaban) su canción favorita.

4 Actividad • ¿Qué escribías en tu diario?

Prepare an entry for your diary describing the last party you attended. Use the preterit and the imperfect tenses. Here are some hints.

¿A qué hora llegaste? ¿Y los otros invitados?
¿Cuánta gente había? ¿Quién no estaba?
¿Qué pasó?
¿Bailaste? ¿Con quién? ¿Y los demás?
¿Qué había de comer?
¿A qué hora terminó la fiesta?

5 Actividad • ¡Ayúdame, por favor!

You are getting things ready for a party and your friends are helping you. Tell them what to do.

MODELO   Evelio / comprar los refrescos.
            Evelio, compra los refrescos, por favor.

1. Alicia / traer las flores
2. Víctor / poner un casete
3. Rosalía / contestar el teléfono
4. Antonio / volver a abrir la puerta
5. Silvia / hacer los bocadillos
6. Tere / empezar a servir la comida

Using the illustrations as clues, describe what each person did before the party. Follow the model.

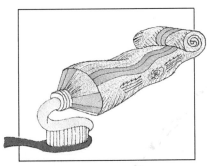

MODELO   la señora Gómez
La señora Gómez se cepilló los dientes.

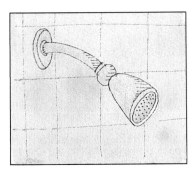

1. Elisa   **2.** Laura

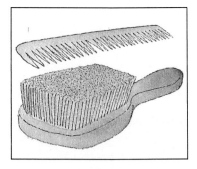
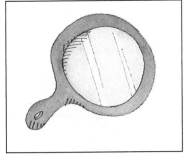

3. Toni   **4.** Eduardo   **5.** María Isabel

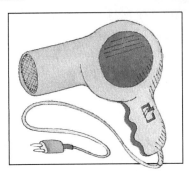

6. César   **7.** el señor Díaz

Actividad • ¿Quién se va de viaje?

While at a party, you love to chat with your friends. Complete the following
sentences with the correct form of the verb in parentheses.

1. Marta (irse) de viaje mañana.
2. Elenita (servirse) toda la tortilla anoche.
3. Yo quise (ponerse) a dieta todos los días.
4. Tú no (quedarse) en casa el sábado pasado.
5. David (enfermarse) anoche.
6. Los niños (dormirse) temprano todas las noches.
7. Nosotros (prepararse) más enchiladas.

8   **SITUACIÓN • ¡Qué pena!**

Laura went shopping for the party. When she came back, she found this note on
the door.

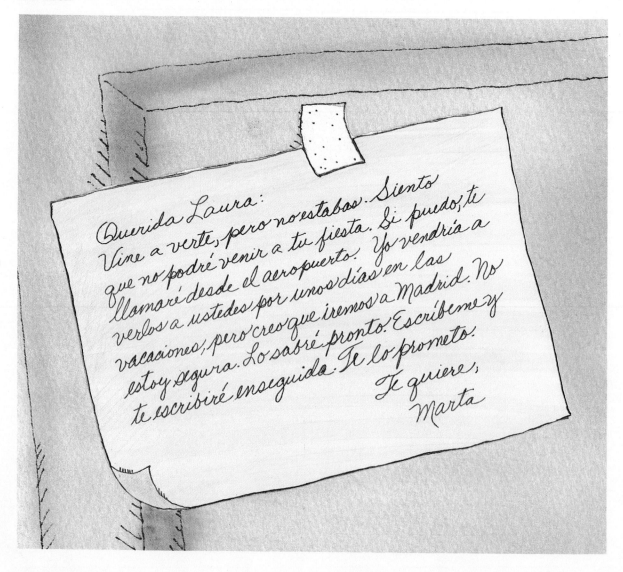

Querida Laura:

Vine a verte, pero no estabas. Siento
que no podré venir a tu fiesta. Si puedo, te
llamaré desde el aeropuerto. Yo vendría a
verlos a ustedes por unos días en las
vacaciones, pero creo que iremos a Madrid. No
estoy segura. Lo sabré pronto. Escríbeme y
te escribiré enseguida. Te lo prometo.

Te quiere,
Marta

9 Actividad • Dime cuándo

Looking at Marta's note, find two actions that have already happened; two that are happening in the present; two that will happen in the future; and two that might happen.

10 Actividad • Querida Marta . . .

Write to Marta. Imagine you are Laura, and comment on Marta's note. Do not forget to tell her how the party was.

11 Actividad • ¡A escribir!

Your cousin comes to the city unexpectedly and you want to give a party. You have only one day to prepare. What would you do? Make a list of the things you would do. Here are some hints:

¿A quién invitarías?
¿Qué prepararías de comida? ¿de bebida?
¿Dónde sería la fiesta?
¿Qué música pondrías?
¿Qué más harías?

12 Actividad • Palabras y más palabras

Choose a word that is not related to the others from each group.

1. graduaciones	aniversarios	bodas	carnavales
2. noveno	séptimo	cuarto	cuatro
3. pierna	régimen	espalda	cintura
4. sabía	esperaba	iba	celebro
5. afeitarse	cepillar	bañarse	vestirse
6. nadie	algo	alguien	algunos
7. secadora	desodorante	peine	enjuague
8. jabón	nariz	ojos	boca
9. espinacas	zanahorias	apio	almuerzo
10. llegará	iré	era	abriré
11. artículo	progreso	adelanto	tecnología
12. Teresita	Saulito	Manuel	Angelita

13 Comprensión

You will hear Arturo's description of his trip to Spain. It consists of three paragraphs, each followed by four statements. After listening to each paragraph, decide if the statements are true (**verdadero**) or false (**falso**). Check the appropriate space on your answer sheet.

	1	2	3	4	5	6	7	8	9	10	11	12
Verdadero												
Falso												

Viñeta cultural 3

Lugares de interés

El mundo hispánico le ofrece al viajero todo lo que podría interesarle. En España, por ejemplo, se encuentra la ciudad de Segovia, famosa por su acueducto romano. Este acueducto, que mide *(measures)* 2,500 pies de largo y 85 de alto, todavía abastece de *(supplies)* agua a la ciudad. Otros lugares de interés para el viajero son las catedrales de León, Barcelona, Burgos, Toledo y Sevilla que son muestras *(samples)* incomparables de la arquitectura gótica.

La estatua de Cristóbal Colón domina (dominates) *el sector portuario* (harbor area) *en la ciudad de Barcelona, España.*

El acueducto romano de Segovia

El Alcázar, castillo histórico y legendario, fue una vez residencia de los Reyes Católicos. Está en Segovia, España.

La Catedral de Barcelona, ejemplo del estilo gótico en España

En la región de Andalucía, al sur de España, es donde verdaderamente se puede apreciar el esplendor de la España musulmana. Los palacios árabes de La Alhambra y El Generalife, en las afueras de Granada, son verdaderas joyas (jewels) arquitectónicas y la torre (tower) de La Giralda también posee una belleza inigualable (unequalled).

Madrid, la capital de España, es una ciudad de incomparable belleza. La Plaza Mayor fue una vez el centro de la ciudad y aún hoy día su arquitectura barroca atrae (attracts) los visitantes. El Palacio Real es otra muestra de la arquitectura barroca.

La Giralda en Sevilla fue construida por los árabes en el siglo XII. Hoy día es la torre de la Catedral de Sevilla.

La Plaza Mayor, Madrid, España

El Palacio Real de Madrid ha sido asiento (the seat) de la monarquía española desde el siglo XVIII.

Los jardines del Generalife en Granada cuentan con múltiples fuentes (fountains) que refrescan el ambiente (environment).

El palacio morisco (Moorish) de La Alhambra es una de las joyas arquitectónicas de Granada.

En los museos de Madrid, incluyendo El Prado, se pueden ver cuadros *(paintings)* de grandes maestros *(masters)* españoles, tales como El Greco, Velázquez, Goya y Picasso.

Velázquez: "La reina Isabel, esposa del rey Felipe IV"

El Prado, uno de los más grandes museos del mundo, contiene una vasta colección de obras (works) *de arte.*

El Greco: "El entierro del Conde de Orgaz"

Goya: "La Maja y los embozados"

En Hispanoamérica también se encuentran lugares de interés. En México, a lo largo de la península de Yucatán, así como también en Guatemala y en Honduras, se pueden ver numerosas ruinas de ciudades precolombinas, tales como Uxmal, Chichén Itzá, Tikal Copán. Todas ellas son ejemplos de la magnífica civilización maya.

Mercado Libertad en Guadalajara, México

Ruinas de la gran civilización maya, en Palenque, México

El Museo de Arte Popular en Mérida posee bellas muestras de tejidos (samples of hand-woven fabrics).

Una vista de Mérida en Yucatán

Impresionante perspectiva de la Casa de las Monjas en Uxmal

Uno de los lugares más interesantes de toda Hispanoamérica es la ciudad inca de Machu Picchu en Perú. Situada en la cordillera (*mountain range*) de los Andes, Machu Picchu es una de las más impresionantes muestras de la civilización inca.

El mercado del Sol en Pisac, Perú

Ruinas de Machu Picchu, la ciudad perdida de los incas que fue descubierta (was discovered) *por el arqueólogo norteamericano H. A. Bingham en 1911.*

Una vista de la Plaza de Armas en Lima, Perú

Cuando se habla de bellezas naturales (*natural beauty*), pocos lugares en el mundo se pueden comparar con las mundialmente conocidas (*world renowned*) playas hispánicas y las cristalinas aguas del Caribe.

El Morro en San Juan, fuerte defensor de la isla de Puerto Rico

Disfrutando de un día de playa en Caraballeda, Venezuela

Este velero (sailboat) *se acerca a una de las bellas playas de Santo Domingo.*

Pescadores (Fishermen) *en el puerto de Campeche, México*

Debido (*Due to*) a sus lugares de gran valor cultural, al igual que a sus bellezas naturales, el mundo hispánico sigue siendo (*continues to be*) un mundo de gran interés para el viajero.

Montevideo, en Uruguay, cuenta con hermosas avenidas y numerosos restaurantes.

Vista del Capitolio de Caracas, Venezuela. Una pintura (painting) panorámica representando la Batalla de Carabobo cubre la cúpula (dome) del Capitolio. Esta batalla (battle) fue una importante victoria en la guerra (war) de la independencia contra los españoles.

Cuzco, antigua capital de los incas, en el Perú

Un día placentero en la bella isla de Puerto Rico. Al fondo puede verse el castillo del Morro.

TERCERA PARTE

285

UNIDAD 9

La juventud

Young people in the Hispanic world have similar ambitions, needs, and means of entertaining themselves as their peers in the United States. Although there may be cultural differences, the Hispanic teens think and act just like teenagers everywhere.

In this unit you will:

SECTION A	report what somebody said . . . ask for help or give a warning
SECTION B	express amazement and pity . . . make comparisons . . . express needs and desires
SECTION C	congratulate someone . . . direct others to tell someone else to do something
TRY YOUR SKILLS	use what you've learned
VAMOS A LEER	read for practice and pleasure

La juventud   287

reporting what somebody said . . . asking for help or giving a warning

Fairs in Spanish-speaking countries are similar to those in the United States. Everyone enjoys the wild rides, the candied apples, and having a great time with friends.

A1 ## Narciso el bello

En casi todos los pueblos de España siempre hay un festival o una verbena adonde va todo el mundo. Aquí estamos en una verbena. Veremos qué pasa . . . Narciso Domínguez es el muchacho más guapo y más popular de la escuela. Todas las chicas siempre quieren salir con él. Hoy hay mucha gente en la verbena de San Juan.

MARÍA ELENA Mira, Pili, allí veo a Narciso . . . ¡qué guapo es! Fíjate, está comprando las entradas para montar en el pulpo. Estoy segura de que se sentará aquí con nosotras.

PILAR No, no lo creo porque ahí está Lolita Martorell. Mi hermano me dijo que él antes salía con Silvia, pero dicen que ahora está saliendo con Lolita.

MARÍA ELENA Pues mira, ya se sentaron juntos. Ay, ésa es la chica más antipática del mundo.

(Carmen y sus amigas también ven a Narciso y a Lolita.)

CARMEN   Miren, chicas. Allí está Narciso.

CLARA   Sí, ya lo vimos, pero está con Lolita. Compraron churros y se los están comiendo juntos.

ADA   Y ahora Narciso va a tirar al blanco y ella está a su lado.

SILVIA   ¡Bah! Algún día se dará cuenta de que nosotras somos mucho más atractivas que Lolita.

CARMEN   ¡Ay, pero qué bello es . . . !

A2   Actividad • Preguntas y respuestas

Use the information in A1 to answer the following questions.

1. ¿Por qué todas las chicas siempre quieren salir con Narciso?
2. ¿Dondé están los chicos?
3. ¿De qué está segura María Elena?
4. ¿Con quién salía Narciso antes?
5. ¿Con quién está saliendo ahora?
6. ¿Quiénes se sentaron juntos en el pulpo?
7. ¿Qué dice María Elena de Lolita?
8. ¿Qué dice Silvia?

Las romerías son muy populares en España, y los españoles con cualquier pretexto inventan una. Las ferias hispánicas se parecen un poco a las ferias de los Estados Unidos y también son muy populares. Hay muchos espectáculos, juegos y lugares para comer y divertirse.

Además, cada pueblo español tiene un santo patrón. El santo tiene un día que se celebra con una fiesta. En la víspera (eve) hay una verbena o fiesta nocturna. La romería es la peregrinación (pilgrimage) a la tumba (tomb) o iglesia del santo. La gente pasa el día al aire libre comiendo y bailando.

Por diez días Pamplona celebra la fiesta de San Fermín. Todos los años, el 7 de julio, la ciudad se llena de turistas. Vienen a ver a los jóvenes correr por la calle delante de los toros (bulls). ¡Qué alboroto (confusion)!

A4 SE DICE ASÍ
Reporting what others say

Mi hermano me dijo que...	My brother told me...
Alguien me dijo que...	Somebody told me...
La gente dice que...	People say...
Dicen que...	They say...

To report what somebody said, you can name your source or begin the sentence with **alguien** or **la gente.** You may also use the verb in the third person plural with no subject expressed.

A5 Comprensión

Listen carefully to the following ten statements. Decide if each statement represents an event that is occurring now **(ahora),** in the past **(pasado),** or in the future **(futuro).** Mark the appropriate space on your answer sheet.

MODELO   Nosotros estamos planeando una fiesta para el sábado.

	0	1	2	3	4	5	6	7	8	9	10
Ahora	✔										
Pasado											
Futuro											

¿RECUERDAS?
Review of the Spanish indicative mood

Anita **estudia** en la escuela secundaria.	*Anita is in high school.*
Luis y José **van** a la playa todos los días.	*Luis and José go to the beach every day.*
Tomás **comió** en el restaurante El Sombrero la semana pasada.	*Tomás ate at El Sombrero restaurant last week.*
Adela y Lupe **van a ir** a España en el verano.	*Adela and Lupe are going to Spain during the summer.*
Jorge **está hablando** por teléfono.	*Jorge is talking on the phone.*
Yo **llegaré** a las ocho.	*I'll be here at eight.*
Ella **iría** de compras, pero no tiene dinero.	*She would go shopping, but she has no money.*
Salían juntos todas las tardes.	*They went out together every evening.*

All the sentences above are in the Spanish indicative mood. Remember that the Spanish indicative mood is used to describe or report what is happening either in the past, the present, or the future. That is, it expresses facts, or something factual and definite. The tense indicates when the action happened. For example, a verb in the present tense indicates that the action is happening now, while a verb in the preterit tense indicates a past action.

A7 Actividad • ¡A completar!

Change the verb in parentheses to the correct indicative tense form (present, preterit, imperfect, or future).

El año pasado yo (estudiar) ____ español en la clase del señor Domínguez. La clase (ser) ____ muy grande porque (tener) ____ muchos estudiantes. Este año yo (estar) ____ en la clase de la señorita Taylor. La clase (ser) ____ muy pequeña, pero también (ser) ____ muy interesante. Ahora nosotros (escribir) ____ composiciones. A mí me (gustar) ____ mucho las composiciones. El año que viene nosotros (graduarse) ____ de la escuela y yo (ir) ____ a la universidad y también (tomar) ____ muchos cursos de español.

A8 Actividad • ¿Qué me cuentas?

Team up with another student and ask each other the following questions.

1. ¿Estás trabajando en algún lugar? ¿Dónde?
2. ¿Cuándo fue la última vez que fuiste de compras con tus amigos?
3. ¿Con quién salías antes y cómo era esa persona?
4. ¿Con quién estás saliendo ahora y cómo es esa persona?
5. ¿Qué hiciste anoche?
6. ¿Qué harás este fin de semana?
7. ¿Cómo se llamaba tu profesor(a) de español el año pasado y cómo se llama tu profesor(a) de español este año?
8. ¿Qué planes tienes para las vacaciones del verano?
9. ¿Cuáles son tus planes para después de la graduación?

ESTRUCTURAS ESENCIALES
The superlative construction

The Spanish superlative is equivalent to *the . . . -est* or *the most*, as in *the prettiest girl* or *the most beautiful garden*. It also expresses the other extreme, as in *the least beautiful garden*. To form the Spanish superlative, follow the chart.

el, la, los, las (+ noun) +	**más** *or* **menos**	+ adjective + **de**

Ana María es **la** estudiante **más** inteligente **de** la clase.	*Ana María is the most intelligent student in the class.*
¿Quiénes son **los** estudiantes **menos** atentos **de** la escuela?	*Who are the least attentive students in school?*
Narciso es **el más** guapo **de** todos.	*Narciso is the most handsome of all.*

ATENCIÓN: Notice that **de** is equivalent to *in* or *of* in English.

Actividad • El sabelotodo   *The know-it-all*

There is always a know-it-all in every group. Play the role of the know-it-all by following the model.

> MODELO   Narciso es un estudiante guapo. (el grupo)
> Narciso es el estudiante más guapo del grupo.

1. Silvia es una chica bonita. (la clase)
2. La tercera lección es una lección muy fácil. (el curso)
3. Daniel y Ricardo son jugadores altos. (el equipo)
4. Romualdo es un dependiente amable. (la tienda)
5. Bruno no es un estudiante inteligente. (la escuela)
6. Yo soy un muchacho atlético. (el pueblo)
7. Alejandra y yo somos unas personas simpáticas. (el país)

Actividad • Mi familia

Get together with a classmate and ask the following questions about each other's real or imaginary family.

> MODELO   ¿Quién es la persona más alta de tu familia?
> Mi hermano Rafael es la persona más alta de mi familia.

1. ¿Quién es la persona más simpática de tu familia?
2. ¿Quién es la persona más artística de tu familia?
3. ¿Quiénes son las personas más fuertes de tu familia?
4. ¿Cuál de tus hermanos es el más delgado?
5. ¿Quién es la persona más joven de tu familia?
6. ¿Quién es la persona más guapa de la familia?

1. la montaña rusa
2. la rueda giratoria
3. el tiro al blanco
4. el pulpo
5. el coche de topetazos
6. el tiovivo
7. la rifa
8. la churrería
9. la taquilla
10. el rifle
11. el muñeco

bajarse — *to step down*
subirse — *to get on*
marearse — *to get dizzy (motion sickness)*
sacarse la rifa — *to win the raffle*

Actividad • Descripción del dibujo

After looking at the illustration in A12, answer the following questions.

1. ¿Dónde se pueden comprar los billetes?
2. ¿Qué están haciendo los chicos en la montaña rusa?
3. ¿Qué le pasó a la chica que se bajó del pulpo?
4. ¿Por qué está contento el chico que tiene el muñeco?
5. ¿Qué está haciendo el chico que tiene el rifle?
6. ¿Qué comen los dos niños?

A14 Actividad • ¿Qué te gusta a ti?

It is now time to talk a bit more about yourself by answering the following questions.

1. ¿Cuándo fue la última vez que fuiste a una verbena?
2. ¿Fuiste solo o con alguien más?
3. ¿Te gustaría ir de nuevo a una verbena? ¿Por qué?
4. ¿En cuál de los juegos te diviertes más?
5. ¿Cuál de ellos es el que te gusta menos?
6. ¿Te sacaste algo en alguna rifa? ¿Qué te sacaste?
7. ¿Qué cosas comes cuando vas a una verbena?

A15 SITUACIÓN • Practicando la tabla vela

El sábado pasado Ricardo, Daniel, Pedro y Rodrigo fueron a la Costa Brava a practicar la tabla vela.

Al llegar a la playa, estacionaron sus motos frente al muro y fueron a la caseta a alquilar el equipo.

Había mucha gente en la playa. Era un día hermoso y el mar estaba en calma.

Como no hacía mucho viento, el día estaba perfecto para los principiantes de tabla vela. Había muchos principiantes ese día, y todos alquilaban el equipo temprano para aprovechar el tiempo.

A16 Actividad • ¿Es así o no es así?

Decide whether each statement is true or false according to A15. Correct the false statements.

1. El sábado pasado los chicos fueron a la playa a practicar béisbol.
2. Ellos fueron en bicicleta.
3. Ellos estacionaron sus motos frente a la caseta.
4. Los chicos fueron al muro a alquilar el equipo.
5. Era un día hermoso y el mar estaba en calma.
6. El día estaba perfecto para los principiantes porque hacía mucho viento.

A17 Actividad • Mi primo Alfredo

Change the verb in parentheses to the correct form of either the preterit or imperfect tenses.

Mi primo Alfredo (ir) a un festival en la Costa Brava y (estar) allí por tres días. En el festival mi primo (conocer) a una chica que (ser) alta y morena, y que (tener) los ojos azules. Ella (llamarse) Ester y (ser) de Israel. Alfredo y Ester (montar) en la montaña rusa y después (ir) al tiovivo. Ellos (divertirse) mucho y la (pasar) de lo mejor.

A18 Actividad • ¡A escribir y a hablar!

Imagine that you were either at the beach or at a carnival last Saturday and you want to tell the class about it. Prepare a report, using both the preterit and the imperfect, and then be prepared to read your composition aloud in class.

A19 SITUACIÓN • Divirtiéndose en la playa

Pedro y Rodrigo practicaron la tabla vela por mucho rato. Al terminar de practicar la tabla vela, cargaron la vela y Rodrigo la enrolló en el mástil.

Luego fueron a la playa y se reunieron con Daniel, Ricardo y los demás del grupo, menos Andrés que no pudo ir porque pescó un resfriado.

Algunos de ellos jugaban al fútbol y otros conversaban cuando, de repente, Aurelio y sus primos agarraron a Mati, que gritaba "¡Auxilio! ¡Socorro!," y la echaron al agua. Todos pasaron un día magnífico.

A 20 Actividad • Combinación

Explain who completed each action in A19 by matching the elements in each box.

Andrés	enrolló la vela en el mástil
Pedro y Rodrigo	se reunieron con los demás
Rodrigo	echaron a Mati al agua
Algunos de los chicos	pescó un resfriado
Aurelio y sus primos	jugaban al fútbol

A21 Actividad • ¿Adónde fuiste?

Ask your partner where he or she went last weekend and why. Switch roles.

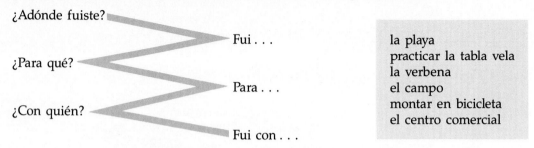

¿Adónde fuiste?

¿Para qué?

¿Con quién?

Fui . . .

Para . . .

Fui con . . .

la playa
practicar la tabla vela
la verbena
el campo
montar en bicicleta
el centro comercial

A22 Actividad • ¿Qué hacen o qué hicieron?

Choosing elements from each column, write eight sentences telling when and what each person is doing or did.

Andrés	estar	la verbena	ahora
Elena	sentarse	la tabla vela	el sábado pasado
Gerardo	comer	montar en el pulpo	a menudo
Gabriel	ir	el cine	de vez en cuando
Delia y Lola	alquilar	comer churros	todos los lunes
Los muchachos	estacionar	la cafetería	la semana pasada
Ernestina y Claudia	cargar	la rueda giratoria	el mes que viene
Tú	montar	la moto	los domingos

A23 SE DICE ASÍ
Asking for help or giving a warning

¡Auxilio!	Help!
¡Socorro!	Help!
¡Fuego!	Fire!
¡Cuidado!	Watch out!
¡Alto!	Stop!

These expressions can be very helpful in an emergency.

A 24 Actividad • ¡Auxilio!

Read each emergency situation below and choose an appropriate response from A23.

1. Someone was running away with your school bag.
2. There was a fire in the chemistry lab.
3. Your friend was about to step in a puddle.
4. You were windsurfing and noticed a shark in the water.

A 25 Actividad • El héroe

Complete the following paragraph with the correct forms of the preterit or imperfect tenses.

El sábado por la mañana yo (ir) ____ con mi perro a la playa. (Ser) ____ un día hermoso, y (haber) ____ mucha gente en la playa cuando todos (oír) ____ un grito de ¡Auxilio! ¡Socorro! Yó (ver) ____ que los gritos (ser) ____ de una muchacha que (estar) ____ en el agua y que no (saber) ____ nadar. Por un momento no (saber) ____ qué hacer, pero inmediatamente yo (echarse) ____ al agua y (nadar) ____ hacia donde (estar) ____ ella. Entonces, yo la (agarrar) ____ por el pelo y la (llevar) ____ hasta la playa. Yo (ponerse) ____ muy contento porque le (poder) ____ salvar la vida.

A 26 Actividad • ¿Adónde vamos?

Work with two or three classmates. Imagine that you are going out together. Decide where you are going, what you are going to do, and on what day and at what time you are meeting. Report your plans to the class.

¿Qué día?   ¿Qué van a hacer?   ¿Con quién?
¿A qué hora?   ¿Cómo van a ir?   ¿Adónde?

A 27 Actividad • Composición dirigida

Prepare a description in Spanish of your favorite hobby. Use the following outline as a guide.

    I. Introducción
        A. Mi pasatiempo favorito es . . .
        B. Cómo aprendí ese pasatiempo
        C. Fue fácil o difícil de aprender
    II. Desarrollo
        A. Por qué lo practico
        B. Dónde lo practico
        C. Cuándo lo practico
        D. Cómo lo practico
    III. Conclusión: Me gusta ese pasatiempo porque . . .

expressing amazement and pity . . . making comparisons . . . expressing your desires

Wouldn't it be great if you could do everything you always wanted to do? Unfortunately, that is not possible. Now and then it's necessary to cancel your plans and lend a helping hand.

B1

Mi mejor amiga 🔊

La pobre Claudia Acosta quiere ir a la playa el sábado, pero tiene tantas cosas que hacer que no va a poder ir. De pronto, suena el teléfono.

CLAUDIA Diga.

DIANA Hola, Claudia. Te habla Diana, ¿cómo te va?

CLAUDIA ¡Muy mal! Ay, Diana, tengo tanto trabajo que no puedo más.

DIANA ¡Qué barbaridad! ¿Qué te pasa?

CLAUDIA Imagínate, quería ir a la playa con el grupo, pero mi hermana necesita que yo la ayude con la tarea.

DIANA Eso no te va a tomar tanto tiempo, Claudia.

CLAUDIA Pero es que papá quiere que yo barra la terraza y que prepare unos bocadillos para la merienda. Mamá insiste en que yo lave y tienda la ropa. Con tantas cosas, no sé qué voy a hacer.

DIANA Mira, no te enfades. Te aconsejo que tomes las cosas con calma. Ahora mismo voy para tu casa a ayudarte.

CLAUDIA Gracias, Diana. Ya veo por qué eres mi mejor amiga.

Actividad • ¡A escoger!

Use the information in B1 to help you choose the most appropriate ending for each of the following sentences.

1. Claudia no va a poder ir a la playa porque
   • suena el teléfono. • tiene cosas que hacer. • Diana la va a ayudar.
2. Claudia quería ir a la playa con
   • unos amigos. • Diana. • su hermana.
3. Claudia recibe una llamada por teléfono de
   • Diana. • su hermana. • su mamá.
4. La hermana de Claudia necesita que ella
   • barra la terraza. • tienda la ropa. • la ayude con la tarea.
5. El papá de Claudia quiere que ella
   • lave la ropa. • vaya a la playa. • prepare unos bocadillos.

Actividad • Preguntas y respuestas

Answer the following questions according to B1.

1. ¿Adónde quiere ir Claudia el sábado?
2. ¿Qué dice Claudia cuando Diana le llama por teléfono?
3. ¿En qué insiste la mamá de Claudia?
4. ¿Qué le aconseja Diana a Claudia?
5. ¿Quién va a ayudar a Claudia?
6. ¿Por qué Diana es la mejor amiga de Claudia?

Sabes que . . .

En la mayoría de los países hispánicos, hasta
hace relativamente poco tiempo, era fácil
encontrar personas que hacían el servicio
doméstico y aún se pueden encontrar
sirvientes más fácilmente que en los Estados
Unidos. Sin embargo, mucha gente que antes
hacía el servicio doméstico, hoy día encuentra
trabajo en fábricas, oficinas y otros lugares
donde reciben un sueldo (salary) más alto y
trabajan menos horas al día. Por esta razón
y porque además, la esposa trabaja fuera de
la casa en muchas familias hispánicas, es
necesario dividir las labores domésticas entre
todos los miembros de la familia. Los jóvenes
tienen que ayudar a los padres y a los abuelos
con parte de las tareas de la casa.

B5 ESTRUCTURAS ESENCIALES
Irregular forms of comparatives and superlatives

Spanish, like English, has some irregular comparatives and superlatives.

Adjectives	Regular	Irregular	
bueno(a)	**más** bueno(a)	**mejor**	*better, best*
malo(a)	**más** malo(a)	**peor**	*worse, worst*
grande	**más** grande	**mayor**	*bigger, biggest*
viejo(a)	**más** viejo(a)		*older, oldest*
pequeño(a)	**más** pequeño(a)	**menor**	*smaller, smallest*
joven	**más** joven		*younger, youngest*

1. **Más bueno** and **más malo** are usually used to refer to moral qualities or conduct.

Cristina es **más mala** amiga **que** Angélica.	*Cristina is a worse friend than Angélica.*
Teresa es **la más buena de** todas mis amigas.	*Teresa is the best of all my friends.*

2. Use **mejor** and **peor** to refer to general qualities.

Mi tabla vela es **peor que** la tuya.	*My windsurfing board is worse than yours.*
Estas fresas son **mejores que** las de Toni.	*These strawberries are better than Toni's.*
Sí, pero éstas son **las mejores del** pueblo.	*Yes, but these are the best in town.*

3. **Más grande** and **más pequeño** are used to refer to size.

Esta camisa es **más grande que** aquélla.	*This shirt is bigger than that one.*
Mi casa es **más pequeña que** la tuya.	*My house is smaller than yours.*
La montaña rusa de la Ciudad de México es **la más grande de** todo el país.	*The roller coaster in Mexico City is the biggest in the country.*

4. Use **mayor** or **menor** to refer to age.

Josefina es **mayor que** Ana.	*Josefina is older than Ana.*
Roberto es **menor que** Ángel.	*Roberto is younger than Ángel.*
Eduardo es **el menor de** la familia.	*Eduardo is the youngest in the family.*

Actividad • Charla

Team up with another student and ask each other the following questions.

1. ¿Qué personas de tu familia son mayores que tú?
2. ¿Quién de tu familia es menor que tú?
3. ¿Quién es la persona mayor de tu familia?
4. ¿Quiénes son los mejores atletas de tu escuela?
5. ¿Quién es el mejor de tus amigos?
6. Para ti, ¿quién es la persona más buena del mundo?

B7 Actividad • Una encuesta

Make a survey of restaurants, current movies, and television programs in your home town. Select at least four items from each category and rate them according to the classifications listed in the chart.

	bueno(a)	malo(a)	el/la mejor	el/la peor
restaurante				
película				
programa de televisión				

SE DICE ASÍ
Expressing amazement and pity

¡Qué suerte!	How lucky!
¡Qué lástima!	What a pity!
¡Qué pena!	What a shame!
¡Qué horror!	How horrible!
¡Qué barbaridad!	How terrible!
¡No me digas!	You don't say!

B9 Actividad • ¡No me digas!

Use the appropriate expression from B8 to respond to each of the following statements.

1. ¡Antonio comió doce bocadillos de jamón!
2. Roberto está en el hospital.
3. Encontré el anillo que perdí hace una semana.
4. El tornado destruyó las casas.
5. Fui a Washington y conocí al Presidente.

B10 ESTRUCTURAS ESENCIALES
The Spanish subjunctive mood

1. You have already learned that the indicative mood is used to express or describe events that are real, factual, and definite. In this unit you will begin to use the Spanish subjunctive to express what you would like others to do and what others may want you to do.
2. To form the present subjunctive tense of regular -ar, -er, and -ir verbs, add the following endings to the **yo** form of the present indicative after dropping the -o.

Infinitive	Yo form Present Indicative	Stem of yo form	Present Subjunctive -ar	-er	-ir
estudiar aprender abrir	estudio aprendo abro	estudi- aprend- abr-	estudie estudies estudie estudiemos estudiéis estudien	aprenda aprendas aprenda aprendamos aprendáis aprendan	abra abras abra abramos abráis abran

Notice that regular -er and -ir verbs have the same endings in the present subjunctive tense.

Use of the Spanish subjunctive

The Spanish subjunctive is normally used in subordinate clauses, that is, in compound sentences with two verbs and two subjects.

subject +	verb in indicative	+	que	+ subject +	verb in subjunctive

La profesora **quiere que** Jorge **estudie** más.
Pres. Con-   Pres.
Ind. nector   Subj.

The teacher wants Jorge to study more.

1. The two clauses above are joined together with **que.**
2. Notice that the subjunctive appears in the clause after **que:**
   . . . **que** Jorge **estudie** más.

ATENCIÓN: The verb in the main clause is in the present indicative:
   La profesora **quiere** que . . .

B 11 Actividad • Adela y sus hermanos

Because Adela's mother is sick, Adela is in charge of the house. Here are some of the things she wants to tell her brothers and sisters to do. Help her out by following the model.

MODELO   Ana María / lavar los platos
              Adela quiere que Ana María lave los platos.

1. Pedro y Pablo / barrer su cuarto
2. Juan / comprar la leche
3. Alejandro / abrir las ventanas de la cocina
4. Ada / pasar la aspiradora por toda la casa
5. Arnaldo / limpiar la sala
6. Domingo y Diego / cortar el césped
7. Mariana / cocinar el pollo
8. Todos / ayudar en casa

B 12 Comprensión

Mr. Chávez has many things for his students to do. He names a task and then requests a student to carry out his instructions. If the instructions match the task, check **sí** on your answer sheet. If they do not, check **no.**

MODELO   Necesito mandar muchas cartas.
              Rafael, quiero que escribas estas cartas en la computadora.

	0	1	2	3	4	5	6	7	8	9	10
Sí	✔										
No											

ESTRUCTURAS ESENCIALES
The subjunctive to express demands, wishes, and requests

When you want to express demands, wishes, and requests, you need to use the present subjunctive in the subordinate clause.

Roberto necesita que **tú** le prestes el libro.   *Roberto needs that you lend him the book.*
Luisa desea que **sus amigos** hablen en español.   *Luisa wishes that her friends speak Spanish.*
La **profesora** quiere que **Elena** estudie más.   *The teacher wants that Elena study more.*

1. All of the Spanish sentences above have two clauses. Each clause has a different subject, because there is a person in the main clause who wants someone else in the subordinate clause to do something.
2. The subjunctive follows **que**.
3. Here are some important verbs you may use to express demands, wishes, and requests.

querer	*to want*	**permitir**	*to permit*
aconsejar	*to advise*	**recomendar**	*to recommend*
mandar	*to command*	**esperar**	*to hope*
pedir	*to ask*	**desear**	*to wish*
necesitar	*to need*	**insistir (en)**	*to insist*
prohibir	*to prohibit*	**sugerir**	*to suggest*

ATENCIÓN: If there is only one subject in the sentence, **que** is not used and the second verb is an infinitive.

Roberto **necesita leer** el libro.   *Roberto needs to read the book.*
Luisa **desea hablar** español.   *Luisa wishes to speak Spanish.*
La profesora **quiere estudiar** más.   *The teacher wants to study more.*

B14   Actividad • Nuestros profesores

The faculty members have something to say to the students. You can find out what they want by following the model.

MODELO   La señorita Banks prohibe que nosotros (beber)
refrescos en clase.
La señorita Banks prohibe que nosotros bebamos
refrescos en clase.

1. El director quiere que yo (escuchar) sus consejos.
2. La profesora de español desea que tú (hablar) español.
3. La señorita Ortiz pide que nosotros (aprender) dos idiomas.
4. El señor López aconseja que los chicos (escribir) cartas a varias universidades.
5. La profesora de matemáticas nos aconseja que (tomar) un curso de álgebra.
6. El supervisor insiste en que ellos no (comer) en clase.
7. El doctor Recio prohibe que ustedes (correr) por el pasillo.
8. La señora Murphy quiere que él (leer) la lectura.

David Alvarado es estudiante de secundaria. Está leyendo los clasificados en el periódico porque quiere conseguir un trabajo por las tardes. Así podrá ahorrar dinero y comprarse la moto que vio el otro día.

JOVEN

Necesitamos empleado joven para trabajar por las tardes en ferretería. Preferimos alguien con experiencia. Para solicitud de empleo, escriba a Mateo Hernández, Gerente, Ferretería La Llave, Apartado postal 354, Granada.

AYUDANTE DE PLOMERO

Solicitamos ayudante de plomero con experiencia en arreglar cañerías para trabajar por las tardes. Buen sueldo. Llame al 68523.

(Después de leer los clasificados, David decide consultar con su hermano Daniel.)

DAVID   (*mostrándole los clasificados*)   ¿Qué te parecen estos trabajos? Son los únicos que hay por las tardes. ¿Qué debo hacer? Necesito que me aconsejes.

DANIEL   Te aconsejo que le hagas una carta al gerente de la ferretería y que le digas que te interesa el trabajo . . . tú no sabes nada de plomería.

DAVID   Tienes razón. Hoy mismo le escribo una carta al señor Hernández.

B 16   Actividad • ¿Es cierto o no?

Correct the following sentences so they agree with the information in B15.

1. David Alvarado es estudiante de la universidad.
2. David quiere conseguir un trabajo para comprarse una tabla vela.
3. Mateo Hernández es el dependiente de la ferretería.
4. La ferretería necesita un empleado joven para trabajar por las noches.
5. David decide hablar con su papá.
6. David sabe mucho de plomería.

ESTRUCTURAS ESENCIALES
Present subjunctive of some irregular verbs

Many verbs that you have learned are irregular in the present indicative. However, notice that they form the present subjunctive in the same way as the regular **-ar**, **-er**, and **-ir** verbs. That is, they add the regular subjunctive endings to the **yo** stem of the present indicative.

Verb	**Yo** *form*	*Stem*	*PRESENT SUBJUNCTIVE*
decir	digo	dig-	dig**a**, dig**as**, dig**a**, dig**amos**, dig**áis**, dig**an**
hacer	hago	hag-	hag**a**, hag**as**, hag**a**, hag**amos**, hag**áis**, hag**an**
oír	oigo	oig-	oig**a**, oig**as**, oig**a**, oig**amos**, oig**áis**, oig**an**
poner	pongo	pong-	pong**a**, pong**as**, pong**a**, pong**amos**, pong**áis**, pong**an**
salir	salgo	salg-	salg**a**, salg**as**, salg**a**, salg**amos**, salg**áis**, salg**an**
tener	tengo	teng-	teng**a**, teng**as**, teng**a**, teng**amos**, teng**áis**, teng**an**
traer	traigo	traig-	traig**a**, traig**as**, traig**a**, traig**amos**, traig**áis**, traig**an**
venir	vengo	veng-	veng**a**, veng**as**, veng**a**, veng**amos**, veng**áis**, veng**an**

B 18 Actividad • Los padres de Lolita y Lilita

Lolita y Lilita are twin sisters with very strict parents. Find out what their parents tell them and complete the sentences with the correct forms of the verbs in parentheses.

1. Queremos que ustedes siempre (decir) _____ la verdad.
2. Lolita, ¡te prohibimos que (ver) _____ esa película!
3. Les sugerimos que (tener) _____ cuidado con esos chicos.
4. Lilita, te recomendamos que no (venir) _____ tarde del cine.
5. Les pedimos a ustedes que nos (prestar) _____ atención.
6. Insistimos en que las dos (oír) _____ nuestros consejos.
7. Lolita, no te permitimos que (salir) _____ con Carlitos.
8. Lilita, te recomendamos que (hacer) _____ tus tareas todos los días.

B 19 Actividad • Combinación

Combine elements from each column to form nine sentences. Follow the model.

MODELO   Yo necesito que tú estudies conmigo.

Ella	aconsejar	Ud.	venir temprano a clase
Mis padres	querer	mis amigos	manejar con cuidado
Tu hermana	desear	nosotros	salir con ella
Tú	esperar	yo	ver ese programa
Mi tío	prohibir	que mi primo	trabajar en su tienda
Adela	necesitar	Elena	llamar a la casa
Los muchachos	insistir (en)	la directora	hacer la cena temprano
La profesora	sugerir	los alumnos	traer la tarea
Don Alonso	recomendar	los sobrinos	salir temprano

cocinero

dependiente

mecánico

plomero

camarera

cartero

jardinero

intérprete

carpintero

cajera

Actividad • Combinación

Join the elements in the two boxes to form ten logical sentences. Use B20 as a guide.

una cocinera	vender artículos
una intérprete	hacer una mesa
una cajera	arreglar el carro
un plomero	tener que saber idiomas
un cartero	reparar las cañerías
un jardinero	entregar las cartas
una dependienta	servir la comida
una camarera	contar el dinero
un mecánico	cortar el césped
un carpintero	preparar la comida

B 22 Actividad • ¡A escribir!

Prepare five classified ads to place in the newspaper. Here are some of the people you might be looking for in your ads. Each ad should be about two lines.

una cocinera
una intérprete
un carpintero
una dependienta
un camarero
un mecánico

B 23 SE ESCRIBE ASÍ
Salutations and complimentary closings for business letters

Saludos		Despedidas	
Distinguida señora:	Dear Madam:	Muy agradecido por su atención,	Very grateful for your attention,
Estimado señor:	Dear Sir:	Atentamente,	Very truly yours,
Muy señores míos:	Gentlemen:	Suyo afectísimo,	Cordially,
Muy señor nuestro:	Dear Sir:		

B 24 Actividad • ¡A escribir!

Imagine that you have just read the classified ads and found a job that sounds interesting. Write a letter inquiring about the job. Be sure to include your qualifications.

Going on an interview for a summer or part-time job can be nerve-racking. You must be confident in your abilities and have a positive attitude. So, don't worry beforehand. You may get the job and then congratulations will be in order.

C1   La carta del gerente 📼

Después de varios días, el cartero le entrega una carta a David. Al mirar el remitente, David ve que es una carta del señor Hernández. Abre el sobre, saca la carta y comienza a leerla.

Ferretería La Llave
Apartado postal 354
Granada, España

17 de octubre

Sr. David Alvarado
Avenida Cristóbal Colón 11
Granada, España

Estimado Sr. Alvarado,

Acusamos recibo de su carta del tres del presente y nos es grato informarle que le concederemos una entrevista el día 25 del presente a las diez de la mañana. Creemos que Ud. es uno de los mejores candidatos para el puesto y las recomendaciones del señor Joaquín Blanco, su antiguo jefe, son magníficas.

En cuanto a sus preguntas sobre el puesto, queremos que el candidato sea puntual y que esté disponible por las tardes. También necesitamos que el candidato conozca los productos y los coloque con cuidado en los estantes. Por último, deseamos que atienda cortésmente a los clientes, les dé buen servicio y sepa operar la caja. Le adjunto una solicitud de empleo. Haga favor llenarla y traerla el día de la entrevista.

Atentamente,

Mateo Hernández

Mateo Hernández, Gerente

C2 Actividad • Preguntas y respuestas

Use the information in C1 to answer the following questions.

1. ¿Quién le entrega la carta a David?
2. ¿De quién es la carta?
3. Según el señor Hernández, ¿quién es uno de los mejores candidatos para el puesto?
4. ¿Para cuándo es la entrevista de David?
5. ¿Quién es Joaquín Blanco?
6. ¿Qué le adjunta el señor Hernández con su carta?
7. ¿Qué cualidades quiere el gerente que el candidato tenga?

C3 Sabes que . . .

En el mundo hispánico no es común que los estudiantes de secundaria trabajen durante el verano o después de clase. No hay tantos trabajos disponibles para los jóvenes como en los Estados Unidos, y muchos de los trabajos que hay los toman personas mayores.

Muchos jóvenes pasan las vacaciones de verano con sus padres o familiares en el campo, en la playa o en alguna otra ciudad. Si no tienen familiares en esos lugares o no pueden ir, se quedan en casa con la familia.

Algunos jóvenes, especialmente en los últimos años, tratan de encontrar trabajo en el verano para ahorrar dinero y poder comprarse algo costoso (*expensive*), como una bicicleta nueva o una motocicleta. Muchos de los jóvenes que trabajan, en general, lo hacen en el negocio de sus padres o de algún otro familiar.

C4 SE ESCRIBE ASÍ
Common introductions for business letters

Acusamos recibo de su carta...	We acknowledge receipt of your letter...
En relación con su carta del...	Regarding your letter dated...
Nos es grato informarle...	We are pleased to inform you...
Por medio de la presente tenemos el gusto de comunicarle...	Hereby we are pleased to inform you...
Sentimos comunicarle...	We regret to inform you...

ESTRUCTURAS ESENCIALES

Irregular verbs and verbs ending in -car, -gar, *and* -zar *in the present subjunctive*

A. The following verbs are irregular in the present subjunctive.

dar	estar	ir	saber	ser
dé	esté	vaya	sepa	sea
des	estés	vayas	sepas	seas
dé	esté	vaya	sepa	sea
demos	estemos	vayamos	sepamos	seamos
déis	estéis	vayáis	sepáis	seáis
den	estén	vayan	sepan	sean

Mi mamá quiere que Luisa le **dé** los libros a mis primos.	*My mother wants Luisa to give the books to my cousins.*
La profesora insiste en que **estemos** en clase temprano.	*The professor insists that we be in class early.*
Tomás, necesito que **vayas** a la tienda y compres huevos.	*Tomás, I need you to go to the store and buy eggs.*
Mis padres esperan que nosotros **sepamos** cómo hacer la tarea.	*My parents hope that we know how to do the homework.*
Tía Luisa desea que Anita **sea** más cariñosa.	*Aunt Luisa wishes that Anita were more affectionate.*

B. You have already studied the verbs ending in **-car, -gar,** and **-zar** in the preterit tense. These verbs have the same changes in all forms of the present subjunctive.

explicar	entregar	comenzar
explique	entregue	comience
expliques	entregues	comiences
explique	entregue	comience
expliquemos	entreguemos	comencemos
expliquéis	entreguéis	comencéis
expliquen	entreguen	comiencen

1. Verbs ending in **-car** change **c** to **qu** before **e** in all forms of the present subjunctive.

explicar → explique
Él quiere que tú **expliques** los ejercicios.   *He wants you to explain the exercises.*

2. Verbs ending in **-gar** change **g** to **gu** before **e** in all forms of the present subjunctive.

entregar → entregue
El gerente quiere que nosotros **entreguemos** la solicitud.   *The manager wants us to hand in the application.*

3. Verbs ending in **-zar** change from **z** to **c** in all forms of the present subjunctive.

comenzar → comience
Yo quiero que usted **comience** a trabajar mañana.   *I want you to start working tomorrow.*

C6 Actividad • El gerente

The store manager wants each of the employees to do something at the store.
Follow the model.

> MODELO   Ana / llegar temprano
>   El gerente quiere que Ana llegue temprano.

1. Gloria / ser atenta con los clientes
2. Domingo y Danilo / llegar temprano al trabajo
3. Tú y yo / ir a la oficina
4. Carlos y Miguel / saber los precios de los artículos
5. Dorotea / entregar la solicitud de empleo
6. Manolo / buscar la carta de David
7. Usted / dar una vuelta por la tienda
8. Tú / conocer a los otros empleados
9. Luis / no hablar con la secretaria
10. Tomás y Elena / ser puntuales
11. Gerardo / escribir la recomendación
12. La nueva empleada / escribir los anuncios
13. El joven / operar la caja
14. La dependienta / no hablar tanto por teléfono
15. El candidato / llegar temprano a la cita
16. El señor Gómez / explicar el horario nuevo

C7 Comprensión

You are working for a relative who owns a small business. Listen to each statement
and decide if it describes a quality you would be looking for in a new employee. If
the statement describes a favorable quality, check **sí** on your answer sheet. If it
does not, check **no**.

> MODELO   Deseamos que siempre llegue a tiempo.

	0	1	2	3	4	5	6	7	8	9	10
Sí	✔										
No											

C8. Actividad • Charla

Pair up with another student and imagine that you both have jobs. Ask each other
the following questions.

1. ¿Dónde trabajas tú?
2. ¿Cómo se llama tu jefe?
3. ¿A qué hora quiere que tú llegues al trabajo?
4. ¿A qué hora permite que ustedes salgan del trabajo?
5. ¿Qué cosas necesita tu jefe que ustedes hagan en el trabajo?
6. ¿Cómo quiere que ustedes sean en el trabajo?
7. ¿Qué prefiere que ustedes sepan?
8. ¿Qué les aconseja a ustedes?

El día 25, David llega a la Ferretería La Llave para su cita con el señor Hernández. Una recepcionista lo atiende.

DAVID   Buenos días, señorita. Soy David Alvarado y tengo una cita con el señor Hernández.

RECEPCIONISTA   Sí, un momento *(llamando por teléfono al señor Hernández).* Señor Hernández, aquí está David Alvarado.

SR. HERNÁNDEZ   *(hablando por teléfono)* Pídale que me traiga la solicitud y dígale que pase a mi despacho.

(En el despacho del señor Hernández)

SR. HERNÁNDEZ   Pase, joven, y siéntese.

DAVID   Muchas gracias.

SR. HERNÁNDEZ   *(mirando la solicitud)* Estoy muy satisfecho con sus referencias y su solicitud, pero ¿por qué dejó su trabajo en la ferretería El Águila?

DAVID   Porque ese trabajo era solamente durante el verano. ¿Podría decirme a qué hora empieza el trabajo y a qué hora termina?

SR. HERNÁNDEZ   Empieza a las cuatro y termina más o menos a las siete. ¿Tiene otra pregunta sobre el puesto?

DAVID   Sí, ¿cuánto es el sueldo?

SR. HERNÁNDEZ   El sueldo es de seis mil pesetas a la semana. ¿Alguna otra pregunta?

DAVID   No, gracias, no tengo más preguntas.

SR. HERNÁNDEZ   ¡Felicitaciones! El puesto es suyo.

Actividad • Preguntas y respuestas

Use the information in C9 to answer the following questions.

1. ¿Con quién tiene la entrevista David?
2. ¿Quién atiende a David al llegar a la ferretería?
3. ¿Con qué está satisfecho el señor Hernández?
4. ¿Por qué dejó David su trabajo en El Águila?
5. ¿A qué hora comienza y termina el trabajo?
6. ¿Qué le dice el señor Hernández a David al final de la entrevista?

C11 SE DICE ASÍ
Congratulating someone

Te felicito.	I congratulate you.
¡Enhorabuena!	Congratulations!
¡Felicitaciones!	Congratulations!
¡Felicidades!	Congratulations!

C12 Actividad • La entrevista

Choose a partner. Then take turns playing the role of a personnel manager. Ask and answer the following questions.

1. ¿Cómo se llama Ud.?
2. ¿Dónde vive?
3. ¿Dónde trabajó antes?
4. ¿Por qué dejó ese trabajo?
5. ¿Por qué quiere trabajar aquí?
6. ¿Podría darme algunas referencias?
7. ¿Qué experiencia tiene para este trabajo?
8. ¿Cuándo puede empezar el trabajo?

C13 Actividad • Más preguntas

You will now ask the "personnel manager" a number of questions and he or she will answer you.

1. ¿De qué hora a qué hora es el trabajo?
2. ¿Qué cosas tengo que hacer en el trabajo?
3. ¿Quién es el gerente?
4. ¿Qué tipo de ropa tengo que traer al trabajo?
5. ¿Dan vacaciones en el trabajo?
6. ¿Cuándo quiere que comience a trabajar?
7. ¿Cuánto es el sueldo?

Actividad • La solicitud de empleo

Imagine that you are looking for a job and that you need to fill out a job application. Copy and complete the following application correctly.

SOLICITUD DE TRABAJO

Puesto que desea _____ Sueldo que desea _____

Horas de trabajo ☐ Tiempo completo   ☐ Mañanas   ☐ Tardes

Apellidos	Nombre
Dirección (calle, ciudad, zona postal)	Teléfono

Fecha de nacimiento   Día___ Mes___ Año___   Sexo ☐ M ☐ F

Tiempo en la escuela		Nombre y dirección de la escuela	Año de graduación
de Mes Año	a Mes Año	Escuela secundaria o vocacional	

Tiempo en el trabajo		Puesto actual	Descripción del trabajo
de Mes Año	a Mes Año		

Tiempo en el trabajo		Último puesto	Descripción del trabajo
de Mes Año	a Mes Año		

Fecha _____   Firma _____

ESTRUCTURAS ESENCIALES
Indirect commands

To give an indirect command, use:

> **que** + **(lo)** + subjunctive + subject

Que trabaje Isabel.   *Let Isabel work.*
Que lo aprendan ellos.   *Let them learn it.*
Que se bañe Miguel.   *Let Miguel take a bath.*

1. Indirect commands usually give an order or instruction to a person who is to convey it to a third party.
2. Notice that the verb is in the third person singular or plural.
3. Object pronouns and reflexive pronouns precede the verb. To form a negative statement, **no** also comes before the verb: **Que *no* vayan al cine.**

C16 Actividad • El tímido   *The shy one*

Pair up with a classmate and imagine you are the manager of a hardware store. Give indirect orders to your employees, following the model.

MODELO   pasar al despacho (Elena)
         Que Elena pase al despacho.

1. traer la solicitud (Evaristo)
2. empezar mañana (Ramiro)
3. hablar en español (Graciela)
4. ser más rápido (ellos)
5. traer la cuenta (Tomás y Raúl)
6. esperar un momento (Clarisa)
7. ir a la caja (David)
8. colocar los productos en los estantes (Ana y María)

C17 Actividad • En mi trabajo

You got a job and you have been working for three months. Your boss is so pleased with you that he now depends on you to tell others what to do. Pair up with a partner. Repeat the instructions to your partner, who will convey them to a co-worker.

MODELO   Dígale a Alejandro que (ayudar) a los clientes.
         Dígale a Alejandro que ayude a los clientes.
         Alejandro, ayude a los clientes.

1. Pídale a Luisa que (ser) más amable con los clientes.
2. Dígale a Pablo que siempre (entrar) a las ocho.
3. Recomiéndeles a Belinda y a Melba que (venir) más temprano al trabajo.
4. Aconséjele a Carmen que (conocer) la mercancía.
5. Prohíbale a Cándido que (salir) temprano del trabajo.
6. Dígales a Eduardo y a María que (limpiar) la tienda.
7. Ordénele a Silvia que (ir) al banco.
8. Pídale a Luisa que (trabajar) más.

Actividad • Están ocupados

You ask the manager about the instructions you need to give to the new employees. But when you ask them to do something, they always seem too busy. Choose two classmates and follow the model.

MODELO

¿Qué le digo a Juan?

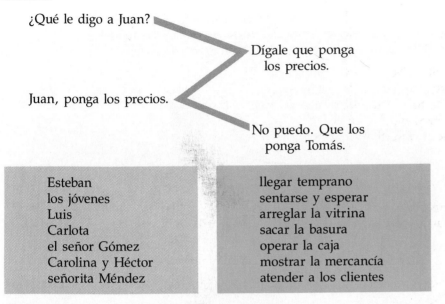

Dígale que ponga
los precios.

Juan, ponga los precios.

No puedo. Que los
ponga Tomás.

Esteban	llegar temprano
los jóvenes	sentarse y esperar
Luis	arreglar la vitrina
Carlota	sacar la basura
el señor Gómez	operar la caja
Carolina y Héctor	mostrar la mercancía
señorita Méndez	atender a los clientes

C19 Actividad • Charla

Pair up with a classmate and ask each other the following questions.

1. ¿Qué harías para buscar trabajo?
2. ¿Cómo te prepararías para una entrevista?
3. ¿A quién pondrías tú como referencia?

4. ¿Con quién te gustaría tener la entrevista?
5. ¿Qué harás si no te dan el trabajo?

C20 Actividad • Composición

You are competing for a job, and you believe you are the right person. Write a letter explaining why you are that person, taking into account the following suggestions.

I. Introducción
   A. Yo soy la persona ideal porque . . .
   B. Mis intereses son . . .
II. Desarrollo
   A. Mi experiencia para el trabajo
   B. Mis años de estudio en la escuela
   C. Los idiomas que hablo
   D. Mis referencias
   E. Otra información importante
III. Conclusión
   A. Mis cualidades personales son . . .
   B. Quiero que . . .

1 Los clasificados

Use what you have learned in this unit and the advertisements below as models to write a classified ad in Spanish for one of the following professions or trades.

secretaria   vendedor   arquitecto
mesero   programadora   ingeniero
recepcionista   cajero   plomero

2 Actividad • El comparativo y el superlativo

Compare the shops in your town, the movies now playing at the local cinema, and several famous actors or actresses. Use the comparative and superlative forms of the following adjectives.

bueno malo pequeño mayor menor

3 Actividad • El pretérito y el imperfecto

Complete the following paragraph, using the correct form of either the preterit or the imperfect tenses.

La semana pasada yo (salir) _____ a dar un paseo por la ciudad. Yo (querer) _____ ir a la verbena de San Juan, pero nadie (querer) _____ ir conmigo. Mientras (caminar) _____ por las calles de la ciudad, (pensar) _____ en mi amiga Aleida. Yo (pensar) _____ regresar a casa cuando (oír) _____ la voz de Aleida. Ella (traer) _____ un vestido muy hermoso. Yo la (invitar) _____ a beber un refresco y después nosotros (ir) _____ a la verbena de San Juan. Nosotros (montar) _____ en el pulpo, (comer) _____ muchos churros y (divertirse) _____ mucho.

4 Actividad • Yo quiero que . . .

You and a friend are planning a surprise party for your Spanish teacher. Tell your friend at least five things you want him or her to do. Then your friend should tell you what he or she wants you to do.

5 Actividad • Aquí mando yo

Today is the day of the surprise party. You need to get everything organized before your Spanish teacher arrives, but the people you need are not there. Give ten indirect commands to ten of your classmates.

Actividad • Los datos personales

You are applying for a job at a store in a shopping mall. Write a brief résumé in Spanish, listing in outline form the most important details of your education and work experience. Use the following résumé as a guide.

La carta solicitando trabajo debe ir con los datos personales, tales como los estudios y la experiencia de trabajo. Por ejemplo:

John Castagno
345 W. 89 Street
New York, NY 10024
Teléfono: (212) 618-2828

INFORMACIÓN

Nacimiento:	10 de septiembre de 1970
Ciudadanía:	Estados Unidos
Estado civil:	Soltero
Salud:	Excelente

ESTUDIOS

3 de junio de 1988
Graduado de la escuela secundaria
Escuela Secundaria Simón Bolívar
Caracas, Venezuela

HONORES

Primero de la clase
Medalla de oro en español
Miembro de la Sociedad Hispánica

EXPERIENCIA DE TRABAJO

Verano de 1988:	Supermercado La Abundancia: cajero
Verano de 1987:	Agencia de viajes Las Maravillas: guía de turistas
Verano de 1986:	Cine Rex: cajero en la taquilla

REFERENCIAS

Le envío con la carta las referencias de mis jefes en los tres empleos.

Actividad • Una carta

Write a business letter in Spanish inquiring about a job. Use the appropriate salutation, introduction, and complimentary closing. Be sure to include your résumé with the letter.

Dictado

Copy the following paragraph to prepare yourself for dictation.

Ayer la mamá de ____ le ____ : "Cari, necesito que ____ a la ____ ," y ella le contestó, "¡Mamá, estás loca! Yo no puedo ir ____ porque Eduardo ____ que yo ____ a su casa ahora mismo para ____ al ____ ." La mamá ____ : "Cari, te ____ ."

Letter *d*

1. The Spanish consonant **d** has two different sounds, depending on its position. After a pause and after the letters **n** or **l**, the Spanish **d** has a sound similar to the English **d**. Listen to the following words and repeat.

día	comprando
montando	dónde
Daniel	Domínguez
Rolando	diálogo

2. The Spanish consonant **d** at the end of a word is often not pronounced unless the following word starts with a vowel. Listen to the following words and repeat.

ciudad	verdad	actualidad	Madrid
amistad	dificultad	virtud	calidad

3. In all other positions the sound of **d** is similar to the *th* sound of *they*. Listen carefully and repeat the following words and sentences.

Eduardo	pesada
Rodrigo	estudio
verdadero	helado
ayudar	educación

Eduardo Domínguez está comprando demasiado.
Daniel decide ayudar a Rolando.

Contrasting the sounds of the Spanish *t* and *d*

Listen carefully and repeat the following sentences.

Debo tener diez tarjetas de cumpleaños.
El dependiente tiene mucho trabajo.
David practica la tabla vela todos los domingos.
Don Diego, tenemos el gusto de darle el puesto.

Actividad • Práctica de pronunciación

Listen carefully and repeat the following sentences.

Maldonado le dio dinero a don Diego.
Todos los días Daniel daba un paseo con Cándido.
Dolores le dijo adiós a su ciudad.
Secreto de dos, lo sabe Dios.
Después de cada día, nadie decía nada.

¿LO SABES?

Let's review some important points you've learned in this unit.

Are you able to talk about the best things in your life?
Discuss your favorite people, sports, and activities with a partner.

Do you know how to ask for help or warn others in an emergency?
Use a Spanish exclamation or expression for each of the following situations.
1. A fire is burning out of control.
2. A child is running in front of a car.
3. You are trapped in a locked room.
4. Someone is stealing your wallet.

Can you narrate a story in Spanish in the past?
Write a story in Spanish describing something that happened to you in the past.

Do you know how to express surprise or pity in Spanish?
React to each of the following statements.
1. Gané un premio en la rifa.
2. El fuego destruyó la casa de Jorge.
3. Lucía no puede ir a la verbena.
4. Hubo un accidente y murió mucha gente.

Do you know how to properly address a business letter?
Write three different salutations.

Do you know how to conduct interviews in Spanish?
Get together with three classmates and interview them for a job. Select the most qualified person based on the interview, and congratulate him or her.

Can you give an indirect command in Spanish?
Excuse yourself from doing certain things by saying who should do them.

VOCABULARIO

SECTION A

agarrar *to grab*
alquilar *to rent*
¡alto! *stop!*
atractivo, -a *attractive*
¡auxilio! *help!*
bajarse *to step down*
bello, -a *beautiful*
cargar *to carry*
la **caseta** *booth*
el **coche de topetazos** *bumper car*
¡cuidado! *watch out!*
la **churrería** *churro store*
darse cuenta de que *to realize that*
echar al agua *to throw in the water*
en calma *calm*
enrollar *to roll up*
el **equipo** *equipment*
estacionar *to park*
el **fuego** *fire*
marearse *to get dizzy*
el **mástil** *mast*
la **montaña rusa** *roller coaster*
el **muro** *outside wall*
pescar un resfriado *to catch a cold*
ponerse contento, -a *to become happy*
popular *popular*
el **pulpo** *octopus; amusement park ride*
la **rifa** *raffle*
el **rifle** *rifle*
la **rueda giratoria** *Ferris wheel*
sacarse la rifa *to win the raffle*
sentarse (ie) *to sit*
¡socorro! *help!*
subirse *to get on*
la **tabla vela** *windsurfing*
la **taquilla** *ticket booth*
el **tiovivo** *merry-go-round*
tirar al blanco *to shoot at a target*
el **tiro al blanco** *shooting gallery*
la **verbena** *fair; carnival*

SECTION B

aconsejar *to advise*
el **anuncio clasificado** *classified ad*
arreglar *to fix*
atentamente *cordially*
el **ayudante** *assistant*
la **cajera** *cashier (f.)*
el **cajero** *cashier (m.)*
la **cañería** *pipe*
el **carpintero** *carpenter*
el **cartero** *mail carrier*
la **cocinera** *cook (f.)*
el **cocinero** *cook (m.)*
consultar *to consult*
distinguida señora *dear madam*
esperar *to hope*
estimado señor *dear sir*
la **ferretería** *hardware store*
imaginarse *to imagine*
insistir (en) *to insist*
interesar *to be interested in*
el **intérprete** *interpreter*
mandar *to command; to send*
mayor *bigger; older*
 el mayor *biggest; oldest*
el **mecánico** *mechanic*
mejor *better*
 el mejor *best*
menor *smaller; younger*
 el menor *smallest; youngest*
mostrar (ue) *to show*
muy señor nuestro *dear sir*
muy señores míos *gentlemen*
¡no me digas! *you don't say!*
peor *worse;* **el peor** *worst*
la **plomería** *plumbing*
el **plomero** *plumber*
prohibir *to forbid*
¡qué barbaridad! *How terrible!*
¡qué horror! *how horrible!*
¡qué suerte! *how lucky!*
solicitar *to apply*
la **solicitud de empleo** *job application*
sugerir (ie) *to suggest*
suyo afectísimo *sincerely yours*
el **sueldo** *salary*
tender la ropa *to hang clothes*
tener razón *to be right*

la **terraza** *terrace*
tomar las cosas con calma *to take things calmly*

SECTION C

acusar recibo de *to acknowledge receipt of*
adjuntar *to enclose*
el **apartado postal** *post office box*
la **caja** *cash register*
el **candidato** *candidate*
la **cita** *appointment*
colocar *to place*
conceder *to grant*
cortésmente *courteously*
la **cualidad** *quality*
del presente *of this month*
el **despacho** *office*
disponible *available*
en cuanto a *in regard to*
en relación con *regarding*
¡enhorabuena! *congratulations!*
entregar *to deliver*
el **estante** *shelf*
¡felicitaciones! *congratulations!*
informar *to inform*
la **jefa** *boss (f.)*
el **jefe** *boss (m.)*
llenar *to fill (out)*
más o menos *more or less; so so*
nos es grato informarle *we are pleased to inform you*
operar *to operate*
por medio de la presente *hereby*
por último *finally*
el **puesto** *position; job*
puntual *punctual*
la **recepcionista** *receptionist*
la **recomendación** *recommendation*
el **remitente** *sender*
el **responsable** *the person in charge*
sacar *to take out*
satisfecho, -a *satisfied*
sentimos comunicarle *we regret to inform you*
el **sobre** *envelope*
tenemos el gusto de comunicarle *we are pleased to inform you*

Barrer - to sweep
el suelo - floor
la escoba - broom
el piso - floor (of a blg.)
stories

VAMOS A LEER

Antes de leer

There are many suffixes commonly found in Spanish. Three familiar suffixes are **-dad** (*-ity*), **-able** (*-ble*), and **-mente** (*-ly*). For each of these suffixes, find at least one word in the reading selection.

Preparación para la lectura

Answer the following before reading.

1. ¿Qué sabes de las entrevistas de trabajo? ¿Tuviste una recientamente?
2. ¿Cómo te fue? ¿Lo conseguiste?
3. ¿Qué aprendiste en esa entrevista?
4. ¿Piensas trabajar en el verano o en las Navidades?
5. Mira rápidamente la Lectura. ¿De qué trata la segunda parte de la Lectura?
6. Encuentra en la primera parte cinco palabras que no conocías pero que puedes entender por el contexto o porque son cognados.
7. Tú conoces la expresión "estoy muerto". ¿Puedes adivinar qué quiere decir "te estás muriendo de miedo"?

La entrevista

¡El sueño° de tu vida! El trabajo que tú más querías, pero que nunca pensaste que ibas a conseguir. Y te han llamado° para una entrevista, ¡mañana!

Tú sabes que los primeros tres minutos serán decisivos. La primera impresión es muy importante. Tú sabes que la persona que te va a entrevistar quiere descubrir cuáles son tus puntos fuertes y tus puntos débiles. Después te va a comparar con los otros candidatos. Y tú te estás muriendo de miedo. ¿Qué puedes hacer?

Necesitas preparar un plan para conseguir lo que quieres. Creo que te puedo ayudar. Aquí está el plan.

A. Antes de la entrevista es bueno saber algo más de la compañía, de los diferentes productos que fabrican o de los servicios que ofrecen a los clientes. Por ejemplo, si la compañía tiene varias sucursales°, sería bueno saber si hay más de una cerca de tu casa. Quieres dar la impresión de ser una persona bien informada.

Luego debes pensar si el trabajo es apropiado para ti. ¿Tienes alguna experiencia o cualidad en tu favor? ¿Es razonable° pensar que puedes tener éxito° en ese trabajo? ¿Puedes aprender lo que no sabes rápida-

---

sueño *dream*   **han llamado** *have called*   **sucursales** *branches*   **razonable** *reasonable*   **éxito** *success*

mente? ¿Tienes la personalidad que se necesita?

Después de analizar el trabajo y tu capacidad para hacerlo, pregúntate: "¿En qué puedo ser útil° a mi jefe? ¿Con qué puedo contribuir° a la compañía?" Entonces, ya estás listo para pensar en la segunda parte de tu tarea, la entrevista, sin olvidar el objetivo principal: conseguir el trabajo.

B. La imagen que tú proyectas es muy importante. Te recomiendo que te vistas sencillamente,° sin ningún extremo; zapatos limpios° (no tenis); posiblemente corbata si eres muchacho o falda si eres muchacha (no jeans). En el mundo de los negocios, estar elegante significa vestirse con moderación. Córtate el pelo, si te hace falta.° Si usas maquillaje, no exageres.

Durante la entrevista, cuida tus movimientos. Siéntate con buena postura, sin rigidez. Es mejor no hablar en voz alta, ni tampoco en voz muy baja. Sonríe°, pero no demasiado. Te aconsejo que practiques tus movimientos frente al espejo antes de la entrevista, o mejor aún, con un amigo o amiga. Tu objetivo es parecer amable y responsable.

útil *useful*   **contribuir** *contribute*   **sencillamente** *simply*   **limpios** *clean*   **te hace falta** *you need to*
sonríe *smile*

Al igual que tú proyectas una imagen, la persona que te entrevista te proyecta la suya. Observa la expresión de su cara y su manera de hablar. Mira lo que hay en su oficina y en su escritorio. ¿Qué te dice? Si la persona que te entrevista parece impaciente o mira el reloj, quizás tus respuestas son muy largas o inadecuadas. O tal vez es hora de despedirte. Te recomiendo que observes a tu entrevistador y que trates de actuar en armonía.

Escucha las preguntas con cuidado. Asegúrate° de que has entendido° y pregunta si es necesario. Es mejor establecer un diálogo natural desde el comienzo. Da solamente la información necesaria. Evita palabras o detalles negativos. Recuerda siempre tu razón para estar allí.

¿Recuerdas cuál es?

¡Buena suerte!°

---

asegúrate *make sure*   **has entendido** *have understood*   **razón** *reason*   **buena suerte** *good luck*

Actividad • Preguntas y respuestas

Answer the following questions about the reading selection.

1. ¿Por qué son importantes los primeros tres minutos de una entrevista?
2. ¿Qué quiere saber tu entrevistador?
3. La primera parte (A) de tu tarea tiene tres secciones que se refieren a tres temas diferentes. ¿Cuáles son?
4. ¿A qué se refiere la parte B?
   a. Estar elegante significa vestirse con moderación
   b. La imagen que tú proyectas
   c. Practica tus movimientos frente a un espejo
5. Por el contexto, ¿qué significa la palabra **fabrican** (página 326, Sección A, línea 3)?
6. Hay cognados fáciles de comprender pero difíciles de pronunciar. Repite **exagerar, postura, rigidez** y **establecer.**
7. ¿Puedes adivinar qué quieren decir **inadecuada, inútil** e **impaciente**?
8. Haz una lista de cognados de la Lectura. Vamos a ver quién de tu clase encuentra más cognados.
9. En conclusión, ¿cuál es el objetivo principal de esta entrevista?

Actividad • Familia de palabras

In the reading selection you will find words that belong to the same word family as those listed below. See how many you can find.

1. soñar
2. razón
3. fábrica
4. entrevista
5. información
6. maquillar
7. persona
8. comienzo

Actividad • ¡A escribir!

Prepare a list of things you should do or shouldn't do during a job interview. Then discuss it with a partner.

UNIDAD 10

La ciudad y el campo

In Spanish-speaking countries, life in the city varies greatly from life in the country. Although the city offers all the modern conveniences, it is often overpopulated, causing overcrowding, pollution, and traffic congestion. Country life offers tranquillity and a more relaxed atmosphere, but perhaps a more rugged life style. Which do you prefer?

In this unit you will:

SECTION A	report, describe, and narrate . . . describe things you have done in the past
SECTION B	express your likes and dislikes . . . warn others to refrain from doing something
SECTION C	express obligation or necessity . . . express doubt, disbelief, or denial
TRY YOUR SKILLS	use what you've learned
VAMOS A LEER	read for practice and pleasure

Argentina is the second-largest country in South America, and Buenos Aires is its largest city and capital. Argentina is an urban country with almost eighty percent of its population living in cities or towns. One out of every three Argentines lives in Buenos Aires!

A1   Una gran ciudad

Querida Marisa,

Te escribo desde la Argentina. He estado en Buenos Aires por seis meses y me ha fascinado la ciudad. Me siento ya un poco Argentino. Sé que no has estado aquí, pero quiero que vengas y te voy a decir por qué.

La capital de la Argentina, Buenos Aires, es una gran ciudad con muchos rascacielos. Tiene casi tantos habitantes como Nueva York, pero es más extensa. Está en el hemisferio sur. Eso quiere decir que cuando en los Estados Unidos es invierno, en la Argentina es verano. Así que te aconsejo que traigas tu traje de baño si piensas venir en diciembre.

Te mando unas fotos. Quiero que veas qué linda es la ciudad. Y, ¿qué he encontrado aquí tan especial? Pues, una gran variedad. Los habitantes de Buenos Aires se llaman porteños. Muchos de los porteños son descendientes de inmigrantes europeos y muchos de ellos llegaron de Italia a partir de 1880.

En Buenos Aires hay muchas actividades culturales y más de 120,000 estudiantes universitarios. Estoy seguro de que te gustaría pasear por la avenida más ancha del mundo, que se llama Nueve de Julio, o ir de compras por la calle Florida.

El fútbol es una pasión nacional aquí. Los argentinos también juegan mucho al tenis y al polo. Y como sabes, Buenos Aires es la cuna del tango. Tienes que pedirles a tus padres que te traigan de vacaciones. Sé que todos se van a divertir. Además, tengo muchas ganas de verte.

Muchos saludos,

Lorenzo

A2 Actividad • Preguntas y respuestas

Answer the following questions according to Lorenzo's letter to Marisa.

1. ¿Desde dónde escribe Lorenzo?
2. ¿Cuál es la capital de la Argentina?
3. ¿Cuánto tiempo ha estado Lorenzo en Buenos Aires?
4. ¿Por qué debe traer Marisa su traje de baño en diciembre?
5. ¿Cuándo es invierno en la Argentina? ¿Por qué?
6. ¿Qué aprendiste de la avenida Nueve de Julio?
7. ¿Cuál es el deporte favorito?
8. ¿Por qué debe ir Marisa a Buenos Aires, según Lorenzo?

A3 Actividad • Veamos las diferencias

From Lorenzo's letter in A1, list three statements of fact and three statements
of opinion.

Sabes que . . .

No fue hasta 1860 que el presidente de la Argentina, Santiago Derqui, decretó *(decreed)* que el gobierno usaría el nombre de República Argentina para todos los documentos y actos oficiales. Hasta esa fecha la Argentina había tenido varios nombres, entre ellos el de Virreinato del Río de la Plata, durante su época colonial.

Durante el período colonial, la población creció *(population grew)* muy lentamente, y estaba formada en su mayoría por indios y españoles. A partir de 1816, cuando la dominación española terminó, comenzó a aumentar la población. La Argentina y los Estados Unidos tienen un desarrollo parecido con respecto a la formación de su población, ya que ambos son países de inmigrantes. La Argentina multiplicó su población diez veces en un siglo *(century)*. Aproximadamente el 35 por ciento de todos los argentinos es de descendencia italiana, y el 28 por ciento de descendencia española. El resto de la población está formado por inmigrantes de otros países.

A5 SE DICE ASÍ
Reporting, describing, and narrating

He visto...	I have seen...
Hemos visitado varios...	We have visited many...
Me siento muy contento de...	I feel very happy...
Quiero que veas...	I want you to see...
Hay pocas actividades...	There are few activities...
Estoy seguro de que...	I am sure that...

A6 ESTRUCTURAS ESENCIALES
The present perfect tense

The present perfect is a compound tense. It is made up of a helping verb and a main verb. It is formed by using the present tense form of the verb **haber** *(to have)* as a helping verb, followed by the past participle of the main verb.

Regular Past Participle Endings		
-ar verbs	habl	**-ado**
-er verbs	corr	**-ido**
-ir verbs	viv	**-ido**

1. The past participle of all regular **-ar** verbs ends in **-ado: hablado.**
2. The past participle of all regular **-er** and **-ir** verbs ends in **-ido: corrido, vivido.**

Present Perfect	
he hablado	**hemos** hablado
has corrido	**habéis** corrido
ha vivido	**han** vivido

3. Notice that the helping verb **haber** *(to have)* changes form to agree with the subject, but the past participle of the main verb always remains the same.

   Ella **ha decidido** ir a Buenos Aires.   *She has decided to go to Buenos Aires.*
   Ellos **han vivido** en Buenos Aires.   *They have lived in Buenos Aires.*

4. In Spanish, the past participle of the main verb cannot be separated from the helping verb.

   Siempre he vivido en Buenos Aires. ⎱
   He vivido **siempre** en Buenos Aires. ⎰   *I have always lived in Buenos Aires.*

5. The uses of the Spanish present perfect are very similar to those of the English present perfect, except that in Spanish the present perfect can refer to a specific point in the past.

Ayer **he hablado** con Lolita.	*Yesterday I talked to Lolita.*
Ella **ha trabajado** en la escuela.	*She has worked at the school.*
Roberto no **ha llamado** todavía.	*Roberto has not called yet.*
Luisa y Toni **han ido** al cine varias veces.	*Luisa and Toni have gone to the movies several times.*

A7 Actividad • ¡Ay, qué cansados estamos!

Everybody has had a busy day. See what each person has done by combining elements from each column. Let's see how many logical sentences you can form.

Luis		trabajado	en el partido
Teresita	he	jugado	en el teatro
yo	has	ayudado	en el jardín
nosotros	ha	caminado	en la cocina
Paco y Luz	hemos	bailado	en el parque
tú	han	gritado	en la ciudad
ustedes		paseado	en la oficina

A8 Actividad • Un día de mala suerte

Today was a bad day. Complete the sentences with the correct form of **haber.**

1. Clara _____ perdido su libro.
2. Yo _____ quemado el pan.
3. Nadie _____ llamado por teléfono.
4. Los niños _____ llorado todo el día.
5. Héctor _____ chocado la moto.
6. Hoy no _____ ocurrido nada.

A9 Actividad • ¿Ha pasado algo?

Suppose you are back from school and want to
know what went on at home during the day.
Get together with a classmate and follow
the model. Take turns.

> MODELO   Tomás / llamar
> — ¿Ha llamado Tomás?
> — No, no ha llamado.

1. Uds. / pasar el día en casa
2. cartas / llegar de la Argentina
3. Tú / tener noticias de Lorenzo
4. Mamá / comprar helado
5. (ellos) / traer el refrigerador
6. tío Enrique / prestar el coche

A10 Comprensión

Trini and David are reporting to their teacher about a project they were assigned to
complete. If it went well, check **¡estupendo!** on your answer sheet. If not, check
¡qué malo!

> MODELO   Hemos podido terminar sólo una parte del proyecto.

	0	1	2	3	4	5	6	7	8	9	10
¡Estupendo!											
¡Qué malo!	✔										

A11 Actividad • Y ahora, tú

Answer the following questions about yourself.

1. ¿Vives en la ciudad o en el campo?
2. ¿Has vivido alguna vez en otra ciudad? ¿Cuál?
3. ¿Has visitado otro estado? ¿Cuál? ¿Por cuánto tiempo?
4. ¿Has visitado algún otro país? ¿Cuál? ¿Cuándo?
5. De todos los lugares que has visitado, ¿cuál te ha gustado más? ¿Por qué?

SITUACIÓN • En camino a la panadería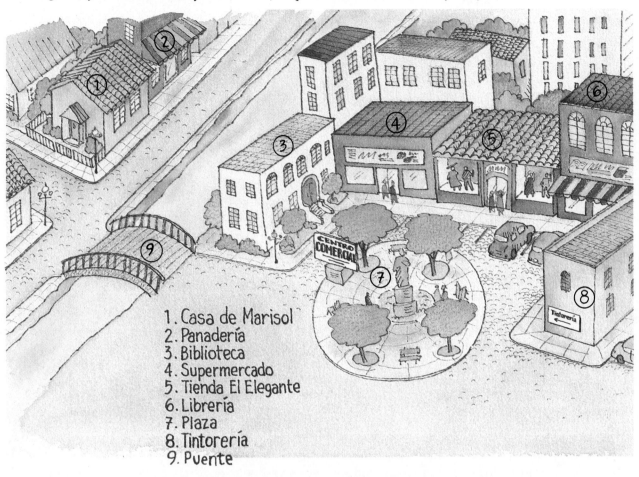

La mamá de Marisol quiere que ella vaya a comprar el pan para el desayuno, pero en el camino, Marisol pasa por muchos lugares y hace muchas cosas. Cuando regresa, ya todos han desayunado . . . ¡sin pan! Y su mamá está muy enojada.

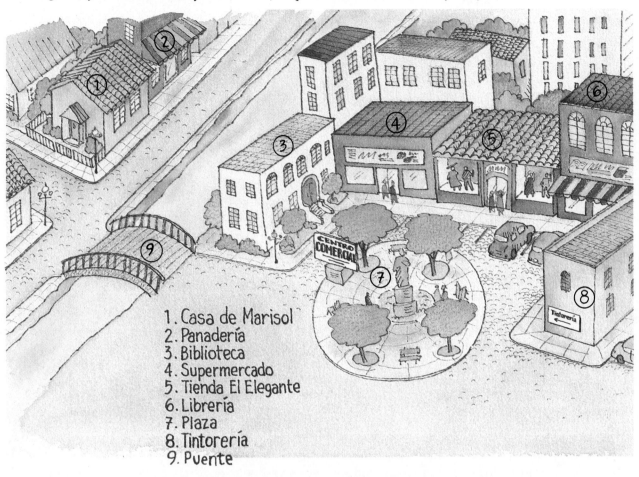

1. Casa de Marisol
2. Panadería
3. Biblioteca
4. Supermercado
5. Tienda El Elegante
6. Librería
7. Plaza
8. Tintorería
9. Puente

A 13   Actividad • En la ciudad

Complete the following paragraph and you'll find out why Marisol was late.

La mamá de Marisol quiere que ella vaya a la ____ de la esquina a comprar pan fresco para el desayuno. Marisol prefiere ir al ____ del ____ que está al cruzar el ____ . Su hermana Coralia necesita que ella le traiga un libro de la ____ y, si no lo encuentra, que lo compre en la ____ . Además, su hermano Ignacio le pidió que le compre el periódico *La Nación* y que le lleve una camisa a la ____ . Marisol también quiere pasar por la ____ El Elegante para ver la última moda. Cuando Marisol regresa con el pan, ya todos ____ y su mamá está muy ____ .

A 14   Actividad • ¡A escribir!

Write five sentences that describe five different things you have done or have bought at your favorite shopping mall recently. Use the present perfect tense.

A 15   Actividad • ¿Has vivido alguna vez en una ciudad?

Answer the following questions about life in a city. If you have never lived in a city, base your answers on a city where you would like to live.

1. ¿Cómo se llama la ciudad?
2. ¿Cuántos años has vivido en esa ciudad?
3. ¿Qué has hecho para divertirte en la ciudad?
4. ¿Qué lugares has visitado?
5. ¿Qué cosas te han gustado de la ciudad?
6. ¿Qué cosas no te han gustado?
7. ¿Cómo ha sido tu vida en esa ciudad?

A 16   Actividad • La carta

Write a letter to a friend, describing life in a big city. Base your letter on the answers in A15. Do not forget to add the necessary connectors, such as **y, luego, además, también, después,** and so on.

A 17   ESTRUCTURAS ESENCIALES
Stem-changing verbs in the preterit tense

There are some Spanish verbs that have vowel changes in the preterit tense. The infinitive form of all of these verbs ends in **-ir.**

Infinitive Ending	Verb	Stem Changes	Preterit Tense
-ir	dormir	o to u	dormí, dormiste, durmió, dormimos, dormisteis, durmieron
	sentir	e to i	sentí, sentiste, sintió, sentimos, sentisteis, sintieron
	pedir	e to i	pedí, pediste, pidió, pedimos, pedisteis, pidieron

1. Verbs like **dormir** change **o → u** in the **Ud., él, ella,** and **Uds., ellos, ellas** forms of the preterit. All other forms do not change.

   Nora se **durmió** en el sofá.   *Nora fell asleep on the sofa.*

2. Verbs like **sentir** and **pedir** change **e → i** in the **Ud., él, ella,** and **Uds., ellos, ellas** forms of the preterit. All other forms do not change.

   Ella se **sintió** muy bien.   *She felt very well.*
   Tomás **pidió** tortilla a la española.   *Tomás asked for the Spanish omelette.*

ATENCIÓN: The stem changes **e → ie** and **o → ue** in the present indicative do not occur in the preterit tense.

   Me **despierto** temprano todos los días.   *I wake up early every day.*
   Ayer me **desperté** tarde.   *Yesterday I woke up late.*
   Vuelven tarde de la escuela.   *They come back late from school.*
   Volvieron a comprar pan.   *They came back to buy bread.*

338   **Unidad 10**

A 18 Actividad • Todo fue diferente 📼

Complete the following sentences by repeating the verb in the preterit tense. Add additional information as needed.

> MODELO Marisol siempre pide jamón en el desayuno, pero ayer. . . .
>   Marisol siempre pide jamón en el desayuno, pero ayer no lo pidió.

1. Pepito siempre se acuesta temprano, pero ayer. . . .
2. Marilú nunca me despierta, pero ayer. . . .
3. Ella prefiere nadar en el mar, pero ayer. . . .
4. Yo nunca encuentro nada en la calle, pero ayer. . . .
5. Enrique se siente bien hoy, pero anoche. . . .
6. Los domingos ellos almuerzan con los tíos, pero ayer. . . .
7. Hoy pienso que era fácil, pero ayer. . . .
8. Ada habla a menudo por teléfono, pero ayer. . . .
9. Ernesto estudia todas las tardes, pero ayer. . . .

A 19 Actividad • Cuéntame qué pasó

Complete the following paragraph about Trini with the correct preterit forms of the verbs in parentheses.

El sábado pasado mi hermana Trini _____ (pedir) permiso para ir al cine con Lupe. Mamá no le _____ (dar) permiso y Trini _____ (sentir) mucho no poder ir. Su amiga Lupe lo _____ (sentir) también. Trini y yo vimos televisión por un rato, pero Trini tenía sueño y _____ (dormirse) en la silla. Al otro día, Trini _____ (levantarse) temprano, _____ (vestirse) y llamó a Lupe por teléfono. Lupe le _____ (decir) que ella y sus primos _____ (divertirse) mucho.

A 20 Actividad • ¡A escribir!

Prepare a brief composition in Spanish about a plan to visit a big city. The following suggestions might help you.

  I. Introducción
     A. La ciudad que quiero visitar
     B. Por qué me gusta esa ciudad
 II. Desarrollo
     A. Adónde quiero ir
     B. Qué quiero hacer
     C. Lugares interesantes que quiero ver
III. Conclusión
     A. Cuándo voy a ir
     B. Por cuánto tiempo

expressing your likes and dislikes . . . warning others to refrain from doing something

The pampas is the economic heart of Argentina. Because of its rich soil and mild climate, it is considered to be one of the richest agricultural areas in the world. It is also the home of the gaucho, the "cowboy of the pampas."

B1

¡Qué bonito es el campo!

Adrián y Mercedes Lombardi van con su hija Raquel a visitar a los padres de Mercedes, que viven en una estancia en La Pampa. Raquel quería quedarse en Buenos Aires, pero sus padres insistieron en que todos tenían que ir a ver a los abuelos. Ella invitó a su amiga Paula a acompañarla. Ya en la estancia, Paula le escribe a su amigo Juan Manuel sobre la vida en el campo.

Querido Juan Manuel,

Ya llevo quince días aquí en la estancia. Como sabes, Raquel no quería venir. Pero la verdad es que hemos pasado unos días maravillosos. Al principio, los abuelos de Raquel se enfadaban a veces y nos decían: "Chicas, no se acerquen al toro. Muchachas, no monten solas a caballo. Niñas, no se acuesten tan tarde".

A mí me decían: "Paula, no dejes la puerta del gallinero abierta que se salen las gallinas. No te bañes en el lago. No comas tantos duraznos que te vas a enfermar". Pero poco a poco nos hemos acostumbrado a la vida del campo y a las cosas de los abuelos, que muchas veces tienen razón.

La verdad es que el campo tiene muchas cosas buenas y me encanta estar aquí. En la estancia no habrá las comodidades de la ciudad, pero no hay contaminación, ni problemas de tránsito, ni ruido. Aquí sólo se respira aire puro y sólo se comen legumbres y carnes frescas.

Como sabes, me gustan mucho los animales...¡hay tantos aquí! Y aunque hay moscas, abejas y mosquitos, y a veces hasta ratones, ya no les tengo tanto miedo como antes.

Bueno, Juan Manuel, ya te contaré más la próxima vez.

Hasta pronto,

Paula

Actividad • Preguntas y respuestas

Use the information in B1 to answer the following questions.

1. ¿A quién fue a visitar Raquel?
2. ¿Con quién fue?
3. ¿Dónde queda la estancia?
4. ¿A quién le escribe Paula?
5. ¿Qué piensa ella de la vida del campo?
6. ¿Qué le dicen a Paula los abuelos de Raquel?
7. ¿Qué han comido allí?
8. ¿A qué ya no le tiene miedo Paula?

B3 **Actividad • ¡A escoger!**

Choose the most appropriate answer based on the information from B1.

1. Adrián y Mercedes Lombardi van a visitar a los padres de
   • Adrián. • Paula. • Mercedes.
2. Paula le escribe a
   • Adrián. • Mercedes. • Juan Manuel.
3. Paula ya lleva _____ en la estancia.
   • diez días • quince días • dos meses
4. En el campo hay mucho
   • tránsito. • aire puro. • ruido.
5. A Paula le gustan
   • los animales. • los ratones. • los mosquitos.

Actividad • Los animales y los insectos del campo

Answer the following questions about your preferences.

1. ¿Cuál prefieres, la ciudad o el campo? ¿Por qué?
2. ¿Tienes amigos que viven en el campo?
3. ¿Los visitas alguna vez?
4. ¿Te gustan los animales? ¿Cuáles?
5. ¿Qué animales hay donde tú vives?
6. ¿Hay muchos mosquitos durante el verano? ¿En el invierno?
7. ¿Le tienes miedo a algún animal? ¿A cuál?
8. ¿Cuál es el animal que más te gusta?
9. ¿Cuál es el que menos te gusta?
10. ¿Te gustaría bañarte en un lago?
11. ¿Crees que te acostumbrarías al campo? ¿Por qué?
12. ¿Cuáles son tres cosas buenas que tiene el campo?

B5 Actividad • Cuentos de animales

Do you have a favorite animal story you would like to share? Get together with a classmate and tell each other about a frightening or humorous encounter with an insect or other animal.

B6 SE DICE ASÍ
Expressing your likes and dislikes

¡Me encanta!	I love it!
¡Cómo me gusta!	I like it a lot!
¡Cómo me divierto!	I'm having so much fun!
¡No hay nada igual!	There is nothing like it!
¡Cómo lo odio!	How I hate it!
¡Qué asco!	How disgusting!

B7 Actividad • ¿Cuál es tu reacción?

How do you react to the following situations? Use the expressions in B6 to respond to each statement.

1. Te dicen que vas a ir de vacaciones a Buenos Aires.
2. Hay un mosquito en la leche.
3. Tu hermana te dice que hoy hay helado de fresa.
4. Te preguntan si te gusta el campo.
5. Alguien quiere saber si te gusta la ciudad.
6. Hoy hay un buen partido de fútbol.

ESTRUCTURAS ESENCIALES
Negative familiar commands

No olvides las botas.	*Don't forget your boots.*
No bebas esa agua.	*Don't drink that water.*
No escriban en la mesa.	*Don't write on the table.*

1. To form the negative familiar **tú** command, simply use **no** and the **tú** form of the present subjunctive.

No **te bañes** en el lago.	*Don't swim in the lake.*
No **duermas** tanto.	*Don't sleep so much.*
No **comas** tantos duraznos.	*Don't eat so many peaches.*

2. For the negative plural familiar command, use the **Uds./ellos/ellas** form of the present subjunctive, just like the formal commands that you learned in Unit 3.

No **vengan** tarde.	*Don't come late.*
No **monten** a caballo solas.	*Don't ride a horse alone.*

3. Notice that **no** is placed before the verb.
4. Use the familiar negative commands only with someone you address as **tú**.

B9   Actividad • ¿Qué hago?

Your kid brother always wants to do the wrong things at the wrong time. Work with a partner and answer negatively to each of the questions below.

1. ¿Cuido los conejos?
2. ¿Me acerco al toro?
3. ¿Visito a la vecina?
4. ¿Traigo los duraznos?
5. ¿Cierro la puerta?

6. ¿Despierto al abuelo?
7. ¿Monto a caballo?
8. ¿Corro hasta la casa?
9. ¿Dejo salir las gallinas?
10. ¿Me acuesto tarde?

Actividad • En la hacienda

Imagine that you are spending a few days in the country. Ask your host or hostess if you can do each of the following things. Get together with a classmate and switch roles.

MODELO   ¿Puedo dormir aquí?   No duermas aquí, mejor duerme allí.

1. ¿Puedo bañarme en el lago ahora?
2. ¿Puedo sentarme aquí?
3. ¿Puedo usar ese teléfono?
4. ¿Puedo almorzar en el jardín?
5. ¿Puedo jugar con el gato y el perro?
6. ¿Puedo dar de comer a las gallinas?

B 11   Actividad • ¿Qué les digo?

People often ask you for advice. Explain to them how they can change things for the better.

MODELO   Ella se pone furiosa si llegamos tarde.
         Pues, no lleguen tarde.

1. Nos sentimos cansados si corremos mucho.
2. Cuando quitamos el aire acondicionado, tenemos calor.
3. El abuelo se enfada si montamos solas a caballo.
4. Si abrimos la puerta, entran los mosquitos.
5. Si comemos tantos duraznos, nos vamos a enfermar.
6. Si nos levantamos muy temprano, despertamos a los abuelos.

B 12   Actividad • Por favor, no cambies de opinión

You make decisions quickly, but then you change your mind. Change the following commands by stating the opposite.

MODELO   Tráemelo.   No me lo traigas.

1. Dímelo.
2. Póntelo.
3. Dáselo.
4. Házmelo.
5. Óyelo.
6. Véndeselos.

B 13   Actividad • ¡A escribir!

Make a list of six things you would like your friend not to do.
  Here are some ideas:
  No vengas tarde.
  No hables mal de mis amigos.

B 14   Comprensión

You will hear a statement followed by a command. If the command is a logical response to the statement, check **lógico** on your answer sheet. If not, check **absurdo**.

MODELO   —Hace mucho calor.
         —No abras las ventanas.

	0	1	2	3	4	5	6	7	8	9	10
Lógico											
Absurdo	✔										

SITUACIÓN • La granja

1 la oveja   5 el gallo   9 la hierba   13 el prado   17 arar la tierra
2 la vaca   6 el cerdo   10 el cielo   14 el trigo   18 sembrar
3 el pato   7 el ganado   11 las nubes   15 el maíz   19 el campesino
4 el pavo   8 el burro   12 el huerto   16 las semillas

B16 Actividad • ¡A completar!

Use the illustration in B15 to help you complete the following sentences.

1. El pan es de _____ , y las tortillas mexicanas son de _____ .
2. Las _____ nos dan lana.
3. Hay muchas _____ en el cielo.
4. Los _____ están nadando en el lago.
5.. El ganado come _____ .
6. Un campesino _____ y el otro _____ las semillas.
7. En el _____ hay muchas legumbres.
8. El _____ y las gallinas comen maíz.

Los españoles trajeron los caballos a la América. Muchas de las palabras que tienen que ver con el caballo y el ganado en inglés vienen del español, como *lariat, lasso, rodeo, corral, hacienda* y *palomino.* En la Argentina el caballo fue muy importante para cruzar las pampas y en la industria ganadera. La Argentina es uno de los principales exportadores de carne del mundo. Sin embargo, en las regiones andinas, el animal más valioso no es el caballo, ni el burro, ni la mula, sino la llama. En la América hay varios equivalentes del *cowboy.* Dos de ellos son **el gaucho** en la Argentina y **el charro** en México.

B 18   ESTRUCTURAS ESENCIALES
Some irregular past participles

The following verbs that you have learned have irregular past participles.

Antonio no ha **vuelto** todavía.	*Antonio has not returned yet.*
Has **escrito** muchas cartas.	*You have written many letters.*
No he **visto** a Luisa hoy.	*I have not seen Luisa today.*

Infinitive	Past Participle
abrir	**abierto**
decir	**dicho**
escribir	**escrito**
hacer	**hecho**
poner	**puesto**
romper	**roto**
ver	**visto**
volver	**vuelto**

Actividad • ¿Qué ha hecho Rogelio?

Rogelio never tells you whether he did something or not. You have to ask him. Work with a classmate and take turns playing both roles. Follow the model.

MODELO hacer las compras —¿Has hecho las compras?
—No, todavía no las he hecho.

1. ver a tus primos
2. escribir la carta
3. volver a llamar por teléfono
4. poner el dinero en el banco
5. hacer la cama
6. lavar el coche
7. decir la verdad
8. ir a la estancia
9. beber el jugo
10. abrir el gallinero

B20 Actividad • En la estancia del abuelo

Choose the appropriate verbs in the box to complete the following conversation between Raquel and her grandfather. Make any necessary changes.

—¿Ya te lo han _____, abuelo?
—No, ¿qué pasó?
—Alguien ha _____ la puerta del gallinero y el gallo se fue.
—¿Quién ha _____ eso?
—Ay, no sé.
—¿Y el gallo no ha _____ todavía?
—No, nadie lo ha _____ .

decir
abrir
hacer
ver volver

B21 Actividad • Conversaciones sobre animales

Pair up with a classmate and talk about one of the following topics.

1. ¿Has montado a caballo alguna vez? ¿Dónde? ¿Te gustó? ¿Es difícil? ¿Por qué?
2. ¿Te has vestido de animal para una fiesta? ¿Qué animal escogiste? ¿Por qué?
3. ¿Has comido pato alguna vez? ¿Dónde? ¿Te gustó? ¿Lo comerías otra vez?
4. ¿Qué animal has tenido? ¿Quién te lo dio? ¿Lo tienes todavía?
5. ¿Qué otro animal preferirías tener? ¿Por qué? ¿Sabes cuidarlo?
6. ¿Has pasado vacaciones en el campo? ¿Dónde? ¿Cómo fueron? ¿Viste muchos animales interesantes?

B22 Actividad • ¡A escribir!

If you live in a city, describe in eight sentences a visit—real or imaginary—to the countryside. If you live in the country, describe a real or imaginary trip to the city. Then read your description aloud to the class.

expressing obligation or necessity . . . expressing doubt, disbelief, or denial . . . stating rules or regulations

Whether you live in the city or country, you will have to think about how to save our planet. We should all help to protect our environment. How can you help?

C1 Nuestro planeta

¿Vivían tus abuelos en la ciudad o en el campo? ¿Y dónde vives tú? Es probable que si tú vives en la ciudad, tus abuelos vivieron en el campo. En los últimos ciento cincuenta años, muchas personas se han mudado o emigrado a las grandes ciudades en busca de una vida mejor. La revolución industrial, que comenzó a finales del siglo pasado, ha creado grandes centros de trabajo. Pero, la solución de un problema a veces crea otro problema que hay que resolver. ¿Qué ha pasado en las ciudades después de la revolución industrial?

1. En poco espacio hay demasiados coches, fábricas, edificios y personas.
2. El número de habitantes aumenta cada vez más.
3. Las industrias crean centros de trabajo, pero también crean contaminación. Por tanto, aumentan los desperdicios de toda clase. La tierra se contamina. El aire se hace impuro.

¿Qué se puede hacer para salvar nuestras ciudades? Algunas personas no creen que el gobierno deba controlar y decidirlo todo. Otros piensan que sí. Sea como sea, la responsabilidad es de todos, y no tenemos mucho tiempo. En muchas ciudades el cielo ha perdido su color azul. Ya no pueden verse las estrellas. El aire está tan sucio que casi no se puede respirar. ¿Cómo podemos ayudar?

1. Evita gastar gasolina. Si puedes caminar o ir en bicicleta, no uses el coche. Así también se evitan los embotellamientos.
2. No fumes.
3. Ahorra energía eléctrica y petróleo. Dudo que necesites tantos aparatos eléctricos o productos plásticos como la industria produce.
4. Apoya leyes que ayuden a proteger el ambiente en las ciudades.

C2 Actividad • Preguntas y respuestas

Answer the following questions according to the information in C1.

1. ¿Por qué se han mudado tantas personas a la ciudad?
2. ¿Qué cambios trajo la revolución industrial a las ciudades?
3. ¿Qué ha pasado con el número de habitantes?
4. ¿Por qué se hace el aire impuro?
5. ¿Qué puedes hacer para ahorrar gasolina?
6. ¿Cómo puedes ahorrar energía eléctrica?
7. ¿De qué otra manera puedes proteger el ambiente?
8. ¿De quién es la responsabilidad?

C3 Actividad • ¡Qué confusión!

Reorder the words to form logical sentences.

1. en / impuro / es / ciudades / el / muchas / aire
2. centros / de / hay / trabajo / grandes
3. fábricas / demasiados / hay / coches / y
4. ya / azul / es / cielo / no / el
5. no / coche / si / caminar / uses / el / puedes
6. industrias / muchos / las / desperdicios / producen

C4 Actividad • Charla

Now it's your turn to express your opinion. What do you think?

1. ¿Dónde vivían los padres de tus abuelos?
2. ¿Crees que la gente encuentra una vida mejor en la ciudad? ¿Por qué?
3. ¿Qué te gusta de la ciudad? ¿Qué es lo que no te gusta?
4. ¿Cómo se pueden evitar los embotellamientos?
5. ¿Conoces otros problemas de las grandes ciudades?
6. ¿Crees que el gobierno debe atender a los problemas de la ciudad? ¿Por qué?

El hombre, a veces por codicia *(greed)* y otras por negligencia, abusa de los recursos naturales o contamina el ambiente. La tecnología moderna puede causar grandes daños *(harm)* al ambiente. Olvidamos que viajamos por el espacio en nuestra nave espacial, la Tierra. Hay que cuidarla mejor.

Los defensores del ambiente convencieron a los gobiernos de la importancia de conservar extensos territorios libres de la intervención humana. Con la creación de los parques nacionales, los científicos pueden estudiar la naturaleza en estado primitivo y observar la interdependencia entre las plantas y los animales.

Los países hispanos tienen importantes parques nacionales. Costa Rica reserva el cuatro por ciento de su territorio a este proyecto. El ambiente de las islas Galápagos ahora está seguro. El Ecuador las declaró parque nacional. Otros ejemplos notables de protección del ambiente son el Parque Nacional de Manú en el Perú, y El Yunque en Puerto Rico.

C6   SE DICE ASÍ
Expressing obligation or necessity

Hay que controlar la contaminación.	We must control pollution.
Hay que limpiar el aire.	We must clean our air.
Hay que ahorrar gasolina y petróleo.	One has to save gas and oil.

Actividad • ¿Qué hay que hacer?

Find a logical solution. Follow the model.

> MODELO   Hay demasiados coches.   Hay que tomar el tren.

1. La gasolina está muy cara.
2. Queremos ganar dinero.
3. Estamos cansados.

4. Tenemos hambre.
5. No podemos ir en moto.
6. Las ciudades están en peligro.

C8   ESTRUCTURAS ESENCIALES
The subjunctive to express doubt, disbelief, or denial

Dudo que Tomás **sea** rico.	*I doubt that Tomás is rich.*
José **no cree** que **pueda** ir a la estancia.	*José doesn't think he'll be able to go to the ranch.*
No es cierto que ellos **sepan** montar a caballo.	*It's not true that they know how to ride a horse.*

1. The subjunctive is used after **que** when the first part of the sentence expresses doubt, uncertainty, or disbelief.

> Ana **no cree** que él **viva** en esa ciudad.   *Ana doesn't believe he lives in that city.*

2. When the first part of the compound sentence denies what is said after **que,** the subjunctive is used.

> **No es cierto** que ella **venga** hoy.   *It's not true that she is coming today.*

3. Notice that the subjects of both clauses can be the same or different.

ATENCIÓN: When no doubt, disbelief, or denial is expressed and the subject is sure of the facts, the indicative is used.

Yo **sé** que Raquel **está** en la estancia.	*I know that Raquel is at the ranch.*
Juan Manuel **cree** que **puede** ir a Buenos Aires.	*Juan Manuel thinks he can go to Buenos Aires.*
Es cierto que ellas **son** las campeonas.	*It's true that they are the champions.*

C9   Actividad • El tío de Victoria

Victoria has organized a recital at her home and her uncle will play the violin. Many of her friends are not coming. Her cousin does not believe their excuses and tells her so. Use **no creo que, dudo que,** and **no es cierto que.**

> MODELO   Gil / tener mucho trabajo
>   — Dudo que Gil tenga mucho trabajo.

1. Gaby / estar enferma
2. Julián / salir con su novia
3. Antonia y su esposo / llegar mañana
4. Miguel / estar en la estancia
5. Las gemelas / ir a otra fiesta
6. Guille / cambiar de opinión
7. César / trabajar esta noche

Actividad • Juanita Calamidad

You have a friend who is always afraid things are going to turn out badly. Try to give him or her confidence. Get together with a classmate and take turns playing both roles. Follow the model.

MODELO   yo / pasar el examen
—No creo que pase el examen.
—No seas tonta. Yo creo que pasas.

1. yo / poder ganar el premio
2. Ramona / ir mañana al concierto
3. papá / darme permiso para ir al cine
4. yo / saber la lección de español
5. Andrés / venir a cenar con nosotros
6. ella / invitarme a ir al teatro

7. Rigoberto / recordar las respuestas
8. Marisa / estar lista para la fiesta
9. nosotros / poder salvar las ciudades
10. Juan Manuel / escribirle a ella

C11   Comprensión

You will hear two political candidates discuss important issues concerning conservation. If they are in favor of protecting the environment, check **de acuerdo** on your answer sheet. If they don't believe there is a problem, check **se opone**.

MODELO   Dudo que tengamos que ahorrar energía eléctrica.

	0	1	2	3	4	5	6	7	8	9	10
De acuerdo											
Se opone	✔										

SITUACIÓN • ¿El campo en peligro o el mundo en peligro?

Si pronto no cuidamos nuestro planeta, estaremos en peligro. Hay que aprender de las lecciones del pasado. No cierres los ojos para no ver lo que está pasando.

1. El hombre ha cortado los árboles para tener más tierra para arar, pero sin árboles hay erosión. La erosión hace la tierra pobre.

2. Todos los años la expansión industrial destruye bosques tropicales en el Brasil que equivalen al área de California.

3. Especies de animales, como el elefante, la ballena y la pantera, están en peligro de extinción.

4. Los insecticidas matan muchos animales e insectos útiles.

5. Los desperdicios que la industria produce van por el aire y por el agua de país a país. Nadie se salva. El planeta es uno.

6. La lluvia ácida destruye los bosques y los peces en los lagos y en los ríos.

7. Las plantas nucleares producen grandes cantidades de desperdicios radioactivos que nadie quiere tener cerca.

8. Toda clase de fertilizantes e insecticidas contaminan las aguas de los ríos y de los mares. Y el agua limpia es indispensable para la vida.

Éstos son los problemas que tú y los jóvenes de tu generación van a ayudar a resolver. ¿Has pensado en eso alguna vez?

C13 Actividad • Preguntas y respuestas

Answer each question based on the information in C12.

1. ¿Para qué se cortan los árboles?
2. ¿Qué pasa cuando no hay árboles?
3. ¿Qué tienen en común el elefante y la ballena?
4. ¿Por qué ningún país se salva de la contaminación?
5. ¿Qué hace la lluvia ácida?
6. ¿Qué producen las plantas nucleares?
7. ¿Quiénes van a tener que resolver los problemas de la contaminación?

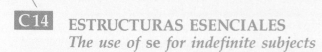

C14 ESTRUCTURAS ESENCIALES
The use of se *for indefinite subjects*

In Spanish it is very common to use a construction with the reflexive pronoun **se** in sentences where the subject is indefinite. The construction is as follows:

se + verb + rest of sentence

Se habla español.	*Spanish is spoken.*
Se escribió un libro muy bueno.	*A good book was written.*
Se venden zapatos baratos.	*Inexpensive shoes for sale (are sold).*

1. Notice that the verb immediately follows **se.**
2. There are only two verb forms used in this construction. Use the third person singular form of the verb if the object is singular. Use the third person plural if the object is plural.

Se alquilan bicicletas.	*They rent bicycles.*
Se necesita carpintero.	*Carpenter needed.*

3. The most common English equivalents of this construction are *one, you, people, they,* and *it.*

En la clase de Español **se trabaja** mucho.	*One works a lot in Spanish class.*
Se come bien en esta cafetería.	*You eat well in this cafeteria.*

4. In Spanish, a construction with **se** is used to state rules, regulations, or to prepare signs and advertisements.

Se prohibe fumar.	*No smoking.*
Se arreglan coches.	*Car repair.*
Se solicita plomero.	*Plumber wanted.*
Se buscan empleados.	*Now hiring.*

C15 Actividad • Mi amigo el artista

A friend of yours is an artist who makes signs. Help finish the work faster by explaining what signs to make according to the following situations.

> MODELO   La joyería acepta tarjetas de crédito.
> Se aceptan tarjetas de crédito.

1. Queremos comprar discos viejos.
2. Manolo tiene que vender su moto.
3. El papá de Rubén necesita una secretaria.
4. El restaurante busca un cocinero.
5. La panadería no acepta cheques.
6. Necesitamos periódicos viejos.

C16 Actividad • Dime cómo se hace

Give instructions on how to do the following things.

1. ¿Cómo se hace una limonada?
2. ¿Cómo se empieza una carta?
3. ¿Cómo se va a la cafetería que queda cerca de la escuela?
4. ¿Cómo se cocina una hamburguesa?

C17   Actividad • ¡A escoger!

Prepare signs or classified ads by choosing elements from the following boxes. Form at least five sentences.

necesitar
buscar   solicitar
arreglar
vender   prohibir
alquilar

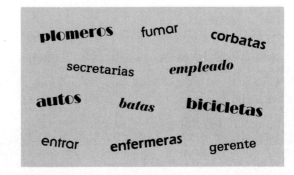

plomeros   fumar   corbatas
secretarias   empleado
autos   batas   bicicletas
entrar   enfermeras   gerente

SE VENDE LOCAL COMERCIAL

De reciente construcción, decorado y aplicable a diferentes usos. Primera planta y semisótano, con tres frentes y base para 5 pisos. Area terreno 1,400 m². Area construida 740 M². Avenida Dintilhae 180 – Urb. San Miguel, altura cuadra 2 Av. Riva Agüero.

Razón: Teléfono 62-67-47

1021—EMPLEOS DE OFICINA
Se necesita recepcionista que hable buen inglés. 557-2829

18

Secretarias
SE SOLICITA mecanógrafa bilingüe, italiano - español. Interesadas llamar teléfonos 35.97.54, 35.98.08.   (0-11)

SE NECESITA BODEGA

SE ALQUILA LOCAL
EN AVENIDA SIERRA NEVADA No. 807 COLONIA MIRAMONTE SAN SALVADOR
INF. TEL. 25-4407   (08066)

C18   Actividad • ¿Cómo se escribe?

Your sister has all the instructions to write a letter in Spanish, but she doesn't know how to arrange them in a logical fashion. Help her reorganize the following instructions.

a. Se pone la dirección a la izquierda.
b. Se escribe el mensaje o texto.
c. Se escribe la fecha a la derecha.
d. Se pone el nombre de la persona que escribe (la firma).
e. Se añade la despedida.
f. Se escribe el saludo.

C19   Actividad • ¡A escribir!

Make a list of ten things you can do to help improve your environment.

1 ¿Qué ha pasado?

Use the illustrations to help you complete the captions. Use the present perfect tense.

1. . . . y estoy muy cansado.

2. . . . y sacamos buenas notas.

3. . . . y ahora me duele la garganta.

4. . . . y ahora estamos a dieta.

5. . . . y ahora no tengo dinero.

6. . . . y por eso están contentos.
. . . y por eso están tristes.

2 Actividad • No recuerdo bien

A friend of yours does not remember details very well and gets the information all mixed up. Provide the correct information.

> MODELO   Ellas se enfermaron ayer. (tú)
> Tú te enfermaste ayer.

1. Tú te dormiste mirando televisión. (Rafa)
2. Yo me vestí enseguida. (tu primo)
3. Juan se sintió mal. (yo)
4. Nosotros pedimos limonada. (Alberto)

5. Luis se aburrió mucho. (nosotros)
6. Los chicos perdieron el dinero. (Ana)
7. Ellos no comieron mucho. (Leonardo)

3 Actividad • La competencia

Your group is competing for first place in a recycling project. You are on the committee. Think of five projects your group can start, using **Hay que.**

4 Actividad • No digas quién te lo dijo

People have told you things and you want to repeat them, but without revealing the source. Be general and use a **se** construction, **dicen que . . . ,** or **la gente dice que. . . .**

1. Cristina dice que el jueves no hay examen.
2. Mario cree que Leonor está enferma.
3. Laura piensa que los chicos van a terminar el proyecto.
4. Las gemelas piensan que ella rompió la libreta.
5. Las chicas creen que Luis perdió el dinero.
6. Tomás dice que el profesor prohibe comer churros.

5 Actividad • Protegiendo el planeta

Are you part of the problem or are you part of the solution? With a classmate, take turns asking and answering the following questions.

1. ¿Has tratado de usar objetos de papel, en vez de objetos de plástico?
2. Para salvar los árboles, ¿usas papel reprocesado?
3. ¿Caminas algunas veces para ahorrar gasolina?
4. ¿Ayudas a alguien a dejar de fumar?
5. ¿Tiras en la calle o en la hierba botellas de refrescos?
6. ¿Cuidas de no usar más agua o electricidad de la que necesitas?

6 Actividad • Mi pueblo

Draw a map of a real or imaginary town or city. Label each of the following places.

supermercado	panadería
biblioteca	librería
centro comercial	tintorería

7 Actividad • ¿Estás de acuerdo o no?

Express your points of view. Use **creo que** plus the indicative if you agree with the statement. Use **no creo que** plus the subjunctive if you disagree.

> MODELO Es peligroso acercarse al toro.
> Yo creo que es peligroso acercarse al toro.
> No creo que sea peligroso acercarse al toro.

1. Los árboles son necesarios.
2. La vida en el campo es mejor.
3. Las plantas nucleares son buenas.
4. La lluvia ácida destruye los bosques.
5. Se debe evitar gastar gasolina.
6. Los chicos ahorran más energía que las chicas.
7. El número de habitantes disminuye cada año.
8. No hay desperdicios.
9. El aire de las ciudades es muy puro.
10. En el campo no hay las comodidades de la ciudad.
11. Los alumnos tienen más cuidado con el ambiente que los profesores.
12. En la ciudad hay muchos problemas de tránsito.

8 Dictado

Complete the following paragraph from dictation.

Hay gente que no cree que el problema de nuestro planeta _____ .
Sin embargo, muchos científicos _____ con la _____ , _____ y
de los bosques. Se ha _____ la solución de _____ . Ahora _____
que _____ el problema de la _____ .

358 Unidad 10

Letter *x*

1. The Spanish **x** has a sound similar to *ks* in English.

> taxi   máximo   examen   tóxico   exagerar
> exactamente   explicar   extranjero

2. In certain words of Mexican origin, the **x** is sometimes pronounced like the Spanish **j**.

> mexicano   México   texano   Oaxaca

> El mexicano del taxi exagera.
> Perdí mi sombrero texano en Oaxaca.
> El profesor texano dio un examen extraordinario.
> Xavier exige que expresemos nuestra opinión.

Linking

As you know, in Spanish the words in a sentence are not pronounced in isolation, but joined together. Special care must be taken not to shorten any syllables and to pronounce all the vowels in a clear and distinct way. However, remember that when a word ends in a vowel and the following word starts with the same vowel, you only pronounce the vowel once: **la␣Argentina = largentina.**

> Te␣escribo desde la␣Argentina.
> Está␣en␣el␣hemisferio sur.
> Nos␣hemos␣acostumbrado␣a␣la vida del campo.
> ¿Vivían tus␣abuelos␣en la ciudad␣o␣en␣el campo?

Actividad • Práctica de pronunciación

Listen carefully to the following sentences and then repeat.

> Marisa te escribió varias cartas desde la Argentina.
> A Xavier le gustaría pasear por Oaxaca.
> Sara y Tere corren detrás del toro.
> ¡Caramba, era el primo de Victoria!
> Prefiero tomar un taxi a México.

¿LO SABES?

Let's review some important points you've learned in this unit.

SECTION A

Can you talk about things that have happened in the past?
It has been a great day. Say what has happened in five sentences.

Do you know how to ask *"Have you ever . . ."* **in Spanish?**
Prepare five questions to ask a classmate. Then answer your classmate's questions.

Can you use stem-changing verbs you know in the preterit?
Ask your neighbor whether he had a good time at your farm, if he slept enough, and how he felt in the morning.

SECTION B

Do you know how to express likes and dislikes?
Imagine that you're babysitting. There are five things you don't want the child to do. Tell the child what these things are. Then express how pleased or displeased you are when the child obeys you or not.

Can you tell others not to do something?
Prepare a poster warning people to refrain from damaging the environment. Give at least five warnings.

SECTION C

Do you know how to express obligation?
Make a list of five things one must do to save our world from pollution.

Do you know how to say in general what people are doing, saying, selling, and buying?
Explain what is no longer fashionable, using the phrase **Ya no se usa(n).** . . . Refer to long or short hair, wide or narrow skirts, jeans, colors, and so on. List five or six items.

Can you express doubt or disbelief?
Make five statements about the future. These should express doubt, such as: **No creo que vaya a llover.**

Do you know how to say what the rules are?
If you go to the park or the beach, you often see a sign with a long list of things that cannot be done there. What does it say? Write five of the restrictions in Spanish.

VOCABULARIO

SECTION A

a partir de *as of*
la **actividad cultural** *cultural activity*
ancho, -a *wide*
la **biblioteca** *library*
el **campo** *country*
la **capital** *capital*
el **centro comercial** *shopping center*
la **cuna** *cradle*
descendiente *descendant*
estar enojado, -a *to be angry*
el **estudiante universitario** *college student*
europeo, -a *European*
extenso, -a *extensive*
fascinar *to fascinate*
el **habitante** *resident*
el **hemisferio** *hemisphere*
el **inmigrante** *immigrant*
la **librería** *bookstore*
nacional *national*
la **panadería** *bakery*
la **pasión** *passion*
la **plaza** *square*
el **polo** *polo*
porteño, -a *person from Buenos Aires*
el **puente** *bridge*
el **supermercado** *supermarket*
el **tango** *tango*
la **tintorería** *dry cleaning store*

SECTION B

la **abeja** *bee*
abierto, -a *open*
acompañar *to accompany*
el **aire puro** *pure air*
al principio *at the beginning*
arar la tierra *to plow the land*
el **burro** *donkey*
la **campesina** *country dweller (f.)*
el **campesino** *country dweller (m.)*
el **cerdo** *pig*
el **cielo** *sky*
¡cómo lo odio! *how I hate it!*

¡cómo me divierto! *I'm having so much fun!*
¡cómo me gusta! *I like it a lot!*
dicho *said; expressed*
el **durazno** *peach*
escrito *written*
la **estancia** *cattle ranch*
la **gallina** *hen*
el **gallinero** *chicken coup*
el **gallo** *rooster*
el **ganado** *cattle*
la **granja** *farm*
hecho *made; done*
la **hierba** *grass*
el **huerto** *fruit and vegetable garden*
llevo . . . aquí *I have been here for . . .*
el **maíz** *corn*
maravilloso, -a *marvelous*
¡me encanta! *I love it!*
la **mosca** *fly*
el **mosquito** *mosquito*
¡no hay nada igual! *there's nothing like it!*
la **nube** *cloud*
la **oveja** *sheep*
el **pato** *duck*
el **pavo** *turkey*
el **prado** *meadow*
puesto *put; placed*
¡qué asco! *how disgusting!*
respirar *to breathe*
roto, -a *broken*
sembrar *to plant*
la **semilla** *seed*
la **Tierra** *Earth*
el **toro** *bull*
la **vaca** *cow*
visto *seen*
vuelto *returned*

SECTION C

a final de *by the end of*
el **ambiente** *environment*
el **aparato eléctrico** *appliance*
apoyar *to support*
aumentar *to increase*
la **ballena** *whale*

la **cantidad** *amount*
el **centro de trabajo** *work place*
contaminar *to pollute*
crear *to create*
el **desperdicio** *waste*
el **edificio** *building*
el **elefante** *elephant*
el **embotellamiento** *traffic jam*
emigrar *to emigrate*
en busca de *in search of*
equivaler *to be equivalent*
la **erosión** *erosion*
el **espacio** *space*
la **especie** *species*
evitar *to avoid*
la **expansión** *expansion*
la **fábrica** *factory*
la **falta de** *lack of*
el **fertilizante** *fertilizer*
fumar *to smoke*
la **gasolina** *gasoline*
gastar *to use up*
la **generación** *generation*
impuro, -a *not pure*
indispensable *essential*
el **insecticida** *insecticide*
la **lección** *lesson*
la **ley** *law*
limpio, -a *clean*
la **lluvia ácida** *acid rain*
matar *to kill*
mudar(se) *to move*
la **necesidad** *need*
la **pantera** *panther*
el **petróleo** *oil*
proteger *to protect*
radioactivo, -a *radioactive*
resolver (ue) *to solve*
la **responsabilidad** *responsibility*
la **revolución industrial** *industrial revolution*
salvar *to save*
sea como sea *whatever it may be; anyway*
el **siglo** *century*
sucio, -a *dirty*
tropical *tropical*
útil *useful*

PRÁCTICA DEL VOCABULARIO

1. How many names of animals can you find in the unit vocabulary? Name two insects.
2. From the vocabulary list above, make a list of all the places that are often located in a shopping center.

VAMOS A LEER

Antes de leer

Rapidly scan the reading selection paragraph by paragraph. After you finish, write down what you think the reading is about. Then go back and write a list of words whose meaning you can guess and a list of words that you don't know.

Preparación para la lectura

Answer the following questions before reading the selection.

1. ¿Conoces algo de música hispanoamericana? ¿De qué país?
2. ¿Conoces algún baile latino? ¿Cuál?
3. De una mirada rápida vas a encontrar cognados fáciles como *generaciones, melodía, identidad* y *tradicional.* ¿Te puedes imaginar qué significan?
4. ¿Puedes encontrar otros cinco cognados?
5. Hay cognados que son difíciles. ¿Te puedes imaginar qué quieren decir *sonido* y *tumbas*?

Las culturas hispanoamericanas

¿Has bailado un tango o salsa alguna vez, o el jarabe tapatío°? ¿O has oído a Linda Ronstadt cantar los corridos° mexicanos que su padre le cantaba? La música es el puente más directo entre culturas distintas. La música popular pronto pasa de moda,° pero cuando una melodía va de padres a hijos por varias generaciones, se convierte en música tradicional. Como muchas otras, esta tradición no debe perderse. Forma parte de nuestra identidad, más que las fechas de batallas y otros sucesos° históricos. Además de tratar de preservar el mundo físico en que vivimos, debemos de preservar la riqueza° de culturas. Sus orígenes a veces se pierden en el misterio de los siglos. Veamos algunos ejemplos.

La música

Quizás los instrumentos musicales más antiguos que se conocen en la América son de la región de los Andes. Flautas de bambú,° de varias formas y tamaños, invitan a bailar con su ritmo irresistible o atraen° con un sonido melancólico que imita el sonido del viento en las montañas.

---

jarabe tapatío   *Mexican hat dance*   **corridos**   *ballads*   **pasa de moda**   *is no longer fashionable or popular*
sucesos   *events*   **riqueza**   *richness*   **flautas de bambú**   *bamboo flutes*   **atraen**   *they attract*

El instrumento más popular es la quena, parecida a la flauta dulce.° Originalmente se hacía de hueso° de llama y a veces de fémur humano.° Otro instrumento popular es el charango, una guitarra muy pequeña. Antiguamente se hacía del carapacho° del armadillo. Los jóvenes de hoy mantienen vivas las antiguas melodías incas. Una de ellas llegó al *hit parade* de los Estados Unidos hace unos años. Se llama "El cóndor pasa". ¿La has oído?

El baile

Algunos bailes antiguos también se han preservado. El baile era ceremonial. Servía para comunicar al ser humano° y su mundo natural con los dioses° y el mundo sobrenatural. Más tarde descubrieron que era divertido y se inventaron más bailes. El Ballet Folklórico de México, por ejemplo, es una institución que trae a la vida bailes de muchas regiones, no sólo el jarabe tapatío y la bamba. La zarzuela española, que es una comedia con música y bailes folklóricos, vuelve a estar de moda. Y se puede ver en Albuquerque, San Antonio, Chicago, Nueva York y Miami. Compañías de baile de lugares tan distantes como Puerto Rico y las Filipinas reviven° la herencia° española en sus danzas.

flauta dulce *recorder*   **hueso** *bone*   **fémur humano** *thigh bone*   **carapacho** *hard shell*
ser humano *human being*   **dioses** *gods*   **reviven** *revive*   **herencia** *heritage*

Tejidos a mano°

Hay muchas y bellas artesanías° en nuestras tierras. Una de las artesanías más interesantes es la de los tejidos, tanto mayas como incas. Las mujeres mayas de Guatemala, por ejemplo, hacen tejidos a mano de gran belleza° con diseños geométricos o de animales, en colores brillantes. En la región andina,° tanto hombres como mujeres, hilan la lana° mientras conversan o caminan. Los hombres se tejen sus propios ponchos de lana de alpaca, animal nativo de la región. En otras partes del mundo, los tejidos se hacen a máquina, pero no pueden compararse en calidad y belleza. Éste es un arte que no debe perderse.

Tejidos a mano *Hand-woven fabrics*   **artesanías** *arts and crafts*   **belleza** *beauty*
región andina *Andean region*   **hilan la lana** *spin wool*

Actividad • ¿Cuántas palabras sabes?

After reading the selection carefully, return to your lists of words from **Antes de leer,** and try to identify the meaning of each one by the way it is used in the sentence. You will be surprised by how many words you already know. Use a dictionary or the footnote translations to help you identify the more difficult ones.

Actividad • Preguntas y respuestas

Use the information you found in the reading selection to answer the following questions.

1. ¿Cuál es el puente más fácil entre dos culturas diferentes?
2. ¿Qué es la música tradicional?
3. ¿Cómo es la música de los Andes?
4. ¿De qué se hacía la quena o flauta?
5. ¿Para qué servían los bailes ceremoniales?
6. ¿Qué es una zarzuela?

Actividad • ¿A qué se refiere?

Read the following descriptions and identify the items being described.

1. Baile mexicano que se baila alrededor de un sombrero.
2. Canciones que cantaba el padre de Linda Ronstadt.
3. El instrumento musical más popular de los Andes.
4. Guitarra pequeña que se hacía del carapacho del armadillo.
5. Puente entre las culturas de Puerto Rico y las Filipinas.

Actividad • Charla

Prepare a list of the songs or dances you know from Spanish America or Spain. Get together with a classmate and compare the lists.

UNIDAD 11

¡Qué bonita es Barcelona!

Traveling to a foreign city can be nerve-racking and at the same time very rewarding. If the place happens to be Barcelona, you will be exposed to one of the oldest civilizations in Europe as well as one of the most beautiful ports on the Mediterranean Sea. You will also profit by meeting young Catalonians and by experiencing the life and culture of this magnificent city.

In this unit you will:

SECTION A	express emotions . . . express agreement or lack of preference . . . express approval
SECTION B	express what is needed or expected . . . express probability or denial . . . make suggestions
SECTION C	attract attention . . . express uncertainty
TRY YOUR SKILLS	use what you've learned
VAMOS A LEER	read for practice and pleasure

expressing emotions . . . expressing agreement or lack of preference
. . . expressing approval or satisfaction

Planning a trip is exciting, but it requires the cooperation of everyone. Where do you want to go? What do you want to see? How long can everyone stay?

A1

Un viaje a Barcelona 🔲

Isabel, Jimmy, Beatriz y Víctor son cuatro compañeros de clase que se acaban de graduar de la escuela secundaria. Han ahorrado dinero durante todo el año para ir de viaje a España con los padres de Isabel, quienes han prometido llevarlos a todos por haber sacado buenas notas. Jimmy y Víctor están de visita en casa de Isabel cuando entra Beatriz.

BEATRIZ   Hola, ¿qué hay de nuevo? Me alegro de que ya estén planeando el viaje. ¿Por fin, han decidido adónde iremos?

JIMMY   Víctor quiere que vayamos a Madrid, pero yo espero que podamos ir a Barcelona.

BEATRIZ   Sí, la profesora dijo que era una de las ciudades más bonitas de España. ¿No se acuerdan? Además allí se celebrarán las próximas olimpiadas.

VÍCTOR   ¿Qué crees tú, Isabel?

ISABEL   Mamá teme que no haya tiempo para visitar las dos ciudades. Recuerden que sólo tenemos dos semanas.

VÍCTOR   Bueno, en ese caso me da igual . . . Isabel, vamos a decirle que preferimos ir a Barcelona.

ISABEL   Ah, ¡qué bien! . . . Dime, Beatriz, ¿sabes si Vicente también viene con nosotros?

BEATRIZ   Yo espero que venga, pero . . . como sabes, no tiene dinero.

ISABEL   Cuánto siento que Vicente no pueda ir.

VÍCTOR   Es que él siempre está diciendo "yo no, que trabaje otro" y ahora, miren, no tiene dinero.

BEATRIZ   ¡Víctor, me molesta que hables así de Vicente!

VÍCTOR   ¡Pero si es la verdad!

JIMMY   Por favor, no discutan. Recuerden que mañana tenemos que ir a la agencia de viajes de Araceli a comprar los boletos para nuestro viaje a Barcelona.

A2   Actividad • Preguntas y respuestas

Use the information in A1 to answer the following questions.

1. ¿Quiénes son Isabel, Jimmy, Beatriz y Víctor?
2. ¿Con quiénes van ellos en el viaje?
3. ¿De qué se alegra Beatriz?
4. ¿Qué dijo de Barcelona la profesora?
5. ¿Qué ciudades quieren visitar los chicos?
6. ¿Qué teme la mamá de Isabel?
7. ¿Por qué no puede ir Vicente?
8. ¿Qué es lo que siempre está diciendo Vicente?
9. ¿Dónde van a comprar los boletos para el viaje?

A3   Actividad • ¿Es cierto o no?

Decide whether each statement is true or false according to A1. Correct the false statements.

1. Los chicos se acaban de graduar de la universidad.
2. Los padres de Isabel les han prometido llevarlos a Chile.
3. Jimmy y Víctor están en la escuela.
4. Las próximas olimpiadas se celebrarán en Madrid.
5. Los chicos han ahorrado dinero porque quieren trabajar.
6. A Víctor le da igual ir a Barcelona o a Madrid.
7. Los cuatro compañeros van de viaje a Barcelona.

Cataluña, una de las regiones más ricas de España, es como un país dentro de otro país. Los catalanes tienen su idioma, sus costumbres y sus tradiciones propias. ¿Por qué? Pues porque durante la Edad Media (*Middle Ages*) Cataluña era una nación aparte. Su influencia militar y mercantil (*trade*) se extendía por todo el mar Mediterráneo desde Valencia hasta Grecia. En 1469 Isabel de Castilla se casó con Fernando de Aragón. Al unirse los reinos de Castilla y de Aragón, Cataluña pasó a formar parte de España. Para mantener su identidad, los catalanes insistieron en conservar su idioma y sus leyes. En 1978 España dio autonomía a Cataluña, y así pueden elegir (*elect*) su gobierno local y decidir muchas cuestiones, entre ellas, asuntos mercantiles, educacionales, de la industria y de la vivienda (*housing*).

Cataluña es una región industrializada con mucho progreso y una economía dinámica. Cataluña es también una región muy hermosa. Tiene bellas playas en la Costa Brava y montañas preciosas. Es una de las regiones más turísticas de España.

Barcelona es la capital de Cataluña y su ciudad más importante. Es interesante destacar (*to note*) que fue en Barcelona hace casi quinientos años donde Cristóbal Colón le informó a los Reyes Católicos, Isabel y Fernando, que había llegado a la India, pues Colón no sabía que esas tierras eran la América. En Barcelona existe una réplica de una de las carabelas (*ships*) de Colón. También hay un monumento en su honor.

A5 SE DICE ASÍ
Expressing emotions

¡Cuánto me alegro de que…!	I am so happy that…!
¡Estoy muy contento de que…!	I am so pleased that…!
Me sorprende mucho que…	It surprises me a lot that…
Siento tanto que…	I am sorry that…
Me molesta que…	It bothers me that…

To express how you feel about someone or something, use the subjunctive after **que.**

A6 Actividad • La excursión de la clase

Your friends and you are planning the class trip. Pair up with a classmate and discuss how you feel about how things are going. Follow the model.

MODELO Estamos contentos…
Daniel / poder traer su radio
Estamos contentos de que Daniel pueda traer su radio.

1. Nos sorprende mucho…
Ernesto / no comprar los refrescos
2. ¡Cuánto me alegro…!
Elenita / poder ir a la excursión
3. Están tan contentos…
nosotros / invitarlos a la excursión
4. Luisa siente tanto…
Miguel / no traer los folletos de la agencia de viajes
5. Me molesta…
Juan y Lucía / no ayudar con los preparativos

A7 ESTRUCTURAS ESENCIALES
The use of the subjunctive to express feelings and emotions

Use the subjunctive after **que** whenever the main sentence expresses feelings or emotions, such as hope, pleasure, surprise, regret, fear, or anger.

Me alegro de que ya **estén** planeando el viaje.
I'm glad that you are already planning the trip.

Me sorprende que no **tengas** dinero para el viaje.
It surprises me that you do not have money for the trip.

1. Notice that the subject in the sentence after **que** must be different from the subject in the main clause.

2. Here are some common verbs used to express feelings or emotions in Spanish.

esperar to hope	**enojarse** to be angry
temer to fear	**sorprender** to surprise
lamentar to regret	**sentir** to regret
molestar to bother	

ATENCIÓN: If the subject of the two clauses is the same, the second verb will be an infinitive. **Que** is usually dropped.

Yo siento no **poder** ir a Barcelona con ustedes.
I am sorry that I can't go to Barcelona with you.

Combine an element from each column to form complete sentences.

Sentimos	tú	no poder ir a Barcelona
Me enoja	Beatriz	no comprar los boletos
Nos encanta	Jimmy y Víctor	ir a la agencia de viajes
Temen	el avión	salir tarde
Le sorprende	que los viajes	costar tan caros
Me gusta	la agente	no dar la información
Él espera	Vicente y yo	volver pronto del viaje
Ellos lamentan	yo	no llegar a tiempo al aeropuerto

A9   Actividad • En el aeropuerto

Imagine that you are at the airport and things are not going well. Express your reactions by following the model.

> MODELO   Me enoja / tú / no mirar los horarios
> Me enoja que tú no mires los horarios.

1. Me sorprende / el avión / no llegar a tiempo
2. Me molesta / los niños / estar gritando
3. Lamento / el piloto / no hablar español
4. No me gusta / tú / no tener paciencia
5. Me enoja / nosotros / no ir a Barcelona
6. Siento / las maletas / no estar aquí
7. Temo / nosotros / perder el avión
8. Espero / el próximo viaje / ser mejor

A10   Actividad • ¡A conversar!

Pair up with a classmate and tell each other three things that you like and three things that you dislike about traveling. Use the present subjunctive.

> MODELO   Siento que tengamos que esperar tanto.

A11   SE DICE ASÍ
Expressing agreement or lack of preference

No me importa.	I don't care.
Me da igual.	It's the same to me.
Me da lo mismo.	It's the same to me.
Como quieras.	As you wish.
De acuerdo.	Okay.

A 12 Actividad • Me da igual

Complete the following conversation by using the expressions in A11.

TOMÁS Víctor, ¿quieres ir a El Sombrero o a El Marino?
VÍCTOR _____.
   (En el restaurante)
TOMÁS ¿Nos sentamos en esta mesa o en aquélla?
VÍCTOR _____.
TOMÁS ¿Quieres comer paella o enchiladas?
VÍCTOR _____.
TOMÁS ¿Qué prefieres, agua mineral o un refresco?
VÍCTOR _____. Y de postre, ¿te gusta el bizcocho de fresas o el
   de chocolate?
TOMÁS _____.
   (Después de comer)
TOMÁS ¿Pagamos la cuenta?
VÍCTOR _____.

A 13 Comprensión

You will hear ten exchanges between several people. Each exchange will express approval or disapproval. If the people are pleased, check **¡fantástico!** on your answer sheet. If not, check **¡qué horror!**

MODELO —¿Qué te parece la idea de visitar Barcelona?
   —Me encanta que podamos conocer esa ciudad.

	0	1	2	3	4	5	6	7	8	9	10
¡Fantástico!	✔										
¡Qué horror!											

Al día siguiente el grupo va a la agencia de viajes Universal para comprar los boletos. Allí los atiende Araceli Valdés, la propietaria.

ARACELI   Hola, ¿qué dice la pandilla? ¿Cómo está Ud., Sra. Vélez? Ya me han dicho que piensan ir de viaje este verano.

SRA. VÉLEZ   Sí, Araceli. Estamos muy entusiasmados con nuestro viaje a Barcelona. ¿Qué vuelo nos puedes conseguir que no cueste mucho?

JIMMY   Buscamos un vuelo que sea sin escala.

SRA. VÉLEZ   Silencio, Jimmy, deja trabajar a Araceli.

ARACELI   (mirando la computadora) Aquí les tengo un vuelo sin escala con una tarifa especial de $480.00 por persona, ida y vuelta. Es una ganga, pero tienen que salir antes del 15 de julio.

VÍCTOR   ¡Bárbaro! Danos los boletos ahora mismo.

SRA. VÉLEZ   Está bien Araceli. Reserva los pasajes para el 30 de junio y el regreso para el catorce de agosto.

ARACELI   Sra. Vélez, ¿quiere que les haga reservaciones en un hotel?

SRA. VÉLEZ   Sí, necesitamos tres habitaciones que tengan baño privado.

ISABEL   Araceli, por favor, preferimos que las habitaciones tengan aire acondicionado.

ARACELI   (tecleando) Bueno, les he conseguido tres habitaciones con aire acondicionado y baño privado en el hotel "Montserrat". Es un hotel de tres estrellas y está muy céntrico. ¿Algo más?

SRA. VÉLEZ   No, Araceli. Muchas gracias, muy amable.

ARACELI   De nada. ¡Feliz viaje!

A15   Actividad • Preguntas y respuestas

Refer to the dialog in A14 to answer the following questions.

1. ¿A qué van los chicos a la agencia de viajes?
2. ¿Quién es Araceli Valdés?
3. ¿Qué vuelo les consigue Araceli?
4. ¿Cuánto cuesta el vuelo?
5. ¿Cuándo regresan?

6. ¿Qué clase de habitaciones necesita el grupo?
7. ¿Cómo se llama el hotel que les ha conseguido Araceli?
8. ¿De cuántas estrellas es?
9. ¿Qué le desea Araceli al grupo?

Expressing approval or satisfaction with emphasis

¡Maravilloso!	Marvelous!
¡Fantástico!	Fantastic!
¡Regio!	Great!
¡Fabuloso!	Fabulous!
¡Magnífico!	Super!
¡De película!	Out of this world!
¡Bárbaro!	Awesome!

A 17   ESTRUCTURAS ESENCIALES
The use of the subjunctive to express the indefinite

1. Use the subjunctive after **que** to express something that is indefinite.

   Quiero una habitación que **tenga** baño privado.
   I want a room that has a private bathroom.

   Busco un restaurante que **sirva** comida catalana.
   I am looking for a restaurant that serves Catalonian food.

   ATENCIÓN: Notice the use of the indefinite article **(un, una).**

2. If the main clause refers to something definite, specific, and certain, the indicative is used.

   Quiero la habitación que **tiene** baño privado.
   I want the room that has a private bathroom.

   Busco el restaurante que **sirve** comida catalana.
   I am looking for the restaurant that serves Catalonian food.

   ATENCIÓN: Notice the use of the definite article **(el, la).**

A 18   Actividad • ¡A completar!

Complete each sentence with the correct form of the verb in parentheses.

1. Quiero una habitación que (tener) ＿＿＿ aire acondicionado.
2. Busco un vuelo que (ser) ＿＿＿ sin escala.
3. Quiero dos habitaciones que (tener) ＿＿＿ vista a la calle.
4. Buscamos un amigo que (querer) ＿＿＿ ir con nosotros.
5. ¿Sabes dónde está el guía que (hablar) ＿＿＿ español?
6. Necesito ir a una agencia de viajes que (vender) ＿＿＿ boletos baratos.
7. Busco a un secretario que (llegar) ＿＿＿ a tiempo.
8. Quiero cenar en el restaurante que (servir) ＿＿＿ platos mexicanos.

Actividad • ¿Y tú qué piensas?

Express your opinion about traveling by answering the following questions.

1. ¿Qué te gusta hacer cuando estás de vacaciones?
2. ¿Qué países te gustaría visitar? ¿Por qué?
3. ¿Cómo preferirías viajar a esos países?
4. ¿Por qué es importante hacer reservaciones en un hotel?
5. ¿Por qué es bueno conseguir una tarifa especial?
6. Quieres hacer un viaje a un país extranjero, pero no tienes dinero.
   ¿Qué harías tú?

A 20 Actividad • Mi mundo de fantasía

Get together with two of your classmates. Each of you will create your own fantasy world. Here is a hint:

> Busco un lugar que sea hermoso, donde no haya contaminación y donde pueda ser muy feliz . . .

A 21 Actividad • En la agencia de viajes

Work with a partner and play the roles of a travel agent and a client. The "client" should ask questions about his or her travel arrangements. The "travel agent" should make suggestions and answer the "client's" questions. Use A14 as a guide.

A 22 Actividad • ¡A escribir y a hablar!

Write about a real or imaginary trip you plan to take. Use the following suggestions to develop it.

I. Introducción: Tu viaje a . . .
  A. ¿Por qué quieres dar el viaje?
  B. ¿Qué lugares visitarías?
  C. ¿Por qué visitarías esos lugares?
  D. ¿Irías solo o con un grupo?

II. Desarrollo
  A. ¿Cuánto costaría el viaje?
  B. ¿Cómo conseguirías el dinero?
  C. ¿Qué cosas te molestan en un viaje?
  D. ¿Qué tipo de hotel buscas?
  E. ¿Qué clase de vuelo te interesa?
  F. ¿Aprenderías el idioma del país?

III. Conclusión
  A. Lo que espero aprender en el viaje
  B. Todo lo que me va a gustar del viaje

Now present your composition orally in class.

Arriving at a city such as Barcelona can be confusing at first. But once you check into your hotel, you are ready for an exciting adventure.

B1

En el hotel 📼

Una semana después de comprar los boletos, los padres de Isabel y los muchachos llegan a Barcelona. Pasan por la aduana y después toman un taxi que los lleva al hotel.

(En la recepción del hotel los atiende el recepcionista.)

RECEPCIONISTA	Buenos días. ¿En qué puedo servirles?
SR. VÉLEZ	Buenos días. Tenemos reservaciones a nombre de Luis y María Eugenia Vélez.

EN BARCELONA

HOTEL DUQUES DE BERGARA

★★★★

● **EL MÁS CÉNTRICO**
(Por estar en la plaza de Cataluña.)
● **EL MÁS NUEVO**
(Por haberse inaugurado en octubre de 1987.)
● **EL MÁS BONITO**
(Por estar ubicado en un palacete modernista.)
● **EL MÁS PERSONALIZADO**
(Por el trato humano que nos permite dar sus 56 habitaciones.)
● **EL MÁS MODERNO**
(Por TV mando distancia, antena parabólica, 4 canales música, aire acondicionado, mini-bar, ascensor panorámico, etc.).
C/ BERGARA, 11 (JUNTO A LA PLAZA DE CATALUÑA)
Tel. 93/ 301 51 51. Télex 98718-APRO. Fax 93/ 418 51 57

Hotel a
su medida

Alójese en el Hotel que mejor se adapte a su gusto y posibilidades. En Viajes Meliá, gracias al sistema ME-LIATSA conectado con las principales cadenas y con nuestra amplia red de oficinas propias en España y en el extranjero, podemos proporcionarle la información sobre precios, situación, calidad, etc. de cada Hotel.

PASE PARA ABORDAR
BOARDING PASS

VUELO
FLIGHT
FECHA
DATE
TRANSITO
ASIENTO
SEAT No.
DESTINO
DESTINATION

ROGAMOSLE PASAR
DE INMEDIATO A
LA SALA

PLEASE PROCEED
AT ONCE TO
GATE

RECEPCIONISTA	*(mirando la lista y luego, sacando las llaves del casillero)* Aquí están las llaves. Ahora es importante que Uds. firmen el registro y me entreguen los pasaportes.
JIMMY	¿Por qué es necesario que le entreguemos los pasaportes?
RECEPCIONISTA	Porque es preciso que les tome las señas. Después los pueden recoger aquí.
SR. VÉLEZ	¿Quién se encarga del equipaje?
RECEPCIONISTA	Ahora mismo vendrá el botones. Él se encargará del equipaje. Sus habitaciones están en el quinto piso. Pueden tomar el ascensor que está a la derecha del vestíbulo.
EL GRUPO	Muchas gracias, señor.
RECEPCIONISTA	*(sonriéndose y mirando a los chicos)* Estoy aquí para servirles en cualquier cosa que necesiten, ¿vale?

¡Qué bonita es Barcelona! 377

B2 Actividad • Preguntas y respuestas

Use the information from the dialog in B1 to answer the following questions.

1. ¿Cuándo llega el grupo a Barcelona?
2. ¿Qué toman ellos para ir al hotel?
3. ¿Cómo se llaman los padres de Isabel?
4. ¿Qué les pide el recepcionista?
5. ¿Por qué es necesario que le entreguen los pasaportes al recepcionista?
6. ¿De qué se encargará el botones?
7. ¿En qué piso están las habitaciones?
8. ¿Dónde está el ascensor?

B3 Sabes que . . .

Para unas vacaciones inolvidables *(unforgettable)* pocos lugares superan *(surpass)* a España. ¡Cómo cambia el escenario, las comidas y las costumbres! El gobierno sabe que el turismo es muy importante y ofrece lo mejor a precios muy razonables.

Agencias del gobierno controlan los precios de hoteles y restaurantes de acuerdo a categorías específicas. La categoría se determina por medio de estrellas. Cinco estrellas es la más alta distinción. Muy pocos establecimientos la obtienen. Los precios aumentan con las estrellas. Hay hoteles, hostales, pensiones *(bed and breakfasts)* y refugios. Los refugios están situados en las montañas para la conveniencia de los amantes de la naturaleza *(nature lovers)*.

El gobierno administra los albergues *(lodges)* nacionales que se llaman paradores. Son hoteles de gran categoría. Los paradores están en los lugares apartados *(separated)* de todas las regiones en monumentos históricos, castillos, conventos y palacios. Tienen todas las comodidades modernas y los precios son muy razonables.

¡BUENOS DIAS!
¡BON JOUR!
¡GOOD MORNING!

PARADOR
NACIONAL
DE LA
ARRUZAFA
CORDOBA

PARADORES
ESPAÑA

B4 SE DICE ASÍ
Expressing what is needed or expected

Es importante que firmen el registro.	It is important that you sign the record book.
Es necesario que le entreguemos los pasaportes.	It is necessary that we give her the passports.
Es preciso que les tome las señas.	It is essential that he take down your personal descriptions.

ESTRUCTURAS ESENCIALES
The use of the subjunctive in impersonal expressions

1. The subjunctive is used after impersonal expressions that indicate doubt, necessity, probability, denial, and uncertainty when the clause after **que** has a subject expressed or understood.

Es importante que **tú tengas** reservaciones.	*It is important that you have reservations.*
No es necesario que **(Ud.) compre** los boletos hoy.	*It is not necessary that you buy the tickets today.*
Es mejor que **Luis y Víctor vayan** a casa.	*It is better that Luis and Víctor go home.*

2. Here are some of the most common impersonal expressions used in Spanish:

Es difícil *It is difficult*	**Es imposible** *It is impossible*
Es dudoso *It is doubtful*	**Es probable** *It is probable*
Es fácil *It is easy*	**Es increíble** *It is incredible*
Es mejor *It is better*	**Es una lástima** *It is a pity*
Es indispensable *It is indispensable*	**Es preciso** *It is essential*

ATENCIÓN: The indicative is used after impersonal expressions that convey certainty.

Es cierto que Isabel **está** en Barcelona.	*It is true that Isabel is in Barcelona.*
Es verdad que ellos **tienen** reservaciones.	*It is true that they have reservations.*
Es seguro que ellos **van** a Madrid.	*It is certain that they are going to Madrid.*

Actividad • ¡Es increíble!

Complete the following sentences with the subjunctive or indicative, as appropriate.

1. Es difícil que tú (poder) graduarte.
2. Es cierto que Inés (estar) en España.
3. Es fácil que Ricardo (tener) veinticinco pesos.
4. Es increíble que el coche (gastar) tanta gasolina.
5. Es probable que ellos (llamar) por teléfono.
6. Es mejor que tú (venir) por la mañana.
7. Es seguro que Juan (sacar) buena nota en el examen.
8. Es verdad que abuelita (llegar) esta noche.

Actividad • Combinación

By combining elements from each column, form eight sentences. Follow the model.

MODELO   Es difícil que yo viaje a Barcelona.

Es imposible que	el grupo	estar	pronto del viaje
Es probable que	yo	dar	reservaciones
Es dudoso que	tus amigos	llegar	al aeropuerto a la una
Es necesario que	Víctor y yo	regresar	de su viaje el lunes
Es mejor que	Orlando y tú	pedir	información sobre Barcelona
Es fácil que	la pandilla	salir	en Puerto Rico
Es verdad que	Javier y Vicente	tener	un viaje a Chile
Es seguro que	Isabel y Beatriz	volver	en ese vuelo

Actividad • Antes de dar un viaje

Araceli, the owner of a travel agency, is offering valuable advice to prospective travelers. Find out what she has to say. Follow the model, use an impersonal expression from the box, and begin each sentence with: **Antes de dar un viaje. . . .**

> MODELO Ud. (comprar) los boletos.
> Antes de dar un viaje, es importante que Ud.
> compre los boletos.

1. Uds. (hacer) reservaciones en un hotel.
2. Julio Mario (tener) su pasaporte listo.
3. Los turistas (conseguir) una tarifa especial.
4. Tú (llegar) a tiempo al aeropuerto.
5. Nosotros (leer) algo sobre el país que pensamos visitar.
6. Uno no (traer) muchas maletas.

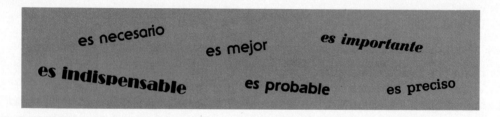

es necesario   es mejor   es importante

es indispensable   es probable   es preciso

B9 Comprensión

You will hear a statement or a question followed by a comment. If the comment is logical, check **lógico** on your answer sheet. If the response is not logical, check **ilógico.**

> MODELO —No podemos salir después de las seis.
> —Es dudoso que salgamos antes de las diez.

	0	1	2	3	4	5	6	7	8	9	10
Lógico											
Ilógico	✔										

B10 Actividad • Cosas esenciales

Pair up with a classmate and ask each other for advice. Follow the model.

> MODELO ¿Qué es importante en el mundo del futuro?
> Es importante que estudies informática.

1. ¿Qué es necesario para dar un viaje?
2. ¿Qué es preciso para sacar buenas notas?
3. ¿Qué es indispensable para hablar español?
4. ¿Qué es necesario para visitar un país extranjero?
5. ¿Qué es importante para conseguir un buen trabajo?

Imagine that you are the owner of a hotel. Write a brief brochure advertising your hotel. Pattern your brochure after the models below. Include at least five features of the hotel.

HOTEL
ALFONSO XIII
SEVILLA

Un exquisito hotel de la más fina tradición. Un monumento inspirado en lo mejor del arte cerámico. Orgullo de Andalucía.

Todos estos elogios describen sólo en parte la majestuosa belleza del Hotel Alfonso XIII, el cual, desde su inauguración en 1928, ha mantenido su conocida reputación de ser el mejor en su clase. Visitantes de la Realeza, Aristócratas, Jefes de Estado, estrellas de cine y teatro, autores y artistas han acreditado su historia.

El suntuoso esplendor de su interior y la tradicional perfección del servicio, aseguran un inmejorable nivel de calidad y confirman su bi merecida fama.

En el exterior, la mágica ciudad de Sevilla of toda su belleza y tesoros históricos.

Situado en el corazón de la ciudad.
112 habitaciones dobles lujosamente amuel y 18 habitaciones individuales, todas con k completo, teléfono con línea directa, radio y mini bar.
Suite Real. 18 Suites Junior.
Aire acondicionado en todo el hotel.
Recepción. Conserjería. Salones. Bares. Restaurante.
Peluquería. Boutiques.
6 salas de conferencias/banquetes cor
personas.
Jardines.
parcamiento.

esto
es vida

**HOTEL
GERIATRICO,
HAY UNO SOLO.**

• Terapia ocupacional • Reposo controlado • Sala de cine • TV color
• Juegos • Excursiones
• Kinesiolog
• Pedicu
• 700
s/hr
de
pr
pe

H

A
(a 2 c

Tel:

Antillas Holandesas
BONAIRE
La Isla
Excepcional

Excepcionalmente limpia, excepcionalmente amigable, unos paisajes excepcionales, y unas aguas y una vida marina excepcionalmente bellas que la colocan entre los tres primeros lugares del mundo con las más perfectas condiciones para gozar del buceo.

El Hotel Bonaire y el Casino cuentan con 145 habitaciones, repartidas en once edificios separados, diseminados en 12 acres de terreno costero, y una playa de blanca y limpia arena, con transparentes y cristalinas aguas, lo ideal para nadar, bucear ...o simplemente para tomar el sol.

La navegación a vela y los acuaplanos son gratis...al igual que el tenis durante

el día y el
tarifas sor
desde $3
dos per
Hotel
para la
Excep
Para
comu

HOTEL RESIDENCIA CARMEN

Categoría 4 estrellas. Situado en la zona más céntrica, amplia y comercial de Granada.
208 habitaciones con terrazas, vistas panorámicas de la Alham-bra, Albayzin y Sierra Nevada. Suntuosas suites. 400 plazas.
Aire acondicionado, teléfono, megafonía, T.V., boutique, souve-nirs, cajas de seguridad y garaje.

Sala de Juntas   Salle de Conférence   Meeting room

**HOTEL
BONAIRE** AND CASINO

Todos descansan el primer día. Al día siguiente, mientras los padres de Isabel van de compras, el grupo se reúne en el vestíbulo del hotel.

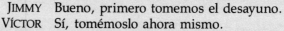

JIMMY   Bueno, primero tomemos el desayuno.

VÍCTOR   Sí, tomémoslo ahora mismo.

BEATRIZ Espérense, sentémonos aquí y discutamos lo que vamos a hacer hoy.

ISABEL   De acuerdo. Vamos al Museo de Arte.

JIMMY   No vayamos allí. Primero veamos El Tibidabo.

VÍCTOR   No, nada de eso, visitemos Montjuich.

BEATRIZ Miren, mejor hablemos con el conserje y pidámosle su opinión.

JIMMY   Buena idea, pero desayunemos primero.

(Después de desayunar, todos van al buró del conserje.)

VÍCTOR   Buenos días, señor. ¿Podría recomendarnos algunos lugares que deberíamos visitar en Barcelona?

CONSERJE Cómo no. Primero les recomiendo que den un paseo a pie por el Barrio Gótico, que es muy pintoresco, y luego por la tarde, les recomiendo que vayan a Montjuich. Más tarde, les aconsejo que den un paseo por Las Ramblas.

BEATRIZ Muchas gracias, y ahora . . . ¡a conocer Barcelona!

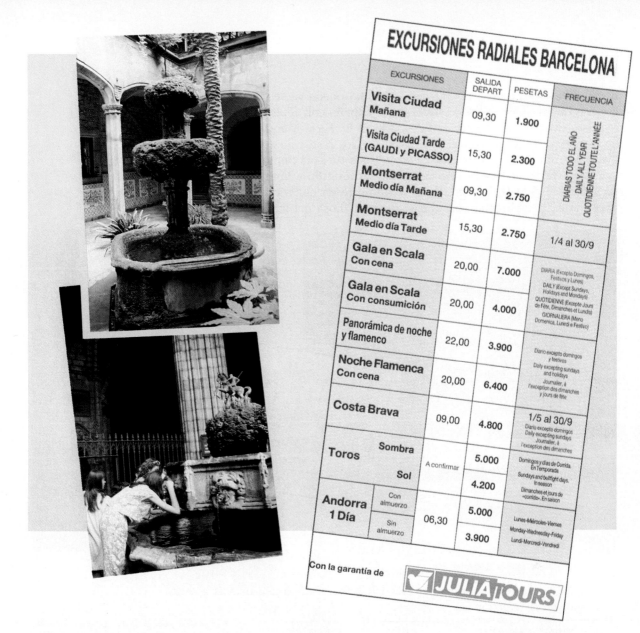

EXCURSIONES RADIALES BARCELONA

EXCURSIONES	SALIDA DEPART	PESETAS	FRECUENCIA
Visita Ciudad Mañana	09,30	1.900	DIARIAS TODO EL AÑO / DAILY ALL YEAR / QUOTIDIENNE TOUTE L'ANNÉE
Visita Ciudad Tarde (GAUDI y PICASSO)	15,30	2.300	
Montserrat Medio día Mañana	09,30	2.750	
Montserrat Medio día Tarde	15,30	2.750	1/4 al 30/9
Gala en Scala Con cena	20,00	7.000	DIARIA (Excepto Domingos, Festivos y Lunes) DAILY (Except Sundays, Holidays and Mondays) QUOTIDIENNE (Excepte Jours de Fête, Dimanches et Lundi) GIORNALIERA (Meno Domenica, Lunedi e Festivo)
Gala en Scala Con consumición	20,00	4.000	
Panorámica de noche y flamenco	22,00	3.900	Diario excepto domingos y festivos Daily excepting sundays and holidays Journalier, à l'exception des dimanches y jours de fête
Noche Flamenca Con cena	20,00	6.400	
Costa Brava	09,00	4.800	1/5 al 30/9 Diario excepto domingos Daily excepting sundays Journalier, à l'exception des dimanches
Toros Sombra	A confirmar	5.000	Domingos y días de Corrida. En Temporada Sundays and bullfight days. In season Dimanches et jours de «corrida». En saison
Toros Sol	A confirmar	4.200	
Andorra 1 Día Con almuerzo	06,30	5.000	Lunes-Miércoles-Viernes Monday-Wednesday-Friday Lundi-Mercredi-Vendredi
Andorra 1 Día Sin almuerzo	06,30	3.900	

Con la garantía de **JULIA TOURS**

B 13   Actividad • ¡A escoger!

Choose the ending that best completes the sentence, according to the information in B12.

1. Los jóvenes se reúnen en
 • la recepción.   • la habitación.   • el vestíbulo.

2. Jimmy dice:
 • tomemos el desayuno.   • vamos al Museo de Arte.   • visitemos Montjuich.

3. Los chicos piden la opinión
 • del recepcionista.   • del conserje.   • de Beatriz.

4. Isabel quiere ir
 • al Museo de Arte.   • a El Tibidabo.   • a Montjuich.

5. El conserje recomienda que por la tarde
 • visiten el Museo de Arte.   • vayan a Montjuich.   • vayan a El Tibidabo.

El Montjuich es una colina *(hill)* desde la cual puede verse la ciudad de Barcelona. En una de las laderas *(sides)* está la Plaza España con réplicas de las distintas regiones del país. ¡Qué variedad de pueblos! La Feria Mundial de 1929 se celebró en este lugar y los pabellones *(pavilions)* son los restos de este evento. Detrás de la plaza hay una fuente luminosa. Desde allí los turistas tienen una vista fabulosa de la ciudad. En lo alto de la otra ladera hay un castillo y también un jardín precioso, un estadio y el teatro griego. En el verano ofrecen obras clásicas. De este lado de la colina está el Miramar con una vista maravillosa del mar y de la ciudad.

B 15 **ESTRUCTURAS ESENCIALES**
Softened commands

1. To make a suggestion similar to English *Let's . . .* , Spanish uses **ir a** + an infinitive construction.

Vamos a estudiar.	*Let's study.*
Vamos a comer.	*Let's eat.*
Vamos a abrir la tienda.	*Let's open the store.*

2. Another way of suggesting politely is to use the **nosotros(as)** form of the present subjunctive as a command.

Estudiemos.	*Let's study.*
Comamos.	*Let's eat.*
Abramos la tienda.	*Let's open the store.*

3. Remember that when object pronouns are used with command forms, the object pronouns are placed immediately after the verb and are written as a single word. Notice that an accent is added to keep the stress on the same syllable.

Estudiemos la lección.	**Estudiémosla.**
Comamos el almuerzo.	**Comámoslo.**
Abramos la tienda.	**Abrámosla.**

B 16 Actividad • Esto tiene que cambiar 📼

Change each sentence to a softened command by following the model.

> MODELO   Vamos a cambiar impresiones sobre Barcelona.
> Cambiemos impresiones sobre Barcelona.

1. Vamos a leer un libro sobre Barcelona.
2. Vamos a tomar el desayuno ahora mismo.
3. Vamos a comprar los boletos en la agencia.
4. Vamos a hablar con el conserje.
5. Vamos a visitar el Museo de Arte.
6. Vamos a escribir una tarjeta postal.
7. Vamos a trabajar para ahorrar dinero.
8. Vamos a aprender más acerca de Barcelona.

B 17 Actividad • Sigamos al líder 📼

Work with a classmate and ask each other the following questions. Follow the model.

> MODELO   ¿Comemos en la cafetería?
> Sí, **comamos** en la cafetería.

1. ¿Entregamos las maletas?
2. ¿Vamos a la sala de espera?
3. ¿Llamamos a nuestros amigos?
4. ¿Comemos algo?
5. ¿Cambiamos los cheques de viajero?
6. ¿Compramos algo para leer en el avión?
7. ¿Conseguimos un periódico español?
8. ¿Nos sentamos a esperar el vuelo?
9. ¿Escribimos unas tarjetas postales?
10. ¿Subimos al avión?

B 18 Actividad • ¡A escribir y a hablar!

Prepare a description in Spanish of a hotel where you would like to stay. Here are some suggestions.

I. Introducción
   A. Mi hotel favorito se llama . . .
   B. ¿Está en un lugar céntrico?
   C. ¿Cuántas veces he estado en ese hotel?
II. Desarrollo
   A. ¿Cómo es el hotel?
   B. ¿Es caro o barato?
   C. ¿Cómo son las habitaciones?
   D. ¿Cómo son sus empleados?
   E. ¿Tiene restaurante?
   F. ¿Qué otras cosas tiene el hotel?
III. Conclusión
   A. Me gusta ese hotel porque . . .
   B. Tengo planes de volver a quedarme . . .

When traveling, it is best to schedule your plans carefully and not try to see everything in one day. This way you can enjoy your vacation and wisely make use of your time.

C1   En Barcelona 📼

Los cuatro compañeros comienzan su paseo por el Barrio Gótico.

VÍCTOR   ¡Qué interesante es este barrio! Es tan antiguo y tiene casas tan pintorescas.
ISABEL   Sí, y fíjense qué estrechas son estas calles.
BEATRIZ   Y, ¿dónde está Jimmy?
VÍCTOR   Está en la Catedral. Tú sabes que él siempre está sacando fotos.
ISABEL   Ojalá que se apure.
VÍCTOR   Sigamos con nuestro paseo y esperémoslo más adelante.
ISABEL   Un momento, allí viene.
BEATRIZ   Oigan, sentémonos en esta fuente a descansar un poco.
ISABEL   Sí, y luego compremos unos helados en el carrito . . . ¡Huy, qué sabrosos están!

Después de terminar su paseo por el Barrio Gótico, los muchachos se detienen en la Plaza de Cataluña.

BEATRIZ   Miren, es mejor que almorcemos ahora.
VÍCTOR   Sí, porque es necesario que lleguemos temprano al parque de diversiones de El Tibidabo.
ISABEL   ¿Qué les parece ese café al aire libre? *(leyendo el menú)* Pidamos algo ligero, demos un paseo por Las Ramblas y esta noche pidámosles a papá y a mamá que nos lleven a cenar a un restaurante catalán.
TODOS   De acuerdo.

Actividad • ¿Es cierto o no?

Decide whether each statement is true or false, according to C1. Correct
the false statements.

1. Los jóvenes comienzan su paseo por Montjuich.
2. El Barrio Gótico es muy moderno.
3. Jimmy nunca saca fotos.
4. Los helados están sabrosos.
5. Es necesario que los chicos lleguen temprano al Museo de Arte.
6. Los chicos almuerzan en un café al aire libre.

C3 Actividad • Preguntas y respuestas

Use the information in C1 to answer the following questions.

1. ¿Cómo son las casas del Barrio Gótico?
2. ¿Cómo son sus calles?
3. ¿Qué está haciendo Jimmy en el interior de la Catedral?
4. ¿Dónde se sientan a descansar los jóvenes?
5. ¿Qué van a comprar ellos en el carrito?
6. ¿Dónde se detienen después de terminar su paseo?
7. ¿En qué lugar almuerzan?
8. ¿Qué van a hacer por la noche?

Barcelona es una ciudad culta y alegre, populosa y elegante. Tiene bellas secciones modernas y barrios antiguos, llenos de historia. Uno de los sectores más conocidos es la vieja ciudad que incluye el Barrio Gótico y los pintorescos barrios de artesanos. En el Barrio Gótico queda la Catedral, construida a fines del siglo XIII. En la Plaza de San Jaime se encuentran la iglesia de San Jaime, el Ayuntamiento *(City Hall)* y el Palacio de la Generalitat, que es la sede *(seat)* del gobierno.

Barcelona es también la ciudad natal *(native)* de Antonio Gaudí (1852–1926), el famoso arquitecto catalán que construyó el parque Güell, la iglesia de la Sagrada Familia y muchos otros edificios en la ciudad.

C5   SE DICE ASÍ
Attracting attention

	Un momento...	One moment...
	Un minuto...	One minute...
	Escuchen, por favor.	Listen, please.
	¡Oigan!	Listen!
	¡Miren!	Look!

ESTRUCTURAS ESENCIALES
The expression ¡Ojalá . . . !

¡Ojalá que **vayan** a Barcelona!	*If only they could go to Barcelona!*
¡Ojalá que **se apure**!	*I hope he hurries!*

The expression **¡Ojalá!** came into Spanish from the Arabic, and it means
if only or *I hope.* **¡Ojalá!,** with or without **que,** is usually followed by the present
subjunctive and it expresses a wish that refers to something that may happen in
the future.

C7 Actividad • ¡Ojalá!

Juan is planning a trip to Barcelona with his friends. Follow the model to find out
what he hopes will happen.

> MODELO ¡Ojalá que nosotros (poder) ir en el verano!
> ¡Ojalá que nosotros podamos ir en el verano!

1. ¡Ojalá que Luisa (poder) ir a Barcelona!
2. ¡Ojalá que mis amigos (ir) también conmigo!
3. ¡Ojalá que tú (hacer) pronto las reservaciones!
4. ¡Ojalá que el hotel (tener) aire acondicionado!
5. ¡Ojalá que el hotel (estar) céntrico!
6. ¡Ojalá que nosotros (comer) en un restaurante catalán!
7. ¡Ojalá que Lucho y Chela (dar) un paseo por el Barrio Gótico!
8. ¡Ojalá que el conserje (hablar) español!
9. ¡Ojalá que no (llover) durante nuestro viaje!
10. ¡Ojalá que el grupo (volver) pronto del viaje!

C8 Comprensión

Sometimes people have difficulty understanding instructions. You will hear ten
short conversational exchanges. If the person has understood correctly, check **sí** on
your answer sheet. If not, check **no.**

> MODELO —Debemos llegar a las seis.
> —Te dije que es importante que salgas a las seis.

	0	1	2	3	4	5	6	7	8	9	10
Sí											
No	✔										

C9 Actividad • Nuestros deseos

Pair up with a classmate. Tell each other five things you wish would happen, using
¡Ojalá que . . . !

C10 Actividad • El señor Carpineto

Mr. Carpineto is a high school Spanish teacher. Here is what he says about his students. Complete the paragraph with the correct form of the verb in parentheses.

Soy profesor de español de una escuela secundaria. Me alegra (tener) ＿＿＿ muchos estudiantes. Yo siempre les aconsejo que (estudiar) ＿＿＿ y (aprender) ＿＿＿ mucho, porque es necesario que ellos (prepararse) ＿＿＿ para el futuro. A mí me alegra mucho que (escuchar) ＿＿＿ mis consejos. ¡Ojalá que todos los profesores (poder) ＿＿＿ tener estudiantes que (ser) ＿＿＿ tan buenos como los míos!

C11 Actividad • ¿Qué pasa?

Look at each illustration and explain what is going on. Follow the model.

MODELO El papá quiere / los chicos / barrer la terraza
El papá quiere que los chicos barran la terraza.

1. La mamá insiste en / los niños / comer la comida

2. Es importante / Vicente / llenar la solicitud de empleo

3. El entrenador se alegra de / el equipo / ganar el partido

4. Isabel duda / Víctor / estar enfermo

5. ¡Ojalá! / nosotros / ir al baile

C12 Actividad • ¡Cuéntame de ti!

Work with a partner. Ask each other the following questions.

1. ¿Crees que es importante tener muchos amigos? ¿Por qué?
2. ¿Les das consejos a tus amigos? ¿Qué les aconsejas?
3. ¿Te enojas fácilmente? ¿Con quién? ¿Por qué?
4. Por lo general, ¿cuáles son las cosas que te molestan a ti?
5. ¿Cuáles son algunas cosas que te alegran a ti?

Durante sus vacaciones en Barcelona, los chicos les escriben unas postales a sus familiares, a Vicente y a su profesora, la señora Morse.

ALBERGUE DE CARRETERA · TORDESILLAS
Serie M
N.º 7

Queridos padres,
¿Cómo están? Todos estamos muy bien y divirtiéndonos mucho en Barcelona. Me gustó mucho la iglesia de la Sagrada Familia y el parque de Montjuich. En Montjuich, visitamos el Pueblo Español que contiene réplicas de todas las regiones de España. Les escribiría más, pero no tengo tiempo. Muchos cariños.
Beatriz

DIRECCIÓN GENERAL DE EMPRESAS Y ACTIVIDADES TURÍSTICAS.— ESPAÑA

Sr. y Sra Villarreal
250 Woodland Avenue
Austin, Texas 78741

Querido Vicente,
La estamos pasando de lo mejor en Barcelona. Es una ciudad muy grande y muy hermosa. Fuimos al Tibidabo y desde allí pudimos ver toda la ciudad. Es una lástima que no estés aquí con nosotros. Quizás algún día puedas visitar Barcelona. Te extrañamos mucho.
Isabel

Ediciones Sicilia - ZARAGOZA

Nº 173
PIRINEU CATALÀ
Esglesia romànica de Santa María de Taüll (S. XII)

Vicente Gonzáles
512 Windsor Rd.
Austin, Texas 78703
USA

Depósito Legal Z. 42,394 XXII

Postcard 1:

BARCELONA
La Sagrada Familia
Arquitecto: Gaudí

Estimada Sra. Morse
Saludos desde Barcelona.
Nos gusta mucho esta ciu-
dad y sobre todo nos
encanta la comida cata-
lana, especialmente la
zarzuela de mariscos y
la sopa payés. Todas
las noches caminamos
por las Ramblas. Ojalá
algún día volvamos a
Barcelona. Hasta pronto
Jimmy

KOLORHAM

FOTOGRAFIA A. CAMPAÑÀ · POSTALES · PEÑO. 60 · BARCELONA · T. 31-31-33

Werticrom, S. A

Sra. Louise Morse
2086 Rothington Rd.
Austin, Texas
78726
U.S.A.

Depósito Legal. B. 27.947. - XXVII

Postcard 2:

Querido Hermano,
Te envío esta postal desde
Barcelona. Hemos recorrido
la ciudad y hasta visitamos
varias playas de la Costa
Brava. Son bellísimas, pero
el agua estaba muy fría.
Hemos aprendido a hablar
un poco de Catalán y
tal vez aprendamos a bailar
la Sardana, el baile típico
de Cataluña. Pronto estaremos
de vuelta.   un abrazo,
                         Héctor

CEDOSA

COMERCIAL ESCUDO DE ORO, S.A. - BARCELONA
Palaudarias, 26
Reproducción prohibida

N.º 145 PIRINEO ARAGONES (Huesca)
Puerto de Somport. Alt. 1640 mts.
Frontera Franco-Española
Frontière Franco-Española
Frontier Franco Española

1880

La postal de la amistad
La carte postale de l'amitié
The friendship post card
Die Freundschaftskarte
O postal de amizade
Vänskapens vykort
Vriendelyke groeten
Otkritka druchbi
La cartolina dell'amicizia
La poŝtkarto de la amikeco

10 PTAS
ESPAÑA CORREOS

Carlos Hinajosa

320 Santa Maria St.

Austin, Texas 78733

FISA - I.G. Palaudarias 26 - Barcelona - Printed in Spain
Depósito Legal B. 19951 VIII

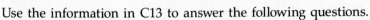

C14 Actividad • Preguntas y respuestas 🔲

Use the information in C13 to answer the following questions.

1. ¿A quiénes les escriben postales los jóvenes?
2. ¿Qué pudo ver Isabel desde El Tibidabo?
3. ¿Qué le gustó a Beatriz?
4. ¿Qué visitaron ellos en Montjuich?

5. ¿Cómo son las playas de la Costa Brava?
6. ¿Qué es la sardana?
7. ¿Qué les encanta a los jóvenes?
8. ¿Qué hacen ellos todas las noches?

C15 Actividad • ¡A escoger!

Use the information in C13 to select the most appropriate word or words to complete each sentence.

1. La señora Morse es la _____ de los jóvenes.
   • mamá   • profesora   • guía
2. Barcelona es una ciudad _____ .
   • pequeña   • hermosa   • fea
3. La Sagrada Familia es una _____ .
   • iglesia   • catedral   • cafetería
4. Los jóvenes han aprendido un poco de _____ .
   • español   • inglés   • catalán
5. Los compañeros han aprendido a _____ .
   • bailar la sardana   • cantar la sardana   • hablar la sardana

C16 Sabes que . . . 🔲

La sardana es el baile típico de Cataluña y se baila en todas las celebraciones. Los domingos, después de ir a la iglesia, la gente se reúne en la plaza de la Catedral. Todos, jóvenes y viejos, hombres y mujeres forman círculos y bailan la sardana.

Este baile es muy antiguo. Los círculos humanos celebran el triunfo del sol sobre la oscuridad *(darkness)* de la noche. Los antiguos griegos establecieron colonias en lo que es hoy Cataluña. Se cree que ellos introdujeron este baile en la región.

C17 ESTRUCTURAS ESENCIALES
The subjunctive with **tal vez** *and* **quizás**

Tal vez ellos **vayan** a Barcelona.	*They might go to Barcelona.*
Quizás visiten Madrid.	*They might visit Madrid.*

Tal vez and **quizás** *(perhaps, maybe)* are two Spanish expressions that are followed by the subjunctive when the speaker wishes to convey doubt or uncertainty.

C18 Actividad • Tal vez

Change the following statements to express doubt or uncertainty by using **tal vez**. Follow the model.

> MODELO Lolita habla catalán.
> Tal vez Lolita hable catalán.

1. Víctor y Beatriz comen en un café al aire libre.
2. Isabel visita El Pueblo Español.
3. (Nosotros) escribimos postales desde Barcelona.
4. Jimmy y tú pasean por Las Ramblas.
5. (Tú) compras los boletos en la agencia de viajes.
6. Nuestro abuelo lee un libro sobre Barcelona.
7. Los padres de Carmen son catalanes.
8. Los muchachos van al teatro del Liceo en Barcelona.

C19 Actividad • Quizás

Change the following statements to express doubt or uncertainty by using **quizás**. Follow the model.

> MODELO Lilita va a la Costa Brava.
> Quizás Lilita vaya a la Costa Brava.

1. Jimmy trae la cámara.
2. Vicente se siente enfermo.
3. Mis amigos y yo pedimos una sopa payés.
4. El restaurante sirve comida catalana.
5. Tus padres están en Barcelona.
6. El conserje es catalán.
7. Antonio y Regina pasean por la Plaza de Cataluña.
8. (Nosotros) aprendemos a bailar la sardana.

C20 Actividad • ¡A escribir tarjetas postales!

Imagine that you are visiting a city and you are writing postcards to your friends. Use the answers to the following questions as a guide.

> ¿Cómo es el lugar? ¿En qué hotel estás? ¿Qué has hecho? ¿Cómo es la gente?
> ¿Cómo es la comida? ¿Qué otros planes tienes?

Actividad • Repasando lo que he aprendido

Complete the paragraph using the correct forms of either the present indicative or the present subjunctive as needed.

España (ser) _____ un país muy hermoso. Muchas personas (ir) _____ a España todos los años. Si tú (pensar) _____ visitar España, te aconsejo que (tener) _____ tu pasaporte listo y que (comprar) _____ los boletos pronto para aprovechar las tarifas especiales. También es importante que los turistas (hacer) _____ reservaciones en los hoteles con tiempo. Si tú y tus amigos (ir) _____ a dar un viaje a España, les recomiendo que (ir) _____ a Barcelona porque (ser) _____ una ciudad muy hermosa. Al llegar a Barcelona, les sugiero que (visitar) _____ la iglesia de la Sagrada Familia, el Barrio Gótico, Montjuich y El Tibidabo. También es importante que ustedes (dar) _____ un paseo por Las Ramblas porque (ser) _____ muy bonitas. Espero que (aprovechar) _____ mis consejos y que les (gustar) _____ mucho Barcelona.

C22 Actividad • ¡A escribir y a hablar!

Prepare a description in Spanish of the town or city where you live, taking into account the following suggestions.

    I. Introducción
        A. Mi pueblo (ciudad) se llama . . .
        B. ¿Dónde está?
   II. Desarrollo
        A. ¿Cómo es mi pueblo (ciudad)?
        B. ¿Es grande o pequeño?
        C. ¿Cómo son sus calles?
        D. ¿Cómo es la gente?
        E. ¿Cuáles son los lugares interesantes para visitar?
        F. ¿Qué hacen los jóvenes los fines de semana?
  III. Conclusión
        A. (No) me gusta mi pueblo (ciudad) porque . . .
        B. (No) quiero ir a vivir en otra ciudad porque . . .

1 En la agencia de viajes

Write a dialog between a tourist and a travel agent. Base your dialog on the illustration below.

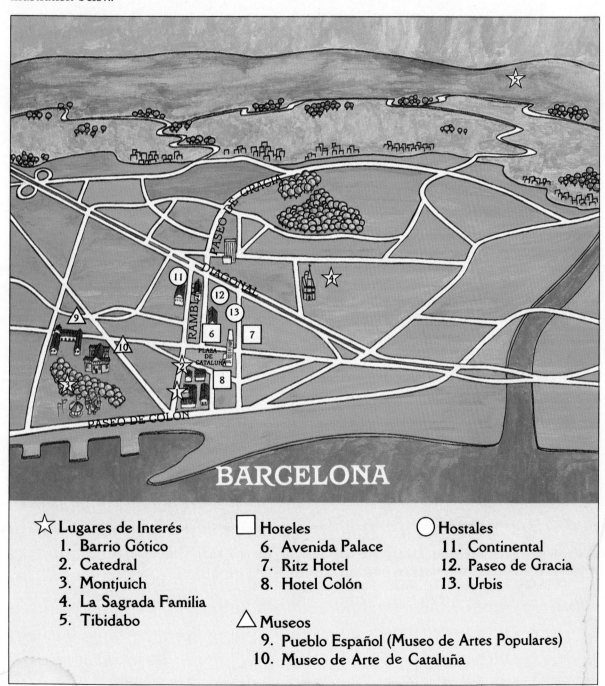

BARCELONA

☆ **Lugares de Interés**
1. Barrio Gótico
2. Catedral
3. Montjuich
4. La Sagrada Familia
5. Tibidabo

☐ **Hoteles**
6. Avenida Palace
7. Ritz Hotel
8. Hotel Colón

○ **Hostales**
11. Continental
12. Paseo de Gracia
13. Urbis

△ **Museos**
9. Pueblo Español (Museo de Artes Populares)
10. Museo de Arte de Cataluña

2   Actividad • Mi familia y yo

Write five sentences in Spanish. Express your feelings and emotions toward your relatives by using the expressions in the box.

me encanta   me alegra   me enoja   me gusta   siento

> MODELO   Me molesta que mi hermano no me ayude a hacer la tarea.

3   Actividad • Buscando algo perfecto

Work with a partner and discuss what you look for in a hotel, a restaurant, a store, and an airline. Follow the model.

> MODELO   Busco un hotel que tenga aire acondicionado.

4   Actividad • El premio

Your school is giving an award to the class with the best overall performance throughout the year. Try to encourage your classmates by using eight softened commands. Here is a clue: **Vamos a llegar temprano a clase todos los días.**

5   Actividad • Mis recomendaciones para un viaje

Using impersonal expressions, give five important recommendations to a person who plans to take a trip.

> MODELO   Es importante que Ud. compre cheques de viajero.

6   Actividad • El lugar donde vivo

Using Skills 1 as a model, prepare information in Spanish about the town or city where you live. Draw a simple map, showing places of interest, streets, and hotels. Also include a list of places with a brief description of each one.

7   Dictado

You will hear four sentences. Listen carefully because you will hear each sentence only twice. After listening the first time, write what you hear. Then listen again and fill in what you missed the first time.

Letters *b* and *v*

The **b** and **v** are pronounced identically in Spanish. At the beginning of a breath group, or after the letters **m** and **n,** the sound is similar to the English *b* in *bat.* Listen carefully and repeat the following words.

> Vicente   Beatriz   viaje   cambio
> vida   barrio   envío   también

In all other positions, the sound of the letters **b** and **v** is weaker. Listen carefully and repeat the following words and sentences.

> Isabel   sabroso   tuvo   Tibidabo
> hablar   estuve   trabajo   había

> Vicente baila muy bien la bamba.
> Beba Veléz bebe jugo de uva.
> El bistec que Isabel comió era sabroso.
> Beto estuvo trabajando y hablando mucho.

Intonation

Generally, the intonation for statements in Spanish starts in a low tone, rises to a higher one, and then goes back to the initial low tone at the end of the sentence. Listen to each of the following sentences, and then repeat.

> Yo siento no poder ir a Barcelona con ustedes.
> Es importante que yo estudie informática.
> Les recomiendo que den un paseo por el Barrio Gótico.
> Quizás algún día puedas visitar Barcelona.

Actividad • Práctica de pronunciación

Listen to each sentence and then repeat.

> Balbino no bebe vino.
> Beatriz cambió el viaje.
> Vicente estuvo en el baile.
> Isabel viene en el invierno.
> Victoria vende veinte vestidos verdes.

¿LO SABES?

Let's review some important points you've learned in this unit.

SECTION A

Do you know how to make arrangements in Spanish for a trip?
Role-play a brief dialog, detailing your arrangements with a travel agent.

Do you know how to suggest a good hotel in Spanish?
Write five suggestions in Spanish that you would offer to a friend in order to pick a good hotel.

Are you able to express agreement or lack of preference?
Work with a partner. Make suggestions and have your partner reply with the following expressions. Then switch roles.

No me importa.	Me da igual.	¡Maravilloso!
Me da lo mismo.	Como quieras.	¡Regio!
¡Fantástico!	¡Fabuloso!	De acuerdo.

SECTION B

Can you offer suggestions to your friends on how to improve their Spanish?
Write five sentences using the following expressions.

es importante	es preciso	es esencial
es necesario	es indispensable	

Can you recommend places to visit in your hometown?
Prepare notes and give five recommendations to the class, concerning places to visit in your hometown.

SECTION C

Do you know how to express your wishes in Spanish?
Form five sentences using **¡Ojalá . . . !** to express your wishes for improvements to your school.

Do you know how to convey doubt or uncertainty in Spanish?
Form three sentences with **tal vez** and three sentences with **quizás**.

Do you remember how to write postcards?
Write a postcard to your best friend about a real or an imaginary visit to Barcelona. Don't forget to tell your friend about what you saw in the city, where you ate, and when or if you plan to return.

VOCABULARIO

SECTION A

el **aire acondicionado** *air conditioning*
¡**bárbaro!** *awesome!*
el **boleto** *ticket*
céntrico, -a *centrally located*
como quieras *as you wish*
costar (ue) *to cost*
de acuerdo *I agree*
¡**de película!** *out of this world!*
entusiasmado, -a *enthusiastic*
graduarse *to graduate*
la **habitación** *room*
la **ida y vuelta** *round trip*
lamentar *to be sorry*
me da igual *it's the same to me*
me da lo mismo *its all right with me*
molestar *to bother*
no me importa *I don't care*
las **olimpiadas** *Olympic Games*
la **pandilla** *gang*
el **pasaje** *fare*
privado, -a *private*
el **propietario** *owner*
¿**qué hay de nuevo?** *what's new?*
¡**regio!** *great!*

la **reservación** *reservation*
sacar (buenas) notas *to get (good) grades*
sorprender *to surprise*
la **tarifa especial** *special fare*
temer *to fear*
el **vuelo sin escala** *non-stop flight*

SECTION B

el **ascensor** *elevator*
el **botones** *bellboy*
el **buró** *desk*
el **casillero** *shelf with dividers*
catalán *Catalan; Catalonian (m.)*
catalana *Catalonian (f.)*
el **conserje** *concierge*
encargarse (de) *to be in charge*
es dudoso *it is doubtful*
es increíble *it is incredible*
es indispensable *it is indispensable*
es preciso *it is essential*
es probable *it is probable*
el **hotel** *hotel*

pintoresco, -a *picturesque*
la **recepción** *reception desk*
recoger *to pick up*
el **registro** *record book*
las **señas** *personal description*
sonreírse *to smile*
¿**vale?** *okay?*
el **vestíbulo** *lobby*

SECTION C

al aire libre *outdoors*
apurarse *to hurry up*
bellísimo, -a *very beautiful*
la **catedral** *cathedral*
detenerse *to linger, to stop*
estar de vuelta *to be back*
estrecho, -a *narrow*
la **fuente** *fountain*
la **iglesia** *church*
¡**ojalá . . . !** *if only; I hope*
recorrer *to travel*
la **región** *region*
la **réplica** *replica*
sobre todo *above all*
la **sopa payés** *Catalonian dish*
la **zarzuela de mariscos** *seafood platter*

PRÁCTICA DEL VOCABULARIO

1. Make a list of all the travel words in the unit vocabulary.
2. Now make up sentences using those words.

VAMOS A LEER

Antes de leer

1. The selections that you are about to read are descriptions of different regions of Spain. Descriptions are usually written in the third person, singular or plural, and thus the sentences will show third person agreement. Knowing this will facilitate your comprehension of the selections.
2. Descriptions use many adjectives that will serve as clues to help you identify the key topic of the reading.
3. By now you are already familiar with cognates. There are several of them in the reading. How many can you readily identify as you quickly scan the selection?

Preparación para la lectura

Before you begin the reading selection, answer the following questions.

1. ¿Has estado alguna vez en España? ¿Has oído música española?
2. ¿Conoces algo de las aventuras de don Quijote?
3. ¿Puedes adivinar el significado de *acueducto, castillo, inmortalizada* y *torre*?
4. ¿Por qué crees que Castilla se llama así?
5. Mira rápidamente la Lectura y busca cuál es el monumento más viejo de Castilla.
6. Busca después la extensión del acueducto romano de Segovia.
7. ¿Por qué crees que se le llama romano?

Panorama de España

La región catalana es sólo una de las muchas y variadas regiones de España. Si bien es verdad que Cataluña es una de las más ricas en recursos naturales, la industria y las artes, hay en España otras regiones que ofrecen al visitante una gran variedad de culturas y paisajes.

El país vasco

Los vascos tienen su propio idioma, euskera, que todavía hoy no sabemos de dónde viene. El traje típico para el hombre es pantalón y camisa blanca, con una boina° roja y un pañuelo al cuello y otro a la cintura del mismo color. El deporte más popular se llama pelota vasca o jai-alai. El baile local es la vigorosa jota vasca. El país vasco es una de las regiones más industriales de España.

---

boina *beret*

Castilla

Ésta es la región de los molinos de viento y de las aventuras de don Quijote.
Además, es donde está Madrid, la capital del país. Como es característico de
España, pero más visible en Castilla, lo antiguo está al lado de lo moderno, en
armonía. Hay en esta región castillos y ciudades medievales, como por ejemplo, la
increíble ciudad de Ávila, que es un monumento nacional por sus murallas° del
siglo once. El famoso acueducto romano, que está en la ciudad de Segovia, con sus
728 metros de largo, es desde luego, unos cuantos siglos más viejo. Allí también
puedes encontrar el Alcázar°, con sus elegantes torres. Un poco más al sur de
Madrid está una de las ciudades más turísticas de España, Toledo, inmortalizada
por el pintor El Greco.

---

murallas *walls*   **Alcázar** *Spanish fortress or palace*

Andalucía

Aquí vas a encontrar las ciudades más románticas de España. En Sevilla hay casas blancas con las ventanas llenas de claveles.° Ésta es una ciudad llena de gracia, con bellos parques y monumentos. Córdoba, la antigua capital del califato,° tiene entre sus monumentos la inmensa mezquita.° Granada, la más romántica de todas por el famoso palacio de La Alhambra, te lleva en su fantasía a la época de las *Mil y una noches.* Por toda Andalucía puedes disfrutar de guitarras, castañuelas° y baile flamenco. ¿Has leído los *Cuentos de La Alhambra* de Washington Irving?

claveles *carnations*   califato *caliphate*   **mezquita** *mosque*   **castañuelas** *castanets*

Actividad • Preguntas y respuestas

1. ¿En qué región de España está la capital del país?
2. ¿Por qué es un monumento nacional la ciudad de Ávila?
3. ¿Cuál es la ciudad más turística de España?
4. ¿Quién era El Greco?
5. ¿Qué idioma hablan los catalanes? ¿Y los vascos?
6. ¿En qué región de España hay muchas flores en las ventanas?
7. ¿Qué ciudad turística está cerca de Madrid, al sur?

Actividad • ¿Cuál es la ciudad o región?

Match the landmarks or tourist attractions on the left with the names of regions or cities on the right.

1. ciudad con murallas medievales   Granada
2. bailes flamencos   Madrid
3. capital del califato   Andalucía
4. el palacio de La Alhambra   Ávila
5. jai alai   Córdoba
6. molinos de viento y castillos   Toledo
7. la capital del país   el país vasco
8. ciudad inmortalizada por El Greco   Castilla

Actividad • ¡A escoger!

Use the information in the reading selection to help you choose the answer that best completes each sentence.

1. La ciudad romántica por excelencia es
   • Córdoba.   • Madrid.   • Granada.
2. Hay muchos castillos y ciudades medievales en
   • la región catalana.   • Castilla.   • el país vasco.
3. El Alcázar de las torres elegantes está en
   • Ávila.   • Segovia.   • Toledo.
4. La ciudad que está al sur de Madrid es
   • Córdoba.   • Toledo.   • Ávila.
5. El palacio de La Alhambra está en
   • Córdoba.   • Sevilla.   • Granada.

Actividad • Charla

Get together with a classmate and discuss the Spanish city or region you would like to visit and the places you would like to see.

La última reunión

Repaso

Un grupo de estudiantes está organizando la última reunión del año. Quieren que sea muy buena y desean que todos se diviertan mucho. Algunos se ocuparán del programa musical y otros de la comida y de los refrescos. Algunos de ellos van a decorar el salón. Mientras hacen los preparativos, conversan un poco.

LAURA   ¡Caramba! Miguel no ha llegado todavía y hay tanto que hacer.

ESTRELLA   Dudo que venga hoy, Laura. Recuerda que iba con sus padres a la agencia de viajes para preparar el viaje de vacaciones.

PEPE   ¡Huy, cómo pasa el tiempo! Ya se termina el curso.

RAFAEL   ¡Qué maravilla! Tres meses sin clases.

LAURA   Bueno, sí . . . Pero después de todo, hemos aprendido mucho. Y también nos hemos divertido mucho.

ESTRELLA   ¿Qué planes tienen ustedes para el verano . . . y el año que viene?

PEPE   Estrella, para el año que viene no sé. En el verano es posible que vaya a casa de los abuelos en Puerto Rico.

Pepe

Rafael

Laura

RAFAEL   No creo que vaya a ninguna parte. Papá necesita que yo lo ayude en el garaje.

LAURA   Tal vez trabaje en el proyecto para mejorar el ambiente. Como saben hay mucha contaminación y tenemos que hacer algo.

ESTRELLA   Me alegra que todos tengamos muchos proyectos y que pasemos unas buenas vacaciones. Yo pienso ir de vacaciones a Ecuador. ¡Ojalá que estemos juntos otra vez en la próxima clase de español!

TODOS   ¡De acuerdo!

Estrella

2 Actividad • Preguntas y respuestas

Use the information in **Los preparativos** to answer the following questions.

1. ¿Qué están organizando los estudiantes?
2. ¿Quién no ha llegado todavía?
3. ¿Por qué es probable que no venga?
4. ¿Qué planes tiene Estrella para el verano?
5. ¿Qué va a hacer Rafael durante el verano?
6. ¿En qué proyecto va a trabajar Laura?

3 Actividad • Charla

Pair up with a classmate and discuss **Los preparativos.** Make at least three predictions on what kind of summer you think Laura, Pepe, and Rafael are going to have. Use **creo que** and **no creo que** and be prepared to support your opinions.

4 Actividad • Las decoraciones

The organizer of the decorations committee gets together with the group and wants to know what has been done. Work with a partner. Follow the model.

> MODELO preparar los letreros / poner las decoraciones
> —¿Preparaste los letreros?
> —Sí, pero no he puesto las decoraciones.

1. hacer las invitaciones / pedir las flores
2. arreglar las luces / traer la música
3. traer una mesa / conseguir un mantel
4. llamar al profesor / decirme nada
5. anunciar la rifa / comprar los premios
6. comprar las flores / hacer los arreglos

5 Actividad • Los cocineros

You are in charge of the food committee. You are efficient and like to be in control. What do you say? Follow the model.

> MODELO comprar el queso — No compres el queso, que lo compre Ana.

1. cortar las papas
2. lavar las frutas
3. poner las servilletas allí
4. empezar la ensalada
5. preparar los bocadillos
6. traer el pan

6   Actividad • ¿Refrescos o agua mineral?

The director of the beverage committee is very polite to the assistants. Complete the sentences with the appropriate verb form.

1. Te aconsejo que no _____ (traer) el hielo todavía.
2. Necesito que tú _____ (conseguir) más tazas.
3. Les recomiendo que _____ (comprar) más jugos.
4. Dudo que nosotros _____ (tener) suficientes refrescos.
5. Creo que _____ (haber) limonada.
6. ¿Les molesta que _____ (cerrar) la puerta?
7. Yo sé que no _____ (tener) agua.
8. ¡Ojalá que _____ (tener) bastante hielo!

7   Actividad • El director

The director knows what people need to do. The assistant director gives the orders. Work with a classmate, taking turns playing the roles of director and assistant director.

> MODELO   bajar al gimnasio
> — Es necesario que bajen al gimnasio.
> — Bajemos ahora.

1. aprender las canciones
2. probar el micrófono
3. abrir las puertas
4. descansar un rato
5. limpiar esa esquina
6. conectar el estéreo

8   Actividad • El proyecto de Laura

Make a list of at least five tasks you think Laura must accomplish in order to beautify the city. Use **hay que.**

9   Actividad • ¡A escribir!

It is health week and the wrestling coach wants a poster for all to see. He needs five sentences beginning with **NO FUMES** in capital letters, followed by **porque** . . . Write five or six suggestions for him.

La última reunión   **409**

Actividad • Proyecto para mejorar el ambiente

The environmental committee also wants to remind everyone about their responsibilities, so they prepared this questionnaire. Answer it.

1. ¿Has recogido periódicos para salvar los árboles?
2. ¿Has tratado de usar papel en vez de plásticos?
3. ¿Has cortado árboles sin necesidad?
4. ¿Has ayudado a alguien a no fumar?
5. ¿Apagas el aire acondicionado cuando es posible?
6. ¿Caminas para ahorrar gasolina y por ejercicio?
7. ¿Reparas cosas a veces en vez de comprar nuevas?

11 Actividad • ¡Que se diviertan!

Before the party, the organizers talked and thanked everybody. Complete the paragraph with the appropriate forms of the verbs in the box.

ayudar   estar   haber   estar
    trabajar   discutir   pasar   venir

Agradecemos mucho que nos _____ hoy. Nos alegra ver que todos _____ juntos. Me sorprende que _____ de acuerdo y no _____ . Esperamos que _____ refrescos para todos. Nos gusta que la _____ bien aunque _____ trabajando. Quizás el director de la escuela _____ hoy por la tarde.

12 Actividad • ¡Hasta el semestre que viene!

Now it's time for good wishes and goodbyes. Make up sentences, using **quizás** or **ojalá**.

MODELO   divertirte   ¡Ojalá que te diviertas!

1. vernos durante las vacaciones
2. ver a mis primos en Buenos Aires
3. ir de viaje

4. conseguir un trabajo interesante
5. escribirte una carta
6. pasarla bien

13 Comprensión

You will hear a narration of plans for Carolina's going-away party. The narration consists of three paragraphs, each followed by four statements. After listening to each paragraph, decide if the statements are true **(verdadero)** or false **(falso).** Check the appropriate space on your answer sheet.

	1	2	3	4	5	6	7	8	9	10	11	12
Verdadero												
Falso												

FOR REFERENCE

SUMMARY OF FUNCTIONS

The term *functions* can be defined as what you do with language—what your purpose is in speaking. Here is a list of all the functions with the expressions you have learned related to these functions. The number indicates the unit in which the expression is introduced, followed by the section letter and number in parentheses.

EXCHANGING INFORMATION

Describing what one did
1(A16)   . . . dio dinero . . .
         Dimos una vuelta
         Dimos un viaje . . .
         Dieron un paseo . . .
         . . . dio la clase . . .

Reporting past events
1(B1)   Hice un viaje a Colorado.
         Pesqué muchas truchas.
         Visitamos muchos lugares.

Asking and explaining how something was
1(B16)   ¿Qué tal estuvo (el partido de béisbol)?
         ¿Cómo fue . . . ?
         No sé. Yo no fui, pero Antonio fue.
         Fue (un partido) muy bueno.
         Estuvo muy bueno.
         Fue (un partido) muy malo.
         No fue muy bueno.

Comparing age and quality
2(A6)   . . . menor(es) que . . .
         . . . mayor(es) que . . .
         . . . mejor(es) que . . .
         . . . peor(es) que . . .

Identifying what you want
3(B1)   . . . estamos buscando unos jeans . . .
         Yo quiero una chaqueta de cuero, talla . . .

Talking about past events
3(C1)   ¿Qué les pasó?
         Ramiro fue conmigo a la Nación.
         La tienda cerró hoy por inventario.
         . . . ahorramos plata en . . .

Asking for directions
3(A22)   Perdone, ¿sabe dónde está . . . ?
         Con permiso, ¿sabe dónde queda . . . ?
         ¿Podría decirme cómo llegar a . . . ?

Giving information (directions)
3(A22)   Sí, con mucho gusto.
         Sí, está a la derecha.
         Sí, queda a la izquierda.
         Sí, queda a . . . cuadras de aquí.
         Sí, . . . al lado de . . .
         Sí, . . . enfrente de . . .
         Sí, . . . detrás de . . .
         Sí, . . . cerca de . . .
         Sí, . . . lejos de . . .
3(A27)   Sigan derecho.
         Doblen a la derecha.
         Doblen a la izquierda.
         . . . en la esquina.
         . . . en la intersección.
         . . . en la calle . . .
         . . . en la plaza . . .

Asking for and giving information in a store
3(B5)   ¿En qué puedo servirle?
         ¿Lo están atendiendo?
         ¿Qué desea?
         ¿Cuál es su talla?
         ¿Algo más?
         Aquí está el vuelto.

Inquiring about age
5(A19)   ¿Cuántos años tienes?
         ¿Cuántos años cumples?

Describing events in the past
5(B19)   Había dos fiestas.
         Había poco tiempo.
         Había muchos discos.

Talking about what one does every day
6(A1)   . . . se levanta temprano.
         Ella corre media hora todos los días.

Describing emotions
6(A17)   Se pone furioso(a).
         Se pone triste.
         Se pone contento(a).
         Se pone nervioso(a).

Discussing unplanned events
6(C11) ¿Me prestas tu espejo?
No puedo. El espejo se rompió.
Luis, ¿dónde está el reloj que compré?
Ay, se perdió ayer.
Antonio, ¿qué pasó?
Nada, la taza se cayó.

Expressing time (morning, afternoon, or evening)
5(A12) . . . por la mañana.
. . . a las diez de la mañana.
. . . a las cuatro de la tarde.
. . . por la noche.
. . . a las nueve de la noche.

Expressing time factors
7(B10) en un par de horas
en un dos por tres
a la carrera
en un abrir y cerrar de ojos
dentro de un rato
a menudo

Reporting what others say
9(A4) Mi hermano me dijo que . . .
Alguien me dijo que . . .
La gente dice que . . .
Dicen que . . .

Describing things you have done in the past
10(A1) He estado en Buenos Aires . . .
. . . ya todos han desayunado.

Reporting, describing, and narrating
10(A5) He visto . . .
Hemos visitado varios . . .
Me siento muy contento de . . .
Quiero que veas . . .
Hay pocas actividades . . .
Estoy seguro de que . . .

EXPRESSING ATTITUDES AND OPINIONS

Comparing and expressing preferences
2(A1) A Miguel le gusta mucho la música.
¿Cuál creen que es mejor?

Making excuses
2(B6) Lo siento, no puedo ayudarlos.
¡Tengo tantas cosas que hacer!
¡Estoy tan ocupado(a) . . . !
¡Estoy tan cansado(a) . . . !
La próxima vez . . . Hoy no, otro día.

Expressing points of view
2(B1) Siempre tienes una excusa.
Tú crees que como eres menor . . .

Expressing logical conclusions
7(C5) por lo tanto
de hecho

a la corta o a la larga
por consiguiente

Expressing obligation or necessity
10(C6) Hay que + (verb in infinitive) . . .

Expressing what is needed or expected
11(B4) Es preciso . . .
Es necesario . . .
Es importante . . .

EXPRESSING FEELINGS AND EMOTIONS

Expressing satisfaction and dissatisfaction
1(B10) Me fue bien . . .
La pasamos muy bien . . .
Nos fue de lo mejor . . .
La pasamos de maravilla . . .
No nos fue bien.
Nos fue muy mal.
La pasamos muy mal.

Expressing satisfaction or displeasure with emphasis
3(C4) ¡Uf! . . .
¡Ay! . . .
¡Huy! . . .
¡Bah! . . .
¡Basta! . . .
¡Caramba! . . .
6(B9) ¡Cuánto me alegro!

Expressing intention
5(B6) Iba a . . .
Quería . . .
Pensaba . . .

Expressing regret
5(C1) Ay, ¡qué pena!
Lo siento, pero no pude ir.

Expressing how you feel about others and about yourself
5(C12) Tere estaba aburrida.
Víctor era aburrido.
Luis estaba listo.
Anita era lista.

Asking and stating how one feels
6(B9) Me siento bien.
Me siento mal.
Me siento mejor.
Tengo un dolor de . . .
Me duele . . .
Lo siento (mucho).
¡Cuida tu salud!
¿Qué tienes?
6(B9) ¿Cómo te sientes?

Expressing displeasure
7(A4)   Estoy harto de (caminar).
         Me estoy volviendo loca.
         Me tiene hasta la punta de los pelos.

Expressing surprise, amazement, sympathy, or pity
6(B9)   ¡Qué lástima!
9(B8)   ¡Qué suerte!
         ¡Qué pena!
         ¡Qué horror!
         ¡Qué barbaridad!

Expressing desire
9(B1)   . . . quería ir a la playa . . .
9(B15)   Preferimos alguien con experiencia.

Expressing likes and dislikes
10(B6)   ¡Me encanta!
         ¡Cómo me gusta!
         ¡Cómo me divierto!
         ¡No hay nada igual!
         ¡Cómo lo odio!
         ¡Qué asco!

Expressing doubt, disbelief, or denial
10(C1)   Dudo que necesites . . .

Expressing emotions
11(A5)   ¡Cuánto me alegro de que . . . !
         ¡Estoy muy contento de que . . . !
         Me sorprende mucho que . . . !
         Me molesta que . . .

Expressing uncertainty
11(C13) Quizás algún día puedas . . .

PERSUADING

Making suggestions
2(B1)   . . . poner todas las notas del
         refrigerador en un sombrero y, . . .

Confirming expected courses of action
2(C5)   Me llamas luego, ¿verdad?
         Puedes hablar con ella, ¿no?
         Te llamo esta tarde. ¿Está bien?

Directing others to do something
7(A1)   Comienza otra vez y haz todo de nuevo.
         No . . . hazlo tú.
         . . . saca el manual, léelo bien y aprende
         las instrucciones.
9(C9)   Pídale que me traiga la solicitud.
         Dígale que pase a mi despacho.

Requesting favors, asking for help or giving a warning
7(A4)   Por favor, ayúdame.
         ¿Me puedes dar una mano?

7(C17)   ¿Serías tan amable de . . . ?
         ¿Podrías hacerme el favor de . . . ?
         ¿Querrías decirme (darme, prestarme,
         etc.) . . . ?
         ¿Me podrías ayudar (prestar, decir,
         etc.) . . . ?
         ¿Tendrías la bondad de . . . ?
9(A20)   ¡Auxilio!
         ¡Socorro!
         ¡Fuego!
         ¡Cuidado!
         ¡Alto!

Giving advice using proverbs
7(B4)   Más vale pájaro en mano que cien
         volando.
         Más vale precaver que tener que
         lamentar.
         Del dicho al hecho hay un gran trecho.
         En boca cerrada no entran moscas.
         Más vale tarde que nunca.

Warning others to refrain from doing something
10(B1)   No comas tantos duraznos que te vas a
         enfermar.
Making suggestions
11(B11) Les recomiendo que den un paseo.

SOCIALIZING

Meeting and greeting people
1(C4)   ¡Hola, + name!
         ¿Qué tal?
         ¿Cómo estás?
         Muy bien, + name.
         Te presento a + name.
         Mucho gusto.
         Encantado.

Sending greetings and saying that someone sends regards
1(C7)   Recuerdos a . . .
         Saludos de . . .
         . . . manda recuerdos.
         . . . dio saludos.
         . . . mandan muchos saludos.
         . . . mandan recuerdos.

Writing salutations
1(C15)   Querido(a) + name   *(informal)*
         Queridos(as) + name   *(informal)*
         Estimado(a) + name   *(formal)*
         Estimados(as) + name   *(formal)*

Writing salutations for business letters
9(B23)   Distinguida señora:
         Estimado señor:
         Muy señores míos:
         Muy señor nuestro:

Writing common introductions for business letters
9(C4)   Acusamos recibo de su carta . . .
En relación con su carta del 7 del
    presente . . .
Nos es grato comunicarle(s) . . .
Por medio de la presente tenemos el
    gusto de comunicarle(s) . . .
Sentimos comunicarle(s) . . .

Writing complimentary closings
1(C15)   Cariñosamente, *(informal)*
Un abrazo de, *(informal)*
Muchos recuerdos/saludos de,
    (informal)
Todos te mandan saludos, *(informal)*
Afectuosamente, *(formal)*
Cordialmente, *(formal)*
Saludos, *(formal)*
Atentamente, *(formal)*

Writing complimentary closings for business letters
9(B23)   Muy agradecido(a) por su atención, . . .
Atentamente, . . .
Queda de Ud. affmo.(a.) s.s., . . .
Suyo(a) afectísimo(a), . . .

Extending an invitation
3(A5)   ¿Quieres ir de compras?
¡Vamos de compras!
¿Tienes ganas de ir de compras?
¿Por qué no vamos de compras?
5(A7)   Te llamaba para invitarte . . .
Quería invitarte . . .
¿Quieres ir a la fiesta?
    . . . a la graduación?
    . . . al picnic?
    . . . a la boda?

Accepting invitations
3(A5)   Sí, ¡cómo no!
Sí, ¡por supuesto!

Refusing invitations
3(A5)   No, gracias. No puedo. Tengo que . . .
Lo siento, pero no puedo.
Hoy no. No tengo ganas. Otro día.

Paying compliments
6(C18)   ¡Qué linda estás hoy!
¡Qué vestido más elegante!
¡Qué bien bailas!
¡Qué simpático eres!
¡Qué guapo estás!
¡Estás a la última moda!
¡Qué bien te queda!
¡Cuánto me alegro!
¡Qué alegría verte!
¡Qué bien luces!

Congratulating someone
5(A19)   ¡Muchas felicidades!
¡Feliz cumpleaños!
¡Felicidades en el día de tu santo!
9(C11)   Te felicito.
¡Enhorabuena!
¡Felicitaciones!
¡Felicidades!

Attracting attention
11(C5)   Un momento . . .
Un minuto . . .
Escuchen, por favor.
¡Oigan!
¡Miren!

EXPRESSING AND FINDING OUT MORAL ATTITUDES

Expressing agreement or lack of preference
11(A11)   No me importa.
Me da igual.
Me da lo mismo.
Como quieras.
De acuerdo.

Expressing approval or satisfaction with emphasis
11(A16)   ¡Maravilloso!
¡Fantástico!
¡Regio!
¡Fabuloso!
¡Magnífico!
¡De película!
¡Bárbaro!

GRAMMAR SUMMARY

ARTICLES

DEFINITE ARTICLES

	MASCULINE	FEMININE
SINGULAR	el chico	la chica
PLURAL	los chicos	las chicas

INDEFINITE ARTICLES

	MASCULINE	FEMININE
SINGULAR	un chico	una chica
PLURAL	unos chicos	unas chicas

CONTRACTIONS OF THE DEFINITE ARTICLE

a + el → al
de + el → del

ADJECTIVES

		MASCULINE	FEMININE
Adjectives that end in -o	SING PL	chico alto chicos altos	chica alta chicas altas
Adjectives that end in -e	SING PL	chico inteligente chicos inteligentes	chica inteligente chicas inteligentes
Adjectives that end in a consonant	SING PL	examen difícil exámenes difíciles	clase difícil clases difíciles

DEMONSTRATIVE ADJECTIVES

este			ese		
	MASCULINE	FEMININE		MASCULINE	FEMININE
SINGULAR PLURAL	este chico estos chicos	esta chica estas chicas	SINGULAR PLURAL	ese chico esos chicos	esa chica esas chicas

POSSESSIVE ADJECTIVES

SINGULAR		PLURAL	
MASCULINE	FEMININE	MASCULINE	FEMININE
mi hijo tu hijo su hijo nuestro hijo	mi hija tu hija su hija nuestra hija	mis hijos tus hijos sus hijos nuestros hijos	mis hijas tus hijas sus hijas nuestras hijas

STRESSED POSSESSIVE ADJECTIVES

SINGULAR		PLURAL	
MASCULINE	FEMININE	MASCULINE	FEMININE
mío	mía	míos	mías
tuyo	tuya	tuyos	tuyas
suyo	suya	suyos	suyas
nuestro	nuestra	nuestros	nuestras

PRONOUNS

SUBJECT PRONOUNS	DIRECT OBJECT PRONOUNS	INDIRECT OBJECT PRONOUNS	OBJECTS OF PREPOSITIONS
yo	me	me	mí
tú	te	te	ti
él, ella, Ud.	lo, la	le	él, ella, Ud.
nosotros, -as	nos	nos	nosotros, -as
ellos, ellas, Uds.	los, las	les	ellos, ellas, Uds.

NEGATION:
NEGATIVE EXPRESSIONS

no	nadie
nada	ningún
nunca	ninguno, -a
ni . . . ni	tampoco

AFFIRMATIVES:
AFFIRMATIVE EXPRESSIONS

algo	algún
alguien	siempre
alguno, -a	también
alguno, -as	o . . . o

INTERROGATIVES:
INTERROGATIVE WORDS

¿Cómo?	¿Cuál?	¿Por qué?
¿Cuándo?	¿Dónde?	¿Qué?
¿Cuánto?	¿De dónde?	¿Quién?

COMPARATIVES
COMPARISONS OF UNEQUAL QUANTITIES

más					más				
	+	adjective	+	que		+	de	+	number (expression of quantity)
menos					menos				

COMPARISONS OF EQUALITY

tan	+	adjective or adverb	+	como

SUPERLATIVE CONSTRUCTION

el, la, los, las	+	(noun)	+	más menos	+	adjective	+	de

IRREGULAR FORMS OF COMPARATIVES AND SUPERLATIVES

Adjectives	Regular	Irregular
bueno(a)	**más** bueno(a)	**mejor**
malo(a)	**más** malo(a)	**peor**
grande	**más** grande	
viejo(a)	**más** viejo(a)	**mayor**
pequeño(a)	**más** pequeño(a)	
joven	**más** joven	**menor**

VERB INDEX

REGULAR VERBS

Model **-ar, -er, -ir** verbs

trabajar *(to work)*   **comer** *(to eat)*   **vivir** *(to live)*

-NDO FORM

trabajando *(working)*   **comiendo** *(eating)*   **viviendo** *(living)*

PAST PARTICIPLE

trabajado *(worked)*   **comido** *(eaten)*   **vivido** *(lived)*

SIMPLE TENSES

Indicative mood

PRESENT

(I work)		*(I eat)*		*(I live)*	
trabajo	trabajamos	como	comemos	vivo	vivimos
trabajas	trabajáis	comes	coméis	vives	vivís
trabaja	trabajan	come	comen	vive	viven

IMPERFECT

(I used to work)		*(I used to eat)*		*(I used to live)*	
trabajaba	trabajábamos	comía	comíamos	vivía	vivíamos
trabajabas	trabajabais	comías	comíais	vivías	vivíais
trabajaba	trabajaban	comía	comían	vivía	vivían

PRETERIT

(I worked)		*(I ate)*		*(I lived)*	
trabajé	trabajamos	comí	comimos	viví	vivimos
trabajaste	trabajasteis	comiste	comisteis	viviste	vivisteis
trabajó	trabajaron	comió	comieron	vivió	vivieron

FUTURE

(I will work)		*(I will eat)*		*(I will live)*	
trabajaré	trabajaremos	comeré	comeremos	viviré	viviremos
trabajarás	trabajaréis	comerás	comeréis	vivirás	viviréis
trabajará	trabajarán	comerá	comerán	vivirá	vivirán

CONDITIONAL

(I would work)		*(I would eat)*		*(I would live)*	
trabajaría	trabajaríamos	comería	comeríamos	viviría	viviríamos
trabajarías	trabajaríais	comerías	comeríais	vivirías	viviríais
trabajaría	trabajarían	comería	comerían	viviría	vivirían

Subjunctive mood

PRESENT

([that] I [may] work)

trabaje	trabajemos
trabajes	trabajéis
trabaje	trabajen

([that] I [may] eat)

coma	comamos
comas	comáis
coma	coman

([that] I [may] live)

viva	vivamos
vivas	viváis
viva	vivan

Imperative mood

(work)

trabaja (tú)
trabaje (Ud.)

trabajemos (nosotros) comamos (nosotros)
trabajad (vosotros)
trabajen (Uds.)

(eat)

come (tú)
coma (Ud.)

vivamos (nosotros)
comed (vosotros)
coman (Uds.)

(live)

vive (tú)
viva (Ud.)

vivid (vosotros)
vivan (Uds.)

COMPOUND TENSES

Indicative mood

PRESENT PERFECT

(I have worked)

he trabajado	hemos trabajado
has trabajado	habéis trabajado
ha trabajado	han trabajado

(I have eaten)

he comido	hemos comido
has comido	habéis comido
ha comido	han comido

(I have lived)

he vivido	hemos vivido
has vivido	habéis vivido
ha vivido	han vivido

STEM-CHANGING VERBS

The -ar and -er stem-changing verbs

Stem-changing verbs have a spelling change in the stem. Verbs ending in -ar and -er change from e to ie and o to ue. These changes occur in all persons except the first and second persons plural of the present indicative, present subjunctive, and imperative.

INFINITIVE	PRESENT INDICATIVE	IMPERATIVE	PRESENT SUBJUNCTIVE
querer *(to want)*	quiero quieres quiere	——— quiere quiera	quiera quieras quiera
	queremos queréis quieren	queramos quered quieran	queramos queráis quieran
cerrar *(to close)*	cierro cierras cierra	——— cierra cierre	cierre cierres cierre
	cerramos cerráis cierran	cerremos cerrad cierren	cerremos cerréis cierren

INFINITIVE	PRESENT INDICATIVE	IMPERATIVE	PRESENT SUBJUNCTIVE
probar *(to try)*	pruebo pruebas prueba	—— prueba pruebe	pruebe pruebes pruebe
	probamos probáis prueban	probemos probad prueben	probemos probéis prueben
volver *(to return)*	vuelvo vuelves vuelve	—— vuelve vuelva	vuelva vuelvas vuelva
	volvemos volvéis vuelven	volvamos volved vuelvan	volvamos volváis vuelvan

Verbs that follow the same pattern:

acordar(se) *(to remember)*
acostar(se) *(to lie down, to go to bed)*
atender *(to attend, to wait on someone)*
comenzar *(to start, to begin)*
costar *(to cost)*
despertar *(to wake up)*
doler *(to hurt, to ache)*

empezar *(to begin, to start)*
encontrar *(to find)*
jugar *(to play)*
llover *(to rain)*
pensar *(to think)*
perder *(to lose)*
poder *(to be able, can)*

recomendar *(to recommend)*
recordar *(to remember)*
resolver *(to solve)*
sentar(se) *(to sit)*
sonar *(to ring)*
soñar *(to dream)*

The **-ir** stem-changing verbs

There are two types of stem-changing verbs that end in **-ir**: in one type, stressed **e** changes to **ie** in some tenses and to **i** in others, and stressed **o** to **ue** or **u**; in the second type, stressed **e** changes to **i** only in all the irregular tenses.

-ir: e → ie / o → ue or u

Present Indicative: all persons, except the first and second plural, change from **e** to **ie** and **o** to **ue**. *Preterit:* third person, singular and plural, changes from **e** to **i** and **o** to **u**. *Present Subjunctive:* all persons change from **e** to **ie** and **o** to **ue** except the first and second persons plural, which change from **e** to **i** and **o** to **u**. *Imperative:* all persons, except the second person plural, change from **e** to **ie** and **o** to **ue**; first person plural changes from **e** to **i** and **o** to **u**. The **-ndo** form changes from **e** to **i** and **o** to **u**.

INFINITIVE	Indicative		Imperative	Subjunctive
sentir *(to feel)*	PRESENT	PRETERIT		PRESENT
	siento sientes siente	sentí sentiste sintió	—— siente sienta	sienta sientas sienta
-NDO FORM sintiendo	sentimos sentís sienten	sentimos sentisteis sintieron	sintamos sentid sientan	sintamos sintáis sientan

	Indicative		Imperative	Subjunctive
	PRESENT	PRETERIT		PRESENT
dormir *(to sleep)* -NDO FORM durmiendo	duermo duermes duerme dormimos dormís duermen	dormí dormiste durmió dormimos dormisteis durmieron	———— duerme duerma durmamos dormid duerman	duerma duermas duerma durmamos durmáis duerman

-ir: e → i

The verbs in this second category are irregular in the same tenses as those of the first type. The only difference is that they only have one change: e → i in all irregular persons.

INFINITIVE **pedir** *(to ask for, request)* -NDO FORM pidiendo	Indicative		Imperative	Subjunctive
	PRESENT	PRETERIT		PRESENT
	pido pides pide pedimos pedís piden	pedí pediste pidió pedimos pedisteis pidieron	———— pide pida pidamos pedid pidan	pida pidas pida pidamos pidáis pidan

Verbs that follow this pattern:

competir *(to compete)*   seguir *(to follow)*
conseguir *(to get)*   servir *(to serve)*
repetir *(to repeat)*   vestir(se) *(to dress)*

VERBS WITH SPELLING CHANGES

Some verbs have a change in the spelling of the stem in some tenses, in order to maintain the sound of the final consonant. The most common ones are those with the consonants **g** and **c**. Remember that **g** and **c** in front of **e** or **i** have a soft sound, and in front of **a, o,** or **u** have a hard sound. In order to maintain the soft sound in front of **a, o,** or **u**, the letters **g** and **c** change to **j** and **z**, respectively. In order to maintain the hard sound of **g** or **c** in front of **e** and **i, u** is added to the **g (gu)** and the **c** changes to **qu**. The following verbs appear in the text.

1. Verbs ending in **-gar** change from **g** to **gu** before **e** in the first person of the preterit and in all persons of the present subjunctive.

> **entregar**   *to hand in*
> *Preterit:*   entregué, entregaste, entregó, etc.
> *Pres. Subj.:*   entregue, entregues, entregue, entreguemos, entreguéis, entreguen.

Verbs that follow the same pattern: **llegar, jugar.**

2. Verbs ending in **-ger** or **-gir** change from **g** to **j** before **o** and **a** in the first person of the present indicative and in all the persons of the present subjunctive.

> **proteger**   *to protect*
> *Pres. Ind.:*   protejo, proteges, protege, etc.
> *Pres. Subj.:*   proteja, protejas, proteja, protejamos, protejáis, protejan

Another verb that follows the same pattern is **recoger.**

3. Verbs ending in **-guir** change from **gu** to **g** before **o** and **a** in the first person of the present indicative and in all persons of the present subjunctive.

> **conseguir**   *to get*
> *Pres. Ind.:*   consigo, consigues, consigue, etc.
> *Pres. Subj.:*   consiga, consigas, consiga, consigamos, consigáis, consigan

Another verb that follows the same pattern is **seguir.**

4. Verbs ending in **-car** change from **c** to **qu** before **e** in the first person of the preterit and in all persons of the present subjunctive.

> **explicar**   *to explain*
> *Preterit:*   expliqué, explicaste, explicó, etc.
> *Pres. Subj.:*   explique, expliques, explique, expliquemos, expliquéis, expliquen

Verbs that follow the same pattern: **buscar, fabricar, sacar.**

5. Verbs that end in **-cer** or **-cir** and are preceded by a vowel change from **c** to **zc** before **o** and **a** in the first person of the present indicative and in all persons of the present subjunctive.

> **conocer**   *to know, be acquainted with*
> *Pres. Ind.:*   conozco, conoces, conoce, etc.
> *Pres. Subj.:*   conozca, conozcas, conozca, conozcamos, conozcáis, conozcan

Verbs that follow the same pattern: **agradecer, aparecer, desaparecer, obedecer, ofrecer, parecer, traducir.**

6. Verbs ending in **-zar** change from **z** to **c** before **e** in the first person of the preterit and in all persons of the present subjunctive.

> **comenzar**   *to start*
> *Preterit:*   comencé, comenzaste, comenzó, etc.
> *Pres. Subj.:*   comience, comiences, comience, comencemos, comencéis, comiencen

Verbs that follow the same pattern: **almorzar, garantizar, gozar.**

7. Verbs ending in **-eer** change from the unstressed **i** to **y** between vowels in the third person singular and plural of the preterit, in all persons of the imperfect subjunctive, and in the **-ndo** form.

> **creer**   *to believe*
> *Preterit:*   creí, creíste, creyó, creímos, creísteis, creyeron
> **-ndo** *Form:*   creyendo
> *Past Part.:*   creído

Another verb that follows the same pattern is **leer.**

8. Verbs ending in **-uir** change from the unstressed **i** to **y** between vowels (except **-quir,** which has the silent **u**) in the following tenses and persons.

> **destruir**   *to destroy*
> *Pres. Part.:*   destruyendo
> *Pres. Ind.:*   destruyo, destruyes, destruye, destruimos, destruís, destruyen
> *Preterit:*   destruí, destruiste, destruyó, destruimos, destruisteis, destruyeron
> *Imperative:*   destruye, destruya, destruyamos, destruid, destruyan
> *Pres. Subj.:*   destruya, destruyas, destruya, destruyamos, destruyáis, destruyan

Another verb that follows the same pattern is **construir.**

IRREGULAR VERBS

Only those tenses with irregular forms included in this book will be shown.

> **abrir**   *to open*
> *Past. Part.:*   abierto

> **caer**   *to fall*
> *Pres. Ind.:*   caigo, caes, cae, caemos, caéis, caen
> *Preterit:*   caí, caíste, cayó, caímos, caísteis, cayeron
> *Imperative:*   cae, caiga, caigamos, caed, caigan
> *Pres. Subj.:*   caiga, caigas, caiga, caigamos, caigáis, caigan
> *Past Part.:*   caído

> **dar**   *to give*
> *Pres. Ind.:*   doy, das, da, damos, dais, dan
> *Preterit:*   di, diste, dio, dimos, disteis, dieron
> *Imperative:*   da, dé, demos, dad, den
> *Pres. Subj.:*   dé, des, dé, demos, deis, den

> **decir**   *to say, tell*
> *Pres. Ind.:*   digo, dices, dice, decimos, decís, dicen
> *Preterit:*   dije, dijiste, dijo, dijimos, dijisteis, dijeron
> *Future:*   diré, dirás, dirá, diremos, diréis, dirán
> *Conditional:*   diría, dirías, diría, diríamos, diríais, dirían
> *Imperative:*   di, diga, digamos, decid, digan
> *Pres. Subj.:*   diga, digas, diga, digamos, digáis, digan
> *-ndo Form:*   diciendo
> *Past Part.:*   dicho

> **escribir**   *to write*
> *Past Part.:*   escrito

> **estar**   *to be*
> *Pres. Ind.:*   estoy, estás, está, estamos, estáis, están
> *Preterit:*   estuve, estuviste, estuvo, estuvimos, estuvisteis, estuvieron
> *Imperative:*   está, esté, estemos, estad, estén
> *Pres. Subj.:*   esté, estés, esté, estemos, estéis, estén

haber   *to have*

Pres. Ind.:	he, has, ha, hemos, habéis, han
Preterit:	hube, hubiste, hubo, hubimos, hubisteis, hubieron
Future:	habré, habrás, habrá, habremos, habréis, habrán
Conditional:	habría, habrías, habría, habríamos, habrías, habrían
Pres. Subj.:	haya, hayas, haya, hayamos, hayáis, hayan

hacer   *to do, make*

Pres. Ind.:	hago, haces, hace, hacemos, hacéis, hacen
Preterit:	hice, hiciste, hizo, hicimos, hicisteis, hicieron
Future:	haré, harás, hará, haremos, haréis, harán
Conditional:	haría, harías, haría, haríamos, haríais, harían
Imperative:	haz, haga, hagamos, haced, hagan
Pres. Subj.:	haga, hagas, haga, hagamos, hagáis, hagan
Past Part.:	hecho

ir   *to go*

Pres. Ind.:	voy, vas, va, vamos, vais, van
Imp. Ind.:	iba, ibas, iba, íbamos, ibais, iban
Preterit:	fui, fuiste, fue, fuimos, fuisteis, fueron
Imperative:	ve, vaya, vayamos, id, vayan
Pres. Subj.:	vaya, vayas, vaya, vayamos, vayáis, vayan

mantener(se)   *to maintain, to keep* (See **tener**)

oír   *to hear*

Pres. Ind.:	oigo, oyes, oye, oímos, oís, oyen
Preterit:	oí, oíste, oyó, oímos, oísteis, oyeron
Imperative:	oye, oiga, oigamos, oid, oigan
Pres. Subj.:	oiga, oigas, oiga, oigamos, oigáis, oigan
***-ndo** Form:*	oyendo
Past Part.:	oído

poner   *to place, put*

Pres. Ind.:	pongo, pones, pone, ponemos, ponéis, ponen
Preterit:	puse, pusiste, puso, pusimos, pusisteis, pusieron
Future:	pondré, pondrás, pondrá, pondremos, pondréis, pondrán
Conditional:	pondría, pondrías, pondría, pondríamos, pondríais, pondrían
Imperative:	pon, ponga, pongamos, poned, pongan
Pres. Subj.:	ponga, pongas, ponga, pongamos, pongáis, pongan
Past Part.:	puesto

producir   *to produce*

Pres. Ind.:	produzco, produces, produce, producimos, producís, producen
Preterit:	produje, produjiste, produjo, produjimos, produjisteis, produjeron
Imperative:	produce, produzca, produzcamos, producid, produzcan
Pres. Subj.:	produzca, produzcas, produzca, produzcamos, produzcáis, produzcan

(All verbs ending in **-ducir** follow this pattern.)

proponer   *to propose* (See **poner**)

romper(se)   *to break*

Past Part.:	roto

saber *to know*

Pres. Ind.:	sé, sabes, sabe, sabemos, sabéis, saben
Preterit:	supe, supiste, supo, supimos, supisteis, supieron
Future:	sabré, sabrás, sabrá, sabremos, sabréis, sabrán
Conditional:	sabría, sabrías, sabría, sabríamos, sabríais, sabrían
Imperative:	sabe, sepa, sepamos, sabed, sepan
Pres. Subj.:	sepa, sepas, sepa, sepamos, sepáis, sepan

salir *to leave, go out*

Pres. Ind.:	salgo, sales, sale, salimos, salís, salen
Future:	saldré, saldrás, saldrá, saldremos, saldréis, saldrán
Conditional:	saldría, saldrías, saldría, saldríamos, saldríais, saldrían
Imperative:	sal, salga, salgamos, salid, salgan
Pres. Subj.:	salga, salgas, salga, salgamos, salgáis, salgan

ser *to be*

Pres. Ind.:	soy, eres, es, somos, sois, son
Imp. Ind.:	era, eras, era, éramos, erais, eran
Preterit:	fui, fuiste, fue, fuimos, fuisteis, fueron
Imperative:	sé, sea, seamos, sed, sean
Pres. Subj.:	sea, seas, sea, seamos, seáis, sean

tener *to have*

Pres. Ind.:	tengo, tienes, tiene, tenemos, tenéis, tiene
Preterit:	tuve, tuviste, tuvo, tuvimos, tuvisteis, tuvieron
Future:	tendré, tendrás, tendrá, tendremos, tendréis, tendrán
Conditional:	tendría, tendrías, tendría, tendríamos, tendrías, tendrían
Imperative:	ten, tenga, tengamos, tened, tengan
Pres. Subj.:	tenga, tengas, tenga, tengamos, tengáis, tengan

traer *to bring*

Pres. Ind.:	traigo, traes, trae, traemos, traéis, traen
Preterit:	traje, trajiste, trajo, trajimos, trajisteis, trajeron
Imperative:	trae, traiga, traigamos, traed, traigan
Pres. Subj.:	traiga, traigas, traiga, traigamos, traigáis, traigan
-ndo Form:	trayendo
Past Part.:	traído

valer *to be worth*

Pres. Ind.:	valgo, vales, vale, valemos, valéis, valen
Future:	valdré, valdrás, valdrá, valdremos, valdréis, valdrán
Conditional:	valdría, valdrías, valdríamos, valdríais, valdrían
Imperative:	vale, valga, valgamos, valed, valgan
Pres. Subj.:	valga, valgas, valga, valgamos, valgáis, valgan

venir *to come*

Pres. Ind.:	vengo, vienes, viene, venimos, venís, vienen
Preterit:	vine, viniste, vino, vinimos, vinisteis, vinieron
Future:	vendré, vendrás, vendrá, vendremos, vendréis, vendrán
Conditional:	vendría, vendrías, vendría, vendríamos, vendríais, vendrían
Imperative:	ven, venga, vengamos, venid, vengan
Pres. Subj.:	venga, vengas, venga, vengamos, vengáis, vengan
-ndo Form:	viniendo

ver *to see*

Pres. Ind.:	veo, ves, ve, vemos, veis, ven
Imp. Ind.:	veía, veías, veía, veíamos, veíais, veían
Preterit:	vi, viste, vio, vimos, visteis, vieron
Imperative:	ve, vea, veamos, ved, vean
Pres. Subj.:	vea, veas, vea, veamos, veáis, vean
Past Part.:	visto

SPANISH-ENGLISH VOCABULARY

This vocabulary includes all the words and expressions appearing in the text of **Nosotros, los jóvenes.** Exceptions are names of people and of most countries and places.

Nouns are listed with their definite articles. Nouns referring to persons are given in the masculine and feminine forms. Adjectives are listed in the masculine singular form with the feminine ending shown after each adjective. Verbs are listed in the infinitive form. Verb forms introduced as vocabulary items are listed in the form they appeared in the text.

Active vocabulary and expressions that were introduced in **Nuevos amigos** are followed by a roman numeral I, for example: el **árbol**, *tree*, **I**. Active and passive vocabulary introduced in **Nosotros, los jóvenes** are followed by a roman numeral **II** as well as a number that refers to the unit in which the word or expression is introduced, for example, el **caballero**, *gentleman*, **II, 3**.

The following abbreviations are used in this list: *adj.* adjective; *adv.* adverb; *com.* command; *dir.* direct; *f.* feminine; *fam.* familiar; *ind.* indicative; *inf.* infinitive; *m.* masculine; *obj.* object; *pl.* plural; *pol.* polite; *prep.* preposition; *pron.* pronoun; *sing.* singular; *sub.* subjunctive.

A

a at, to, I; **a cambio de** in exchange for, II, 3; **a casa** (to) home, I; **a dieta** on a diet, I; **a final de** by the end of, II, 10; **a la (última) moda** latest style, II, 3; **a la carrera** in a hurry, II, 7; **a la corta o a la larga** sooner or later, II, 7; **a la derecha** on the right, I; **a la fuerza** by force, II, 2; **a la izquierda** on the left, I; **a la una** at one o'clock, I; **a lo dicho, hecho** no sooner said than done, I; **a menudo** often, I; **a partir de** as of, II, 10; **a pie** on foot, I; **a primera hora** as early as possible, I; **¿a qué hora?** at what time?, I; **a veces** sometimes, I; **a ver** let's see, I
abajo below, I
la **abeja** bee, II, 10
abierto, -a open; opened, II, 10
el **abrazo** hug, embrace, II, 1; **un abrazo de . . .** a hug from . . . , II, 1
el **abrigo** coat, I
abrir to open; **abrir una cuenta** to open an account, II, 3
aburrido, -a boring, I
aburrirse to get bored, II, 6
acabar to finish, II, 5
acampar to camp out, II, 1
el **accidente** accident, II, 6

acompañar to accompany, II, 10
aconsejar to advise, II, 9
acordar(se) (ue) to remember, II, 6
acostar(se) (ue) to lie down; to go to bed, II, 6
la **actividad** activity, I; **actividad cultural** cultural activity, II, 10
el **acuario** aquarium, II, 2
el **acuerdo** agreement, II, 2
acusar: acusar recibo de to acknowledge receipt of, II, 9
adecuado, -a adequate, II, 6
el **adelanto: el adelanto tecnológico** technological advance, II, 7
adelgazar to become thin; to lose weight, II, 6
adiós goodbye, I
adjuntar to enclose, II, 9
¿adónde? (to) where?, I
la **aduana** customs, I; **aduanero** customs agent, I
el **aeropuerto** airport, I
afectuosamente affectionately, II, 1
afeitar(se) to shave, II, 6
agarrar to grab, II, 9
agencia: la agencia de viajes travel agency, II, 1
agitado, -a excited, II, 2
agradecer (zc) to thank; to be grateful, II, 5
agrícola agricultural, II, 7; **la revolución agrícola** agricultural revolution, II, 7

el **agua** water (*f.*), I; **agua de colonia** cologne, II, 6
el **aguacero** downpour, II, 3
ahí there, I
ahora now, I; **ahora mismo** right now, II, 3
ahorrar to save, I
el **aire: el aire acondicionando** air conditioning, II, 11; **el aire puro** pure air, II, 10
al (a + el) to the, at the (contraction), I; **al aire libre** outdoors, II, 11; **al contrario** on the contrary, I; **al día** up to date, II, 3; **al día siguiente** the following day, II, 5; **al fin** finally, II, 5; **al lado de** beside, I; **al principio** at the beginning, II, 10; **al pueblo** people, II, 6
Alcázar Spanish fortress or palace, II, 11
alegrarse to get happy, II, 6
la **alegría** happiness, I
el **álgebra** algebra, I
algo something, I
el **algodón** cotton, I
alguien someone, II, 6
algún any; some, II, 6
algunos, -as some, I
el **alimento** food, II, 6
allá (over) there, I
allí there, I
el **almacén** store, II, 3

almorzar (ue) to eat lunch, **II, 3**
el **almuerzo** lunch, **I**
¿aló? hello?, **I**
alquilar to rent, **II, 9**
alrededor de around, **II, 3**
alto loudly, **II, 3; alto, -a** tall, **I**
¡alto! stop!, **II, 9**
amable kind, polite, **I; ¿serías tan amable . . . ?** would you be nice enough to . . . ?, **II, 7**
amarillo, -a yellow, **I**
el **ambiente** environment, **II, 10**
la **amiga** friend (*f.*), **I**
el **amigo** friend (*m.*), **I**
el **amor** love, **I**
anaranjado, -a orange, **I**
ancho, -a wide, **II, 10**
anfibio amphibious, **II, 2**
el **anillo** ring, **II, 3**
el **aniversario** anniversary, **II, 5**
anoche last night, **I**
anotar to write down, **II, 3**
la **antena: la antena parabólica** satellite dish, **II, 7**
antes before, **I**
antipático, -a not nice; unpleasant, **I**
anunciar to advertise, **II, 5**
el **anuncio: el anuncio clasificado** classified ad, **II, 9**
añadir to add, **I**
el **año** year, **I; el Año Nuevo** New Year's Day, **II, 5**
apagar to turn off, **II, 3**
el **aparato: el aparato eléctrico** appliance, **II, 10**
aparecer (zc) to appear, **II, 3**
el **apartado: el apartado postal** post office box, **II, 9**
el **apartamento** apartment, **I**
el **apio** celery, **II, 6**
apoyar to support, **II, 10**
aprender to learn, **II, 1**
apretar (ie) to press, **II, 7**
aprovechar to take advantage of, **II, 3**
apuradísimo, -a in a big hurry, **I**
apurarse to hurry up, **II, 11**
aquel, aquella that, **I**
aquél, aquélla that one, **I**
aquellos, -as those, **I**
aquéllos, -as those ones, **I**
aquí here, **I; he aquí** here is; here are, **II, 7**
arar: arar la tierra to plow the land, **II, 10**
el **árbol** tree, **I**
los **aretes** earrings, **II, 3**
arreglado, -a arranged, **I**
arreglar to fix, **II, 9**
arriba up (there), **I**
el **arroz** rice, **I**
las **artesanías** arts and crafts, **II, 10**
el **artículo** article, **II, 3; los artículos de tocador** toiletries, **II, 6**
el **ascensor** elevator, **II, 11**
asegúrate make sure, **II, 9**

así that way, then, **I; así que** therefore, **II, 5; así, así** so-so, **II, 1**
el **asiento** seat, **I**
la **aspiradora** vacuum cleaner, **II, 2**
la **aspirina** aspirin, **II, 6**
atender (ie) to attend; to wait on someone, **II, 3**
atentamente sincerely; very truly yours, **II, 1**
atento, -a attentive, **II, 3**
el **atleta** athlete (*m.*), **I**
la **atleta** athlete (*f.*), **I**
el **átomo** atom, **II, 7**
atractivo, -a attractive, **II, 9**
el **atún** tuna, **I**
aumentar to increase, **II, 10; aumentar de peso** to gain weight, **II, 6**
aunque although; even though, **II, 5**
el **auto** car, automobile, **I**
el **autobús** bus, **I; autobús escolar** school bus, **I**
¡auxilio! help!, **II, 9**
avanzado, -a advanced, **I**
la **aventura** adventure, **I**
el **avión** airplane, **I**
¡ay!: ¡ay, caramba! for heaven's sake!, **II, 2**
ayer yesterday, **I**
el **ayudante** assistant, **II, 9**
ayudar to help, **I**
el **azúcar** sugar, **I**
azul blue, **I**

B

¡bah! c'mon!, **II, 3**
bailar to dance, **I**
el **baile** dance, **I**
bajar to get off, **I**
bajarse to step down, **II, 9**
bajo, -a short, **I**
el **balcón** balcony, **II, 6**
la **ballena** whale, **II, 10**
el **balón** ball (basketball, volleyball, soccer ball), **I**
bañar to bathe, **II, 2**
bañar(se) to bathe (oneself), **II, 6**
el **baño** bathroom, **I**
barato, -a cheap, **I**
¡bárbaro! awesome!, **II, 11**
barrer to sweep, **II, 9**
el **barrio** neighborhood, **I**
la **base** foundation (makeup), **II, 6; base de datos** data base, **II, 7**
basta: ¡basta de . . . ! enough . . . !, **I**
bastante enough; a lot, **I**
el **bastón** (*pl.* **bastones**) ski pole, **I**
la **basura** trash, **II, 2**
la **bata** robe, **II, 3**
el **bate** bat, **I**
batir to beat, **I**
beber to drink, **I**
belgas Belgians, **II, 6**
bellísimo, -a very beautiful, **II, 11**

bello, -a beautiful, **II, 9**
la **biblioteca** library, **II, 10**
la **bicicleta** bicycle, **I**
bien well; good; fine; very, **I**
bienvenido, -a welcome, **I**
el **bigote** moustache, **II, 6**
el **billete** ticket, **I**
el **bistec** beefsteak, **I**
el **bizcocho** cake, **I**
blanco, -a white, **I**
blandas soft, **II, 7**
la **blusa** blouse, **I**
la **boca** mouth, **II, 6**
el **bocadillo** snack; sandwich, **I**
la **boda** wedding, **II, 5; las bodas de plata** silver wedding anniversary, **I**
la **boina** beret, **II, 11**
el **boleto** ticket, **II, 7**
el **bolígrafo** ballpoint pen, **I**
el **bolsillo** pocket, **I**
la **bomba: la bomba atómica** atomic bomb, **II, 7**
bonito, -a pretty, **I**
bordado, -a embroidered, **I**
borrar to erase, **II, 7**
el **bosque** forest, **II, 1**
la **bota** ski boot, **I**
la **botella** bottle, **II, 6**
el **botón** bottle, **II, 7**
el **botones** bellboy, **II, 11**
el **brazo** arm, **II, 6**
la **broma** joke, **II, 5**
buen: ¡buen provecho! enjoy it! (meal), **I**
buenísimo, -a very good, **I**
bueno, -a: buena suerte good luck, **II, 9; buenas noches** good evening; good night, hello, **I; buenas tardes** good afternoon, **I; bueno** well, all right, **I; ¿bueno?** hello?, **I; buenos días** good morning, **I**
la **bufanda** scarf, **II, 3**
el **buró** desk, **II, 11**
el **burro** donkey, **II, 5**
buscar to look for, **I**

C

el **caballero** gentleman, **II, 3**
el **caballo** horse, **II, 1**
la **cabeza** head, **II, 6**
cada each, **I**
caer to fall; **caer un rayo** to strike lightning, **II, 3**
la **cafetería** cafeteria, **I**
la **caja** cashier's desk, **I; cash register**, **II, 9**
la **cajera** cashier (*f.*), **II, 9**
el **cajero** cashier (*m.*), **II, 9**
el **cajón** drawer, **II, 7**
el **calcetín** (*pl.* **calcetines**) sock, **I**
la **calculadora** calculator, **I**
el **calendario** calendar, **II, 5**
la **calidad** quality, **I**
calmar(se) to calm (oneself), **II, 7**

la **caloría** calorie, **II, 6**
los **calzoncillos** men's briefs, **II, 3**
la **cámara** camera, **I**
la **camarera** waitress, **I**
el **camarero** waiter, **I**
cambiar to cash, **I; cambiar (de)** to change, **I; cambiar impresiones** to exchange views, **II, 1**
caminar to walk, **I**
el **camino** road, **II, 5**
la **camisa** shirt, **I**
la **camiseta** undershirt, **II, 3**
las **campanitas** little bells, **II, 2**
el **campeón** champion (*m.*), **I**
la **campeona** champion (*f.*), **I**
la **campesina** country dweller (*f.*), **II, 10**
el **campesino** country dweller (*m.*), **II, 10**
el **campo** countryside, **II, 10; el campo de la medicina** medical field, **II, 7**
la **canasta** basketball hoop; basket, **I**
la **cancha: la cancha de tenis** tennis court, **I**
la **canción** song, **I**
el **candidato** candidate (*m.*), **II, 9**
cansarse to get tired, **II, 6**
cantar to sing, **I**
la **cantidad** amount, **II, 10**
el **canto** song, **II, 2**
la **cañería** pipe, **II, 9**
la **capital** capital, **II, 10**
la **cara** face, **II, 6**
cara, -o expensive, **I**
¡caramba! heavens!, **II, 3; ¡ay, caramba!** for heaven's sake, **II, 2**
el **carapacho** shell, **II, 10**
cargar to carry, **II, 9**
el **Caribe** Caribbean, **I**
el **cariño** affection, **II, 1**
cariñosamente affectionately, **II, 1**
cariñoso, -a affectionate, **I**
el **carnaval** carnival; Mardi gras, **II, 5**
la **carne** meat, **I; carne sin grasa** lean meat, **II, 6**
caro, -a expensive, **I**
el **carpintero** carpenter, **II, 9**
la **carrera: a la carrera** in a hurry, **II, 7**
el **carro** cart, **I**
la **carta** letter, **I**
la **cartera** purse; schoolbag, **I**
el **cartero** mail carrier, **II, 9**
la **casa** house, **I**; business firm, **II, 3; casa de cambio** money exhange office, **I**
casado, -a married, **I**
casarse to get married, **II, 7**
la **caseta** booth, **II, 9**
el **casete** cassette, **I**
casi almost, **I**
el **casillero** shelves with dividers, **II, 11**
las **castañuelas** castanets, **II, 11**
catalán Catalan; Catalonian (*m.*), **II, 11**

catalana Catalonian (*f.*), **II, 11**
el **catarro** head cold, **II, 6**
la **catedral** cathedral, **II, 11**
la **categoría** category, **I**
la **cebolla** onion, **I**
celebrar to celebrate, **II, 5**
la **cena** dinner; supper, **I**
cenar to have dinner, **I**
céntrico, -a centrally located, **II, 11**
el **centro** downtown, **II, 1; el centro comercial** shopping center, **II, 10; el centro de trabajo** work place, **II, 10**
cepillar to brush, **II, 2; cepillar(se)** to brush, **II, 6**
el **cepillo** brush, **II, 6**
la **cerámica** ceramics (material), **I**
cerca (de) near, **I**
el **cerdo** pig, **II, 5**
la **cereza** cherry, **I**
cerrar (ie) to close, **II, 3**
el **césped** lawn; grass, **II, 7; cortar el césped** to mow the lawn, **II, 7**
el **cielo** sky, **II, 10**
la **ciencia** science, **I; ciencia ficción** science fiction, **I**
la **científica** scientist (*f.*), **II, 7**
el **científico** scientist (*m.*), **II, 7**
el **cine** movies; movie theater, **I**
la **cintura** waist, **II, 6**
el **cinturón** (*pl.* **cinturones**) belt, **I**
la **cita** appointment, **II, 9**
la **ciudad** city, **I**
claro, -a light (in color), **I**
la **clase** class; classroom; kind, **I**
los **claveles** carnations, **II, 11**
el **cliente** customer (*m.*), **I**
la **cliente** customer (*f.*), **I**
el **coche** car, **I; el coche de topetazos** bumper car, **II, 9**
la **cocina** kitchen; cooking; cuisine, **I**
cocinar to cook, **I**
la **cocinera** cook (*f.*), **II, 9**
el **cocinero** cook (*m.*), **II, 9**
el **colegio** school, **I**
colocar to place, **II, 9**
el **color** color, **I**
el **colorete** rouge, blush, **II, 6**
"comecocos" Pac-man, **II, 7**
el **comedor** dining room, **I**
comentar to comment, **II, 3**
comer to eat, **I**
cómico, -a comic, funny; comical, **I**
la **comida** food; meal; dinner, **I**
como about; as; like, **I; como de costumbre** as usual, **II, 3; como quieras** as you wish, **II, 11; ¿cómo?** how?, **I; ¿cómo es?** what's he, (she, it) like?, **I; ¿cómo está?** how are you? (*pol. sing.*), **I; ¿cómo estás?** how are you? (*fam. sing.*), **I; ¡cómo lo odio!** how I hate it!, **II, 10; ¡cómo me divierto!** I'm having so much fun!, **II, 10;**

¡cómo me gusta! I like it a lot!, **II, 10; ¡cómo no!** of course!, **I; ¿cómo se llama él (ella)?** what's his (her) name?, **I; ¿cómo se llaman?** what are their names?, **I; ¿cómo te llamas tú?** what's your name?, **I**
cómodo, -a comfortable, **I**
la **compañera: la compañera de clase** classmate (*f.*), **II, 1**
el **compañero: el compañero de clase** classmate, (*m.*), **II, 1**
el **compás** compass, **I**
competir (i) to compete, **II, 6**
complacer (zc) to please, **II, 5**
completo, -a complete, **I**
la **compra** shopping, **I**
comprar to buy, **I**
la **computadora** computer, **I**
con with, **I; con cariño** with affection, **II, 1; con mucho gusto** I'd be glad to, **II, 3; con permiso** excuse me, **I; con una semana de anticipación** with a week ahead of time, **I**
conceder to concede, **II, 9**
el **concierto** concert, **I**
el **conejo** rabbit, **II, 2**
cogelarlas to freeze them, **II, 6**
conmigo with me, **I**
conocer (zc) to know; to meet; to be acquainted with, **I**
el **conserje** concierge, **II, 11**
conservar to preserve, **II, 7**
constantemente constantly, **II, 1**
construir to build; to construct, **II, 3**
consultar to consult, **II, 9**
la **contaminación** pollution, **II, 7; contaminación ambiental** environmental pollution, **II, 7**
contaminar to pollute, **II, 10**
contento, -a happy, **II, 2**
contestar to answer, **I**
el **continente** continent, **II, 7**
contribuir contribute, **II, 9**
el **coraje: ¡qué coraje!** what nerve!, **II, 2**
la **corbata** tie, **I**
cordialmente cordially, **II, 1**
el **coro** choir, **II, 2**
el **correo** post office, **I**
correr to run; to jog, **I**
el **corrido** a type of Mexican song that tells a story, **II, 10**
cortar (se) to cut oneself, **I; II, 6; ¡la comunicación se cortó!** we were cut off!, **I**
cortésmente courteously, **II, 9**
corto, -a short, **I**
la **cosa** thing, **I; cosas que hacer** things to do, **II, 2**
la **cosecha** harvest; crop, **II, 7**
los **cosméticos** cosmetics, **II, 6**
costar (ue) to cost, **II, 11**
crear to create, **II, 10**
crece grows, **II, 2**

creer to think; to believe, I

la **crema: la crema de afeitar** shaving cream, II, 6

creó created, II, 6

el **crimen** crime, I

el **cuaderno** notebook, I

la **cuadra** city block, II, 3

¿cuál? what?; which?, I

cualidad quality, II, 9

cuando when, I; **¿cuándo? when?**, I

cuánto, -a: ¡cuánta gente! what a lot of people!, I; **¿cuánto?** how much?, I; **¿cuánto cuesta?** how much does it cost?, I; **¿cuánto cuestan?** how much do they cost?, I; **¡cuánto me alegro!** I am so happy!, II, 6; **¿cuánto vale?** how much does it cost?, I; **¿cuántas veces?** how many times?, I; **¿cuántos, -as?** how many?, I; **¿cuántos años cumples?** How old are you?, II, 5; **¿cuántos años tiene?** How old are you (is he/she?), I; **¿cuántos años tienes?** How old are you?, I; **¿cuántos cuartos hay?** How many rooms are there?, I

el **cuarto** room, I; quarter; fourth, II, 6; **un cuarto de pollo** a quarter chicken, II, 6

la **cuchara** spoon, I

la **cucharita** teaspoon, I

la **cuchilla** razor blade, II, 6

el **cuchillo** knife, I

el **cuello** neck, II, 6

la **cuenta** bill, check, I

el **cuero** leather, I

el **cuerpo** body, II, 2

cuesta it costs, I; **cuestan** they cost, I

cuidar to take care of, II, 2; **¡cuida tu salud!** take care of your health!, II, 6; **¡cuidado!** watch out!, II, 9

la **culpa** blame, II, 3; **la culpa la tuvo . . .** the one to blame was . . . , II, 3; **tener la culpa** to be at fault, II, 3

el **cumpleaños** birthday, I

cumplir: cumplir años to have a birthday, I

la **cuna** cradle, II, 10

curar to cure, II, 7

el **curso** course, II, 1

CH

el **champú** shampoo, II, 6

chao so long, 'bye, I

la **chaqueta** jacket, I

el **cheque: el cheque de viajero** traveler's check, I

la **chica** girl, I

el **chico** boy, I

el **chile: chile con carne** dish of beans, ground beef, and chilies, I

el **chocolate** chocolate, I

la **churrería** churro store, II, 9

el **churro** doughnut-like pastry, II, 9

D

dar to give, II, 1; **dar una clase** to teach a class, II, 1; **dar un concierto** to give a concert, II, 1; **dar dinero** to give money, II, 1; **dar recuerdos (a, para)** to give regards (to), II, 1; **dar recuerdos de** to give regards from, II, 1; **dar un paseo** to take a trip, II, 1; **dar una mano** to lend a hand, II, 7; **dar una película** to show a movie, I; **dar una vuelta** to go for a walk, I; **¿me podrías dar . . . ?** could you give me . . . ?, II, 7; **darse cuenta de que** to realize that, II, 9

de from; of; made of, I; **de acuerdo** all right, I; I agree, II, 11; **¿de dónde?** from where?, I; **de él** his, I; **de ella** her, I; **de ellas** their, (f.), I; **de ellos** their, (m.), I; **de hecho** as a matter of fact, II, 7; **de la mañana** in the morning, A.M., I; **de la noche** at night, P.M., I; **¡de lo mejor!** wonderfully!, II, 1; **de maravilla** marvelous; great, II, 1; **de nada** you're welcome, I; **de novela** from a novel, II, 1; **de nuevo** again, I; **¡de película!** out of this world!, II, 11; **de plástico** (made of) plastic, I; **¿de qué es?** what's it made of?, I; **de usted** your (sing.), I; **de ustedes** your (pl.), I; **de vez en cuando** once in a while, II, 7; **de visita** visiting, II, 2

debajo (de) under, I

deber should, I

débil weak, I

¿debo . . . ? should I . . . ?, I

decidir to decide, I

décimo, -a tenth, II, 5

decir (i) to say, I; **dice que . . .** he (she) says that . . . , I; **¡diga!** hello?, I; **¿me podrías decir . . . ?** could you tell me . . . ?, II, 7

dedo: el dedo de la mano finger, II, 6; **el dedo del pie** toe, II, 6

dejar to leave (behind); to allow; let, I; **le dejo la cartera en . . .** I'll let the purse go for . . . , I

del (de + el) of the, from the (contraction), I

delante (de) in front (of), I

delgado, -a thin, I

delicioso, -a delicious, I

demasiado too (much), I

demostrar: demostró demonstrated, II, 6

dentro (de) in, within (a period of time), I; II, 5; **dentro de un rato** in a while, II, 7

la **dependienta** salesclerk (f.), II, 3

el **dependiente** salesclerk (m.), II, 3

los **deportes** sports, I

desaparecer (zc) to disappear, II, 5

el **desastre** disaster, II, 7

de **desayuno** breakfast, I

descansar to rest, II, 3

descendiente descendant, II, 10

desde from, I

desear to like; to want; to wish, I

el **desfile** parade, II, 5

el **desodorante** deodorant, II, 6

el **despacho** office, II, 9

la **despedida** complimentary closing, II, 1

despedir(se) to say goodbye, II, 6

el **desperdicio** waste, II, 10; **el desperdicio radioactivo** radioactive waste, II, 10

el **despertador** alarm clock, II, 6

despertar(se) (ie) to wake up, II, 6

después then, I; **después de** after, I

destruir to destroy, II, 3

detenerse to linger, to stop, II, 11

detenido, -a suspended; detained, I

detrás (de) behind, I

el **día** day, I; **Día de la Hispanidad** Columbus Day, II, 5; **Día de la Independencia** Independence Day, II, 5; **Día de la Raza** Columbus Day, II, 5; **Día de las Madres** Mother's Day, II, 5; **Día de los Enamorados** Valentine's Day, II, 5; **Día de los Inocentes** Fool's Day, II, 5; **Día de los Padres** Father's Day, II, 5; **Día de Reyes** Epiphany (Day of the Three Wise Men), II, 5; **Día del Trabajo** Labor Day, II, 5; **los días de la semana** days of the week, I

diabólico diabolic, II, 6

el **diario** diary, I

el **dibujo** drawing, I; **dibujo animado** animated cartoon, I

el **diccionario** dictionary, I

dicho said; expressed, II, 10

los **dientes** teeth, II, 6

la **dieta: la dieta balanceada** balanced diet, II, 6

difícil difficult, I

la **dificultad** difficulty, II, 7

el **dinero** money, I

la **diosa** goddess, II, 1

los **dioses** gods, II, 10

el **disco** record, I

la **discoteca** disco, I

discutir to discuss, II, 5

disponible available, II, 9

el **disquete** disk, II, 7

distinguido, -a: distinguida señora dear madam, II, 9
distinto, -a different, II, 1
divertido, -a fun, I
divertirse (ie) to have fun, II, 6
dividir to divide, II, 2
la **división** division, II, 2
doblar to turn, II, 3; **doblar a la derecha** to turn right, II, 3; **doblar a la izquierda** to turn left, II, 3
el **doble** double, I
doler (ue) to hurt; to ache, II, 6
el **dolor; dolor de garganta** sore throat, II, 6; **dolor de estómago** stomachache, II, 6
doña title of respect for mature women, II, 1
dorarse to brown, I
dormir (ue) to sleep, II, 6
dormir(se) (ue) to fall asleep, II, 6
dos two, I; **dos veces** twice, I; **los dos** the two (m.); **las dos** (f.), I
dudoso: es dudoso it is doubtful, II, 11
dulce sweet, II, 6
duradero, -a lasting, II, 7
durante during, II, 1
durar to last, II, 5
el **durazno** peach, II, 10
duro, -a hard, II, 7

E

echar: echar al agua to throw in the water, II, 9
el **edificio** building, II, 10
la **educación: la educación física** physical education, I
egoísta selfish, I
él he; him, I; **de él** his, I
el the (m.), I; **el (de)** the one (made of), I
el **elefante** elephant, II, 10
elegante elegant, I
ella she; her, I; **de ella** hers, I
ellas they (f. pl.), I
ellos they (m. pl.), I
el **embotellamiento** traffic jam, II, 10
emigrar to emigrate, II, 10
empezar (ie) to start, I
la **empleada** employee, (f.), I
el **empleado** employee, (m.), I
en in; at; by; on, I; **en busca de** in search of, II, 10; **en calma** calm, II, 9; **en cuanto a** in regard to, II, 9; **en fin** really; actually; after all, II, 1; **en forma** in shape, II, 6; **en persona** in person, I; **¿en qué puedo servirle?** how may I help you?, I; **en relación con** regarding, II, 9; **en todo momento** every time, I; **en un abrir y cerrar de ojos** in a

second; in a flash, II, 7; **en un dos por tres** in a jiffy, II, 7; **en un par de horas** in a couple of hours, II, 7; **en venta** for sale, I; **en voz alta** out loud, II, 5; **en voz baja** in a low voice, I
enamorado, -a in love, II, 5
enamorarse to fall in love, II, 6
encantado, -a pleased to meet you, II, 1
encantar to delight, I
encargarse (de) to be in charge (of), II, 11
la **enchilada** rolled tortilla filled with meat or cheese, I
encontrar (ue) to find, I; **encontraron** they met, II, 5
la **energía** energy, II, 6; **energía nuclear** nuclear energy, II, 7
enfadarse to get angry, II, 6
enfermar(se) to become ill, II, 6
la **enfermedad** disease, II, 6
enfermo, -a sick, II, 1
¡enhorabuena! congratulations!, II, 9
el **enjuague** hair rinse, II, 6; **enjuague para la boca** mouthwash, II, 6
enojarse to get angry, II, 6
enrollar to roll up, II, 9
la **ensalada** salad, I
el **ensayo** rehearsal, II, 2
enseñar to show; to teach, II, 3
entender: has entendido have understood, II, 9
entonces then, I
la **entrada** entrance; admission ticket, I
entrar to enter, I
entre between, I
entregar to deliver, II, 9
la **entrevista** interview, I
entrevistar to interview, I
entusiasmado, -a enthusiastic, II, 11
la **envidia** envy, I; **¡qué envidia!** what envy (I feel)!, I
la **Epifanía** Epiphany, II, 5
el **equipaje** baggage, I
el **equipo** equipment, II, 9
equivaler to be equivalent, II, 10
la **erosión** erosion, II, 10
es: es dudoso it is doubtful, II, 11; **es increíble** it is incredible, II, 11; **es indispensable** it is indispensable, II, 11; **es la una** it's one o'clock, I; **es un placer** it's a pleasure, I; **es probable** it is probable, II, 11; **es verdad** it's true, I
escalar to climb (a mountain), II, 1
Escocia Scotland, II, 6
escribir to write, I
escrito written, II, 10
el **escritorio** desk, II, 7
escuchar to listen (to), I
el **escudo** coat of arms, II, 3

la **escuela** school, I; **la escuela secundaria** secondary school, I
ese, -a that, I
ése, -a that one, I
el **esmalte: el esmalte de uñas** nail polish, II, 6
ésos, -as those ones, I
esos, -as those, I
espacial: el transbordador espacial space shuttle, II, 7; **la misión espacial** space mission, II, 7
el **espacio** space, II, 10
la **espalda** back (of the body), II, 6
España Spain, I
el **español** Spanish language, I
especial special, I
la **especialidad** specialty, I
la **especie** species, II, 10
el **espejo** mirror, II, 6
esperar to wait (for), I; to hope, II, 9
las **espinacas** spinach, II, 6
la **esposa** wife, I
el **esposo** husband, I
esquiar to ski; skiing, I
la **esquina** corner (street), I
los **esquís** skis, I
esta: esta noche tonight, I; **esta tarde** this afternoon, I
está: está ocupado it's busy, I
estaba(n): estaba dando was giving, II, 5; **estaban descansando** were resting, II, 5
la **estación** season, I
estacionar to park, II, 9
los **Estados Unidos (EE.UU.)** United States (U.S.), I
la **estancia** cattle ranch, II, 10
el **estanque** pond, I
el **estante** shelf, II, 9
estar to be, I; **estar a punto de** to be about to, I; **estar aburrido, -a** to be bored, II, 5; **estar al día** to be up to date, II, 3; **estar casado, -a** to be married, I; **estar de acuerdo** to be in agreement, II, 2; **estar de compras** to be shopping, I; **estar de vuelta** to be back, II, 11; **estar enojado, -a** to be angry, II, 10; **estar harto de . . .** to be sick and tired of . . . , II, 7; **estar listo, -a** to be ready, II, 5; **estar muerto, -a** to be dead (tired), II, 3; **estar tan cansado, -a** to be so tired, II, 2; **estar tan ocupado, -a** to be so busy, II, 2
estás: estás en tu casa make yourself at home, I
este, -a this, I
éste, -a this one, I
estimado, -a dear; esteemed, II, 1; **estimado señor** dear sir, II, 9
el **estómago** stomach, II, 6
estos, -as these, I

éstos, -as these ones, I
estrecho, -a narrow, II, 11
la **estrella: la estrella de cine** movie star, II, 6
el **estudiante** student (*m.*), I; **el estudiante universitario** college student, II, 10
la **estudiante** student (*f.*), I
estudiar to study, I
estupendo, -a great, I
eurpopeo, -a European, II, 10
evitar to avoid, II, 10
el **examen** exam, I
la **excursión** excursion; pleasure trip, I
la **excusa** excuse, II, 2
el **éxito** success, II, 9
la **expansión** expansion, II, 10
extenso, -a extensive, II, 10
extrañar to miss (someone or something), II, 1
extraño strange, II, 5

F

la **fábrica** factory, II, 10
fabricar to manufacture; to construct, II, 7
fácil easy, I; **fácilmente** easily, II, 1
la **falda** skirt, I
falta: la falta de lack of, II, 10
la **familia** family, I
el **fanfarrón** braggart, I
fantástico, -a fantastic, I
fascinar to fascinate, II, 10
favorito, -a favorite, I
la **fecha** date, II, 5
¡felicitaciones! congratulations!, II, 9; **¡felicidades en el día de tu santo!** congratulations on your saint's day!, II, 5
feliz: ¡feliz cumpleaños! happy birthday!, II, 5
el **fémur: el fémur humano** thigh bone, II, 10
feo, -a ugly, I
la **feria** fair, I
la **ferretería** hardware store, II, 9
el **fertilizante** fertilizer, II, 10
los **fideos** noodles, II, 6
la **fiebre** fever, II, 6
la **fiesta** party, I
la **fila** line, I
el **fin: Fin de Año** New Year's Eve, II, 5; **el fin de semana** weekend, I
finalmente finally, I
el **flan** baked custard, I
la **flauta: flauta dulce** recorder, II, 10; **las flautas de bambú** bamboo flutes, II, 10
el **folleto** brochure, I
la **foto** photo, I; **la fotografía** photograph, I
el **francés** French language, I
frecuentemente frequently, II, 1
freír to fry, I

la **frente** forehead, II, 6
frente: frente a across from, I
la **fresa** strawberry, I
fresco, -a fresh, II, 6
los **frijoles** beans, I
la **fruta** fruit, I
la **frutería** fruit store, I
el **fuego** fire, II, 9
la **fuente** source, II, 7; fountain, II, 11
fuera (de) outside, II, 6
fuerte heavy, I; strong, II, 5
fumar to smoke, II, 10
funcionar to work; to operate, II, 7
furioso, -a furious, II, 5
el **fútbol** soccer, I

G

la **gallina** hen, II, 10
el **gallinero** henhouse, II, 10
el **gallo** rooster, II, 10
el **ganado** cattle, II, 10
ganar to win, I; to earn (money), II, 1
la **ganga** bargain, I
el **garaje** garage, I
garantizar to guarantee, II, 3
la **garganta** throat, II, 6
la **gaseosa** soda, I
la **gasolina** gasoline, II, 10
gastar to spend; to use up, II, 1
gemelo, -a twin, II, 2
la **generación** generation, II, 10
generalmente generally, I
generoso, -a generous, I
el **genio** genius, II, 7
la **gente** people, I
la **geografía** geography, I
la **geometría** geometry, I
el **gigante** giant, II, 7
la **gimnasia** gymnastics, I
el **gimnasio** gym, II, 6
la **goma** eraser, I
gordo, -a fat, I
gozar (de) to enjoy, II, 7
grabar to record (on tape), II, 3
gracias thank you, I; **mil gracias** thank you very much, II, 1; **muchas gracias** thanks a lot, I
gracioso, -a funny, II, 2
la **graduación** graduation, II, 5
graduarse to graduate, II, 11
grande large, I
la **granja** farm, II, 10
la **grasa** fat, II, 6
la **gripe** flu, II, 6
el **grupo** group, I
el **guante** glove; mitt, I
guapo, -a handsome, I
la **guerra** war, II, 7
la **guía** guidebook, I; **guía de turistas** tour guide, II, 1
la **guitarra** guitar, I
gustar to like; to be pleasing to, I; **me gusta** I like, I; **le gusta** you like, he (she) likes, I; **te gusta** you like, I; **les gusta(n)** you (they) like, I; **nos gusta(n)** we like, I

gusto: ¡qué gusto (verte)! what a pleasure (to see you!), II, 1

H

había there was; there were, II, 5; **había que** it was necessary to, II, 5
la **habitación** room, II, 11
el **habitante** resident, II, 10
hablar to speak, talk, I
hace: hace (mucho) calor it's (very) hot, I; **hace (mucho) frío** it's (very) cold, I; **hace (mucho) sol** it's (very) sunny, I; **hace (mucho) viento** it's (very) windy, I; **hace (muy) buen tiempo** it's (very) nice, I; **hace (muy) mal tiempo** the weather is (very) bad, I; **hace fresco** it's cool, I; **hace una hora** an hour ago, I
hacer to do; to make, I; **hacer cuentas** to do calculations, I; **hacer la maleta** to pack a suitcase, I
hacía: hacía frío it was cold, II, 5
la **hamburguesa** hamburger, I
la **harina** flour, II, 6
hasta as far as, I; **hasta la punta de los pelos** fed up, II, 7; **hasta luego** see you later, I; **hasta mañana** see you tomorrow, I
hay there is; there are, I; **hay que** one must; you must, II, 10
hecho made; done, II, 10; **hecho, -a a mano** handmade, I
el **helado** ice cream, I
la **hembra** female, II, 2
el **hemisferio** hemisphere, II, 10
la **herencia** heritage, II, 10
el **hielo** ice, I
la **hierba** grass, II, 10
la **hija** daughter, I
el **hijo** son, I
los **hijos** children; sons and daughters, I
hilar: hilan la lana spin wool, II, 10
la **historia** history; story, I
la **hoja** leaf, II, 2
hola hello, I
el **hombre** man, I
el **hombro** shoulder, II, 6
la **hora** time; hour, I
el **horario** schedule, I
la **hormiga** ant, II, 2
el **hotel** hotel, II, 11
hoy today, I; **hoy mismo** today, II, 3
el **huerto** fruit and vegetable garden, II, 10
el **hueso** bone, II, 10
el **huevo** egg, I
humano, -a: el ser humano human being, II, 7

húmedo, -a moist, **II, 2**
humilde humble, **II, 6**
¡huy! wow!, **II, 3**

I

iba: iba a ir (I) was going to go, **II, 5**
la **ida: la ida y vuelta** round trip, **II, 11**
el **idioma** language, **II, 7**
la **iglesia** church, **II, 11**
igual (que) the same (as), **I**
igualmente likewise, **I**
imaginario, -a imaginary, **I**
imaginarse to imagine, **II, 9**
el **impermeable** raincoat, **II, 3**
importante important, **I**
el **impresor** printer, **II, 7**
impuro, -a not pure, **II, 10**
incómodas uncomfortable, **II, 7**
increíble: es increíble it is incredible, **II, 11**
indispensable essential, **II, 10**
la **industria** industry, **II, 7**
industrial: la revolución industrial industrial revolution, **II, 10**
la **información** information, **I**
informar to inform, **II, 9**
la **informática** data processing, **II, 7**
la **ingeniería: la ingeniería espacial** aerospace engineering, **II, 7**
Inglaterra England, **II, 6**
el **inglés** English (language), **I**
inmediatamente immediately, **II, 7**
inmigrante immigrant, **II, 10**
el **insecticida** insecticide, **II, 10**
insistir (en) to insist, **II, 9**
interesante interesting, **I; interesantísimo, -a** very interesting, **II, 1**
el **intérprete** interpreter, **II, 9**
inventar to invent, **II, 5**
el **inventario** inventory, **II, 3**
el **invierno** winter, **I**
la **invitación** invitation, **I**
ir to go, **I; ir de compras** to go shopping, **II, 3; ir de excursión** to go on a trip or excursion, **II, 2; voy a** I am going to (to indicate intention), **I**
invitar to invite, **II, 5**
las **islas** islands, **II, 6**

J

el **jabón** soap, **II, 6**
la **jalea** jelly, **I**
el **jamón** ham, **I**
el **jarabe: el jarabe tapatío** Mexican hat dance, **II, 10**
el **jardín** garden, **I**
la **jaula** cage, **II, 2**
los **jeans** jeans, **I**
la **jefa** boss (*f.*), **II, 9**

el **jefe** boss (*m.*), **II, 9**
los **jóvenes** young people, **I**
el **juego** game, **I; los juegos olímpicos** Olympic Games, **I**
jugar (ue) to play, **I**
el **jugo** juice, **I**
juntos, -as together, **II, 5**
la **juventud** youth, **I**

K

el **kilo** kilogram (2.2 pounds), **I**

L

la you (*pol. sing.*), her, it, **I;** **la** the (*f. sing.*), **I**
los **labios** lips, **II, 6**
la **labor** labor; work, **II, 7; las labores domésticas** household chores, **II, 7**
el **lado** side, **I**
el **lago** lake, **II, 1**
lamentar to regret, **II, 7**
la **lana** wool, **I**
el **lápiz** (*pl.* **lápices**) pencil, **I; lápiz labial** lipstick, **II, 6; lápiz para los ojos** eyeliner, **II, 6**
largo, -a long, **I**
las the (*f. pl.*); you (*pl.*); them, **I**
lavar(se) to wash (oneself); **lavarse la cabeza** to wash one's hair, **II, 6**
la **lección** lesson, **II, 10**
la **leche** milk, **I; leche descremada** skim milk, **II, 6**
la **lechuga** lettuce, **I**
leer to read, **I**
lejano, -a distant, **II, 7**
lejos (de) far (from), **I**
el **lema** slogan, **II, 3**
lentamente slowly, **II, 1**
la **lente de contacto** contact lens, **II, 6**
les you (*pl.*); them, **I**
levantarse to get up, **II, 6**
la **ley** law, **II, 10**
la **libra** pound, **II, 6**
librar(se) to free (oneself), **II, 7**
la **librería** bookstore, **II, 10**
la **libreta** notebook, **II, 7**
el **libro** book, **I**
ligada linked, **II, 3**
ligero, -a light (meal), **I**
la **lima: la lima de uñas** nail file, **II, 6**
el **limón** lemon, **I**
la **limonada** lemonade, **II, 6**
limpiar to clean, **II, 2**
limpio, -a clean, **II, 9, 10**
lindo, -a pretty, **I**
el **lío** complication, **I**
listo, -a ready, **I**
lo you (*pol. sing.*), him, it, **I; lo menos posible** as little as possible, **II, 2; lo mismo (que)** the same (as), **I; lo que** what; that, **I; lo siento** I'm sorry, **I**

la **loción** lotion, **II, 6**
loco, -a crazy, **I; volverse loco, -a** to go crazy, **II, 7**
la **locura** madness, **II, 3**
el **loro** parrot, **II, 2**
los the; you (*pl.*); them, **I; los demás** the rest, **I**
la **lucha: la lucha libre** wrestling; wrestling match, **II, 6**
luego then; later, **II, 1**
el **lugar** place, **I**

LL

la **llamada** phone call, **II, 5**
llamar to call, **I**
la **llave** key, **II, 7**
el **llavero** key ring, **II, 3**
la **llegada** arrival, **I**
llegar to arrive, **I; llegar a un acuerdo** to come to an agreement, **II, 5**
llenar to fill (out), **II, 9**
lleno, -a full, **II, 1**
llevar to take, **I;** to take (with you), **II, 3; llevas** (you) have, **II, 1; llevo . . . aquí** I have been here for . . . , **II, 10**
llorar to cry, **I**
llover (ue) to rain, **II, 3; llueve** it's raining, **I**
la **lluvia: la lluvia ácida** acid rain, **II, 10**

M

los **macarrones** macaroni, **II, 6**
macho male, **II, 2**
la **madrastra** stepmother, **I**
la **madre** mother, **I**
magnífico, -a excellent; very good, **I**
el **maíz** corn, **II, 10**
mal bad, **I**
la **maleta** suitcase, **I**
la **mamá** mom, **I**
mandar to command; to send, **I, II, 9**
la **mano** hand, **I**
mantenerse to keep in shape, **II, 6**
la **mantequilla** butter, **I**
el **manual** manual, **II, 7**
la **manzana** apple, **I**
mañana tomorrow, **I; la mañana** morning, **I; por la mañana** in the morning, **I**
la **manera** way; manner, **II, 6**
el **mapa** map, **I**
el **maquillaje** makeup, **II, 6**
maquillar(se) to apply makeup, **II, 6**
la **máquina** machine, **II, 7; la maquinilla de afeitar** razor, **II, 6**

maravilloso, -a marvelous, II, 10
el **marcador** felt-tip marker, I
marcar to mark, I
marearse to get dizzy, II, 9
mariscos: zarzuela de mariscos seafood platter, II, 11
marrón brown, I
más more; else; other; most, I; **más . . . que** more . . . than, I; **más barato** cheaper, II, 3; **más caro** more expensive, II, 3; **más de . . .** more than . . . , I; **más dulce** sweeter, II, 1; **más grande que** bigger than, I; **más o menos** more or less; so so, II, 9; **más tarde** later, I
el **mástil** mast, II, 9
las **materias** subjects, I
maya Mayan, II, 1
la **mayonesa** mayonnaise, I
mayor bigger; older, II, 9; el **mayor** biggest; oldest, II, 9; **mayor que** older than, II, 2
mayoría: la mayoría de the majority of, II, 6
el **maíz** corn, II, 6
me me; **me da igual** it's the same to me, II, 11; **me da lo mismo** it's all right with me, II, 11; **me di cuenta** I realized, II, 5; **¡me encanta!** I love it!, II, 10; **me fue bien** things went well for me, II, 1; **me fue mal** things went badly for me, II, 1; **me llamo . . .** my name is . . . , I; **¿me podrías dar (decir, prestar) . . . ?** could you give me (tell me, lend me) . . . ?, II, 7
el **mecánico** mechanic, II, 9
la **medalla: la medalla de oro** gold medal, I
la **medicina** medicine, II, 7; el **campo de la medicina** medicine field, II, 7
el **médico** doctor, II, 6
medio, -a one half, II, 6; el **medio ambiente** environment, II, 7
el **mediodía** noon, I
mejor better; best, I; **lo mejor** the best (thing), I; el **mejor** best, II, 9; **mejor . . .** it would be better to . . . , I; **mejor que . . .** better than . . . , II, 2
mejorar to improve, II, 6
el **melocotón** peach, I
el **melón** melon, I
menor smaller; younger, II, 9; el **menor** smallest; youngest, II, 9; **menor que** younger than, II, 2
menos less, I; **menos de . . .** less than . . . , I; **lo menos posible** as little as possible, II, 2
el **menú** menu (at a restaurant), I; menu (computer), II, 7
la **mercancía** merchandise, II, 3
la **merienda** snack; light meal in the afternoon, I

la **mermelada** marmalade, I
el **mes** month, I; **los meses del año** months of the year, I
la **mesa** table; **a la mesa** to the table, I
el **metro** subway, I
mexicanoamericano, -a Mexican American, II, 1
México Mexico, I
mezquita mosque, II, 11
mi my, I
mí me, I
el **miembro: los miembros de la familia** family members, I
mientras while, II, 1
miles thousands, II, 6
la **milla** mile, II, 7
el **minuto** minute, I
mío, -a mine, II, 2
mirar to look at; watch, I; **¡mira!** look!, I
mis my (pl.), I
la **misión: la misión espacial** space mission, II, 7
mismo, -a same, I
la **moda** fashion; style, II, 3; **a la (última) moda** in the latest style, II, 3
la **moderación** moderation, II, 6
el **mole** spicy chocolate sauce, I
molestar to bother, II, 11
molían used to grind, II, 6
la **moneda** coin; currency, II, 3
el **monedero** change purse, II, 3
la **montaña** mountain, II, 1; **la montaña rusa** roller coaster, II, 9
montar to ride, I; **montar (a caballo)** to ride (on horseback), II, 1
morder to bite, II, 2
moreno, -a dark (hair, complexion), I
la **mosca** fly, II, 10
el **mosquito** mosquito, II, 10
la **mostaza** mustard, I
el **mostrador** counter, II, 3
mostrar(ue) to show, II, 9
el **motivo** reason, II, 2
la **moto** motorcycle, I
la **muchacha** girl, II, 2
el **muchacho** boy, II, 2
muchísimo very much, II, 3
mucho a lot, I; **mucho gusto** nice to meet you, I; **muchos recuerdos** many regards, II, 1; **muchos, -as** many; a lot, I; **¡muchas felicidades!** congratulations!, II, 5
mudar(se) to move, II, 10
muerto, -a: estar muerto to be dead (tired), II, 3
la **multivitamina** multivitamin, II, 6
la **muñeca** wrist, II, 6
las **murallas** walls, II, 11
murió she (he) died, I
el **muro** outside wall, II, 9

muy very, I; **muy mal** awful; terrible, I; **muy señor nuestro** dear sir, II, 9; **muy señores míos** gentlemen, II, 9

N

nace is born, II, 2
el **nacimiento** birth, II, 5
la **nación** nation, II, 7
nacional national, II, 10
nadar to swim, I
la **naranja** orange, I
la **nariz** nose, II, 6
la **natación** swimming, I
la **naturaleza** nature, II, 2
la **Navidad** Christmas, II, 5
la **necesidad** need, II, 10
necesitar to need, I
negocios business, II, 3
negro, -a black, I
ni . . . ni neither . . . nor, I
el **nido** nest, II, 2
nieva it's snowing, I
ninguno, -a none, II, 6
no no; not, I; **no contestan** there's no answer, I; **no crecía** did not grow, II, 7; **no hay más remedio** it can't be helped, I; **¡no hay nada igual!** there's nothing like it!, II, 10; **¡no importa!** it doesn't matter!, I; **no me gusta nada** I don't like it at all, I; **no me importa** I don't care, II, 11; **¡no me digas!** you don't say!, II, 9; **no tengo tiempo para nada** I don't have time for anything, II, 1; **¿no?** right?, I
la **noche** night, I; **la Noche Buena** Christmas Eve, II, 5
norteamericano, -a American, I
nos us, I; **nos es grato informarle** we are pleased to inform you, II, 9
nosotras we (f.); us (f.), I
nosotros we (m. or m. and f.); us (m. or m. and f.), I
noveno, -a ninth, II, 5
la **novia** girlfriend, II, 2
el **novio** boyfriend, II, 2
la **nube** cloud, II, 10
nuclear: la energía nuclear nuclear energy, II, 7; **la planta nuclear** nuclear plant, II, 7; el **reactor nuclear** nuclear reactor, II, 7
nuestro, -a, -os, -as our, I
nuevo, -a new, I
el **número** number, I; **número equivocado** wrong number, I
nunca never, I; **nunca más** never again, II, 3

O

o or, I; **o . . . o** either . . . or, II, 6
obedecer (zc) to obey, II, 5

la **obligación** obligation; duty, **II, 5**
la **ocasión** occasion, **II, 2**
octavo, -a eighth, **II, 5**
ocupado, -a busy, **II, 7**
odiar: odio I hate, **I**
odioso, -a hateful; odious, **II, 3**
la **oferta** offer, **I**
la **oficina** office, **I**
oír to hear, **II, 6**
¡ojalá! if only; I hope, **II, 11**
el **ojo** eye, **II, 6**
las **olimpiadas** Olympic Games, **II, 11**
olvidarse to forget, **II, 6**
la **operación** operation; surgery, **II, 7**
operar to operate, **II, 9**
la **oreja** ear, **II, 3**
organizado, -a organized, **I**
oscuro, -a dark, **I**
el **otoño** fall; autumn, **I**
otro, -a other; another, **I; otro día** another day, **II, 3**
la **oveja** sheep, **II, 10**
¡oye! hey!, **I; listen!, II, 5**

P

la **paciencia** patience, **I**
el **padrastro** stepfather, **I**
el **padre** father, **I; padres** parents; fathers, **I**
pagar to pay, **I**
el **país: país extranjero** foreign country, **II, 7**
el **pájaro** bird, **II, 2**
las **palomitas: las palomitas de maíz** popcorn, **II, 6**
el **pan** bread, **I**
la **panadería** bakery, **II, 10**
la **pandilla** gang, **II, 11**
la **pantalla** screen, **II, 7**
los **pantalones** pants, **I**
la **pantera** panther, **II, 10**
el **pañuelo** handkerchief, **I**
la **papa** potato; **papas deshidratadas** instant (dehydrated) potatoes, **II, 6; papas fritas** french fries, **I**
papá dad, **I**
el **par** pair, **II, 3**
para for; to; in order to, **I; ¿para qué?** for what?, **I**
parabólica: la antena parabólica satellite dish, **II, 7**
la **parada** stop, **I**
el **paraguas** umbrella, **II, 3**
parar to stop, **I**
parecer to seem, **I**
la **pareja** couple, **II, 5**
el **parque** park, **I**
el **partido** game, match, **I**
pasa come in, **I; pasa de moda** is no longer fashionable or popular, **II, 10**
pasado, -a last; past, **I; la semana pasada** last week, **I**
el **pasaje** fare, **II, 11**

el **pasaporte** passport, **I**
pasar to spend (time); to come in, **I; pasar la aspiradora** to vacuum, **II, 2; la paso muy bien** I'm having a good time, **II, 2, II, 5; pasarla bien** to have a good time, **II, 1; pasarla mal** to have a bad time, **II, 1**
el **pasatiempo** pastime, **I**
la **Pascua: la Pascua Florida** Easter; Passover, **II, 5**
pasear to go for a walk, **I**
el **paseo** sightseeing trip, **I**
el **pasillo** hall, **I**
la **pasión** passion, **II, 10**
la **pasta: la pasta de dientes** toothpaste, **II, 6**
el **pastel** pie, **I**
la **pastelería** pastry; pastry shop, **I**
la **patata** potato (Spain), **I**
patinar to skate, **I; patinar en hielo** to ice skate, **I**
el **patio** inner courtyard, **I**
el **pato** duck, **II, 10**
el **pavo** turkey, **II, 10**
el **pedido** order, **I**
pedir: pedir la palabra to ask permission to speak, **II, 2**
peinar(se) to comb one's hair; **II, 6**
el **peine** comb, **II, 6**
la **película** film; movie, **I; película de terror** horror movie, **I; película del oeste** Western, **I; película musical** musical, **I; película policial** detective movie, **I**
el **pe'igro** danger, **II, 7; peligroso, -a** dangerous, **II, 7**
pelirrojo, -a redheaded, **I**
el **pelo** hair, **II, 6**
la **pelota** ball (baseball, tennis ball), **I**
los **pendientes** earrings, **II, 3**
pensar (ie) to think; plan, **I**
peor worse, **II, 2; peor que** worse than, **II, 2; el peor** worst, **II, 9**
pequeño, -a small, little, **I**
la **pera** pear, **I**
perder (ie) to lose, **II, 6; se perdió** it got lost, **II, 6**
perdón excuse me; **I; perdone** excuse me (*pol.*), **II, 3**
perfecto, -a perfect, **II, 6**
el **perfume** perfume, **II, 6**
el **periódico** newspaper, **I**
perjudicado, -a harmed, **II, 7**
permiso excuse me; permission, **I**
pero but, **I**
pesar(se) to weigh (oneself), **II, 6**
el **pescado** fish, **I**
pescar to fish, **II, 1; pescar un resfriado** to catch a cold, **II, 9**
la **peseta** monetary unit of Spain, **I**
el **peso** monetary unit of Mexico, Bolivia, Chile, Colombia, **I**
el **petróleo** oil, **II, 10**

el **pez** (*pl.* **peces**) fish, **II, 2**
el **pie** foot, **II, 6**
la **pierna** leg, **II, 6**
la **pimienta** pepper, **I**
pintar(se) to apply makeup, **II, 6**
pintoresco, -a picturesque, **II, 11**
la **pintura** painting, **I**
la **piña** pineapple, **I**
la **pirámide** pyramid, **II, 1**
la **piscina** pool, **I**
el **piso** floor, **I**
el **placer** pleasure, **I**
el **plan** plan, **I**
planear to plan, **I**
la **planta: la planta nuclear** nuclear plant, **II, 7**
la **plata** silver, **I; silver; (***coll.***) money, **II, 3**
el **plátano** banana; plantain, **I**
el **platillo** saucer; small plate, **I**
el **plato** dish; plate, **I; plato del día** specialty of the day, **I; plato hondo** soup dish, **I; plato llano** dinner dish, **I**
la **playa** beach, **I**
la **playera** tee shirt, **II, 3**
la **plaza** square, **II, 10**
la **plomería** plumbing, **II, 9**
el **plomero** plumber, **II, 9**
la **pluma** fountain pen, **I**
poco, -a a little, **I**
el **poder** power, **II, 3**
poder (ue) to be able; can, **I; ¿podrías hacerme el favor de . . . ?** would you do me a favor and . . . ?, **II, 7**
el **pollo** chicken, **I**
el **polo** polo, **II, 10**
el **polvo** powder, **II, 6**
poner to put, **I; poner la mesa** to set the table, **I; poner(se) en contacto** to get in touch (with), **II, 7**
ponerse to put on; to wear (something), **II, 6; ponerse furioso, -a** to get furious, **II, 6; ponerse triste** to get sad, **II, 6; ponerse contento, -a** to become happy, **II, 9; puesto** put; placed, **II, 10**
popular popular, **II, 9**
por for; through, **I; por consiguiente** consequently; thus, **II, 7; por correo** by mail, **I; por favor** please, **I; por fin** finally; at last, **I; por la noche** at night, **I; por lo tanto** as a result; therefore, **II, 7; por medio de la presente** hereby, **II, 9; ¿por qué no . . . ?** why don't we . . . ?, **I; ¿por qué?** why?, **I; por semana** per week, **I; por separado** separately, **II, 5; ¡por supuesto!** of course!, **I; por tanto** therefore, **II, 5; por último** finally, **II, 9**
la **porción** portion, **II, 6**

porque because, **I**

porteño, -a person from Buenos Aires, **II, 10**

la **postal** possible, **II, 2**

la **postal** postcard, **I**

el **postre** dessert, **I; de postre** for dessert, **I**

practicar to practice; play, **I**

el **prado** meadow, **II, 10**

precaver to take precautions, **II, 7**

el **precio** price, **I**

la **preciosura** thing of beauty, **I**

la **precipitación: la precipitación radioactiva** radioactive fallout, **II, 7**

preciso: es preciso it is essential, **II, 11**

preferido, -a favorite, **I**

preferir (ie) to prefer, **II, 6**

la **pregunta** question, **I**

preguntar to ask, **I**

el **premio** prize, **I**

preocupado, -a worried, **II, 6**

preocupar(se) to worry, **II, 6**

preparar to prepare, **I**

prepararse to get ready, **II, 6**

el **preparativo** preparation, **II, 5**

presentar to introduce; to present, **II, 1**

prestar to lend, **II, 2; ¿me podrías prestar...?** could you lend me...?, **II, 7**

la **primavera** spring, **I**

primero first, **I**

principal main, **I**

el **principiante** beginner (*m.*), **I**

la **principiante** beginner (*f.*), **I**

privado, -a private, **II, 11**

probable: es probable it is probable, **II, 11**

el **probador** fitting room, **II, 3**

probar to try, **I**

probarse (ue) to try on, **II, 3**

el **problema** problem, **I**

producir (zc) to produce, **II, 7**

el **profesor** teacher (*m.*), **I**

la **profesora** teacher (*f.*), **I**

el **programa** program, **I**

la **programación** programming, **II, 1; computer programming, II, 7**

progresar to progress; to advance, **II, 7**

el **progreso** progress, **II, 7**

prohibido, -a off limits, **I**

prohibir to forbid, **II, 9**

prometer to promise, **I**

pronto soon, **I**

el **propietario** owner, **II, 11**

la **propina** tip, **I**

proponer to propose, **II, 2**

proteger to protect, **II, 10**

el **provecho: ¡buen provecho!** enjoy it! (meal), **I**

el **proverbio** proverb, **II, 7**

próximo, -a next, **I; la próxima vez...** next time..., **II, 2**

la **prueba** test, **II, 7**

el **pueblo** village, **II, 5**

el **puente** bridge, **II, 10**

la **puerta** door; gate, **I**

pues well, **II, 1**

puesto put; placed, **II, 10**

el **puesto** position; job, **II, 9**

el **pulpo** octopus; amusement park ride, **II, 9**

puntual punctual, **II, 9**

Q

que that, **I; qué** what?, **I; ¡qué asco!** how disgusting!, **II, 10; ¡qué barbaridad!** how terrible!, **II, 9; ¡qué bien luces!** you look great!, **II, 6; ¡qué confusión!** what a mixup!, **I; ¡qué coraje!** what nerve!, **II, 2; ¡qué cuarto tan bonito!** what a pretty room!, **I; ¡qué quapo!** how handsome!, **I; ¡qué gusto (verte)!** what a pleasure (to see you)!, **II, 1; ¡qué gusto de verlo!** what a pleasure to see you! (*pol.*), **II, 3; ¿qué hay de nuevo?** what's new?, **II, 11; ¿qué hora es?** what time is it?, **I; ¡qué horror!** how horrible!, **II, 9; ¡qué lástima!** what a shame!, **I; ¿qué más necesitas?** what else do you need?, **I; ¿qué más?** what else?, **I; ¡qué pena!** what a pity, **I; ¡qué suerte!** what luck!, **I; ¡qué suerte!** how lucky!, **II, 9; ¿qué tal?** how are things?, **I; ¿qué tiempo hace?** how's the weather?, **I; ¿qué tienes?** what's wrong with you?, **II, 6**

quedar to be (located), **II, 3; to be left over, II, 5; quedar bien** it looks nice on, **I; quedarse** to stay; to remain, **II, 6**

la **queja** complaint, **I**

querer (ie) to want, **I; to love, II, 5; ¿querrías decirme (darme, prestarme)...?** would you tell me (give me, lend me)...?, **II, 7**

querido, -a dear, **I**

el **queso** cheese, **I**

¿quién? who?, **I**

la **química** chemistry, **I**

quinto, -a fifth, **I**

quitar: quitar la mesa to clear the table, **II, 2**

quitarse to take off, **II, 6**

quizás maybe; perhaps, **II, 6**

R

la **ración** portion, **II, 6**

la **radiación** radiation, **II, 7**

radioactivo, -a radioactive, **II, 7; la precipitacion radioactiva** radioactive fallout, **II, 7; los residuos radioactivos** radioactive waste, **II, 7**

la **rana** frog, **II, 2**

rápido quickly, fast, **I; rápidamente** rapidly, **II, 1**

la **raqueta** racquet, **I**

el **rascacielos** skyscraper, **II, 1**

el **ratón** mouse, **II, 2**

el **rayo** lightning bolt, **II, 3; el rayo láser** laser beam, **II, 7**

la **razón** reason, **II, 9; razonable** reasonable, **II, 9**

el **reactor: el reactor nuclear** nuclear reactor, **II, 7**

la **rebaja** discount, **I**

rebajado, -a reduced (in price), **I**

rebajar to reduce (price), **II, 3**

la **recepción** reception desk, **II, 11**

el **recepcionista** receptionist (*m.*), **II, 11**

la **recepcionista** receptionist (*f.*), **II, 9**

recibir to receive, **I**

el **recibo** receipt, **I**

la **reclamación** claim, **I**

el **reclamo** claim, **I**

recoger to pick up, **II, 11**

la **recomendación** recommendation, **II, 9**

recomendar (ie) to recommend, **II, 6**

recordar (ue) to remember, **II, 5**

recorrer to travel, **II, 11**

el **recreo** recess, **I**

los **recuerdos** regards, **II, 1; dar recuerdos** to send regards, **II, 1; mandar recuerdos** to send regards, **II, 1**

la **red** net, **I**

el **refresco** soda, **I**

el **refrigerador** refrigerator, **II, 2**

regalar to give (away), **II, 3**

el **regalo** present, **I**

regatear to bargain, **I**

el **régimen** diet plan, **II, 6**

¡regio! great!, **II, 11**

la **región** region, **II, 11; región andina** Andean region, **II, 10**

el **registro** record book, **II, 11**

la **regla** ruler, **I**

regresar to return, **I**

el **regreso** return, **II, 1**

regular so-so, **I**

el **reino** kingdom, **II, 6**

reír(se) to laugh, **II, 6**

el **reloj** watch, clock, **II, 2**

remar to row, **I**

el **remitente** sender, **II, 9**

el **renacuajo** tadpole, **II, 2**

la **reparación** repairs, **II, 2**

repetir (i) to repeat, **II, 2**

la **réplica** replica, **II, 11**

la **reservación** reservation, **II, 11**

reservar to reserve, **I; reservar los pasajes** reserve the seats, (tickets), **II, 11**

el **residuo: los residuos radioactivos** radioactive waste, **II, 7**

resistente resistant, **II, 7**

resolver (ue) to solve, **II, 10**

respirar to breathe, **II, 10**

la **responsabilidad** responsibility, **II, 10**

el **responsable**   the person in
   charge, **II, 9**
las **respuestas**   answers, **II, 9**
el **restaurante**   restaurant, **I**
la **reunión**   meeting, **II, 2**
   reunirse   to get together, **II, 5**
la **revista**   magazine, **I**
   revivir: reviven   relive, **II, 10**
la **revolución: la revolución agrícola**
   agricultural revolution, **II, 7;**
   la revolución industrial
   industrial revolution, **II, 10**
   rico, -a   tasty, delicious (food), **I**
la **rifa**   raffle, **II, 9**
el **rifle**   rifle, **II, 9**
el **río**   river, **II, 3**
la **riqueza**   riches, wealth, **II, 10**
   riquísimo, -a   delicious, **II, 5**
la **rodilla**   knee, **II, 6**
   rojo   red, **I**
   romper(se)   to break, **II, 6**
la **ropa**   clothes, **I**
   rosa   pink, **I**
   roto, -a   broken, **II, 6; roto**
   broken, **II, 10**
   rubio, -a   fair, blond(e), **I**
la **rueda: la rueda giratoria**   Ferris
   wheel, **II, 9**
el **ruido**   noise, **I**
las **ruinas**   ruins (archeological), **II,
   1**
la **ruta**   route, **I**

S

   saber   to know (a fact), **I**
   saber (+ inf.)   to know how
   (+ inf.), **I**
   sabroso, -a   tasty, delicious, **I**
   sacar   to take, **II, 2; to take out,
   II, 9; sacar buenas notas**   to get
   good grades, **II, 1; sacar fotos**
   to take pictures, **II, 5; sacarse la
   rifa**   to win the raffle, **II, 9**
el **saco**   jacket, **I**
la **sal**   salt, **I**
la **sala**   living room, **I; la sala de
   espera**   waiting area, **I; la sala
   de estar**   family room, **I**
   salir   to go out, **I; salir bien**   to
   turn out well, **II, 2; salir en
   defensa de**   to go out in the
   defense of, **II, 6**
la **salsa**   sauce, **I**
la **salud**   health, **II, 6**
   salvar   to save, **II, 10**
las **sandalias**   sandals, **II, 3**
la **sandía**   watermelon, **I**
   sano, -a   healthy, **II, 6**
el **santo**   saint's day, **II, 5**
la **sartén**   frying pan, **I**
   satisfecho, -a   satisfied, **II, 9**
   se: se dirige   is steered, **II, 7; se
   hizo**   became, **II, 6; se llama . . .**
   his (her) name is . . . , **I; se
   ponían de acuerdo**   came to an
   agreement, **II, 5; se reía**   (he)
   was laughing, **II, 5**

   sea: sea como sea   whatever it
   may be; anyway, **II, 10**
la **secadora**   hair dryer, **II, 6**
la **seca**   dry season, **II, 2**
   secar   to dry, **II, 2**
   sección: la sección de equipaje
   baggage claim, **I; la sección de
   quejas y reclamos**   customer
   service department, **I**
la **seda**   silk, **I**
   seguir (i)   to follow; to continue,
   II, 2; seguir derecho   to go
   straight ahead, **II, 3**
   según   according to, **II, 1**
   segundo, -a   second, **I**
   seguro, -a   sure, **I**
el **sello**   stamp, **I**
la **semana**   week, **I; la semana
   que viene**   next week, **II, 2;
   Semana Santa**   Holy Week,
   II, 5
el **sembrar**   sow, **II, 10**
la **semilla**   seed, **II, 10**
   sencillamente   simply, **I**
   sentarse (ie)   to sit, **II, 9**
   sentirse (ie)   to feel, **II, 6;
   sentir(se) bien**   to feel good,
   II, 6; sentir(se) mal   to feel
   bad, **II, 6; sentimos comunicarle**
   we regret to inform you, **II, 9**
las **señas**   personal description, **II,
   11**
el **señor**   man, **I;** (abbreviation **Sr.**)
   Mr., sir, **I**
la **señora**   woman, **I;** (abbreviation
   Sra.), Mrs., ma'am, **I**
la **señorita**   Miss (abbreviation
   Srta.), **I**
   séptimo, -a   seventh, **II, 5**
   ser   to be, **I; ser aburrido, -a**
   to be boring, **II, 5; ser listo, -a**
   to be smart, **II, 5; ¿serías tan
   amable de . . . ?**   would you be
   nice enough to . . . ?, **II, 7**
la **serpiente**   snake, **II, 2**
la **servilleta**   napkin, **I**
   servir (i)   to serve, **I**
   sexto, -a   sixth, **II, 5**
   sí   yes, **I**
   si   if, **I; ¿si vamos . . . ?**   what if
   we go . . . ?, **I**
   siempre   always, **I**
el **siglo**   century, **II, 10**
   significado   meaning, **II, 1**
el **silencio**   silence, **II, 2; ¡silencio!**
   be quiet!, **II, 5**
   simpático, -a   nice, **I**
   sin   without, **I; sin parar**
   without stopping, **I; sin falta**
   without fail, **II, 2**
   sobre   about, **I; sobre todo**
   above all, **II, 11**
el **sobre**   envelope, **II, 9**
   ¡socorro!   help!, **II, 9**
   solicitar   to apply, **II, 9**
la **solicitud: la solicitud de empleo**
   job application, **II, 9**
   solo, -a   alone, **II, 1**

el **sombrero**   hat, **I**
   son: son las diez   it's ten o'clock, **I**
   sonar (ue)   to ring, **II, 5**
   sonreír(se)   to smile, **II, 11;
   sonríe**   smile, **II, 9**
   soñar (ue)   to dream, **II, 7; soñaste
   con**   dreamed of, **II, 7**
la **sopa**   soup, **I; sopa payés**
   Catalonian dish, **II, 11**
   sorprender   to surprise, **II, 11**
   su   your; his; her; its (*sing.*), **I**
   subir   to go up, **I**
   subirse   to get on, **II, 9**
   submarino, -a   underwater, **II, 7**
   sucesos   events, **II, 10**
   sucio, -a   dirty, **II, 10**
   sucursales   branches, **II, 9**
el **sueldo**   salary, **II, 9**
   suena   sounds, **II, 1**
el **sueño**   dream, **I**
la **suerte**   luck, **II, 6**
el **suéter**   sweater, **I**
   sugerir (ie)   to suggest, **II, 9**
el **suministro**   supply, **II, 7**
el **supermercado**   supermarket, **II, 10**
el **surtido**   stock, **II, 3**
   sus   hers; his; yours; theirs, **I**
   suyo, -a   yours, **II, 2; suyo
   afectísimo**   sincerely yours, **II, 9**

T

la **tabla: la tabla hawaiana**
   surfboard, **II, 7; la tabla vela**
   windsurfing, **II, 9**
el **talco**   dusting powder; talcum
   powder, **II, 6**
   tal vez   perhaps, **II, 11**
la **talla**   size, **I**
   también   also; too, **I**
   tampoco   neither, **II, 6**
   tan   so, **I; tan . . . como**   as . . . as,
   II, 2
el **tango**   tango, **II, 10**
   tanto, -a   so (that) much, **I**
   tanto, -a como   as much as, **I**
   tantos, -as   so (those) many, **I**
   tantos, -as como   as many as, **I**
la **taquilla**   ticket booth, **II, 9**
   tarde   late, **I; más tarde**   later, **I**
la **tarde**   afternoon, **I; por la tarde**   in
   the afternoon, **I**
la **tarea**   homework, **I**
la **tarifa: la tarifa especial**   special
   fare, **II, 11**
la **tarjeta: la tarjeta de crédito**
   credit card, **I**
la **tarta**   tart, pastry, **I**
   te   you, **I; te acuerdas**   you
   remember, **II, 9; te hace falta**
   you need to, **II, 9**
el **té**   tea, **I**
el **teatro**   theater, **I**
   teclear   to type, **II, 7**
la **tecnología**   technology, **II, 7**

el **tejido: los tejidos a mano** hand-woven fabrics, **II, 10**

el **teléfono** telephone, **I; por teléfono** on the telephone, **I**

temer to fear, **II, 11**

temprano early, **I**

tender (ie): tender la ropa to hang clothes, **II, 9**

el **tenedor** fork, **I**

tener to have, **I; tener (mucha) hambre** to be (very) hungry, **I; tener (mucha) sed** to be (very) thirsty, **I; tener...años** to be...years old, **I; tener dolor de...** to have an ache or pain..., **II, 6; tener ganas de** to feel like, **I; tener la culpa** to be at fault, **II, 3; tener miedo** to be afraid, **II, 5; tener noticias de** to hear from (about), **II, 1; tener paciencia** to be patient, **II, 7; tener prisa** to be in a hurry, **II, 5; tener que** to have to, **I; tener tantas cosas que hacer** to have so much to do, **II, 2; tener razón** to be right, **II, 9; ¿tendrías la bondad de?** would you be so kind as to?, **II, 7; tenemos el gusto de comunicarle** we are pleased to inform you, **II, 9**

el **tenis** tennis, **I**

la **terminación** ending, **II, 1**

terminar to finish, **I**

la **terraza** terrace, **II, 9**

el **tesoro** treasure, **II, 6**

ti you, **I**

el **tiempo** time, **I; tiempo libre** free time, **I; no tengo tiempo para nada** I don't have time for anything, **II, 1**

la **tienda** store, **I**

tiene it has, **I**

la **Tierra** Earth, **II, 10**

la **tijera** scissors, **II, 6**

el **timbre** doorbell, **II, 3**

la **tintorería** dry cleaning store, **II, 10**

el **tiovivo** merry-go-round, **II, 9**

típico, -a typical, **I**

tirar: tirar al blanco to shoot at a target, **II, 9; el tiro al blanco** shooting gallery, **II, 9**

el **tobillo** ankle, **II, 6**

tocar to play (a musical instrument), **I**

todavía still, **I**

todo everything, **I; todo el tiempo** all the time, **I; todo, -a, -os, -as** all; every, **I; todos los días** every day, **I**

tomar to take, **I; tomar** to have (eat or drink), **I; tomar el sol** to sunbathe, **II, 1; tomar fotografías** to take photographs, **I; tomar las cosas con calma** to take things calmly, **II, 9**

el **tomate** tomato, **I**

tonto, -a dumb, **I**

la **tormenta** storm, **II, 3**

el **toro** bull, **II, 10**

la **toronja** grapefruit, **II, 6**

la **torta** cake, **II, 5; torta de cumpleaños** birthday cake, **II, 5**

la **tortilla** omelette, **I**

la **tortuga** turtle, **II, 2**

trabajar to work, **I**

el **trabajo** job, **II, 1**

traducir (zc) to translate, **II, 5**

traer to bring, **II, 5**

el **traje** suit, **I; traje de baño** bathing suit, **I**

el **transbordador: el transbordador espacial** space shuttle, **II, 7**

el **tránsito** traffic, **II, 3**

el **transplante: el transplante de órgano** organ transplant, **II, 7**

el **trigo** wheat, **II, 6**

el **trofeo** trophy, **I**

tropical tropical, **II, 10**

el **trozo** piece, **I**

la **trucha** trout, **II, 1**

tú you (*fam.*), **I**

tu your, **I**

el **turismo** tourism, **I**

turístico, -a touristic, **I**

tus your (*pl.*), **I**

el **tuyo** yours, **II, 1**

tuyo, -a your, **II, 2**

U

Ud. (abbreviation of **usted**) you, **I**

¡uf! ugh!, **II, 3**

el **último, -a: a la (última) moda** in the latest style, **II, 3; el último piso** top floor, **II, 3**

un, una a, an, **I; un abrazo de...** a hug from..., **II, 1; un momento** just a moment, **I; una vez** once, **I**

único, -a only, **II, 5**

la **universidad** university, **II, 7**

unos, unas some, **I**

la **uña** nail, **II, 6**

usar to use, **I**

usted you (*pol.*), **I**

ustedes (abbreviation **Uds.**) you (*pl.*), **I**

útil useful, **II, 9**

la **uva** grape, **I**

V

la **vaca** *cow*, **II, 10**

las **vacaciones** vacation, **I**

vacío, -a empty, **II, 6**

¿vale? okay?, **II, 11**

valen they cost, **I**

¡vamos! let's go!, **I**

van they go, **I**

varias several; **varias veces** several times, **II, 1**

el **vaso** glass, **I**

el **vendedor** salesman, **I**

la **vendedora** saleswoman, **I**

vender to sell, **I**

venenosa poisonous, **II, 6**

venir to come, **I**

la **venta** sale; **en venta** on sale, **I; venta-liquidación** clearance sale, **II, 3**

la **ventana** window, **II, 3**

la **ventanilla** ticket window, **I**

ver to see, **I**

el **verano** summer, **I**

la **verbena** fair; carnival, **II, 9**

la **verdad** truth, **II, 3; de verdad** in truth; really, **II, 3; ¿verdad?** really?; right?, **I**

verde green, **I**

la **verdura** green vegetable, **I**

el **vestíbulo** lobby, **II, 11**

el **vestido** dress, **I**

vestir (i) to dress, **II, 6; vestirse** to get dressed, **II, 6**

la **vez** (*pl.* **veces**) time, **I**

viajar to travel, **II, 7**

el **viaje** trip, **I**

la **vida** life, **II, 2**

venir: vino a ser came to be, **II, 3**

la **visita** visit; visitor, **I**

visto seen, **II, 10**

la **vitrina** display window, **II, 3**

vivir to live, **I**

el **volibol** volleyball, **I**

volver (ue) to return, **I**

volverse: volverse loco, -a to go crazy, **II, 7**

vosotros, -as you (*fam. pl.*), **I**

el **vuelo** flight, **I; vuelo sin escala** non-stop flight, **II, 11**

vuelta: estar de vuelta to be back, **II, 11; ida y vuelta** round trip, **II, 11**

el **vuelto** change (money), **II, 3**

vuestro, -a, -os, -as your (*fam. pl.*), **I**

Y

y and, **I**

ya already, **I; ya está todo** everything's finished, **I; ¡ya sé!** I know it!, **I; ya viene** he (she) is coming, **I**

yo I, **I; yo no** not me, **I; yo no sé** I don't know, **I**

el **yogur** yogurt, **II, 6**

Z

la **zanahoria** carrot, **II, 6**

el **zapato** shoe, **I; zapatos de tenis** tennis shoes, **I**

los **zarcillos** earrings, **II, 3**

la **zarzuela: la zarzuela de mariscos** seafood platter, **II, 11**

ENGLISH-SPANISH VOCABULARY

This vocabulary includes all the active and passive words in the text of **Nosotros, los jóvenes.** Active words are those listed in the vocabulary at the end of each unit. Passive words are those glossed at bottom of the readings. Spanish nouns are listed with the definite article. Spanish expressions are listed under the English words that the student would be most likely to look up.

Active vocabulary and expressions that were introduced in **Nuevos amigos** are followed by a roman numeral **I,** for example: **tree,** el árbol, **I.** Active and passive vocabulary introduced in **Nosotros, los jóvenes** are followed by a roman numeral **II** as well as a number that indicates the unit in which the word is presented, for example **gentleman:** el caballero, **II, 3.**

The following abbreviations are used in this list: *adj.* adjective; *adv.* adverb; *com.* command; *dir.* direct; *f.* feminine; *fam.* familiar; *ind.* indicative; *inf.* infinitive; *m.* masculine; *obj.* object; *pl.* plural; *pol.* polite; *prep.* preposition; *pron.* pronoun; *sing.* singular; *sub.* subjunctive.

A

a un, una, **I; a hug from** . . . un abrazo de . . . , **II, 1; a little** poco, -a, **I; a lot** bastante; mucho, -a, **I; a week ahead of time** con una semana de anticipación, **I**

about como; sobre, **I**

above: above all sobre todo, **II, 11**

accident el accidente, **II, 6**

to **accompany** acompañar, **II, 10**

according (to) según, **II, 1**

to **ache** doler, **II, 6**

across (from) frente a, **I**

activity la actividad, **I**

ad: classified ad el anuncio clasificado, **II, 9**

to **add** añadir, **I**

adequate adecuado, -a, **II, 6**

admission: admission ticket la entrada, **I**

to **advance** avanzar; progresar, **II, 7**

advanced avanzado, -a, **I**

adventure la aventura, **I**

to **advertise** anunciar, **II, 5**

to **advise** aconsejar, **II, 9**

aerospace: aerospace engineering la ingeniería espacial, **II, 7**

affection el cariño, **II, 1**

affectionate cariñoso, -a, **I**

affectionately afectuosamente; cariñosamente, **II, 1**

after después de, **I**

afternoon la tarde, **I; in the afternoon** por la tarde, **I**

again de nuevo, **I**

agree: I agree de acuerdo, **II, 11**

agreement el acuerdo, **II, 2**

agricultural agricultural, **II, 7; agricultural revolution** la revolución agrícola, **II, 7**

air: air conditioning el aire acondicionado, **II, 11; pure air** el aire puro, **II 10**

airplane el avión, **I**

airport el aeropuerto, **I**

alarm: alarm clock el despertador, **II, 6**

algebra el álgebra, **I**

all todo, -a, -os, -as, **I; all right** de acuerdo; bueno, **I; all the time** todo el tiempo, **I; it's all right with me** me da lo mismo, **II, 11**

to **allow** dejar, **I**

almost casi, **I**

alone solo, -a, **II, 1**

already ya, **I**

also también, **I**

although aunque, **II, 5**

always siempre, **I**

American norteamericano, -a, **I**

amount la cantidad, **II, 10**

amphibious anfibios, **II, 2**

an un, una, **I; an hour ago** hace una hora, **I**

and y, **I**

Andean: Andean region región andina, **II, 10**

animated: animated cartoon el dibujo animado, **I**

ankle el tobillo, **II, 6**

anniversary el aniversario, **II, 5**

to **answer** contestar, **I**

answers las respuestas, **II, 9**

ant hormiga, **II, 2**

any algún, **II, 6**

anyway sea como sea, **II, 10**

apartment el apartamento, **I**

to **appear** aparecer, **II, 3**

apple la manzana, **I**

appliance el aparato eléctrico, **II, 10**

application: job application la solicitud de empleo, **II, 9**

to **apply** solicitar, **II, 9: to apply makeup** maquillar(se); pintar(se), **II, 6**

appointment la cita, **II, 9**

aquarium el acuario, **II, 2**

area: waiting area la sala de espera, **I**

arm el brazo, **II, 6**

around alrededor de, **II, 3**

arranged arreglado, -a, **I**

arrival la llegada, **I**

to **arrive** llegar, **I**

art: arts and crafts artesanías, **II, 10**

article el artículo, **II, 3**

as como, **I; as a matter of fact** de hecho, **II, 7; as a result** por lo tanto, **II, 7; as early as possible** a primera hora, **I; as far as** hasta, **I; as little as possible** lo menos posible, **II, 2; as much . . . as,** tanto, -a . . . como, **II, 2; as many . . . as** tantos, -as . . . como, **II, 2; as of** a partir de, **II, 10; as usual** como de costumbre, **II, 3; as you wish** como quieras, **II, 11**

as . . . as   tan . . . como, II, 2
to ask   preguntar, I; **to ask permission to speak**   pedir la palabra, II, 2
aspirin   la aspirina, II, 6
assistant   el ayudante, II, 9
at   a; en, I; **at last**   por fin, II, 11; **at night**   por la noche, I; **at night, (P.M.)**   de la noche, I; **at one o'clock**   a la una, I; **at the beginning**   al principio, II, 10; **at what time?**   ¿a qué hora?, I
athlete   la atleta (f.), I
athlete   el atleta (m.), I
atom   el átomo, II, 7
atomic: atomic bomb   la bomba atómica, II, 7
to attend   atender (ie), II, 3
attentive   atento, -a, II, 3
attractive   atractivo, -a, II, 9
autumn   el otoño, I
available   disponible, II, 9
to avoid   evitar, II, 10
awesome!   ¡bárbaro!, II, 11
awful   muy mal, I

B

back (of the body)   la espalda, II, 6
bad   mal, I
baggage   el equipaje, I; **baggage claim**   la sección de equipaje, I
bakery   la panadería, II, 10
balcony   balcón, II, 6
ball (baseball, tennis ball)   la pelota, I; (basketball, volleyball, soccer ball)   el balón, I
bamboo: bamboo flutes   flautas de bambú, II, 10
banana   el plátano, I
bargain   la ganga, I
to bargain   regatear, I
basketball: basketball hoop   la canasta de básquetbol, I
bat   el bate, I
to bathe   bañar, II, 2; **to bathe (oneself)**   bañar(se), II, 6
bathing: bathing suit   el traje de baño, I
bathroom   el baño, I
to be   estar; ser, I; **to be (located)**   quedar, II, 3; **to be (very) hungry**   tener (mucha) hambre, I; **to be (very) thirsty**   tener (mucha) sed, I; **to be . . . years old**   tener . . . años, I; **to be able, can**   poder (ue), I; **to be about to**   estar a punto de, I; **to be afraid**   tener miedo, II, 5; **to be angry**   estar enojado, -a, II, 10; **to be at fault**   tener la culpa, II, 3; **to be back**   estar de vuelta, II, 11; **to be bored**   estar aburrido, -a, II, 5; **to be boring**   ser aburrido, -a, II, 5; **to be dead (tired)**   estar muerto, -a II, 3; **to be equivalent**   equivaler, II, 10; **to be fed up**   estar

hasta la punta de los pelos, II, 7; **to be in a hurry**   tener prisa, II, 5; **to be in agreement**   estar de acuerdo, II, 2; **to be in charge (of)**   encargarse (de), II, 11; **to be interested in**   estar interesado, -a en, II, 9; **to be left over**   quedar, II, 5; **to be married**   estar casado, -a, I; **to be patient**   tener paciencia, II, 7; **to be ready**   estar listo, -a, II, 5; **to be right**   tener razón, II, 9; **to be shopping**   estar de compras, I; **to be sick and tired of . . .**   estar harto, -a de . . . , II, 7; **to be smart**   ser listo, -a, II, 5; **to be so busy . . .**   estar tan ocupado, -a . . . , II, 2; **to be so tired . . .**   estar tan cansado, -a, . . . , II, 2; **to be sorry**   lamentar, II, 11; **to be up to date**   estar al día, II, 3; **be quiet!**   ¡silencio!, II, 5
beach   la playa, I
beans   los frijoles, I
to beat   batir, I
beautiful   bello, -a, II, 9; **very beautiful**   bellísimo, -a, II, 11
beauty: thing of beauty   la preciosura, I
became   se hizo, II, 6
to become: to become happy   ponerse contento, -a, II, 9; **to become ill**   enfermarse, II, 6; **to become thin**   adelgazar, II, 6
because   porque, I
bee   la abeja, II, 10
beefsteak   el bistec, I
been: I have been here for . . .   llevo . . . aquí, II, 10
before   antes, I
beginner   la principiante (f.); el principiante (m.), I
behind   detrás (de), I
Belgians   belgas, II, 6
to believe   creer, I; **believe it**   creerlo, I
bellboy   el botones, II, 11
bells: little bells   las campanitas, II, 2
below   abajo, I
belt   el cinturón (pl. cinturones), I
beret   boina, II, 11
beside   al lado de, I
best   mejor, I; el mejor, II, 9; **the best (thing)**   lo mejor, I
better   mejor, II, 9; **better than**   mejor que, II, 2
between   entre, I
bicycle   la bicicleta, I
big   grande, I; mayor, II, 9; **bigger than**   más grande que, I; **the biggest**   el mayor, II, 9
bill   la cuenta, I
bird   el pájaro, II, 2
birth   el nacimiento, II, 5
birthday   el cumpleaños, I; **birthday cake**   torta de cumpleaños, II, 5

to bite   morder, II, 2
black   negro, -a, I
blame   la culpa, II, 3
blond(e)   rubio, -a, I
blouse   la blusa, I
blue   azul, I
body   el cuerpo, II, 2
bomb: atomic bomb   la bomba atómica, II, 7
bone   hueso, II, 10
book   el libro, I
bookstore   la librería, II, 10
booth   la caseta, II, 9
boring   aburrido, -a, I
born: is born   nace, II, 2
boss   el jefe (m.); la jefa (f.), II, 9
to bother   molestar, II, 11
bottle   la botella, II, 6
box: post office box   el apartado postal, II, 9
boy   el chico, I; el muchacho, II, 2
boyfriend   el novio, II, 2
braggart   el fanfarrón, I
branches   sucursales, II, 9
bread   el pan, I
to break   romper(se), II, 6
breakfast   desayuno, I
to breathe   respirar, II, 10
bridge   el puente, II, 10
briefs: men's briefs   los calzoncillos, II, 3
to bring: traer, II, 5; **brings**   trae, I; **brought**   trajo; trajeron, II, 7
brochure   el folleto, I
broken   roto, -a II, 6; roto, II, 10
brown   marrón, I
to brown   dorarse, I
to brush   cepillar(se), II, 2
to build   construir, II, 3
building   el edificio, II, 10
bull   el toro, II, 10
bumper: bumper car   el coche de topetazos, II, 9
bus   el autobús, I
business   negocios, II, 3; **business firm**   la casa, II, 3
busy   ocupado, -a, II, 7; **it's busy**   está ocupado, I
but   pero, I
butter   la mantequilla, I
to buy   comprar, I
by   en, I; **by force**   a la fuerza, II, 2; **by mail**   por correo, I; **by the end of**   a final de, II, 10

C

c'mon!   ¡bah!, II, 3
cafeteria   la cafetería, I
cage   la jaula, II, 2
cake   el bizcocho, I; la torta, II, 5
calculator   la calculadora, I
calendar   el calendario, II, 5
to call   llamar, I
calm   en calma, II, 9
to calm   calmar(se), II, 7
calorie   la caloría, II, 6
came: came to be   vino a ser, II, 3

camera   la cámara, I

to **camp out**   acampar, II, 1

candidate   el candidato (*m.*), II, 9

capital   la capital, II, 10

car   el coche; auto, I; **bumper car** el coche de topetazos, II, 9

card: credit card   la tarjeta de crédito, I

care: I don't care   no me importa, II, 11

Caribbean   el Caribe, I

carnations   claveles, II, 11

carnival   el carnaval, II, 5

carpenter   el carpintero, II, 9

carrot   la zanahoria, II, 6

to **carry**   cargar, II, 9

cart   el carro, I

to **cash**   cambiar, I

cash: cash register   la caja, II, 9

cashier   la cajera (*f.*); el cajero (*m.*); II, 9

cassette   el casete, I

castanets   castañuelas, II, 11

Catalan; Catalonian   catalán, II, 11; **Catalonian dish**   la sopa payés, II, 11

to **catch: to catch a cold**   pescar un resfriado, II, 6

category   la categoría, I

cathedral   la catedral, II, 11

cattle   el ganado, II, 10; **cattle ranch**   la estancia, II, 10

to **celebrate**   celebrar, II, 5

celery   el apio, II, 6

centrally (located)   céntrico, -a, II, 11

century   el siglo, II, 10

ceramics (material)   la cerámica, I

champion   la campeona (*f.*); el campeón, (*m.*), I

change (money)   el vuelto, II, 3; **change purse**   el monedero, II, 3

to **change**   cambiar (de), I

cheap   barato, -a, I; **cheaper**   más barato, II, 3

check: traveler's check   el cheque de viajero, I

cheese   el queso, I

chemistry   la química, I

cherry   la cereza, I

chicken   el pollo, I

children   los hijos, I

chocolate   el chocolate, I

choir   el coro, II, 2

chores (household)   labores domésticas, II, 7

Christmas   la Navidad, II, 5; **Christmas Eve**   la Noche Buena, II, 5

church   la iglesia, II, 11

churro: churro store   la churrería, II, 9

city   la ciudad, I; **city block**   la cuadra, II, 3

claim   la reclamación; el reclamo, I

class   la clase, I

classified: classified ad   el anuncio clasificado, II, 9

classmate   el compañero de clase (*m.*); la compañera de clase (*f.*), II, 1

classroom   la clase, I

clean   limpio, -a, II, 9, 10

to **clean**   limpiar, II, 2

cleaning: dry cleaning store   la tintorería, II, 10

to **clear: clear the table**   quitar la mesa, II, 2

clearance: clearance sale   la venta-liquidación, II, 3

to **climb**   escalar, II, 1

clock: alarm clock   el despertador, II, 6

to **close**   cerrar (ie), II, 3; **complimentary closing**   la despedida, II, 1

clothes   la ropa, I

cloud   la nube, II, 10

coat   el abrigo, I; **coat of arms** el escudo, II, 3

coffee   el café, I

coffeeshop   el café, I

coins   monedas, II, 3

cold: it was cold   hacía frío, II, 5; **it's (very) cold out**   hace mucho frío, I; **head cold**   el catarro, II, 6

college: college student   el estudiante universitario, II, 10

cologne   el agua de colonia, II, 6

color   el color, I

Columbus Day   el Día de la Hispanidad; el Día de la Raza, II, 5

comb   el peine, II, 6

to **comb (one's hair)**   peinar(se), II, 6

to **come**   venir, I; **he (she) is coming** él (ella) viene, I: **to come to an agreement**   llegar a un acuerdo, II, 5; **come in**   pasa, I

comfortable   cómodo, -a, I

comic(al)   cómico, -a, I

to **command**   mandar, II, 9

to **comment**   comentar, II, 3

compass   el compás, I

to **compete**   competir, II, 6

complaint   la queja, I

complete   completo, -a, I

complication   el lío, I

complimentary: complimentary closing   la despedida, II, 1

computer   la computadora, I; **computer programming**   la programación, II, 7

to **concede**   conceder, II, 9

concert   el concierto, I

concierge   el conserje, II, 11

congratulations!   ¡muchas felicidades!, II, 5; ¡felicitaciones!; ¡enhorabuena!, II, 9; **congratulations on your saint's day!** ¡felicidades en el día de tu santo!, II, 5

consequently   por consiguiente, II, 7

constantly   constatemente, II, 1

to **construct**   construir, II, 3

contact: contact lens   la lente de contacto, II, 6

continent   el continente, II, 7

to **continue**   seguir, II, 2

to **contribute**   contribuir, II, 9

to **cook**   cocinar, I

cook   la cocinera (*f.*); el cocinero (*m.*), II, 9

cooking   la cocina, I

cool: it's cool out   hace fresco, I

cordially   cordialmente, II, 1; atentamente, II, 9

corn   el maíz, II, 10

corner (street)   la esquina, I

to **cost**   costar (ue), II, 11; **it costs** cuesta, I; **they cost**   cuestan; valen, I

cotton   el algodón, I

could: could you give me (tell me, lend me) . . . ?   ¿me podrías dar (decir, prestar) . . . ?, II, 7; **could you tell me (give me, lend me) . . . ?**   ¿querrías decirme (darme, prestarme) . . . ?, II, 7

counter   el mostrador, II, 3

country   el campo, II, 10; **country dweller**   el campesino (*m.*), la campesina (*f.*), II, 10

couple   la pareja, II, 5

course   el curso, II, 1

courteously   cortésmente, II, 9

cow   la vaca, II, 10

cradle   la cuna, II, 10

crazy   loco, -a, I; **to go crazy** volverse loco, -a, II, 7

cream: shaving cream   la crema de afeitar, II, 6

to **create**   crear, II, 10

created   creó, II, 6

credit: credit card   la tarjeta de crédito, I

crime   el crimen, I

crop   la cosecha, II, 7

to **cry**   llorar, I

cuisine   la cocina, I

cultural: cultural activity   la actividad cultural, II, 10

cup   la taza, I

to **cure**   curar, II, 7

custard: baked custard   el flan, I

customer   el cliente (*m.*), la cliente (*f.*), I; **customer service department**   la sección de quejas y reclamos, I

customs   la aduana, I; **customs agent**   el aduanero, I

to **cut**   cortar, I; **to cut (oneself)** cortarse, II, 6; **cut off: we were cut off!**   ¡la comunicación se cortó!, I

D

dad   papá, I

to **dance**   bailar, I

dance   el baile, I; Mexican hat
   dance   el jarabe tapatío, II, 10
danger   el peligro, II, 7
dangerous   peligroso, -a, II, 7
dark   oscuro, -a, I; dark (hair,
   complexion)   moreno, -a, I
data: data base   la base de datos,
   II, 7; data processing   la
   informática, II, 7
date   la fecha, II, 5
daughter   la hija, I
day   el día, I; another day   otro
   día, II, 3; the following day   al
   día siguiente, I, 5; days of the
   week   (see p. 68) los días de la
   semana, I; saint's day   el santo,
   II, 5
dear   querido, -a, I; dear madam
   distinguida señora, II, 9; dear
   sir   estimado/distinguido señor,
   II, 9
to decide   decidir, I
delicious   delicioso, -a, I;
   riquísimo, -a, II, 5
to delight   encantar, I
to deliver   entregar, II, 9
demonstrated   demostró, II, 6
deodorant   el desodorante, II, 6
descendant   descendiente, II, 10
desk   el escritorio, II, 7; el buró, II, 11;
   cashier's desk   la caja, I; reception
   desk   la recepción, II, 11
dessert   el postre, I; for dessert
   de postre, I
to destroy   destruir, II, 3
detective: detective movie   la
   película policial, I
diabolic   diabólico, II, 6
diary   el diario, I
dictionary   el diccionario, I
die: (he died)   murió, I
diet: balanced diet   la dieta
   balanceada, II, 6
different   distinto, -a, II, 1
difficult   difícil, I
difficulty   la dificultad, II, 7
dining: dining room   el comedor,
   I
dinner   la cena, I
dirty   sucio, -a, II, 10
to disappear   desaparecer (zc), II, 5,
disaster   el desastre, II, 7
disco   la discoteca, I
discount   la rebaja, I
to discuss   discutir, II, 5
disease   enfermedad, II, 6
dish   el plato, I; dinner dish   el
   plato llano, I; Catalonian dish
   sopa payés, II, 11; dish of beans,
   ground beef, and chilies   el
   chile con carne, I
disk   el disquete, II, 7
display window   la vitrina, II, 3
distant   lejano, -a, II, 7
to divide   dividir, II, 2
division   la división, II, 2
to do   hacer, I; to do calculations
   hacer cuentas, I

doctor   el médico, II, 6
done   hecho, II, 10
donkey   el burro, II, 10
door   la puerta, I
doorbell   el timbre, II, 3
double   el doble, I
doubt: it is doubtful   es dudoso,
   II, 11
downpour   el aguacero, II, 3
downtown   el centro, II, 1
drawer   el cajón, II, 7
drawing   el dibujo, I
dream   el sueño, I; dreamed of
   soñaste con, II, 7
to dream   soñar (ue), II, 7
dress   el vestido, I
to dress   vestir (i), II, 6
to drink   beber, I
dry: dry cleaning store   la
   tintorería, II, 10
to dry   secar, II, 2; dry season   la
   seca, II, 2
duck   el pato, II, 10
dumb   tonto, -a, I
during   durante, II, 1
dusting: dusting powder   el talco,
   II, 6

E

each   cada, I
ear   la oreja, II, 6
early   temprano, I
to earn (money)   ganar, II, 1
earrings   los aretes; los zarcillos,
   II, 3
Earth   la Tierra, II, 10
easily   fácilmente, II, 1
Easter   la Pascua Florida, II, 5
easy   fácil, I
to eat   comer, I; to eat lunch
   almorzar (ue), II, 3
egg   el huevo, I
eighth   octavo, -a, II, 5
either... or   o... o, II, 6
elegant   elegante, I
elephant   el elefante, II, 10
elevator   el ascensor, II, 11
embroidered   bordado, -a, I
to emigrate   emigrar, II, 10
employee   la empleada (f.); el
   empleado (m.), I
empty   vacío, -a, II, 6
to enclose   adjuntar, II, 9
ending   la terminación, II, 1
energy   la energía, II, 6
engineering: aerospace
   engineering   la ingeniería
   espacial, II, 7
England   Inglaterra, II, 6
English (language)   el inglés, I
to enjoy   gozar (de), II, 7; enjoy it!
   (meal)   ¡buen provecho!, I
enough...!   ¡basta de...!, I
to enter   entrar, I
enthusiastic   entusiasmado, -a, II,
   11

entrance   la entrada, I
envelope   el sobre, II, 9
environment   el ambiente, II, 10;
   environmental pollution   la
   contaminación ambiental, II, 7
envy   la envidia, I
Epiphany   la Epifanía; el Día de
   Reyes, II, 5
equipment   el equipo, II, 9
to erase   borrar, II, 7
eraser   la goma, I
erosion   la erosión, II, 10
essential   indispensable, II, 10; it
   is essential   es preciso, II, 11
esteemed   estimado, -a, II, 1
European   europeo, -a, II, 10
events   sucesos, II, 10
every   todo, -a, -os, -as, I; every
   day   todos los días, I; every
   time   en todo momento, I
everything   todo, I; everything's
   finished   ya está todo, I
exam   el examen, I
excellent   magnífico, -a, I
to exchange: exchange views
   cambiar impresiones, II, 1
excited   agitado, -a, II, 2
excursion   la excursión, I
excuse   la excusa, II, 2; excuse me
   con permiso; perdón; permiso,
   I; perdone, II, 3
exit   salida, II, 9
expansion   la expansión, II, 10
expensive   caro, -a, I
expressed   dicho, II, 10
extensive   extenso, -a, II, 10
eye   el ojo, II, 6
eyeliner   el lápiz para los ojos, II, 6

F

face   la cara, II, 6
factory   la fábrica, II, 10
fair   la feria, I; la verbena, II, 9;
   rubio, -a, I
fall   el otoño, I
to fall   caer, II, 3; to fall asleep
   dormirse (ue), II, 6; to fall in love
   enamorarse, II, 6
family   la familia, I; family
   members   (see p. 171) los
   miembros de la familia, I; family
   room   la sala de estar, I
fantastic   fantástico, -a, I
far (from)   lejos (de), I
fare   el pasaje, II, 11
to fascinate   fascinar, II, 10
fashion   la moda, II, 3; is no
   longer fashionable or
   popular   pasa de moda, II, 10
fat   gordo, -a, I; fat   grasa, II, 6
father   el padre, I; Father's Day
   el Día de los Padres, II, 5
favor: would you do me a favor
   and...?   ¿podrías hacerme el
   favor de...?, II, 7
favorite   favorito, -a; preferido,
   -a, I

fault: to be at fault tener la culpa, II, 3

to **fear** temer, II, 11

to **feel (ie)** sentirse, II, 6; **to feel bad** sentir(se) mal, II, 6; **to feel good** sentir(se) bien, II, 6; **to feel like** tener ganas de, I

felt-tip: felt-tip marker el marcador, I

female hembra, II, 2

ferris: Ferris wheel la rueda giratoria, II, 9

fertilizer el fertilizante, II, 10

fever la fiebre, II, 6

fifth quinto, -a, I

to **fill (out)** llenar, II, 9

finally finalmente; por fin, I; al fin, II, 5; por último, II, 9

to **find** encontrar (ue), I

fine bien, I

finger el dedo de la mano, II, 6

to **finish** terminar, I; acabar, II, 5

fire fuego, II, 9

first primero, I

fish el pescado, I; el pez (*pl.* peces), II, 2

to **fish** pescar, II, 1

fitting: fitting room el probador, II, 3

to **fix** arreglar, II, 9

flight el vuelo, I

floor el piso, I

flour harina, II, 6

flu la gripe, II, 6

flute: bamboo flutes las flautas de bambú, II, 10

fly la mosca, II, 10

to **follow** seguir, II, 2

food la comida, I; el alimento, II, 6

fool: Fool's Day el Día de los Inocentes, II, 5

foot el pie, II, 6

for para; por, I; **for heaven's sake!** ¡ay, caramba!, II, 2; **for sale** en venta, I; **for what?** ¿para qué?, I

to **forbid** prohibir, II, 9

forehead la frente, II, 6

foreign: foreign country el país extranjero, II, 7

forest el bosque, II, 1

to **forget** olvidarse, II, 6

fork el tenedor, I

foundation (makeup) la base, II, 6

fountain la fuente, II, 11

to **free (oneself)** librar(se), II, 7

free: free time el tiempo libre, I

to **freeze (them)** congelarlas, II, 6

French (language) el francés, I; **french fries** las papas fritas, I

frequently frecuentemente, II, 1

fresh fresco, -a, II, 6

friend el amigo (*m.*); la amiga (*f.*), I

frog la rana, II, 2

from de; desde, I; **from a novel** de una novela, II, 1; **from where?** ¿de dónde?, I

fruit la fruta, I; **fruit and vegetable garden** el huerto, II, 10; **fruit store** la frutería, I

to **fry** freír, I

frying: frying pan la sartén, I

full lleno, -a, II, 1

fun divertido, -a, I; **I am having so much fun!** ¡cómo me divierto!, II, 10

funny gracioso, -a, II, 2

furious furioso, -a, II, 5

G

to **gain: gain weight** aumentar de peso, II, 6

game el juego, I; **Olympic Games** los Juegos olímpicos, I

gang la pandilla, II, 11

garage el garaje, I

garden el jardín, I

gasoline la gasolina, II, 10

gate la puerta, I

generally generalmente, I

generation la generación, II, 10

generous generoso, -a, I

genius el genio, I

gentleman el caballero, II, 3

gentlemen muy señores míos, II, 9

geography la geografía, I

geometry la geometría, I

to **get: to get angry** enojarse; enfadarse (ue), II, 6; **to get bored** aburrirse, II, 6; **to get dizzy** marearse, II, 9; **to get dressed** vestirse (i), II, 6; **to get furious** ponerse furioso, -a, II, 6; **to get good grades** sacar buenas notas, II, 1; **to get happy** ponerse contento, -a; alegrarse, II, 9; **to get in touch (with)** poner(se) en contacto, II, 7; **to get married** casarse, II, 7; **to get off** bajar, I; **to get on** subirse, II, 9; **to get ready** preparar(se), II, 6; **to get sad** ponerse triste, II, 6; **to get tired** cansarse, II, 6; **to get together** reunirse, II, 5; **to get up** levantarse, II, 6; **to get wet** mojarse, II, 9

giant gigante, II, 7

girl la chica, I; la muchacha, II, 2

girlfriend la novia, II, 2

to **give** dar, II, 1; **to give a concert** dar un concierto, II, 1; **to give money** dar dinero, II, 1; **to give away** regalar, II, 3; **to give regards (to)** dar recuerdos (a, para), II, 1; **to give regards from** dar recuerdos de, II, 1; **could you give me . . . ?** ¿me podrías dar . . . ?, II, 7; **was giving** estaba dando, II, 5

glad: I'd be glad to con mucho gusto, II, 3

glass el vaso, I

glove el guante, I

go: they go van, I

to **go** ir, I; **I am going to (to indicate intention)** voy a, I; **to go crazy** volverse loco, -a, II, 7; **to go for a walk** dar una vuelta; pasear, I; **to go to bed** acostar(se) (ue), II, 6; **to go on a trip or excursion** ir de excursión, II, 2; **to go out** salir, I; **to go out in the defense of** salir en defensa de, II, 6; **to go shopping** ir de compras, II, 3; **to go straight ahead** seguir derecho, II, 3; **to go up** subir, I; **(I) was going to go** iba a ir, II, 5

goddess la diosa, II, 1

gods los dioses, II, 10

gold: gold medal la medalla de oro, I

good bien, I; **good afternoon** buenas tardes, I; **good evening, good night, hello** buenas noches, I; **good luck** buena suerte, II, 9; **good morning** buenos días, I

goodbye adiós, I

to **grab** agarrar, II, 9

to **graduate** graduarse, II, 11

graduation la graduación, II, 5

grape la uva, I

grapefruit la toronja, II, 6

grass la hierba, II, 10

great estupendo, -a; ¡regio!, I

green verde, I

group el grupo, I

grow: did not grow no crecía, II, 7; **grows** crece, II, 2

to **guarantee** garantizar, II, 3

guidebook la guía, I

guitar la guitarra, I

gym el gimnasio, II, 6

gymnastics la gimnasia, I

H

hair el pelo, II, 6; **hair dryer** la secadora, II, 6; **hair rinse** el enjuague, II, 6

hall el pasillo, I

ham el jamón, I

hamburger la hamburguesa, I

hand la mano, I; **hand-woven fabrics** los tejidos a mano, II, 10; **handmade** hecho, -a a mano, I

handkerchief el pañuelo, I

handsome guapo, -a, I

to **hang: to hang clothes** tender la ropa, II, 9

happiness la alegría, I

happy contento, -a, II, 2; **I am so happy!** ¡cuánto me alegro, II, 6; **Happy Birthday!** ¡Feliz cumpleaños!, II, 5; **to become**

happy ponerse contento, -a, II, 9

hard duras, II, 7

hardware: hardware store la ferretería, II, 9

harmed perjudicado, -a, II, 7

harvest la cosecha, II, 7

hat el sombrero, I

hate: hateful odioso, -a, II, 3; **I hate** odio, I

have: you have understood has entendido, II, 9

to **have** tener, I; **to have (to eat or drink)** tomar, I; **to have a bad time** pasarla mal, II, 1; **to have a birthday** cumplir años, I; **to have a good time** pasarla bien; pasar un buen rato, II, 5; **to have an ache or pain . . .** tener dolor de . . . , II, 6; **to have dinner** cenar, I; **to have fun** divertirse, II, 6; **to have so much to do** tener tantas cosas que hacer, II, 2; **to have to** tener que, I; **it has** tiene, I

he él, I

head la cabeza, II, 6; **head cold** el catarro, II, 6

health salud, II, 6

healthy sano, -a, II, 6

to **hear** oír, II, 6

to **hear from (about)** tener noticias de, II, 1

heavens! ¡caramba!, II, 3; **for heaven's sake** ¡ay, caramba!, II, 2

heavy fuerte, I

hello hola, I; **hello?** !aló!; ¿bueno?; ¡diga!; ¡hola!, I

to **help** ayudar, I; **it can't be helped** no hay más remedio, I; **help!** ¡auxilio!; ¡socorro!, II, 10

hemisphere el hemisferio, II, 10

hen la gallina, II, 10

henhouse el gallinero, II, 10

her de ella, I; la (pol. sing.); su; I

here aquí, I; **here is; here are** he aquí, II, 7

hereby por medio de la presente, II, 9

heritage herencia, II, 10

hers suyo (-a, -os, -as), II, 2

hey! ¡oye!, I

him lo, I

his de él; su, I

history la historia, I

holy: Holy Week la Semana Santa, II, 5

home (to) a casa, I

homework la tarea, I

hope: I hope ¡ojalá!, II, 11

to **hope** esperar, II, 9

horse el caballo, II, 1

hot: it's (very) hot out hace (mucho) calor, I

hotel el hotel, II, 11

hour la hora, I

house la casa, I

how: ¿cómo?, I; **how annoying!** ¡qué coraje!, II, 2; **how are things?** ¿qué tal?, I; **how are you? (fam. sing.)** ¿cómo estás?, I; **how are you? (pol. sing.)** ¿cómo está?, I; **how handsome!** ¡qué guapo!, I; **how horrible!** ¡qué horror!, II, 9; **how I hate it!** ¡cómo lo odio!, II, 10; **how lucky!** ¡qué suerte!, II, 9; **how many rooms are there?** ¿cuántos cuartos hay?, I; **how many times?** ¿cuántas veces?, I; **how many?** ¿cuántos, -as?, I; **how may I help you?** ¿en qué puedo servirle?, I; **how much do they cost?** ¿cuánto cuestan?; ¿cuánto cuesta?; ¿cuánto vale?, I; **how much?** ¿cuanto?, I; **how old are you (is he/she?)** ¿cuántos años tiene?, I; ¿cuántos años cumples?, II, 5; **how revolting!** ¡qué asco!, II, 10; **how terrible!** ¡qué barbaridad!, II, 9; **how's the weather?** ¿qué tiempo hace?, I

hug el abrazo, II, 1; **a hug from . . .** un abrazo de . . . , II, 1

human: human being el ser humano, II, 7

humble humilde, II, 6

to **hurry (up)** apurarse, I, 11; **in a hurry** a la carrera, II, 7

to **hurt** doler, II, 6

husband el esposo, I

I

I you, I

ice el hielo, I; **ice cream** el helado, I

to **ice skate** patinar en hielo, I

if si, I; **if only** ¡ojalá!, II, 11

imaginary imaginario, I

to **imagine** imaginario, -a, I

immigrant el inmigrante, II, 9

important importante, I

in en; dentro (de), I; **in a hurry** a la carrera, II, 7; **in order to** para, I; **in a big hurry** apuradísimo, -a, I; **in a couple of hours** en un par de horas, II, 7; **in a hurry; in a flash** en un abrir y cerrar de ojos, II, 7; **in a jiffy** en un dos por tres, II, 7; **in a low voice** en voz baja, I; **in a while** dentro de un rato, II, 7; **in exchange for** a cambio de, II, 3; **in front (of)** delante (de), I; **in love** enamorado, -a, II, 5; **in person** en persona, I; **in regard to** en cuanto a, II, 9; **in search of** en busca de, II, 10; **in shape** en forma, II, 6; **in the morning, A.M.** de la mañana,

to **increase** aumentar, II, 10

incredible (it is) es increíble, II, 11

independence: Independence Day el Día de la Independencia, II, 5

indispensable (it is) es indispensable, II, 11

industry la industria, II, 7

industrial: industrial revolution la revolución industrial, II, 10

to **inform** informar, II, 9; **we are pleased to inform you** nos es grato informarle, II, 9

information la información, I;

inner: inner courtyard el patio, I;

insecticide el insecticida, II, 10

to **insist** insistir (en), II, 9

instant: instant (dehydrated) potatoes papas deshidratadas, II, 6

interesting interesante, I; **very interesting** interesantísimo, -a, II, 1

interpreter el intérprete, II, 9

interview la entrevista, I

to **interview** entrevistar, I

to **introduce** presentar, II, 1

to **invent** inventar, II, 5

inventory el inventario, II, 3

invitation la invitación, I

to **invite** invitar, II, 5

irresponsible irresponsable, II, 11

islands islas, II, 6

it lo (pol. sing.), I

its su, I

J

jacket la chaqueta; el saco, I

jeans los jeans, I

jelly la jalea, I

job el trabajo, II, 1; **job application** la solicitud de empleo, II, 9

to **jog** correr; trotar, I

joke la broma, II, 5

juice el jugo, I

K

to **keep: to keep in shape** mantener(se), II, 6

key la llave, II, 7; **key ring** el llavero, II, 3

kilogram el kilo, I

kind amable; la clase, I

kingdom reino, II, 6

kitchen la cocina, I

knee la rodilla, II, 6

knife el cuchillo, I

to **know** saber, I; **I know it!** ¡ya sé!, I; **to know (a fact)** saber, I; **to know how (+ inf)** saber (+ inf), I; **to know, meet, be acquainted with** conocer, I

L

labor la labor, II, 7; **Labor Day** el Día del Trabajo, II, 5

lack: lack of   la falta de, II, 10
lake   el lago, II, 1
language   el idioma, II, 7
large   grande, I
laser: laser beam   el rayo láser, II, 7
to last   durar, II, 5
last   pasado, -a, I
lasting   duradero, II, 7
late   tarde, I; later más tarde, I
to laugh   reír(se), II, 6; he (she) was laughing   se reía, II, 5
law   la ley, II, 10
lawn   el césped, II, 7; mow the lawn   cortar el césped, II, 7
leaf   hoja, II, 2
lean: lean meat   carne sin grasa, II, 6
to learn   aprender, II, 1
leather   el cuero, I
to leave (behind)   dejar, I
leaves   hojas, II, 6
leg   la pierna, II, 6
lemon   el limón, I
lemonade   la limonada, II, 6
to lend   prestar, II, 2; to lend a hand   dar una mano, II, 7; could you lend me . . . ?   ¿me podrías prestar, II, 7
less   menos, I; less than . . .   menos de . . . , I
lens: contact lens   la lente de contacto, II, 6
lesson   la lección, II, 10
to let   dejar, I; I let the purse go for. . .   le dejo la cartera en . . . , I; let's go!   ¡vamos!, I; let's see a ver, I
letter   la carta, I
lettuce   la lechuga, I
library   la biblioteca, II, 10
to lie down   acostar(se) (ue), II, 6,
life   vida, II, 2
light (in color)   claro, -a, I
light (meal)   ligero, -a, I
lightning: lightning bolt   el rayo, II, 3
like   como, I
to like   gustar, I; you (they) like les gusta(n), I; we like   nos gusta(n), I; I like   me gusta, I; I don't like it at all   no me gusta nada, I; you like, he (she) likes le gusta, I; I like it a lot!   ¡cómo me gusta!, II, 10; you like   te gusta, I
likewise   igualmente, I
line   la fila, I
to linger   detenerse, II, 11
linked   ligado, -a, II, 3
lips   los labios, II, 6
lipstick   el lápiz labial, II, 6
to listen (to)   escuchar, I; listen! ¡oye!, II, 5
little   pequeño, -a, I; little bells las campanitas, II, 2
to live   vivir, I
livestock   el ganado,, II, 10
living: living room   la sala, I

lobby   el vestíbulo, II, 11
to look (at)   mirar, I; to look (for) buscar, I; look!   ¡mira!, I
to lose   perder (ie), II, 6; to lose weight   adelgazar, II, 6; it got lost   se perdió, II, 6
lotion   la loción, II, 6
loudly   alto, II, 3
love   el amor, I; I love it!   ¡me encanta!, II, 10
loved   quería, II, 5
luck   la suerte, II, 6
lunch   el almuerzo, I

M

ma'am   señora, I
macaroni   los macarrones, II, 6
machine   la máquina, II, 7
made   hecho, II, 10; made of hecho de, I
madness   la locura, II, 3
magazine   la revista, I
mail: mail carrier   el cartero, II, 9
main   principal, I
to maintain   mantener(se), II, 6
majority: the majority of   la mayoría de, II, 6
to make   hacer, I; make sure asegúrate, II, 9; make yourself at home   estás en tu casa, I
makeup   el maquillaje, II, 6; to apply makeup   maquillar(se), II, 6
male   macho, II, 2
man   el hombre; señor, I
manual   el manual, II, 7
to manufacture   fabricar, II, 7
many   muchos, -as, I; many regards   muchos recuerdos, II, 1
map   el mapa, I
to mark   marcar, I
marker: felt-tip marker   el marcador, I
marmalade   la mermelada, I
married   casado, -a, I; to get married   casarse, II, 7
marvelous   de maravilla, II, 1; maravilloso, -a, II, 10
mast   el mástil, II, 9
match   el partido, I
matter: it doesn't matter!   ¡no importa!, I
Mayan   maya, II, 1
maybe   quizás, II, 6; tal vez, II, 11
mayonnaise   la mayonesa, I
me   mí, I
meadow   el prado, II, 10
meaning   significado, II, 1
meat   la carne, I
mechanic   el mecánico, II, 9
medal: gold medal   la medalla de oro, I
medical: medical field   el campo de la medicina, II, 7
meet: they met   encontraron, II, 5
meeting   la reunión, II, 2
melon   el melón, I

member: family members   los miembros de la familia, I
menu   el menú, I; menu (computer)   el menú, II, 7
merchandise   la mercancía, II, 3
merry-go-round   el tiovivo, II, 9
Mexican American mexicanoamericano, -a, II, 1
Mexico   México, I
mile   la milla, II, 7
milk   la leche, I; skim milk   la leche descremada, II, 6
mine   mío, -a, II, 2
minute   el minuto, I
Miss   la señorita (abbreviation Srta.), I
to miss (someone or something) extrañar, II, 1
mitt   el guante, I
moderation   moderación, II, 6
moist   húmedo, II, 2
mom   la mamá, I
moment: just a moment   un momento, I
money   el dinero; I; money exchange office   la casa de cambio, I; monetary unit of Mexico, Bolivia, Chile, Colombia   el peso, I; monetary unit of Spain   la peseta, I
month   el mes, I; months of the year (see p. 111)   los meses del año, I
more   más, I; more . . . than más . . . que, I; more expensive más caro, II, 3; more or less; so-so   más o menos, II, 9; more than . . . más de . . . , I
morning   la mañana, I; in the morning   por la mañana, I
mosque   mezquita, II, 11
mosquito   el mosquito, II, 10
most   más, I; the most   el más, la más, II, 9
mother   la madre, I; Mother's Day el Día de las Madres, II, 5
motorcycle   la moto, I
mountain   la montaña, II, 1
mouse   el ratón, II, 2
moustache   el bigote, II, 6
mouth   la boca, II, 6
mouthwash   el enjuague para la boca, II, 6
to move   mudar(se), II, 10
movie: movies; movie theater   el cine, I; detective movie película policial, I; horror movie la película de terror, I; movie star   la estrella de cine; II, 6
Mr. (sir)   el señor (abbreviation Sr.), I
Mrs. (ma'am)   la señora (abbreviation Sra.), I
multivitamin   la multivitamina, II, 6
musical   la película musical, I
mustard   la mostaza, I
my   mi; mis (pl.), I

N

nail   la uña, II, 6; nail file   la
   lima de uñas, II, 6; nail polish
   el esmalte de uñas, II, 6
name: my name is . . .   me llamo
   . . . , I; his (her) name is . . .
   se llama . . . , I
napkin   la servilleta, I
narrow   estrecho, -a, II, 11
nation   la nación, II, 7
national   nacional, II, 10
nature   naturaleza, II, 2
near   cerca (de), I
necessary: it was necessary to
   había que, II, 5
neck   el cuello, I, 6
need   la necesidad, II, 10
to need   necesitar, I
neighborhood   el barrio, I
neither   tampoco, II, 6
neither   ni, I
nerve: what nerve!   ¡qué coraje!,
   II, 2
nest   nido, II, 2
net   la red, I
never   nunca, I; never again
   nunca más, II, 3
new   nuevo, -a, I; New Year's Day
   el Año Nuevo, II, 5; New Year's
   Eve   el Fin de Año, II, 5
newspaper   el periódico, I
next   próximo, -a, I; next time . . .
   la próxima vez . . . , II, 2, next
   week   la semana que viene, II,
   2
nice   simpático, -a, I; it's (very)
   nice out   hace (muy) buen
   tiempo, I; nice to meet you
   mucho gusto, I; to look nice on
   quedar bien, I; would you be
   nice enough to . . . ?   ¿serías tan
   amable . . . ?, II, 7
night   la noche, I; last night
   anoche, I
ninth   noveno, -a, II, 5
no   no, I; no sooner said than
   done   a lo dicho, hecho, I
noise   el ruido, I
non-stop: non-stop flight   el vuelo
   sin escala, II, 11
none   ninguno, -a, II, 6
noodles   los fideos, II, 6
noon   el mediodía, I
nor   ni, I
nose   la nariz, II, 6
not   no, I; not me   yo no, I; not
   pure   impuro, -a, II, 10
notebook   el cuaderno, I; la
   libreta, II, 7
now   ahora, I
nuclear: nuclear energy   la energía
   nuclear, II, 7; nuclear plant   la
   planta nuclear, II, 7; nuclear
   reactor   el reactor nuclear, II, 7
number   el número, I; numbers
   (see p. 66 and p. 79) los
   números, I; numbers from 100

to 1000 (see p. 310)   los
   números del 100 al 1000, I

O

to obey   obedecer (zc), II, 5
obligation   la obligación, II, 2
occasion   la ocasión, II, 2
octopus (amusement park ride)
   el pulpo, II, 9
of   de, I; of course   cómo no, I;
   of course!   ¡cómo no!, II, 3; of
   course!   ¡por supuesto!, I; of the
   del (de + el), I
off: off limits   prohibido, -a, I
offer   la oferta, I
office   el despacho, II, 9
office   la oficina, I; post office   el
   correo, I; post office box   el
   apartado postal, II, 9
often   a menudo, I
oil   el petróleo, II, 10
okay?   ¿vale?, II, 11
older (than)   mayor (que), II, 2
oldest   el mayor, II, 9
olympic: Olympic Games   los
   juegos olímpicos, I; Olympic
   Games   las olimpiadas, II, 11
omelette   la tortilla, I
on   en, I; on a diet   a dieta, I; on
   foot   a pie, I; on the contrary
   al contrario, I; on the left   a la
   izquierda, I; on the right   a la
   derecha, I
once   una vez, I; once in a while
   de vez en cuando, II, 7
one   uno, -a, (de), I; one half
   medio, -a, II, 6; the one (made
   of)   el (de), I; the one to blame
   was . . .   la culpa la tuvo . . . , II, 3
onion   la cebolla, I
only   único, -a, II, 5; if only
   ¡ojalá!, II, 11
to open: open an account   abrir una
   cuenta, II, 3; open   abierto, II, 10
to operate   operar, II, 9
operation   la operación, II, 7
or   o, I
orange   la naranja, I; (color)
   anaranjado, -a, I
order   el pedido, I
organ: organ transplant   el
   transplante de órgano, II, 7
organized   organizado, -a, I
other   más; otro, -a, I
our   nuestro, -a, -os, -as, I
out: out loud   en voz alta, II, 5;
   out of this world!   ¡de película!,
   II, 11
outdoors   al aire libre, II, 11
outside   fuera (de), II, 6; outside
   wall   el muro, II, 9
owner   el propietario, II, 11

P

Pac-man   "comecocos", II, 7
to pack: to pack a suitcase   hacer la
   maleta, I

painting   la pintura, I
pair   el par, II, 3
panther   la pantera, II, 10
pants   los pantalones, I
parade   el disfile, II, 5
parents   los padres, I
park   el parque, I
to park   estacionar, II, 9
parrot   el loro, II, 2
party   la fiesta, I
passion   la pasión, II, 10
Passover   la Pascua Florida, II, 5
passport   el pasaporte, I
past   pasado, -a, I
pastime   el pasatiempo, I
pastry   la pastelería, la tarta, I;
   pastry shop   la pastelería, I
patience   la paciencia, I
to pay   pagar, I
peach   el melocotón, I; el
   durazno, II, 10
pear   la pera, I
pen   la pluma, I; ballpoint pen
   el bolígrafo, I
pencil   el lápiz (pl. lápices), I
people   al pueblo, II, 6; la gente, I
pepper   la pimienta, I
per: per week   por semana, I
perfect   perfecto, II, 6
perfume   el perfume, II, 6
perhaps   quizás, II, 6; tal vez, II, 11
permission   el permiso, I
person: person in charge   el
   responsable, II, 9; person from
   Buenos Aires   porteño, -a, II,
   10
personal: personal description
   las señas, II, 11
peseta (monetary unit of Spain)
   la peseta, I
peso (monetary unit of Mexico,
   Bolivia, Chile, Colombia)   el
   peso, I
phone: phone call   la llamada, II, 5
photograph   la fotografía, I
physical: physical education   la
   educación física, I
to pick up   recoger, II, 11
picturesque   pintoresco, -a, II, 11
pie   el pastel, I
piece   el trozo, I
pig   el cerdo, II, 5
pineapple   la piña, I
pink   rosa, I
pipe   la cañería, II, 9
place   el lugar, I
to place   colocar, II, 9
placed   puesto, II, 10
plan   el plan; régimen, I
to plan   planear, I
plantain   el plátano, I
plastic: (made of) plastic   de
   plástico, II
plate   el plato, I
to play   jugar (ue), I; to play (a
   musical instrument)   tocar, I
please   por favor, I

to **please** complacer, (zc), II, 5
   pleased: we are pleased to inform you nos es grato comunicarle; tenemos el gusto de comunicarle, II, 9; **pleased (to meet you)** encantado, -a, II, 1
   pleasure el placer, I; **it's a pleasure . . .** es un placer . . . , I; **what a pleasure (to see you)!** ¡qué gusto (verte)!, II, 1
to **plow: to plow the land** arar la tierra, II, 10
   plumber el plomero, II, 9
   plumbing la plomería, II, 9
   pocket el bolsillo, I
   poisonous venenosa, II, 6
   polite amable, II, 9
to **pollute** contaminar, II, 10
   pollution la contaminación, II, 7
   polo el polo, II, 10
   pond el estanque, I
   pool la piscina, I
   popcorn las palomitas de maíz, II, 6
   popular popular, II, 9
   portion la porción; ración, II, 6
   position (job) el puesto, II, 9
   possible posible, II, 2
   post office el correo, I; **post office box** el apartado postal, II, 9
   postcard la postal, I
   potato la patata (Spain); la papa; I; **instant (dehydrated) potatoes** las papas deshidratadas, II, 6
   pound la libra, II, 6
   powder el polvo, II, 6; **dusting powder; talcum powder** el talco, II, 6
   power poder, II, 3
to **practice** practicar, I
to **prefer (ie)** preferir, II, 6
   preparations los preparativos, II, 5
to **prepare** preparar, I
   present el regalo, I
to **preserve** conservar, II, 7
to **press** apretar, II, 7
   pretty bonito, -a; lindo, -a, I
   price el precio, I
   printer el impresor, II, 7
   private privado, -a, II, 11
   prize el premio, I
   probable: it is probable es probable, II, 11
   problem el problema, I
to **produce** producir, II, 7
   program el programa, I
   programming la programación, II, 1
   progress progreso, II, 7
to **progress** progresar, II, 7
to **promise** prometer, I
to **propose** proponer, II, 2
to **protect** proteger, II, 10
   proverb el proverbio, II, 7
   punctual puntual, II, 9
   pure: pure air el aire puro, II, 9

   purse la cartera, I
   put puesto, II, 10
to **put** poner, I; **to put on** ponerse, II, 6
   pyramid la pirámide, II, 1

Q

   quality cualidad, II, 9; la calidad, I
   question la pregunta, I
   quickly rápido, I

R

   rabbit el conejo, II, 2
   racquet la raqueta, I
   radiation la radiación, II, 7
   radioactive radioactivo, -a, II, 7; **radioactive fallout** la precipitación radioactiva, II, 7; **radioactive waste** el desperdicio radioactivo, II, 7
   raffle la rifa, II, 9
to **rain** llover (ue), II, 3; **it's raining** llueve, I; **acid rain** la lluvia ácida, II, 6
   raincoat el impermeable, II, 3
   rapidly rápidamente, II, 1
   rather bastante, I
   razor la maquinilla de afeitar, II, 6; **razor blade** la cuchilla, II, 6
to **read** leer, I
   ready listo, -a, I
   realize: I realized me di cuenta, II, 5; **to realize that** darse cuenta de que, II, 9
   really en fin, II, 1; **really?** ¿verdad?, I
   reason el motivo; razón, II, 2
   reasonable razonable, II, 9
   receipt el recibo, I
to **receive** recibir, I
   receptionist el recepcionista *(m.)*, II, 11, la recepcionista *(f.)*, II, 9
   recess el recreo, I
   receipt: to acknowledge receipt of acusar recibo de, II, 6
to **recommend** recomendar (ie), II, 6
   recommendation la recomendación, II, 9
   record el disco, I; **record book** el registro, II, 11
to **record (on tape)** grabar, II, 3
   recorder flauta dulce, II, 10
   red rojo, I
   redheaded pelirrojo, -a, I
to **reduce (price)** rebajar, II, 3
   reduced (in price) rebajado, -a, I
   refrigerator el refrigerador, II, 2
   regarding en relación con, II, 9
   regards los recuerdos, II, 1; **to send regards** mandar recuerdos, II, 1
   region la región, II, 11
   regret: we regret to inform you sentimos comunicarle, II, 9

   rehearsal el ensayo, II, 2
   relive reviven, II, 10
to **remember** acordarse (ue), II, 11
to **rent** alquilar, II, 9
   repairs la reparación, II, 2
to **repeat** repetir (i), II, 2
   replica la réplica, II, 11
   reservation la reservación, II, 11
to **reserve** reservar, I; **reserve the seats** reservar los pasajes, II, 11
   resident el habitante, II, 10
   resistant resistente, II, 7
   responsibility la responsabilidad, II, 10
   rest: the rest los demás, I; **to rest** descansar, II, 3; **were resting** estaban descansando, II, 5
   restaurant el restaurante, I
   return el regreso, II, 1
to **return** regresar; volver (ue), I
   revolution: agricultural revolution la revolución agrícola, II, 7; **industrial revolution** la revolución industrial, II, 10
   rice el arroz, I
   riches la riqueza, II, 10
   ride el juego, II, 9
to **ride** montar, I; **to ride (on horseback)** montar (a caballo), II, 1
   rifle el rifle, II, 9
   right: all right bueno, I; **right now** ahora mismo, II, 3; **right?** ¿no?; ¿verdad?, I
   ring el anillo, II, 3
to **ring** sonar (ue), II, 5
   river río, II, 3
   road camino, II, 5
   robe la bata, II, 3
to **roll up** enrollar, II, 9
   roller: roller coaster la montaña rusa, II, 9
   room el cuarto, I; la habitación, II, 11; **dining room** el comedor, I; **family room** la sala de estar, I; **fitting room** el probador, II, 3; **living room** la sala, I
   rooster el gallo, II, 10
   rouge el colorete, II, 6
   route la ruta, I
to **row** remar, I
   ruins (archaeological) las ruinas arqueológicas, II, 1
   ruler la regla, I
to **run** correr, I

S

   said dicho, II, 10
   saint: saint's day el santo, II, 5
   salad la ensalada, I
   salary el sueldo, II, 9
   salesclerk el dependiente *(m.)*, la dependienta *(f.)*, II, 3
   salesperson el vendedor *(m.)*, la vendedora *(f.)*, I
   salt la sal, I

same mismo, -a, I; **it's the same to me** me da igual, II, 11; **the same as** lo mismo que, igual que, I

sandals las sandalias, II, 3

sandwich el bocadillo; sandwich, I

satellite: satellite dish antena parabólica, II, 7

satisfied satisfecho, -a, II, 9

sauce la salsa, I

saucer el platillo, I

to **save** ahorrar, I; salvar, II, 10

to **say** decir, I; **he (she) says (that) . . .** dice que . . . , I; **to say goodbye** despedir(se), II, 6; **you don't say!** ¡no me digas!, II, 9

scarf la bufanda, II, 3

schedule el horario, I

school el colegio; la escuela, I; **school bus** el autobús escolar, I

schoolbag la cartera, I

science la ciencia, I; **science fiction** la ciencia-ficción, I

scientist la científica (f.); el científico (m.), II, 7

scissors la tijera, II, 6

Scotland Escocia, II, 6

screen la pantalla, II, 7

seafood: seafood platter la zarzuela de mariscos, II, 11

season la estación, I; **dry season** la seca, II, 2

seat el asiento, I

second segundo, -a, I; **in a second** en un abrir y cerrar de ojos, II, 7

secondary: secondary school la escuela secundaria, I

to **see** ver, I; **see you later** hasta luego, I; **see you tomorrow** hasta mañana, I

seed la semilla, II, 10

to **seem** parecer, I

seen visto, II, 10

selfish egoísta, I

to **sell** vender, I

to **send** mandar, I

sender el remitente, II, 9

separately por separado, II, 5

to **serve** servir, I

to **set: to set the table** poner la mesa, I

seventh séptimo, -a, II, 5

several: several times varias veces, II, 1

severity: severity of the weather las inclemencias del tiempo, II, 7

shampoo el champú, II, 6

to **shave** afeitar (se), II, 6

shaving: shaving cream la crema de afeitar, II, 6

she ella, I

sheep la oveja, II, 10

shelf el estante, II, 9

shell carapacho, II, 10

shirt la camisa, I; **tee shirt** la playera, II, 3

shoe el zapato; I; **tennis shoes** los zapatos de tennis, I

to **shoot: to shoot at a target** tirar al blanco, II, 9

shooting: shooting gallery el tiro al blanco, II, 9

shopping la compra, I; **shopping center** el centro comercial, II, 10

short bajo, -a; corto, -a, I

should deber, I; **should I . . . ?** ¿debo . . . ?, I

shoulder el hombro, II, 6

to **show** enseñar; mostrar (ue), II, 3; **to show a movie** dar una película, I

sick enfermo, -a, II, 1

side el lado, I

sightseeing: sightseeing trip el paseo, I

silence el silencio, II, 2

silk la seda, I

silver la plata, I; **silver wedding anniversary** las bodas de plata; I; **silver** la plata; (coll.) money, II, 3

simply sencillamente, I

sincerely: sincerely yours suyo afectísimo, II, 9; **sincerely, very, truly yours** atentamente, II, 1

to **sing** cantar, I

to **sit** sentarse (ie), II, 9

sixth sexto, -a, II, 5

size la talla, I

to **skate** patinar, I; **to ice skate** patinar en hielo, I

to **ski** esquiar, I

skiing esquiar, I

ski: ski boot la bota, I; **ski pole** el bastón (pl. bastones), I; **skis** los esquís, I

skim: skim milk la leche descremada, II, 6

skirt la falda, I

sky el cielo, II, 10

skyscraper el rascacielos, II, 1

to **sleep** dormir (ue), II, 6

slogan el lema, II, 3

slowly lentamente, II, 1

small pequeño, -a, I

smaller menor, II, 9

smallest el menor, II, 9

smile sonríe, II, 9

to **smile** sonreír(se), II, 11

to **smoke** fumar, II, 10

snack la merienda; el bocadillo, I

snake la serpiente, II, 2

snow: it's snowing nieva, I

so tan, I; **so (as, that) much** tanta, I; **so long, 'bye** chao, I; **so-so** así, así, II, 1; regular, I

soap el jabón, II, 6

soccer el fútbol, I

sock el calcetín (pl. calcetines), I

soda la gaseosa; el refresco, I

soft blandas, II, 7

to **solve** resolver (ue), II, 10

some algunos, -as; unos, unas, I; algún, II, 6

someone alguien, II, 6

something algo, I

sometimes a veces, I

son el hijo, I

song canto, II, 2; la canción, I

soon pronto, I

sorry: I am sorry lo siento, I; **sooner or later** a la corta o a la larga, II, 7

sounds suena, II, 1

soup la sopa, I; **soup dish** el plato hondo, I

source la fuente, II, 7

space el espacio, II, 10; **space mission** la misión espacial, II, 7; **space shuttle** el transbordador espacial, II, 7

Spain España, I

Spanish (language) el español, I; **Spanish fortress or palace** Alcázar, II, 11

to **speak** hablar, I

special especial, I; **special fare** la tarifa especial, II, 11

specialty la especialidad, I; **specialty of the day** el plato del día, I

species la especie, II, 10

to **spend** gastar, II, 1; **to spend (time)** pasar, I

to **spin: spin wool** hilan la lana, II, 10

spinach las espinacas, II, 6

spoon la cuchara, I

sports los deportes, I

spring la primavera, I

square la plaza, II, 10

stamp el sello, I

to **start** empezar (ie), I

to **stay** quedarse, II, 6

steer: is steered se dirige, II, 7

to **step: to step down** bajarse, II, 9

stepfather el padrastro, I

stepmother la madrastra, I

still todavía, I

stock el surtido, II, 3

stomach el estómago, II, 6; **stomach ache** dolor de estómago, II, 6

stop la parada, I; **stop!** ¡alto!, II, 9

to **stop** parar, I

store el almacén, II, 3; la tienda, I

storm la tormenta, II, 3

story la historia, I

strange extraño, II, 5

strawberry la fresa, I

to **strike (lightning)** caer un rayo, II, 3

strong fuerte, II, 5

student la estudiante (f.), I; el estudiante (m.), I; **college student** estudiante universitario, II, 10

to **study** estudiar, I

style la moda, II, 3; **in the latest style** a la (última) moda, II, 3

subjects (see p. 67) las materias, **I**
subway el metro, **I**
success el éxito, **II, 9**
sugar el azúcar, **I**
to **suggest** sugerir (ie), **II, 9**
suit el traje, **I; bathing suit** el traje de baño, **I**
suitcase la maleta, **I**
summer el verano, **I**
sun: it's (very) sunny hace mucho sol, **I**
to **sunbathe** tomar el sol, **II, 1**
supermarket el supermercado, **II, 10**
supper la cena, **I**
supply el suministro, **II, 7**
to **support** apoyar, **II, 10**
sure seguro, -a, **I**
surfboard la tabla hawaiana, **II, 7**
to **surprise** sorprender, **II, 11**
suspended detenido, -a, **I**
sweater el suéter, **I**
to **sweep** barrer, **II, 9**
sweet dulce, **II, 6; sweeter** más dulce, **II, 1**
to **swim** nadar, **I**
swimming la natación, **I**

T

table la mesa, **I; to the table** a la mesa, **I**
tadpole renacuajo, **II, 2**
to **take** llevar; tomar, **I; to take (with you)** llevar, **II, 3; to take advantage of** aprovechar, **II, 3; to take care of** cuidar, **II, 2; to take off** quitarse, **II, 6; to take out** sacar, **II, 9; to take photographs** tomar fotografías, **I; to take pictures** sacar fotos, **II, 5; to take precautions** precaver, **II, 7; to take a trip** dar un viaje, **II, 1; to take things easy** tomar las cosas con calma, **II, 9; to take a walk** dar un paseo, **II, 1; to take a trip** dar un viaje, **II, 1; take care of your health!** ¡cuida tu salud!, **II, 6**
talcum: talcum powder el talco, **II, 6**
to **talk** hablar, **I**
tall alto, -a, **I**
tango el tango, **II, 10**
tart la tarta, **I**
tasty (food) sabroso, -a; rico, -a, **I**
tea el té, **I**
to **teach: to teach a class** dar una clase, **II, 1**
teacher la profesora (f.); el profesor (m.), **I**
teaspoon la cucharita, **I**
technological: technological advance el adelanto tecnológico, **II, 7**
technology la tecnología, **II, 7**
teeth los dientes, **II, 6**
telephone el teléfono, **I; on the telephone** por teléfono, **I**

tell: could you tell me . . . ? ¿me podrías decir . . . ?, **II, 7**
tennis el tenis, **I; tennis court** la cancha de tenis, **I; tennis shoes** los zapatos de tenis, **I**
tenth décimo, -a, **II, 5**
terrace la terraza, **II, 9**
terrible muy mal, **I**
test la prueba, **I, 7**
thank: thank you gracias, **I; thank you very much** mil gracias, **II, 1; muchas gracias, I**
to **thank** agradecer (zc), **II, 5**
that aquel, aquella; ese, -a, **I; que, I; that one** aquél, aquélla; ése, -a, **I; that way, then** así, **I**
the el (m. sing.), la (f. sing.), los (m. pl.), las (f. pl.), **I; the one (made of)** el (de), **I; the one to blame was . . .** la culpa la tuvo . . . , **II, 3; to the, at the (contraction)** al (a + el), **I**
theater el teatro, **I**
their de ellas (f. pl.), de ellos (m. pl.), **I**
them las; les; los; (pl.), **I**
then así; después; entonces, **I; luego, II, 1**
there ahí; allí, **I; there is, there are** hay, **I; there was, there were** había, **II, 5; there's no answer** no contestan, **I; (over) there** allá, **I; there's nothing like it!** ¡no hay nada igual!, **II, 10**
therefore así que; por lo tanto, **II, 5**
these estos, -as; éstos, -as, **I**
they ellas (f. pl.), ellos (m. pl.), **I**
thigh: thigh bone el fémur humano, **II, 10**
thin delgado, -a, **I**
thing la cosa, **I; thing of beauty** la preciosura, **I; things to do** cosas que hacer, **II, 2; things went badly for me** me fue mal, **II, 1; things went well for me** me fue bien, **II, 1**
to **think** creer, **I; pensar (ie), II, 5**
this este, -a, **I; this afternoon** esta tarde, **I; this one** éste, -a, **I**
those aquellos, -as; esos, -as, **I; those ones** aquéllos, -as; ésos, -as, **I**
thousands miles, **II, 6**
throat la garganta, **II, 6; sore throat** dolor de garganta, **II, 6**
through por, **I**
to **throw: to throw in the water** echar al agua, **II, 9**
thus por consiguiente, **II, 7**
ticket el billete, **I;** el boleto, **II, 11; ticket booth** la taquilla, **II, 9; ticket window** la ventanilla, **I**
tie la corbata, **I**
time el tiempo; la vez (pl. veces), **I; I don't have time for anything**

no tengo tiempo para nada, **II, 1; time** la hora, **I; I'm having a good time** la paso muy bien, **II, 2**
tip la propina, **I**
to a; para, **I**
today hoy, **I; hoy mismo, II, 3**
toe el dedo del pie, **II, 6**
together juntos, -as, **II, 5**
toiletries los artículos de tocador, **II, 6**
tomato el tomate, **I**
tomorrow mañana, **I**
tonight esta noche, **I**
too (much) demasiado, -a, **I**
toothpaste la pasta de dientes, **II, 6**
top: top floor el último piso, **II, 3**
tour: tour guide el guía de turistas, **II, 1**
tourism el turismo, **I**
touristic turístico, -a, **I**
traffic el tránsito, **II, 3; traffic jam** el embotellamiento, **II, 10**
to **translate** traducir (zc), **II, 5**
transplant: organ transplant el transplante de órgano, **II, 7**
trash la basura, **II, 2**
to **travel** viajar; recorrer, **II, 11; travel agency** la agencia de viajes, **II, 1; traveler's check** el cheque de viajero, **I**
treasure tesoro, **II, 6**
tree el árbol, **I**
trip el viaje, **I; round trip** la ida y vuelta, **II, 11; sightseeing trip** el paseo, **I**
trophy el trofeo, **I**
tropical tropical, **II, 10**
trout la trucha, **II, 1**
truth la verdad, **II, 3; it's true** es verdad, **I; really** de verdad, **II, 3**
to **try** probar; **I; to try on** probarse, **II, 3**
tuna el atún, **I**
turkey el pavo, **II, 10**
to **turn** doblar, **II, 3; to turn left** doblar a la izquierda, **II, 3; to turn off** apagar, **II, 3; to turn out well** salir bien, **II, 2; to turn right** doblar a la derecha, **II, 3**
turtle la tortuga, **II, 2**
twice dos veces, **I**
twin el gemelo, **II, 2**
two: the two los dos; las dos, **I**
to **type** teclear, **II, 7**
typical típico, -a, **I**

U

ugh! ¡uf!, **II, 3**
ugly feo, -a, **I**
umbrella el paraguas, **II, 3**
uncomfortable incómodas, **II, 7**
under debajo (de), **I**
undershirt la camiseta, **II, 3**

underwater submarino, -a, II, 7
United States (U.S.) los Estados Unidos (abbreviation EE.UU.), I
university la universidad, II, 7
up (there) arriba, I; **up to date** al día, II, 3
us nos, I
to **use** usar, I; **to use up** gastar, II, 10
used: used to grind molían, II, 6
useful útil, II, 9

V

vacation las vacaciones, I
to **vacuum** pasar la aspiradora, II, 2; **vacuum cleaner** la aspiradora, II, 2
Valentine's Day el Día de los Enamorados, II, 5
vegetable (green) la verdura, I
very bien; muy, I; **very beautiful** bellísimo, -a, II, 11; **very good** buenísimo, -a, I; **very interesting** interesantísimo, -a, II, 1; **very much** muchísimo, II, 3
village el pueblo, II, 5
visit la visita, I
visiting de visita, II, 2
visitor la visita, I
volleyball el volibol, I

W

waist la cintura, II, 6
to **wait (for)** esperar, I; **to wait on someone** atender (ie), II, 3
waiter el camarero, I
waiting: waiting area la sala de espera, I
waitress la camarera, I
to **wake up** despertar(se) (ie), II, 6
to **walk** caminar, I
walls murallas, II, 11
to **want** desear, I; querer (ie), I; **he wants** quiere, I
war la guerra, II, 7
to **wash: to wash one's hair** lavar(se) la cabeza, II, 6
waste el desperdicio, II, 10
watch el reloj, II, 2
to **watch** mirar, I; **watch out!** ¡cuidado!, II, 9
water el agua (f.), I
watermelon la sandía, I
way la manera, II, 6
we nosotros, -as, I
weak débil, I
to **wear** ponerse, II, 6
weather el tiempo, I; **the weather is (very) bad** hace (muy) mal tiempo, I; **severity of the weather** las inclemencias del tiempo, II, 7
wedding la boda, II, 5

week la semana, I; **last week** la semana pasada, I; **per week** por semana, I
weekend el fin de semana, I
to **weigh (oneself)** pesar(se), II, 6
weight: to gain weight aumentar de peso, II, 6
welcome bienvenido, -a, I
well bueno; bien, I; pues, II, 1
Western la película del oeste, I
whale la ballena, II, 10
what lo que, I; **what?** ¿qué?, I; **what a lot of people!** ¡cuánta gente!, I; **what a mixup!** ¡qué confusión!, I; **what a pity** ¡qué pena!, I; **what a pleasure (to see you)!** ¡qué gusto (verte)!, II, 1; ¡qué gusto de verlo!, II, 3; **what a pretty room!** ¡qué cuarto tan bonito!, I; **what a shame!** ¡qué lástima!, I; **what are their names** ¿cómo se llaman?, I; **what else?** ¿qué más?, I; **what else do you need?** ¿qué más necesitas?, I; **what if we go ... ?** ¿si vamos ... ?, I; **what luck!** ¡qué suerte!, I; **what nerve!** ¡qué coraje!, II, 2; **what time is it?** ¿qué hora es?, I; **what's he (she, it) like?** ¿cómo es?, I; **what's his (her) name?** ¿cómo se llama él (ella)?, I; **what's it made of?** ¿de qué es?, I; **what's new?** ¿qué hay de nuevo?, II, 11; **what's wrong with you?** ¿qué tienes?, II, 6; **what's your name?** ¿cómo te llamas tú?, I
whatever: whatever it may be sea como sea, II, 10
wheat el trigo, II, 6
wheel: Ferris wheel la rueda giratoria, II, 9
when cuando, I; **when?** ¿cuándo?, I
where? (to) ¿adónde?, I
which? ¿cuál?, I
while mientras, II, 1
white blanco, -a, I
who? ¿quién?, I
why: why don't we ... ? ¿por qué no ... ?, I; **why?** ¿por qué?, I
wide ancho, -a, II, 10
wife la esposa, I
to **win** ganar, I; **to win the raffle** sacarse la rifa, II, 9
wind: it's (very) windy hace (mucho) viento, I
window la ventana, II, 3
windsurfing la tabla vela, II, 9
winter el invierno, I
to **wish** desear, II, 3
with con, I; **with affection** con cariño, II, 1; **with me** conmigo, I
within (a period of time) dentro de, II, 5

without sin, I; **without stopping** sin parar, I; **without fail** sin falta, II, 2
woman la señora, I; **title of respect for mature woman** la doña, I
wonderfully! ¡de lo mejor!, II, 1
wool la lana, I
work: work place, II, 10
to **work** trabajar, I
worried preocupado, -a, II, 6
to **worry** preocupar (se), II, 6
worse peor, II, 2; **worse than** peor que, II, 2
worst el peor, II, 9
would: would you be nice enough to ... ? ¿serías tan amable ... ?, II, 7; **would you be so kind as to ... ?** ¿tendrías la bondad de ... ?, II, 7; **would you do me a favor ... ?** ¿podrías hacerme el favor ... ?, II, 7
wow! ¡huy!, II, 3
wrestling la lucha libre, II, 2; 6
wrist la muñeca, II, 6
to **write** escribir, I; **to write down** anotar, II, 3
written escrito, II, 10
wrong: wrong number número equivocado, I

Y

year el año, I; **New Year's Day** el Año Nuevo, II, 5; **New Year's Eve** el Fin de Año, II, 5
yellow amarillo, -a, I
yes sí, I
yesterday ayer, I
yogurt el yogur, II, 6
you te, I; **you** ti, I; **you** Ud. (abbreviation of usted), I; **you** vosotros, -as (fam. pl.), I; **you** tú (fam. sing.), I; **you** ustedes (pl.) (abbreviation Uds.), I; **you** las; les; los (pl.), I; **you** la; lo (pol. sing.), I; **you** usted (pol. sing.), I; **you look great!** ¡qué bien luces!, II, 6; **you need to** te hace falta, II, 9; **you remember** te acuerdas, II, 9; **you're welcome** de nada, I; **you don't say!** ¡no me digas!, II, 9
young: young people los jóvenes, I; **younger than** menor que, II, 2; **youngest** el menor, II, 9; **your** de usted (pol. sing.), I; **your** de ustedes (pol. pl.), I; **your** tu (fam. sing.), I; **your** tuyo, -a, II, 2; **your** vuestro, -a, -os, -as (fam. pl.), I; **your** tus (pl.), I; **your** su, I; **yours** suyo, -a, II, 2; **yours** tuyo, -a, II, 1
youth la juventud, I

INDEX

The numbers and letters after each entry refer to the unit and section where the entry first appears.

destruir: preterit, 118 (C11)

diphthongs: **a,e,o** with **i** and **u,** 83; with each other, 83

direct-object pronoun: with an indirect-object pronoun, 75 (C6); position in sentence, 75 (C6)

doler: 210 (B24)

dormir: with reflexive pronoun, 213 (C5); stem-changes in preterit, 338 (A17)

en: with prepositional pronoun, 116 (C6)

encantar: 210 (B24)

entrar: indicative in command, 95 (A7)

entregar: subjunctive, 313 (C5)

-er verbs, review preterit, 15 (A5); in commands, 95 (A7); conditional, 254 (C6); formation of participles, 335 (A6); future, 243 (B5); imperfect, 160 (A24); present progressive, 108 (B8); subjunctive, 304 (B9); present perfect, 335 (A6); stem-changes, in the preterit, 118 (C11)

escribir: past participle, 347 (B19)

estar: preterit, 29 (B12); in present progressive, 108 (B8); subjunctive, 313 (C5); **estar** vs. **ser,** 176 (C12); in formal command, 103 (A24)

estudiar: subjunctive, 304 (B9)

explicar: subjunctive, 313 (C5)

future tense: forms and use of regular **-ar,-er,-ir** verbs, 243 (B5); irregular verbs, 246 (B12); formed with **ir** + **a** + inf., 243 (B5)

gustar: review usage singular and plural, 210 (B24); verbs used like **gustar,** 210 (B24)

haber: imperfect, 169 (B19); future, 246 (B12); conditional, 256 (C9); used to form present perfect, 335 (A6)

hablar: imperfect, 160 (A24); present perfect, 335 (A6); affirmative familiar command, 235 (A7)

hacer: indicative, 219 (C19); future, 246 (B12); conditional, 256 (C9); subjunctive, 308 (B17); past participle, 346 (B18); in **tú** familiar command, 237 (A11)

imperfect tense: of regular verbs, 160 (A24); irregular forms: **ver, ser, ir,** 165 (B7); some uses, 167 (B13) vs. preterit, 173 (C6)

impersonal expressions, 379 (B4)

importar: conjugated like **gustar,** 210 (B24)

indefinite subjects, using **se,** 354 (C14)

indicar: preterit, 26 (B6)

indicative: review, 15 (A5); of **traer** and **oír,** 219 (C19); vs. subjunctive, 304 (B10); in impersonal expressions, 379 (B4)

indirect-object pronouns: with direct pronouns, 75 (C6); position of, 75 (C6)

infinitive: **ir** + **a** + infinitive, 153 (A8); **tener** + **que** + infinitive, 29 (B12); after prepositions, 153 (A8); with reflexive pronouns, 194 (A4); with subjunctive, 306 (B13)

interjections: 114 (C4)

intonation: 399

ir: **ir** + **a** + infinitive to express future time, 243 (B5); in softened commands, 384 (B14); preterit, 16 (A9); imperfect, 165 (B7); subjunctive, 313 (C5); with reflexive pronouns, 213 (C5); in formal commands, 103 (A24); in familiar commands, 237 (A11)

-ir verbs: review preterit, 15 (A5); in commands, 95 (A7); conditional, 254 (C6); formation of participles, 335 (A6); future, 243 (B5); imperfect, 160 (A24); present perfect, 335 (A6); subjunctive, 304 (B9); present progressive, 108 (B8); stem-changing, 338 (A17)

irregular verbs: see individual entries for each verb; see also: regular **-ar,-er,** and **-ir** verbs and stem-changing verbs

jugar: 26 (B6)

la(-s): as direct-object pronoun, 77 (C13); in present progressive, 110 (B13); with parts of the body, articles of clothing, and personal possessions, 198 (A14)

le(-s): as indirect-object pronoun, vs. **se,** 77 (C13)

leer: present progressive, 108 (B8); preterit, 118 (C11)

llamar: with reflexive pronouns, 213 (C5)

llegar: preterit, 26 (B6)

llevar: in familiar command, 235 (A7)

lo(-s): as direct-object pronoun, 77 (C13); in present progressive, 110 (B13); with parts of the body, articles of clothing, and personal possessions, 198 (A14); with **se,** 77 (C13)

marcar: preterit, 26 (B6)

más/menos . . . que: 302 (B5)

más/menos . . . de: 292 (A9)

me: reflexive pronoun, 194 (A4)

mejor/peor . . . que: comparing quality, 55 (A6); 302 (B5)

menor/mayor . . . que: comparing age, 55 (A6); 302 (B5)

nada: affirmative and negative expressions, 206 (B11)

nadie: affirmative and negative expressions, 206 (B11)

negation: with **no,** 343 (B8); position of negative in sentence, 206 (B11); double, 206 (B11)

negative expressions: 206 (B11)

sacar: in familiar command, 235 (A7)

salir: review preterit 15 (A5); future, 246 (B12); conditional 256 (C9); subjunctive, 308 (B17)

se: as indirect object, 77 (C13); as an indefinite subject, 354 (C14); reflexive, 194 (A4); in two-pronoun groups, 77 (C13)

seguir: stem-changes, 68 (B11); present progressive, 108 (B8)

sentir: stem-changes in preterit, 338 (A17)

ser: preterit, 16 (A9); imperfect, 165 (B7); subjunctive, 313 (C5); in formal command, 103 (A24); in familiar command, 237 (A11); vs. **estar,** 176 (C12); vs. **ir,** 16 (A9)

servir: stem-changes, 68 (B11); present progressive, 108 (B8)

siempre: affirmative and negative expressions, 206 (B11)

spelling-changing verbs: see listings under **-ar, -er, -ir** verbs

stem-changing verbs: in preterit, 338 (A17); **pedir (e-i),** 68 (B11); see listings under **-ar, -er, -ir** verbs

stressed possessive adjectives, 57 (A9); as possessive pronouns, 59 (A13)

stressed syllables: written accents, 83

subjunctive: defined, 304 (B10); use, 304 (B9); of regular verbs, 304 (B10); irregular verbs, 308 (B17); with **tal vez** and **quizás,** 395 (C17); spelling changes in **-car, -gar, -zar** verbs, 313 (C5); to express doubt, disbelief, 351 (C8); to express feelings, 371 (A7); to express wishes and requests, 306 (B13); to express the indefinite, 375 (A17); in impersonal expressions, 379 (B4); in indirect commands, 318 (C15); vs. indicative, 304 (B10); vs. infinitive, 306 (B13)

superlative: 292 (A9); irregular form, 302 (B5)

suyo (-a,-os,-as), following a noun, 57 (A9)

tal vez: 395 (C17)

también: affirmative and negative expressions, 206 (B11)

tan . . . como: with adjective or adverb, 61 (A17)

tanto . . . como: with noun, 62 (A20)

te: reflexive pronoun, 194 (A4)

tener: preterit, 29 (B12); indicative, 219 (C19); in familiar command, 237 (A11); future, 246, (B12); conditional, 256 (C9); subjunctive, 308 (B17); **tener + que + infinitive** to express obligation, 29 (B12)

tener + que + infinitive: to express obligation, 29 (B12)

tocar: preterit, 26 (B6)

trabajar: preterit, 15 (A5); conditional, 254 (C6)

traducir: present tense, 178 (C20)

traer: present indicative, 219 (C19); subjunctive, 308 (B17)

tomar: future tense, 243 (B5)

time: asking or telling time (o'clock), 155 (A12); expressing time factors, 245 (B10)

tú: affirmative command, 235 (A7); irregular verbs, 237 (A11)

two-pronoun groups (I.O./D.O.), 75 (C6); with **se,** 77 (C13)

valer: future, 246 (B12); conditional, 256 (C9)

venir: preterit, 117 (C9); present progressive, 108 (B8); indicative, 219 (C19); in familiar command, 237 (A11); future, 246 (B12); conditional 256 (C9); subjunctive, 308 (B17)

ver: preterit, 20 (A17); imperfect, 165 (B7); past participle, 346 (B18)

verbs: see listings under **-ar, -er, -ir** verbs, and individual entries

vestir: stem-changes, 68 (B11)

visitar: subjunctive, 395 (C17)

vivir: imperfect, 160 (A24); future, 243 (B5); conditional, 254 (C6); present perfect, 335 (A6)

volver: past participles, 346 (B18)

vowels: **a, e, o** with **i** and **u,** 83